강적을 이기는 실전적 기본기

알파고시대 무적상수를 타파하려면 판을 지배하는 기본기에 충실하라!

강적을 이기는 실전적 기본기

김일환 · 이하림 공저

2
좌뇌 계산편

 BM 성안당

들어가는 말

바둑은 크게 초반, 중반, 종반으로 나눌 수 있지만 그 안에는 여러 다양한 분야들이 포함되어 있습니다. 이를테면 정석, 포석, 행마, 침투와 삭감, 공격과 타개, 맥과 사활, 끝내기와 같은 분야를 말하는 것이죠. 그런 정해진 분야 안에도 진행에 따라 포석 시기의 함정수, 정석 이후의 전술, 3三에서의 변화, 중반 무렵 사석작전과 국면 전환을 위한 응수타진, 작전의 방향을 제시하는 격언과 같은 다이내믹한 요소들이 등장합니다.

인간의 뇌는 이런 실전적 요소들을 감지하고 계산하고 전략을 짜게 됩니다. 이런 인간의 뇌의 작용에 초점을 맞춘다면 바둑의 전체 분야는 크게 우뇌와 관련된 '감각', 좌뇌와 관련된 '계산', 종합적 성격의 '전략'으로 나눌 수 있다고 봅니다. 여기서 기획은 출발합니다. 바둑을 뇌와 관련해 세 가지 영역으로 나눈 만큼 앞으로 각 영역별 바둑 내용을 담아 책으로 발간할 예정입니다. 이렇게 구성하면 한 권에 바둑의 다양한 분야를 배우는 장점이 있습니다. 더불어 영역별로 통합적 안목을 키울 수 있지 않을까요?

앞서 발간한 1권에서는 바둑의 감각적 영역을 담았습니다. 이번 책에서는 좌뇌와 관련된 계산 영역을 다룹니다. 바둑이 큰 공간에서 작은 공간으로 좁혀지게 되면 세밀한 계산이 요구됩니다. 결국 바둑이란 집이 많아야 이기는 게임이므로 집을 다투는 과정에서 모양이 생기고 전투가 일어나면서 죽고 사는 사활문제가 발생하며 이를 극복하면서 최후에는 정밀한 끝내기를 통해 승자가 결정되겠지요. 이런 과정에서 수를 읽어나가는 계산 측면은 바로 좌뇌의 영역일 것입니다.

인간 바둑을 정복한 알파고에 대해 이제는 모르는 사람이 없습니다. 알파고가 화려한 발상과 유연한 사고를 선보여 인간을 깜짝 놀라게 했지만, 역시 계산의 영역에서는 범접할 수 없는 신의 경지를 보여주었습니다.

구체적으로 이 책은 바둑에서 필수적인 3三 변화를 시작으로 치밀한 수읽기와 계산이 필요한 사활과 맥점, 끝내기에 대해 다루었습니다. 한 권에 바둑의 다양한 분야를 배우는 만큼 깊이 있는 내용보다는 전체적인 흐름이 주요 포인트가 될 것입니다. 다시 말해 패턴별로 깊게 파고들지는 않더라도 되도록 전체적 관점에서 폭넓은 지식과 이에 따른 기본 기술을 연마하는 데 역점을 두었습니다.

다음은 본문 내용에 대해 간략히 살펴봅니다. 1장 '3三 편'에서는 주변

환경에 따른 3三침입과 대응 방법을 다룹니다. 최근 알파고 포석이 등장하면서 묻지마 3三침입이 유행하고 있지만 3三에서의 기본 변화를 모르고는 바둑을 둘 수 없을 정도입니다. 2장과 3장은 '사활 편'인데 가장 기본적이며 실전적인 패턴을 다루고 있습니다. 사활은 그야말로 수읽기의 힘을 기르는 데 주요한 항목이라 더욱 역점을 두었습니다. 4장 '맥점 편'은 수상전과 모양의 급소를 다루는데 기초-발전-고급 순으로 단계를 두었습니다. 이렇게 점진적으로 알아 나가면 한눈에 수를 보는 힘이 저절로 길러질 것입니다. 5장 '끝내기 편'도 기초-발전-고급 순으로 단계를 두었는데, 우선 기초에서는 간단한 사활 형태에서 집 계산에 따른 삶의 급소가 어디인지 짚어보았고, 발전과 고급에 가서는 주로 1선과 2선의 경계선에서 벌어지는 끝내기 요령을 다루었습니다.

본문의 구성 방식은 주로 기본이 되는 장면을 제시하고, 흑이든 백이든 당면 과제를 풀어가는 식으로 전개됩니다. 아울러 입체적 학습을 위해 본문 중에 필요에 따라 보충 성격의 코너를 두고, 가벼운 내용은 '원포인트 예제', 심화된 내용은 '레벨업 예제'로 구분했습니다.

전반적으로 독자의 입장에서 어떤 기풍의 누구와 바둑을 두더라도 방향을 잡는 길잡이로 삼을 수 있도록 체계적이고 실전적이며 흥미롭게 꾸미고자 노력했습니다.

바둑TV의 인기 코너로 고교동문전과 대학동문전이 있습니다. 이 프로의 인기비결은 판이 끝날 때까지 역전에 역전을 거듭해 스릴만점이기 때문이죠. 한편으로 생각해보면 여러 장면에서 기회가 왔을 때 끝내지 못하는 아쉬움도 줍니다. 전반적인 기본기만 있어도 끝낼 수 있었을 텐데 말이죠.

이처럼 모든 일은 기본에서 출발합니다. 기본기가 충실하다면 어떤 일도 걱정하고 두려워할 필요 없습니다. 그래야 절호의 찬스나 절체절명의 위기에 판을 지배하고 돌파하는 힘을 발휘할 수 있습니다.

아무쪼록 이 책을 통해 좌뇌의 작용을 촉발시키며 수를 읽는 계산적인 성향을 계발하면서 그에 따른 기본기를 연마한다면 그동안 힘겨웠던 강한 적수도 이기는 지름길이 되지 않을까요?

김일환 · 이하림

추천하는 말

　현대 과학은 모든 것을 규명한 듯 보여도 여전히 많은 미지의 세계들 틈에 묻혀 있다. 그 중의 하나가 인간의 뇌에 대한 신비다. 광대무변한 우주의 비밀을 상당부분 벗겨 나가면서도, 그보다 엄청나게 작은 세계인 뇌의 구조가 아직도 수수께끼에 머물러 있다는 것은 일종의 불가사의다. 뇌의 기능과 역할을 파악할 수 있다면 바둑의 실체 규명에 큰 도움이 될 것이다. 반대로 바둑을 통해 뇌의 신비를 규명하는 것도 가능한 명제라고 생각한다.

　인간의 뇌에 대해 사람들은 그저 좌뇌와 우뇌로 대별하는 거친 이분법을 동원한다. 인간의 우뇌는 감성을 기반으로 직관과 형태(shape) 및 종합적 기능을 담당하고 좌뇌는 이성(理性)을 제어하면서 언어, 분석, 정리 등을 맡는 것으로 보고돼 있다. 어느 쪽 뇌가 더 발달했느냐에 따라 그 사람의 성향이나 재능이 결정된다는 것이다.

　이 이론을 바둑에 대입하면 흥미로운 가설이 만들어진다. 우뇌는 풍부한 상상력을 가동해 초반 포석 구상을 맡아주게 된다. 형태에 대한 시각적 기억력, 패턴에 대한 인식, 그리고 그런 형태나 패턴을 보고 한눈에 어떤 영감을 얻어내는 것이 모두 우뇌의 몫이다. 바둑에서 가장 중요한 개념 중 하나로 꼽히는 감각 역시 우뇌의 영역이 된다.

　반면 좌뇌는 중반전 이후 우뇌로부터 한 판 바둑의 통솔권을 이어받아 정밀한 득실 계산, 효율적 착점을 위한 경중(輕重) 판단, 끝내기 수순 등 보다 현실적이고 과학적인 쪽을 수행한다. 우뇌가 로맨티스트라면 좌뇌는 리얼리스트이고, 우뇌가 시인이라면 좌뇌는 과학자인 셈이다. 우뇌가 불이라면 좌뇌는 얼음이다. 모든 바둑 승부도 이 양대 기둥의 조화에서 벗어나지 않는다. 물론 기존의 뇌 과학설이 모두 '참'이라는 전제 아래 그렇다.

　서울대 의대 이태영-권준수 박사 팀이 2017년 봄 발표한 내용에 따르면 프로기사들의 최대 강점은 복잡하게 얽힌 국면에서 최선의 수를 찾아내는 직관력이다. 프로들은 상황마다 일일이 계산하는 것이 아니고, 공간 패턴을 파악하고 상대 반응을 예측하는 잘 훈련된 능력으로 상황에 대처한다는 것이다.

　알파고가 인간을 상대해 완승하는 과정은 어땠나? 좌뇌와 우뇌의 두 가지 기능에서 모두 인간에 비해 압도적으로 우월했다. 감정 없는 쇳덩이에

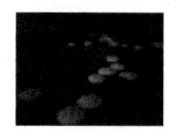

불과한 인공지능이므로 냉정한 계산 분야는 그렇다 치더라도 상상력과 예술의 영역으로 간주돼 온 포석부터 앞서 시종 판을 주도했다는 점이 무엇보다 놀라웠다. 알파고는 '현역 은퇴'를 선언했지만 숱한 인간 고수들은 알파고의 자체 대국 기보를 놓고 절세의 비급이라도 구한 양 매달려 연구하고 있다.

추세가 그렇다면 우리 아마추어들의 공부 방법도 달리 생각해볼 때가 되었다. 판 전체를 관통하는 다양한 수법에 대해 이른바 우뇌적 접근, 좌뇌적 접근과 함께 이 둘을 아우르는 종합적 전략으로 무장하는 것이다. 정석, 포석, 행마, 삭감, 공격 등 전통적 분류 방식을 알파고 식 뇌의 접근에 포인트를 두고 기본 패턴을 익히는 방식이 어찌 보면 전체적 안목을 기르는 능률적 학습의 지름길로 보인다.

김일환 9단은 이런 접근법에서 국내 어떤 프로기사보다 적임자로 보인다. 그의 착점은 빠르고 밝고 정확한 것으로 정평이 있다. 전투력이 발군이면서도 집과 두터움에 대한 감각이 남다르다. 그것이 이순(耳順)을 넘긴 지금에도 김일환을 여전히 날 선 승부사로 반상을 누비게 만드는 원동력이다. 뇌 기능과 나이와의 상관관계가 바둑계의 화두로 떠오르는 이 시대에, 시니어 그룹에 우뚝 선 김일환의 강의는 분명 남다른 가치로 어필해 온다.

이하림은 독특한 존재다. 프로 입단으로 방향을 잡지는 않았지만 바둑 세계에서 문(文)과 무(武), 이론과 실제를 함께 갖춘 몇 안 되는 바둑인이다. 그는 아직도 상당한 수준의 실전력을 갖춘 선수이면서, 자신의 독자들에게 정제(精製)된 영양소만을 공급하는 노련한 감독이기도 하다. 그의 손을 거친 바둑책들은 간결하면서도 정곡을 찌르는 문장으로 이뤄졌다는 게 특징이다.

김일환과 이하림이 의기투합해 시작한 '강적을 이기는 실전적 기본기' 시리즈에 기대가 크다. 두 전문가의 안내에 따라 뇌 구석구석을 종단하며 바둑의 기본을 파헤치는 유쾌한 여행에 함께 나설 생각에 마음이 설렌다.

이홍렬(조선일보 바둑전문기자)

contents

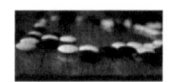

PART 2
사활-기본 패턴

PART 3
사활-실전 패턴

PART 4
맥점-수상전과 모양의 급소

PART 5
끝내기 -집의 급소와 계산

PART 1

3장
-침입과 대응

어느 쪽을 막을 것이냐

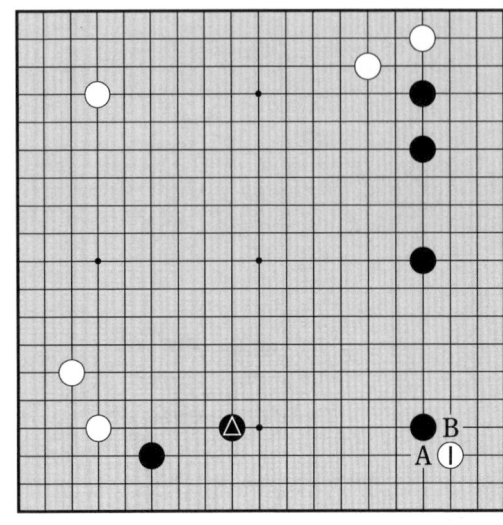

■ 백1로 3三에 쳐들어왔다. 이에 대해 흑은 A와 B 중 어느 쪽을 막는 것이 올바른 방향일지 알아본다.

발전성이 높은 쪽을 중시하는 것이 기본적인 전제인데, 흑▲의 위치를 감안해서 선택해야 한다.

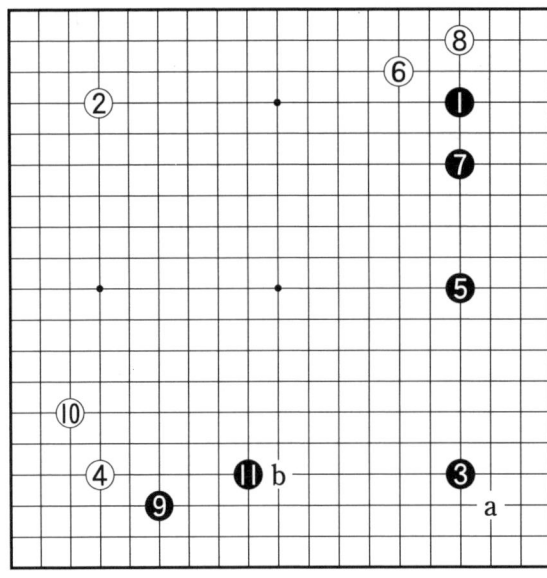

1도(경과)

장면이 나오기까지의 진행을 살펴본다.

흑1, 3과 백2, 4로 양화점 포진의 대결로 출발한다. 흑11 다음 백a로 침입한 것이 장면이다. 흑11로 한발 더 b로 전개하면 양상이 달라진다.

1도

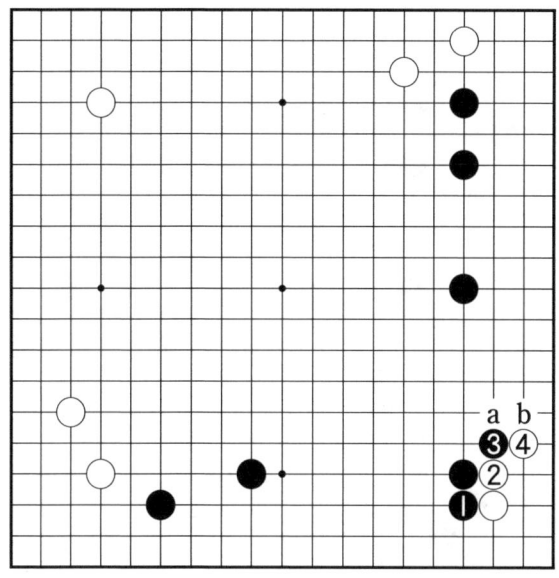

2도

2도(추천/ 넓은 쪽 막음)
이 상황에서는 하변이 넓은 흑1쪽을 막는 것이 유력하다. 백2로 밀고 나올 때 흑3으로 젖히는 것이 상식적인 한 수이다.

백4의 젖힘에 대해 흑은 a에 늘어야 할까, 아니면 b로 이단 젖혀야 할까?

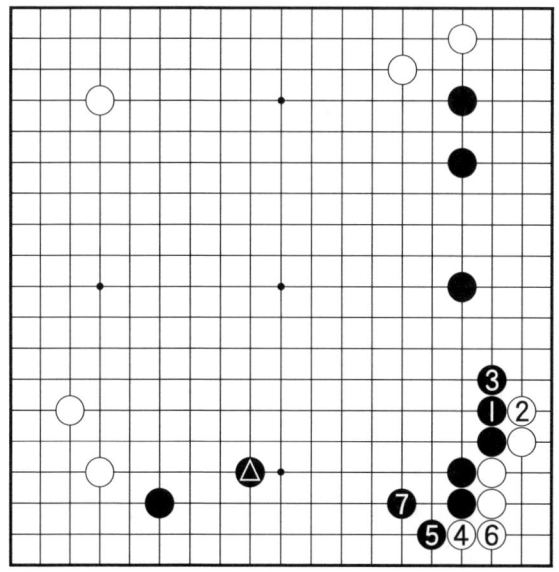

3도

3도(흑, 폭넓은 구상)
흑1로 점잖게 느는 것이 가장 상식적이며 정수이기도 하다. 백2에도 흑3으로 늘어 두는 것이 좋다.

그러면 흑은 7까지 폭넓은 구상을 펼칠 수 있다. 또한 흑▲와의 간격도 매우 만족스럽다.

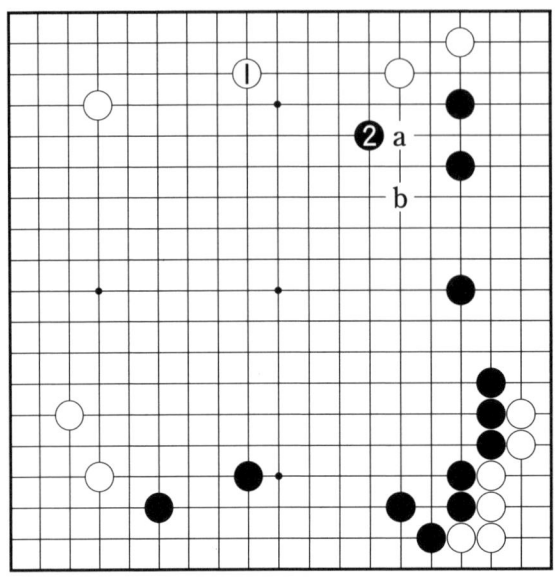

4도

4도(이후의 예상도)

계속해서 백1로 상변에 전개한다면 흑2의 씌움이 세력 확장과 백진 견제를 꾀하는 일석이조의 호점이 된다.

따라서 백은 흑2가 오기 전에 먼저 a에 뛰고 흑b를 기다려 1의 근처에 전개하는 것이 합당하다.

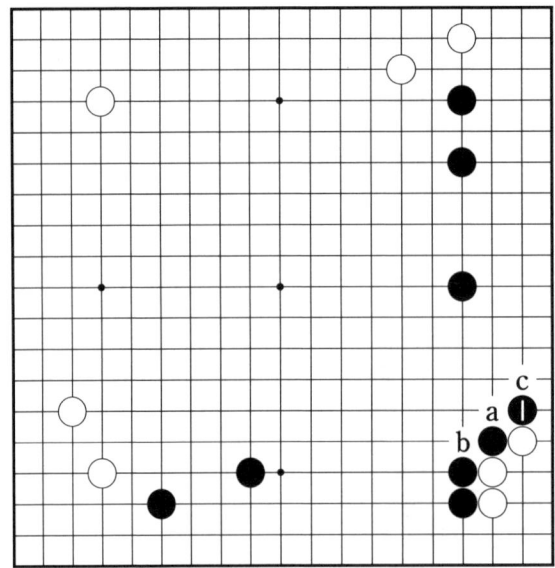

5도

5도(특수한 상황에서)

늘지 않고 흑1로 이단 젖히는 발상은 특수한 상황에서 쓰이는 수인데 유력한 경우도 있다.

흑은 상대가 a로 단수하고 b에 이을 때 c로 두어주기를 바라고 있지만 백은 그렇게 두지는 않는다.

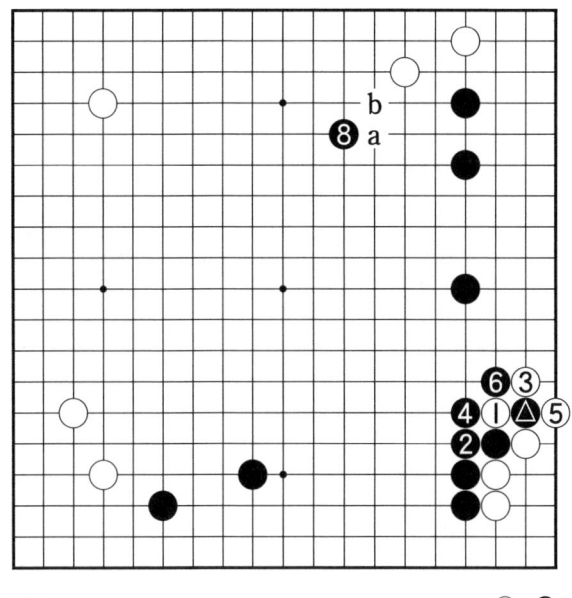

6도

⑦…△

6도(흑의 바램)

만약 백이 1, 3으로 두어온다면 흑은 더 바랄 것이 없다. 흑4로 위쪽에서 단수하고 6에 몰아가는 것이 좋은 수법이다. 흑8로 세력을 확장해서 멋진 모습 아닌가!

흑8은 a나 b도 가능한 발상이다. 수순 중 흑4로～

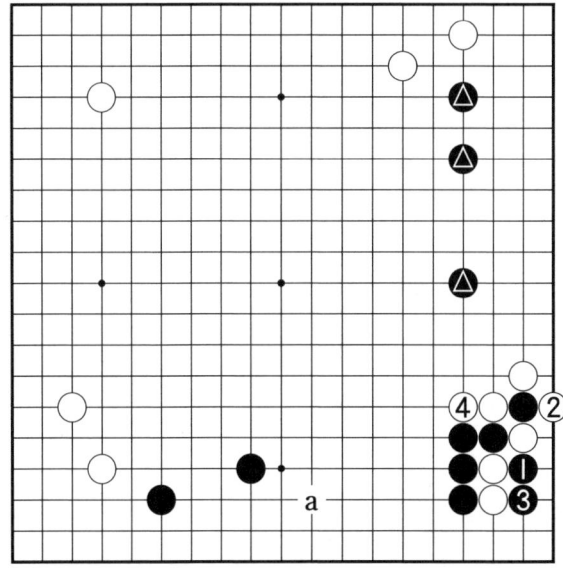

7도

7도(흑, 소탐대실)

흑1, 3으로 백 두점을 잡는 것은 소탐대실이다. 실리는 제법 얻었지만 백4의 밀어올림이 통렬해 여기저기가 엷어지기 때문이다.

백a의 침공이 생겼고 흑△ 석점도 여간 불안하지가 않다.

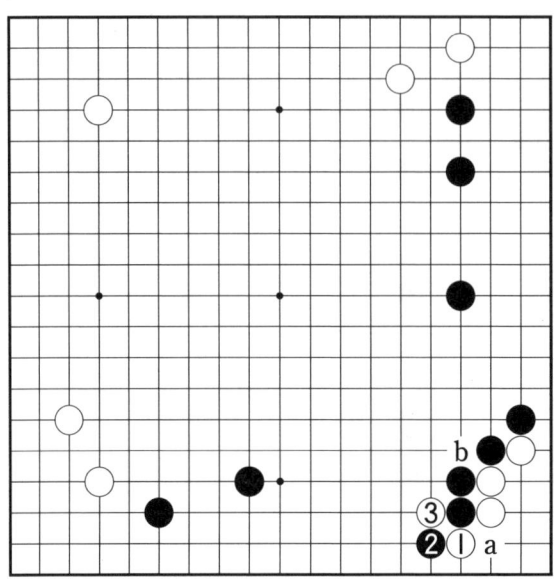

8도

8도(백의 상용수법)

이 상황에서 백은 1쪽을 젖히고 흑2 때 백3으로 끊는 것이 상용수법이다. 다음 흑a는 백b의 양단수가 있어 큰일 난다.

여기서 흑은 이럴 때 이렇게 두어야 한다고 정해진 수법이 있다.

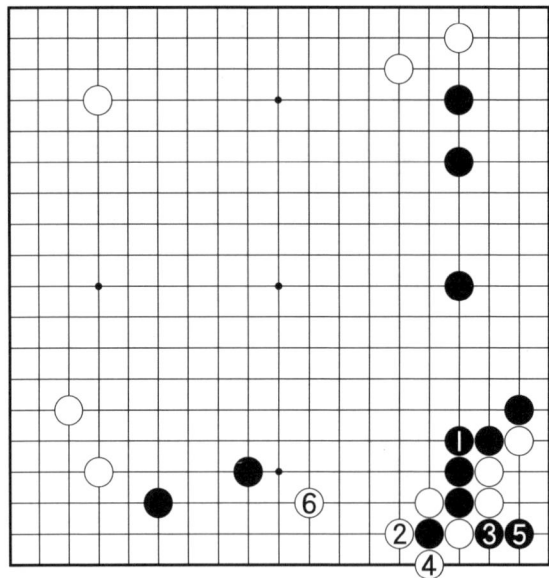

9도

9도(흑, 작전 실패)

흑1로 꽉 잇는 것이 가장 상식적이며 정수이기도 하다. 백2에 흑3, 5로 귀를 접수한 것은 어쩔 수 없다.

그러면 백은 6까지 흑의 세력권이었던 하변을 부수며 안정해 만족한다. 흑의 작전 실패!

레벨업 예제

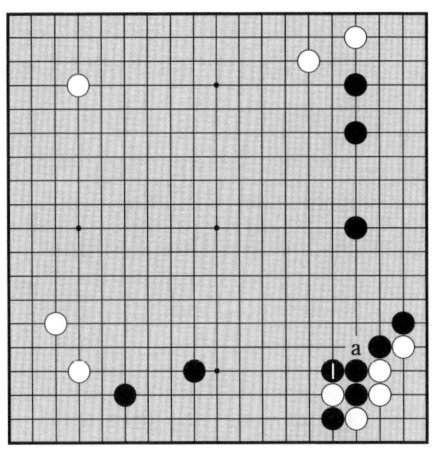

⊞ 예제 (백 차례)

이 장면에서 흑은 a의 곳을 잇지 않고 1로 백 한점을 단수했다.

부분적으로는 약간 손해를 보게 되지만 어느 정도 둘 수 있는 수법이다.

백은 어떻게 대응하는 것이 좋을까?

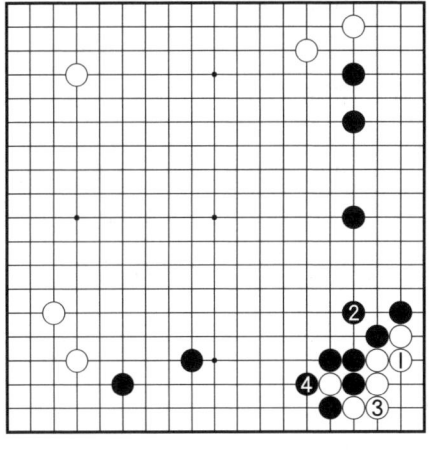

참고도 1(백, 낙제점)

백1쪽을 잇는 것은 이해하기 힘든 후퇴이다. 흑은 기분 좋게 2로 양호구를 쳐서 지킬 것이다.

백3에는 흑4로 따내어서 완벽에 가까운 막강한 세력을 얻는다. 백의 이런 진행은 낙제점이다.

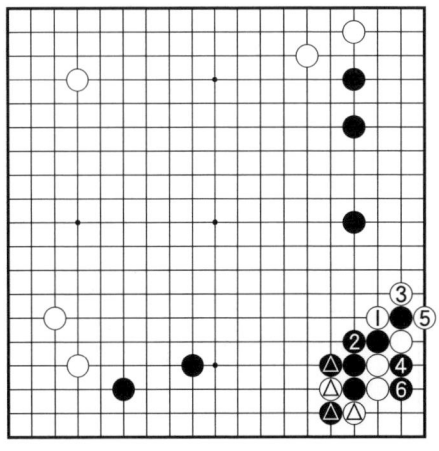

참고도 2(흑, 둘 만하다)

이단 젖혀온 흑 한점을 백1, 3으로 잡는 것은 어떨까?

여기서 흑은 4, 6으로 귀를 접수하는 것도 생각할 수 있다. 백 △와 흑▲의 문답은 백의 악수이므로 7도와는 달리 흑도 둘 만하다. 여기서 흑4로는~

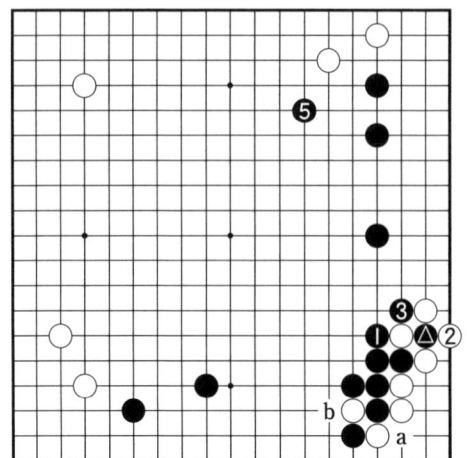

참고도 3(웅대한 세력)

흑1, 3을 선수활용해서 바깥쪽의 두터움을 중시하는 것이 일관성 있는 태도이자 유력한 수법이다.

흑5의 호쾌한 씌움이 절호의 요소! 우하 쪽은 백a, 흑b로 될 테니 흑의 세력이 웅대하다.

(④‥▲)

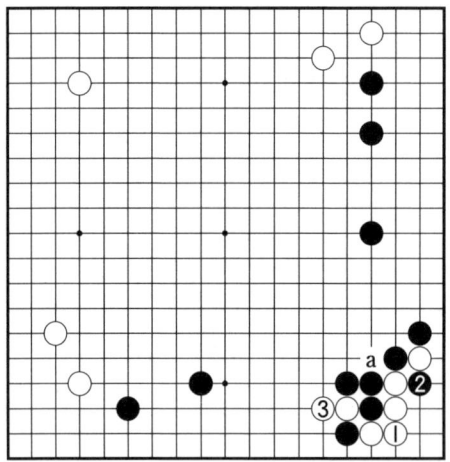

참고도 4(백, 올바른 이음)

처음으로 돌아가, 백은 잠자코 1쪽으로 잇는 것이 올바른 수였다.

이에 대해 흑2로 저항하는 것은 엄청난 무리수이다. 백3으로 빠져나가면 흑은 a의 단점도 있어 대책이 전혀 없다. 따라서 흑2로는~

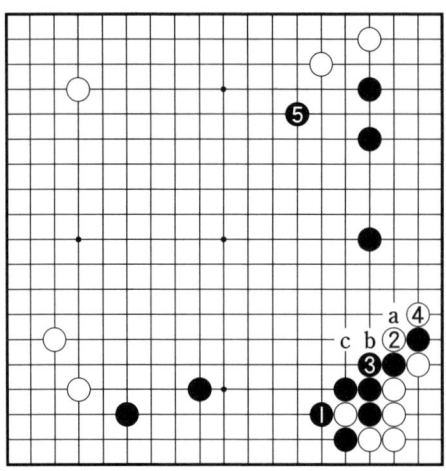

참고도 5(약간 손해이지만)

흑1로 한점을 따내야 한다. 실리 면에서는 약간 손해이지만 좁게 전개한 하변 배치에서 흑도 둘 수 있다.

백4 다음 흑은 a, 백b, 흑c로 돌려쳐서 더욱 두텁게 하는 수를 남긴 채 5로 씌워서 세력을 확장하는 것이 요령이다.

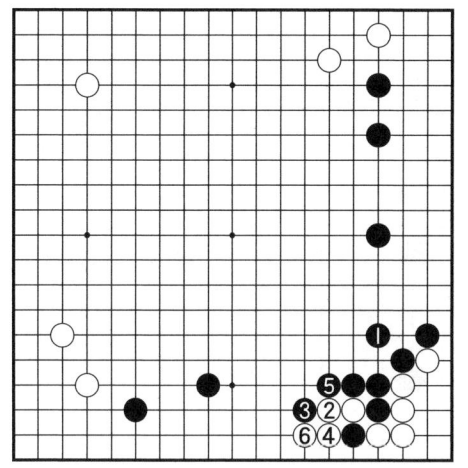

참고도 6(흑, 미흡)

이 상황에서 흑1로 양호구를 치는 것 역시 무리한 행동이다. 백2에 빠져나갈 때 흑3의 코붙임은 그나마 좋은 맥점이다.

그러나 백이 4, 6으로 대응하면 흑의 세력은 우변 하나뿐이니 미흡하다.

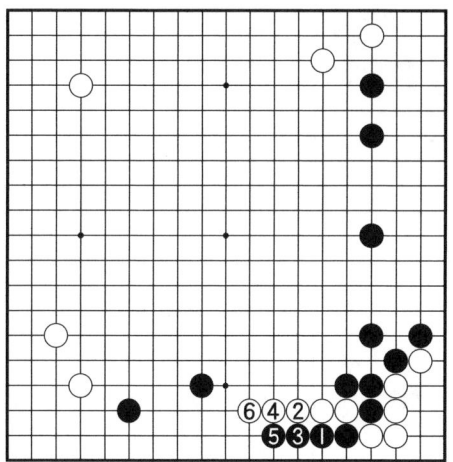

참고도 7(2선은 패망선!)

앞 그림의 3으로 흑1로 기어나가 귀의 백에 압력을 행사하려는 것은 무모한 발상이다. 2선은 패망선이라고 하지 않는가?

백은 2, 4 그리고 6으로 슬슬 늘어서 나빠질 리가 없다.

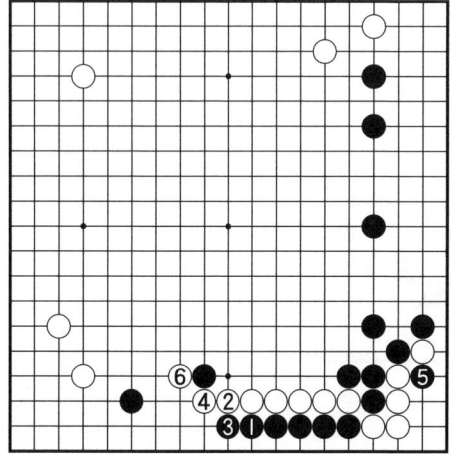

참고도 8(흑, 소탐대실)

내친걸음이므로 흑은 1, 3으로 두 차례를 더 기어놓고 5로 끊어서 귀를 접수할 수밖에 없을 것이다.

그러나 백6의 젖힘에 이르러, 흑 세력은 온데 간 데 없다. 소탐대실의 대표적인 예나 다름없다.

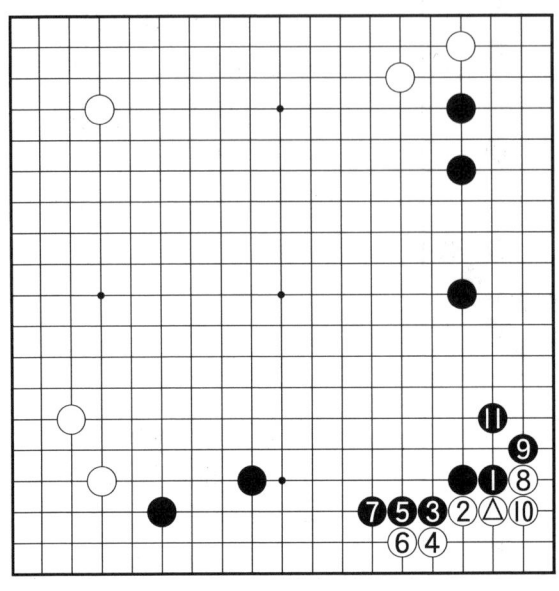

10도

10도(가능한 막음)

백△의 3三침입에 대해
흑1쪽 막음도 생각할 수
있다. 백2에 흑3으로 젖
히고 백4에는 흑5로 고
분고분 늘어서 나쁘지
않다.

11까지의 기본정석
은 쉽게 예측할 수 있는
진행이다. 이다음~

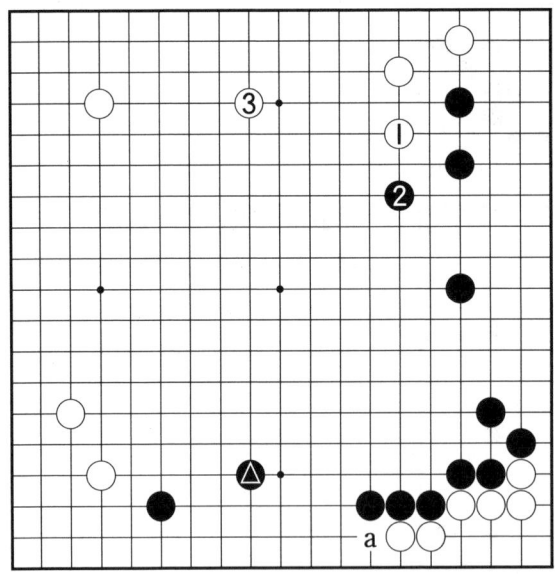

11도

11도(서로 둘 만하다)

백1의 한칸뜀은 시급하
며 흑2는 세력의 접점
에 해당하는 요소이다.

백도 3으로 상변을 구
축해 대항하게 될 것이
다. 하변만 보면 a가 서
로 큰 곳이며 흑은 ▲ 한
점이 좋은 균형을 잡고
있다.

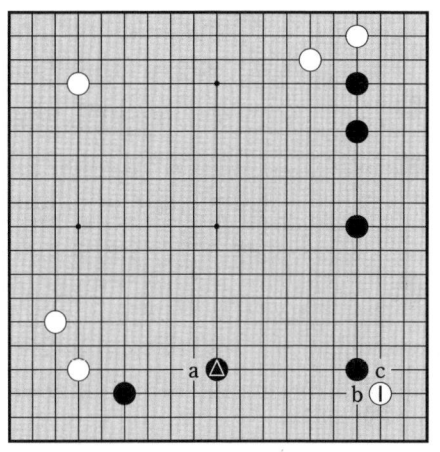

▦ 예제 (흑 차례)

흑▲의 위치에 주목하기 바란다. 앞서 a의 곳에 흑돌이 있을 경우와 다름은 말할 것도 없다.

백1의 3三침입에 흑은 b와 c 가운데 어느 쪽을 막는 것이 좋을까?

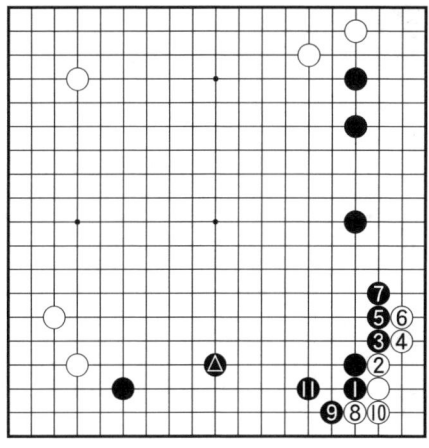

참고도 1(방향 착오)

이 상황에서 흑1로 막는 것은 방향 착오이다.

백2 이하 11까지 기본정석은 상식적인 진행인데, 이렇게 되면 흑▲의 위치가 오른쪽 흑의 벽과의 균형상 중복인 느낌이 완연하기 때문이다.

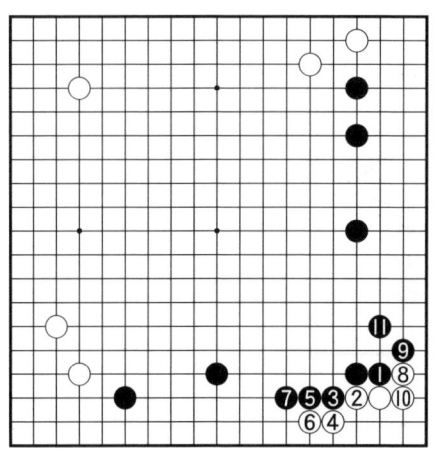

참고도 2(올바른 방향)

흑1쪽을 막는 것이 올바르다. 넓은 쪽을 중시하는 점에서 기리(棋理)에도 합당하다.

백2 이하 흑11까지는 앞 그림과 똑같은 기본정석이지만 흑이 비교적 폭넓은 세력권을 형성하고 있음을 알 수 있다.

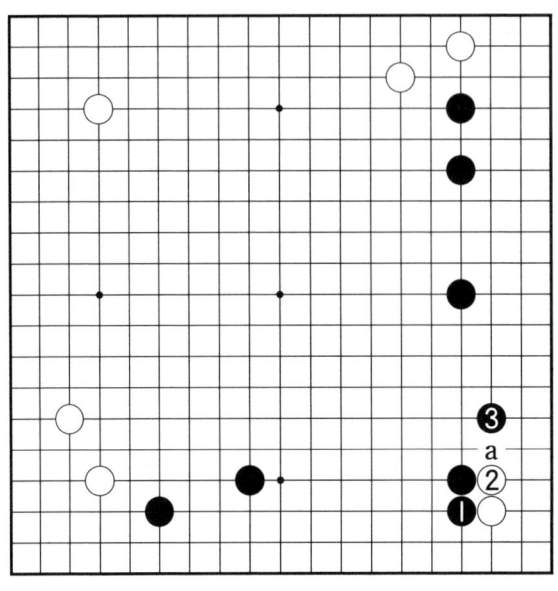

12도

12도(한발 물러서면?)
흑1, 백2 때 흑a로 젖히
는 것이 상식인데, 때로
는 3으로 슬그머니 한
발 물러서서 백을 압박
하는 것도 유력한 수법
이다.
　무슨 뜻을 품고 있을
까, 또 백은 어떻게 대
응하는 것이 바람직할
까?

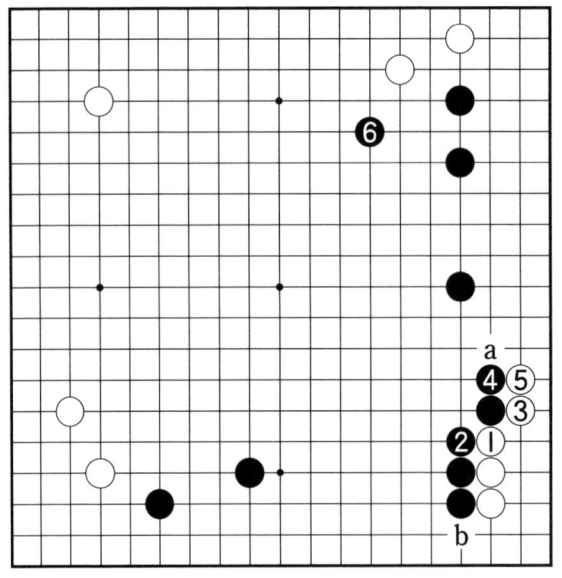

13도

13도(흑의 주문)
백1로 치받는다면 흑2
로 막아 백3의 젖힘을
강요하려는 것이 흑의
주문이었다.
　흑4, 백5 때 흑은 a
와 b의 선택을 남겨 놓
고 손을 빼어 6의 호점
에 달려가자는 고급스
런 착상이다.

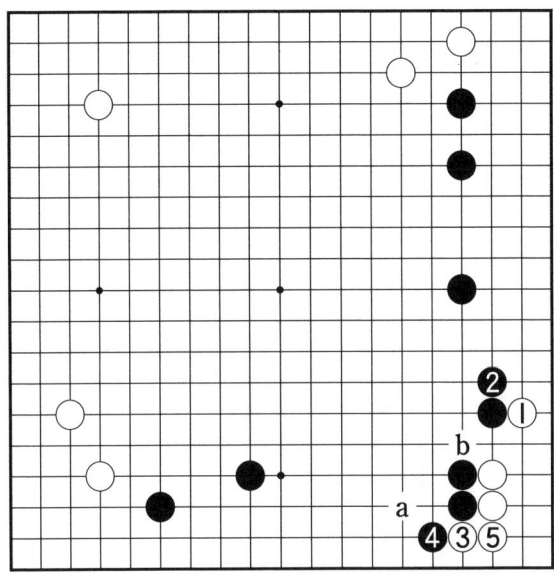

14도

14도(2선의 붙임)
치받을 것이 아니라 백
1로 2선에 붙이는 것이
함축성 있는 수법으로
정석화 되어 있기도 하
다. 흑2로 점잖게 늘어
두는 것은 정수이다.
　백3, 5의 젖혀이음에
대해 흑은 a로 호구치
거나 b에 늘거나 둘 중
하나이다.

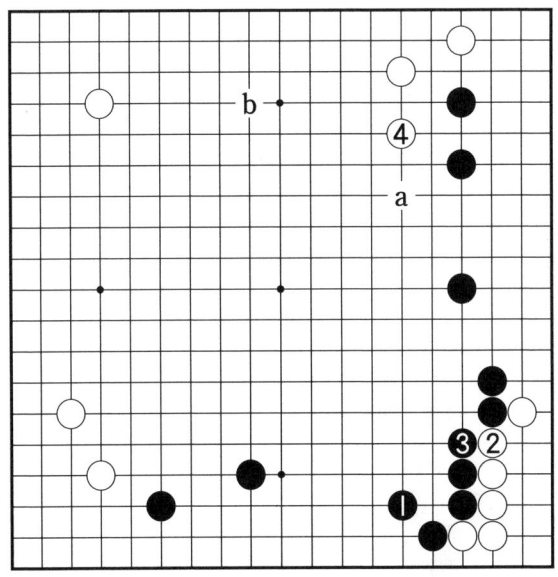

15도

15도(무난한 선택)
흑1로 호구치는 것이 무
난한 수법이다. 단, 백은
2와 흑3을 문답해 응급
조치하고 백4의 대세점
으로 향하게 된다.
　다음 흑a, 백b라는 보
편적 진행은 앞서도 봤
을 것이다. 흑은 이 그
림이 싫다면~

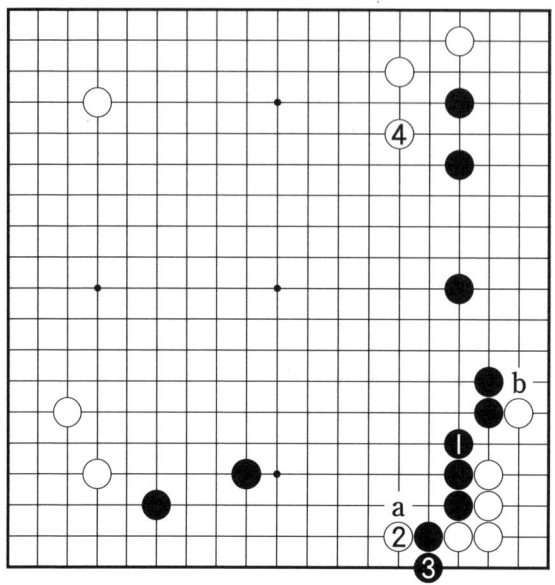

16도

16도(준비된 껴붙임)
흑1로 느는 수를 선택
하기도 한다. 그러면 백
2의 껴붙임이 준비된
수단이다.

흑은 3으로 내려서는
한수이며 백은 이곳에
서 손을 빼는 것도 유력
하다. 흑a면 백b로 기
어나가서 안심이다. 백
4로는~

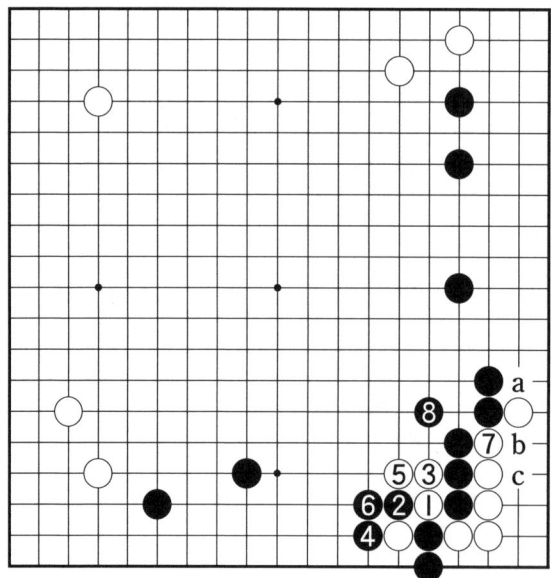

17도

17도(실전 예)
백1로 끊어서 결정지은
실전도 있다. 흑2, 4는
어쩔 수 없는 응수이다.
그러면 백은 5와 7을 선
수하고 손을 빼게 된다.

나중 흑a 때 백은 손
을 뺄 수 있으며 계속 흑
b에 백c로 몰고 또 손을
뺄 수 있다.

장면 2
차단과 수비의 갈림길에서

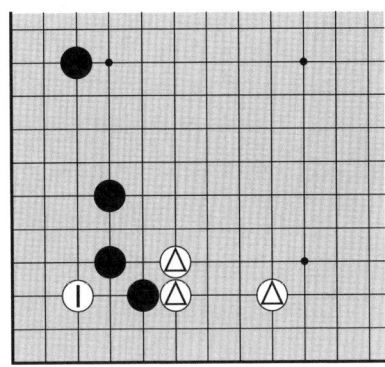

▨ 화점 날일자걸침 이후 흔히 볼 수 있는 장면이다. 백1의 3三침입에 흑은 어떻게 대응할지 알아본다. 흑이 차단과 수비의 갈림길에서 그 판단은 하변 백△를 강한 돌로 볼 것이냐, 아니면 공격대상으로 보느냐에 따라서 달라질 것이다.

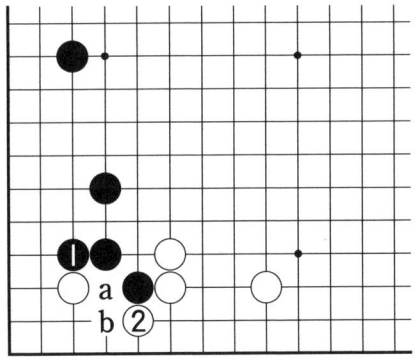

1도

1도(물러서다)

흑1로 물러서는 것은 하변 백이 공격대상으로 삼기에는 강하거나 탄력적인 돌이라는 판단 아래에서 둘 수 있다.

과연 그럴까? 우선 백2의 젖힘이 아프다. 다음 흑은 a와 b의 선택이 기다린다.

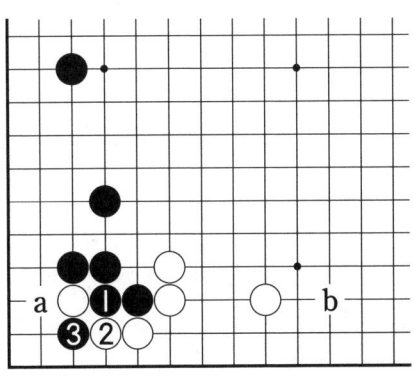

2도

2도(웅크림)

흑1의 웅크림이 가장 널리 쓰이는 수법이다. 귀를 지키면서 바깥쪽 백을 압박하는 수를 엿보고 있다.

백2는 당장 두지 않는 편이 좋다. 흑3이 없으면 백a가 큰 수! 흑3 이후 흑b의 육박이 호점이다.

27

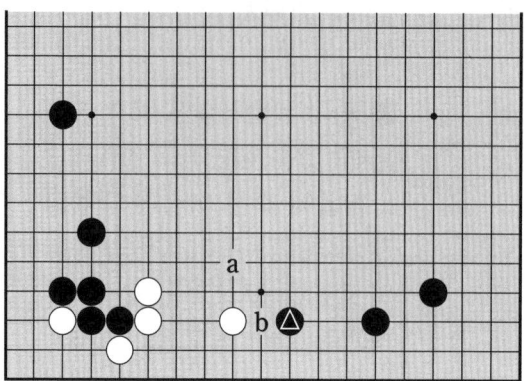

예제

▦ 예제 (백 차례)

흑❷로 육박해온 장면이다. 백이 이대로 내버려 둔다면 공격을 당할 것이 빤하다. 우선 백은 a로 한칸 뛰어둔다면 무난하다. 달리 b로 치받는 것은 흑을 튼튼하게 만들어 주므로 내키지 않는다.

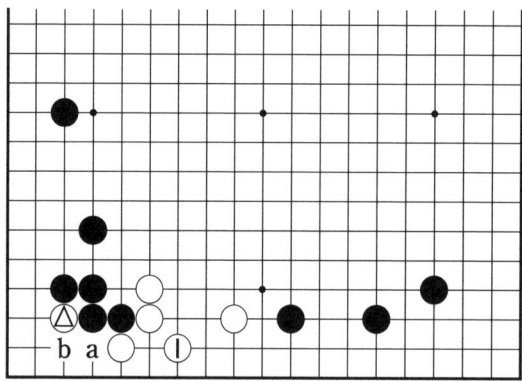

참고도 1

참고도 1(추천/ 호구)

백1로 호구치는 것을 추천한다. 그러면 백은 안심이다. 이다음 백은 a로 기어드는 것이 아니라 b로 내려서서 ❷ 한점을 구출하며 귀를 차지하는 것이 크다. 백a를 서두르지 않았던 이유이기도 하다.

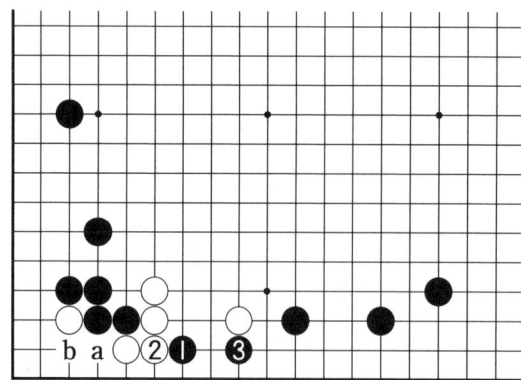

참고도 2

참고도 2(곤마 신세)

백이 손을 뺄 경우 흑1로 들여다보는 것이 근거를 빼앗는 통렬한 급소이다. 백2의 이음을 강요하고 흑3에 건너면 백은 곤마 신세가 된다. 백은 a가 아닌 b로 귀에 한 눈이 있는 것이 그나마 위안이다.

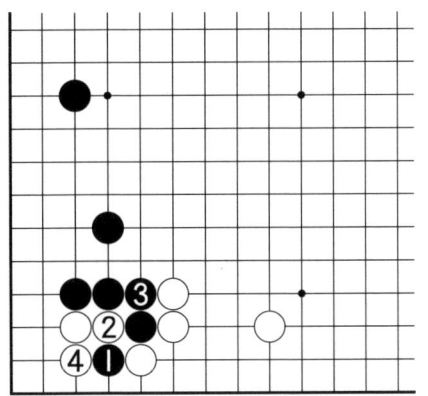

3도

3도(흑1은 비상수단)

흑1로 젖혀나가는 수는 귀의 근거를 확보할 때 쓰는 수법이다. 요컨대 귀의 흑이 위험하다 싶을 때의 비상수단이다.

백2 때 흑3으로 잇는 것은 잘못이다. 백4로 1의 한점이 잡혀 얘기가 안 된다.

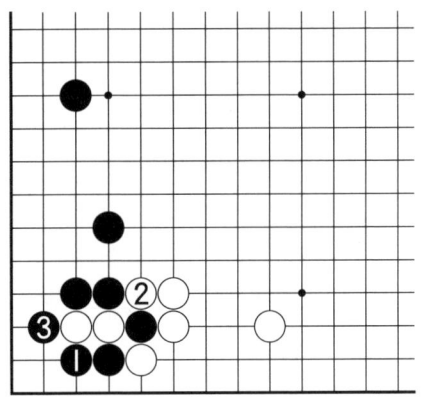

4도

4도(백, 두텁다)

앞 그림의 3으로는 흑1로 2선에 따라붙으면서 단수하는 것이 이럴 때 쓰는 맥점이다.

백2는 당연한 따냄이며 흑은 3으로 귀를 보전하는 데 성공했다. 백도 두터워졌으므로 만족할 만한 결과이다.

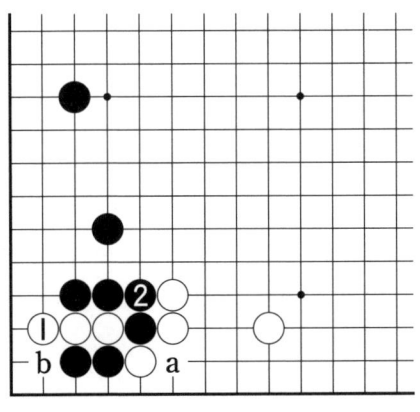

5도

5도(백1, 무모하다)

앞 그림의 2로 백1로 달아나는 것은 무모한 수로 성립하지 않는다. 흑2로 이어 버리면 백은 대책이 전혀 없다. 다음 백a면 흑b로 크게 보태준 꼴이기 때문이다.

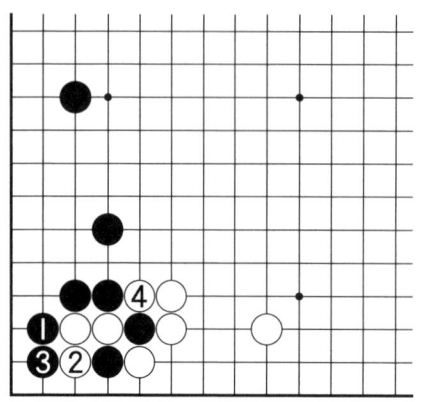

6도

6도(흑, 맥점을 모르다)

이 상황에서 4도와 같은 맥점을 모른다면 흑은 1, 3으로 계속 단수할지도 모른다.

　백은 2에서 4로 따내어서 막강한 세력을 얻게 되었다. 초급자가 흔히 범하는 실수였다.

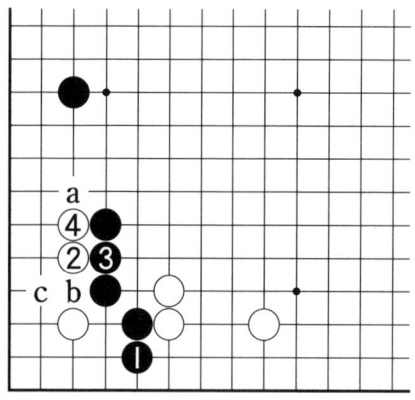

7도

7도(강력한 차단)

흑1로 내려서 차단하는 것은 귀는 다치더라도 바깥쪽 백을 공략하겠다는 강력한 태도이다.

　백2로 들여다본 것은 배워둘 만한 수이며, 백4 다음 흑은 바로 a에 젖히든가 b와 백c를 교환하고 두든가 한다.

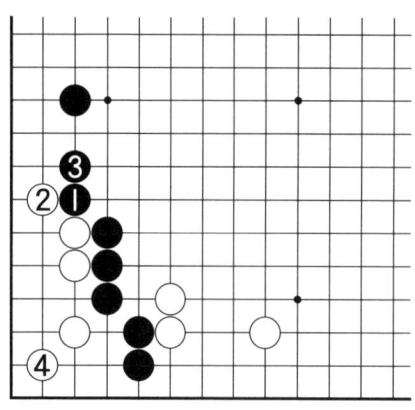

8도

8도(그냥 젖힘)

흑1로 그냥 젖히면 백은 2로 하나 젖혀서 흑3과 문답해 놓고 백4로 마늘모해서 귀를 차지하게 된다.

　백은 크게 살았으므로 불만은 없으며, 흑도 바깥쪽 백 석점을 공격해 대가를 구하게 된다.

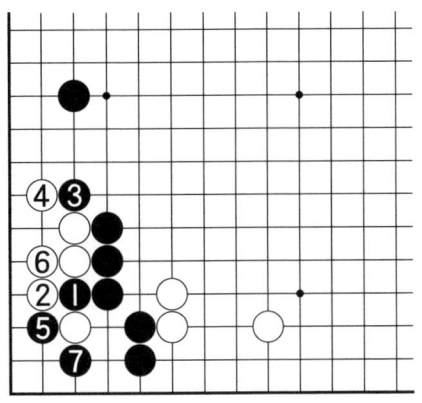

9도

9도(보편적 수순)

흑1로 하나 찔러 백2로 받게 하고 나서 흑3에 젖히는 것이 실전에서 가장 흔히 쓰이는 수순이다.

백4에 흑5로 끊는 것이 중요한 한수이다. 백6의 이음을 기다려 흑7로 귀를 보전한다.

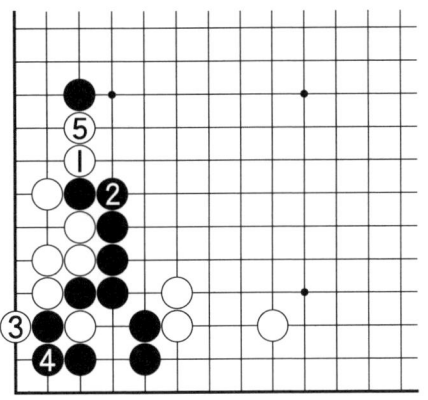

10도

10도(행마의 요령)

여기서 백1과 3으로 단수하고 5로 치받는 것이 행마의 요령이다.

사족이지만 백1과 3의 수순은 뒤바꿔도 문제가 될 것이 없다.

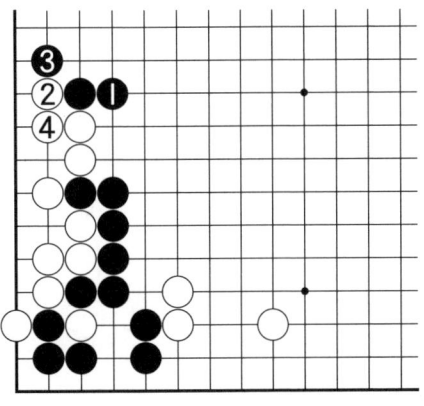

11도

11도(젖혀이음)

계속해서 흑1로 서는 한수이다. 백은 여기서 손을 빼도 사는 데는 지장이 없지만 구차한 상황에 몰린다.

백2, 4로 젖혀 이어서 사는 것이 집도 크고 바깥쪽 흑에 약점을 남기는 의미가 있다.

31

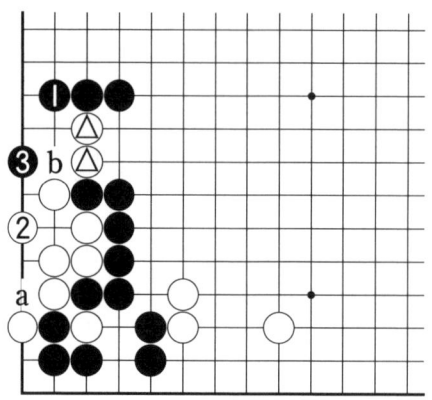

12도

12도(백2, 경솔)

백이 손을 빼면 흑1의 내려섬이 듣는다.

여기서 백2로 서둘러 살자고 하는 것은 경솔하다. 흑3의 날일자 공략이 통렬하기 때문이다. 다음 백a에 흑b로 끊겨 금싸라기 같은 백△ 두점이 떨어진다.

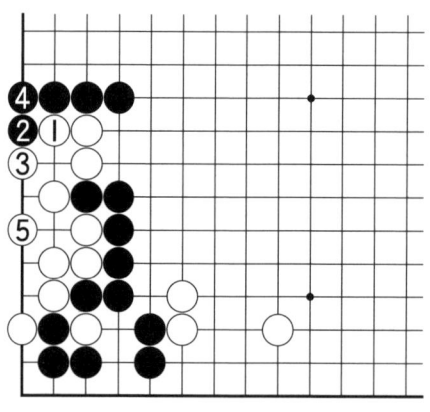

13도

13도(선수 젖혀이음)

백1로 막는 것이 좋다. 흑2, 4의 젖혀이음이 듣지만 이 정도는 백이 참을 수밖에 없다.

흑은 백의 바깥쪽 진출을 저지해서 나쁠 이유가 없다.

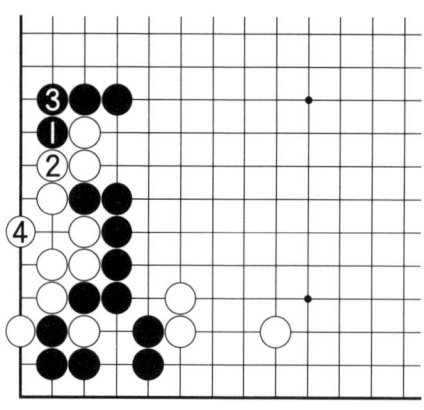

14도

14도(바깥활용이 자유롭다)

흑은 1, 3으로 젖혀이을 수도 있다. 백4까지는 필연적인 진행이다. 단, 이 형태는 바깥쪽에서 백이 활용하는 수단이 앞 그림에 비에 자유롭다, 비교해보기 바란다.

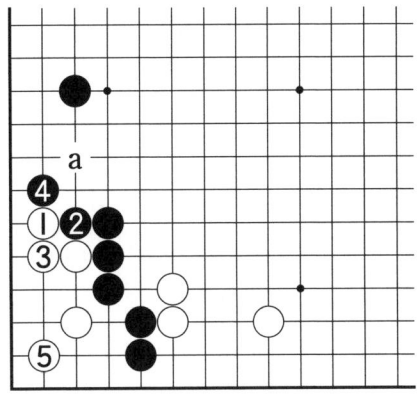

15도

15도(백의 마늘모)

7도의 4로는 백1로 마늘모하는 수도 유력하다. 바깥쪽 백에 나쁜 영향을 주지 않으려는 생각이다.

흑2, 4에는 백5로 사는 것이 틀이다. 흑4는 a에 뛸 수도 있을 것이다.

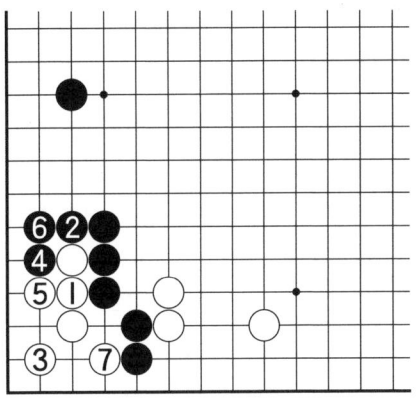

16도

16도(무거운 발상)

백1로 잇는 것은 무거운 발상이다. 흑2에 꼬부려 막히면 구차하게 살지 않으면 안 되기 때문이다.

요컨대 백3이 삶의 급소이지만 흑4, 6의 젖혀이음을 선수당하는 것이 너무도 아프다.

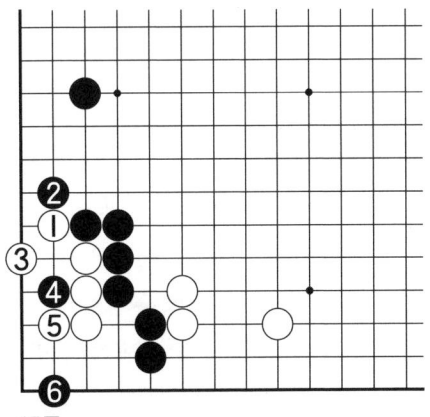

17도

17도(백, 살길이 없다)

앞 그림의 3으로 백1로 젖히고 3에 호구쳐서 크게 살자고 하는 것은 욕심이다.

흑4의 치중이 통렬한 급소 일격! 백5를 기다려 흑6의 눈목자로 달려서 이 백은 살길이 없다.

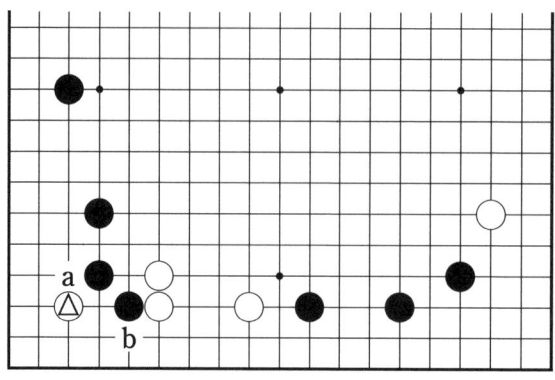

18도

18도(실전적 배경)

좌하 쪽의 배석은 [장면 2]와 같지만 우하 쪽이 좀 더 구체적으로 놓이면서 실전적이다.

　이 상황에서 백◎의 3三침입에 대해 흑은 a와 b, 어느 응수가 합당할까?

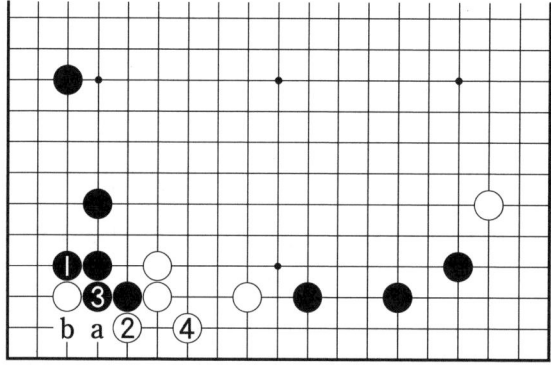

19도

19도(흑1, 나약한 태도)

흑1로 물러서는 것은 나약한 태도이다.

　백은 2로 하나 젖혀 흑3의 응수를 강요하고 백4로 호구쳐서 간단하게 안정해 버린다. 이다음 백은 a가 아니라 b로 두는 큰 수가 남았다.

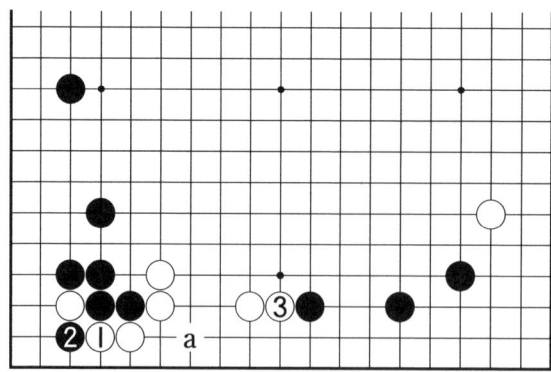

20도

20도(백1, 속수)

앞 그림의 4로 백1로 기어들어가는 것은 속수이다. 흑2와 교환되면 부분적으로도 나쁘며 흑a의 급습이 통렬해진다.

　다음 백은 3으로 치받아서 방어해야 한다. 이 수가 없으면~

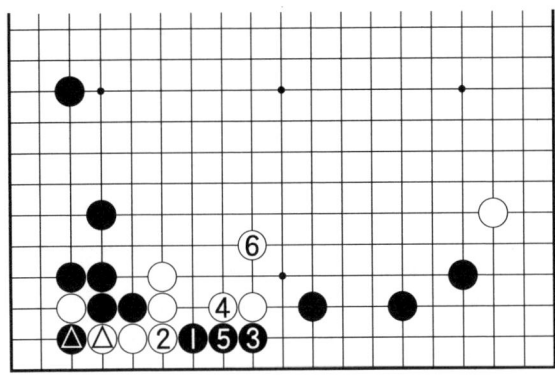

21도

21도(백, 부평초 신세)

흑1의 치중이 매서운 공략이다. 백2로 이을 때 흑은 3에 붙여서 건넌다. 이렇게 되면 6까지 백은 부평초 신세가 된다. 여기서 백△와 흑● 는 명백한 악수 교환임을 알 수 있다.

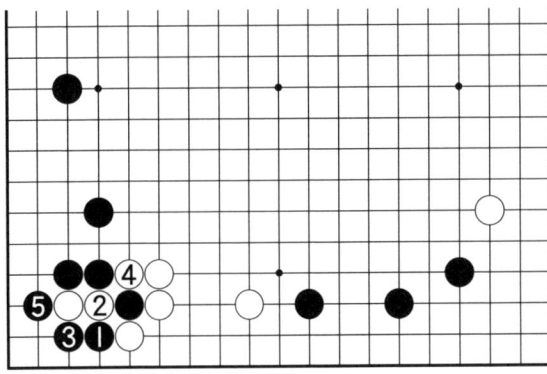

22도

22도(공격은 먼 얘기)

19도의 3으로 흑1의 젖힘도 좋은 결과를 얻지 못한다. 백2에서 4로 흑한점을 따낸 두터움이 막강하기 때문이다.

흑이 하변 백을 공격한다는 것은 먼 얘기가 되었다.

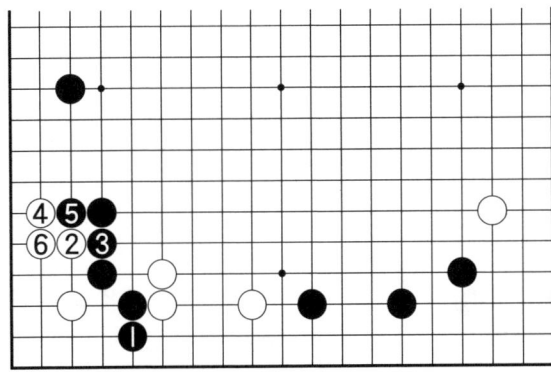

23도

23도(추천/ 차단)

이 상황에서는 흑1로 차단하는 한수이다. 흑은 하변 백 석점을 공격목표로 판단하고 있는 것이다. 그것은 그렇고 백2, 흑3 다음 백4의 마늘모는 경묘한 수법이다. 흑5, 백6 다음~

35

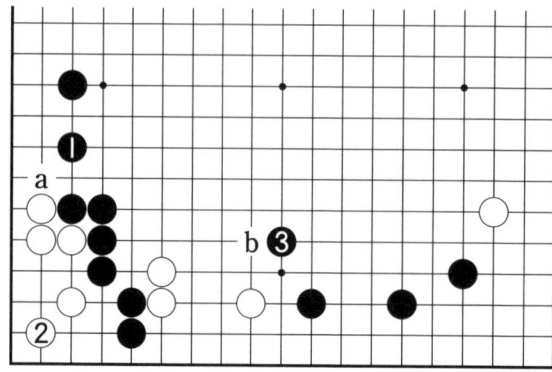

24도

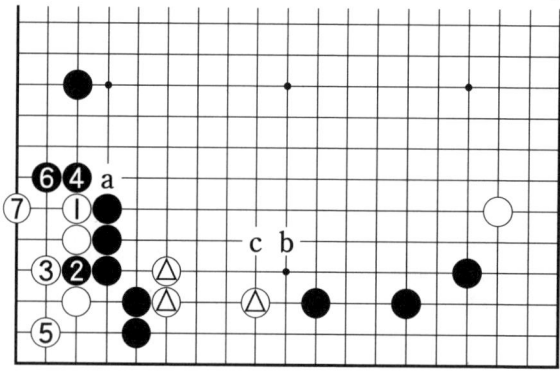

25도

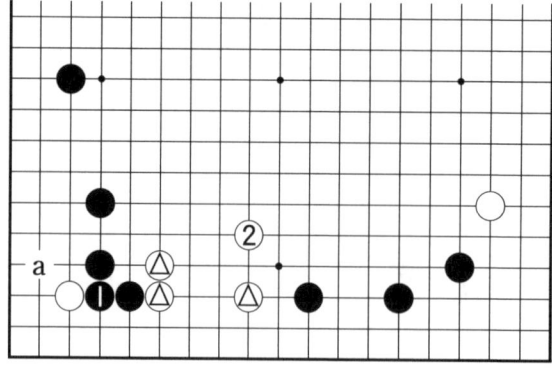

26도

24도(공격)

흑1로 늦춤이 좋은 수법
이다. 어차피 이곳은 a
로 막든 1이든 백2의 수
비가 필요하기 때문이
다. 흑a는 허술해 뒷맛
이 나쁘다. 흑은 두터움
을 배경으로 3(또는 b)
으로 공격해서 충분히
대가를 구할 수 있다.

25도(상식적인 대응)

23도의 4로 백1이면 흑
2, 4로 젖힘이 상식적
인 대응이다. 백5, 7은
a의 단점을 남겨 ⓐ의
수습에 도움을 주려는
뜻이다. 어쨌든 흑은 b
나 c로 공격할 테니까.

26도(중용의 수)

애초에 흑1의 응수도 있
다. 귀의 삶을 거북하게
하면서 차단하고 있는
중용의 수이기도 하다.
백은 2로 뛰어 ⓐ의 안
전을 꾀한 다음 a로 마
늘모해서 사는 수를 엿
보게 될 것이다.

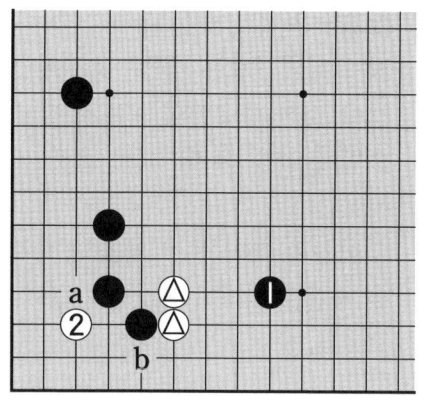

예제

▦ 예제 (흑 차례)

흑1로 백△ 두점을 공격한 데 대해 백은 2로 3三에 뛰어들어 흑의 응수를 물어왔다.

흑은 a로 물러설 것이냐, 아니면 b로 차단할 것이냐?

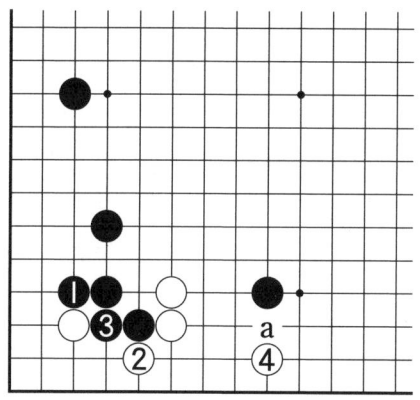

참고도 1

참고도 1(안이한 태도)

흑1로 물러서는 것은 안이한 태도이며 작전의 일관성도 없다. 백2의 젖힘이 아프다.

흑3으로 응수할 때 백4로 미끄러지면 이 백은 공격하기가 쉽지 않다. 백4는 a의 붙임도 유력한 방법이다.

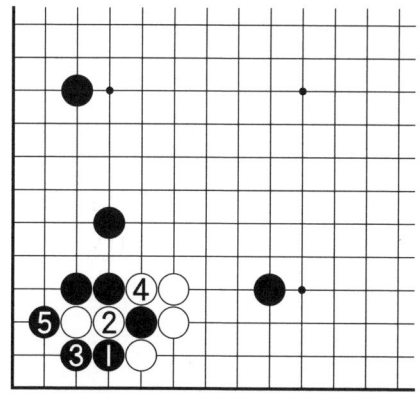

참고도 2

참고도 2(흑의 희망사항)

흑1로 젖혀나가는 것은 가장 좋지 않은 길이다. 백2에 흑3, 5는 상용수법이다. 백은 4의 따냄으로 조금 두터워졌지만 여전히 흑의 공격 목표이다.

그러나 이 진행은 흑의 희망사항일 뿐이다.

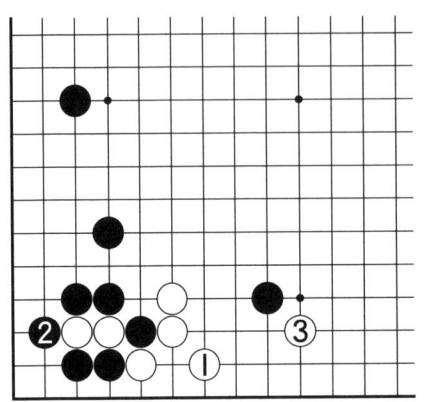

참고도 3

참고도 3(백의 멋진 한수)

앞 그림의 4로는 백1로 호구치는 것이 멋진 한수이다. 흑2로 따낼 수밖에 없을 때 백3으로 훌쩍 날아버린다.

이로써 흑이 하변 백을 공격하는 수단은 사라졌다고 봐도 좋다.

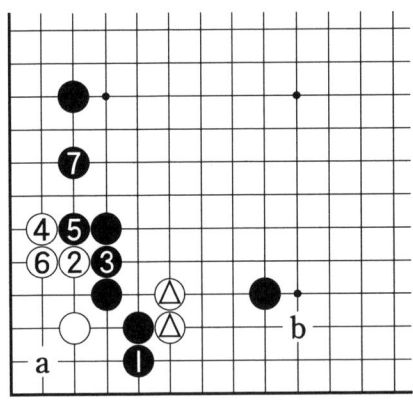

참고도 4

참고도 4(최선/ 차단하는 한수)

흑1로 차단하는 한수가 최선이다. 백2, 4 이하의 귀살이를 강요하고 바깥쪽에서 대가를 구하려는 뜻이다. 흑7에 백a가 필요하므로 그때 흑b쯤으로 지키면 백△ 두점은 움직이기 어렵다.

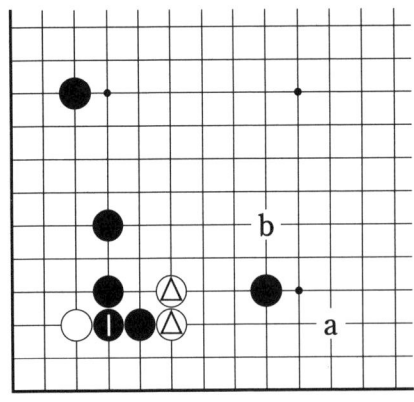

참고도 5

참고도 5(차선/ 웅크림)

흑1로 웅크리는 것은 차선책이다. 이러면 귀도 견제하면서 백△ 두점의 움직임도 제한할 수 있다.

백은 직접 달아나지 않고 a쪽에서 다가서거나 b로 모자를 씌워서 활용하게 될 것이다.

장면 3
진영의 강약을 판단하라

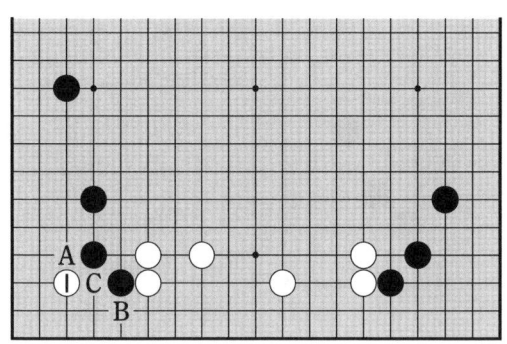

■ 백1의 3三침입에 대해 흑은 A로 물러섬, B로 차단, C로 웅크림 가운데 어디가 좋을지 알아본다.

하변 백진의 강약을 판단한다면 자연히 답이 나올 것이다.

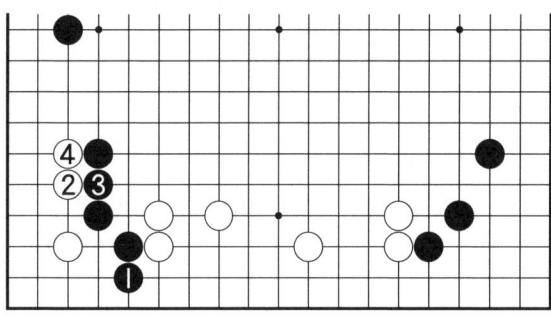

1도

1도(무모한 행동)

흑1의 차단은 용감해 보이지만 실은 무모하다.

왜냐하면 하변 백진은 아주 강한 돌이어서 공격 대상이 될 수 없기 때문이다. 공연히 백에게 귀만 빼앗겼다.

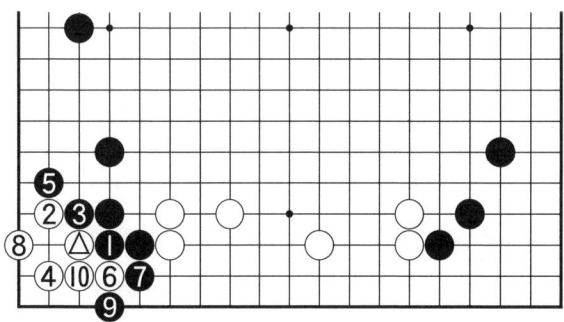

2도

2도(조금 나은 정도)

백△에 대한 흑1의 응수는 조금 나은 정도이다. 하변 백이 견고한데도 흑이 어정쩡하게 두어서 백에게 귀살이를 허용한다는 발상 자체가 바람직하지 않다.

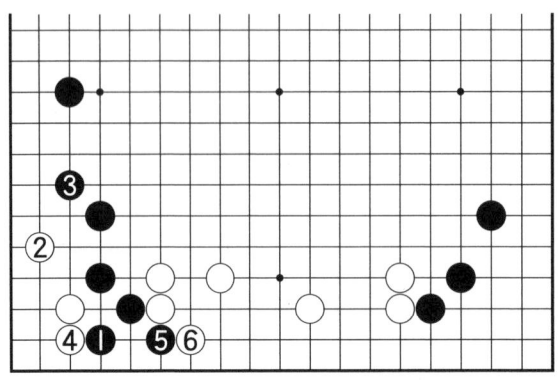

3도

3도(초중급자의 수)
흑1의 마늘모로 차단하는 것은 초중급자들이 흔히 범하는 어설픈 응수이다. 백은 2의 날일자로 하나 달려두고 4에 막아서 쉽게 살아 버린다. 6까지 흑은 아무 것도 한 게 없다.

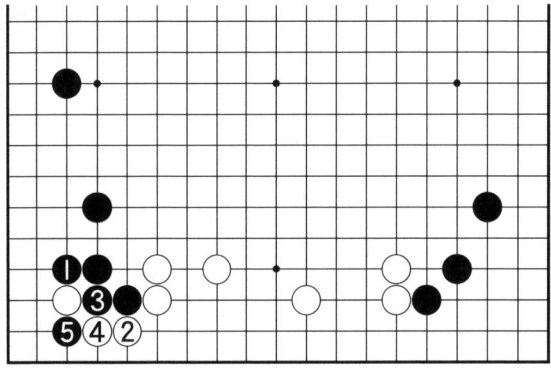

4도

4도(최선/ 물러서는 수)
여기서는 흑1로 물러서는 것이 올바른 응수이자 최선이다. 백2의 선수 젖힘이 조금 아프지만 어쩔 수 없다. 흑3으로 참고, 백4에는 흑5로 받아 응접이 완료된다. 수순 중 흑3으로~

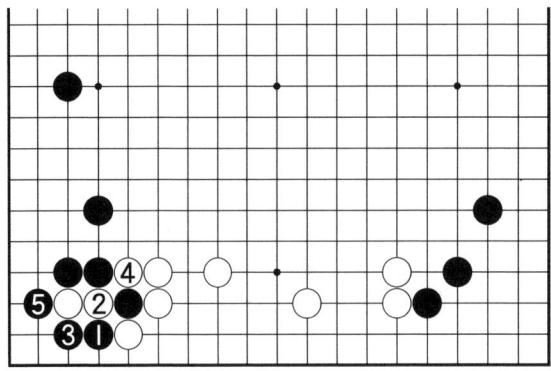

5도

5도(감점 요인)
흑1로 젖힘도 있지만 이 경우는 합당치 않다.
 5까지는 흑이 근거를 빨리 마련할 때 쓰는 수법이지만 백을 두텁게 해준 잘못도 있어 앞 그림의 결과와는 큰 차이로 감점 요인이다.

레벨업 예제

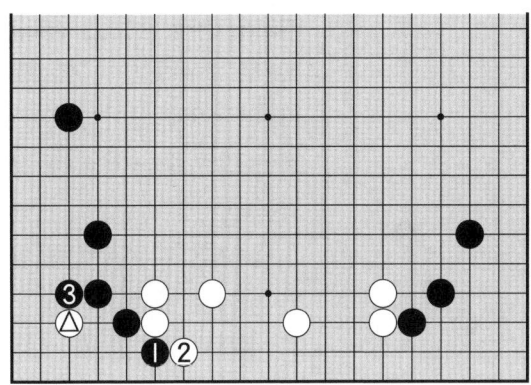

예제

▦ 예제 (백 차례)

장면과 같은 배석에서의 변화. 백△의 3三침입에 대해 흑1로 하나 젖혀 백2로 받게 하고 흑3으로 응수한 것은 꽤 궁리한 유력한 수법이다.

여기서 백은 어떻게 대응해야 할까?

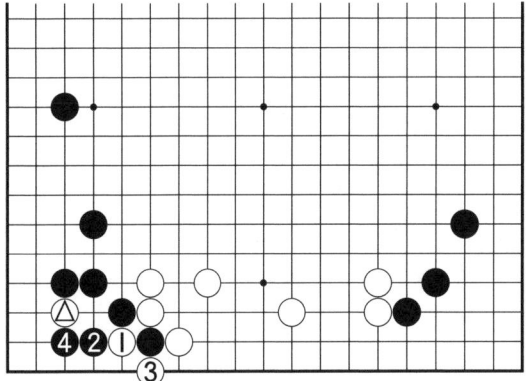

참고도 1

참고도 1(흑, 만족)

백1, 3으로 흑 한점을 끊어잡는 것은 선수로 이곳을 처리하고 싶을 때 쓰는 수법이다.

4까지 흑은 백△ 한점을 수중에 넣으면서 귀를 크게 지켰으니 만족스럽다.

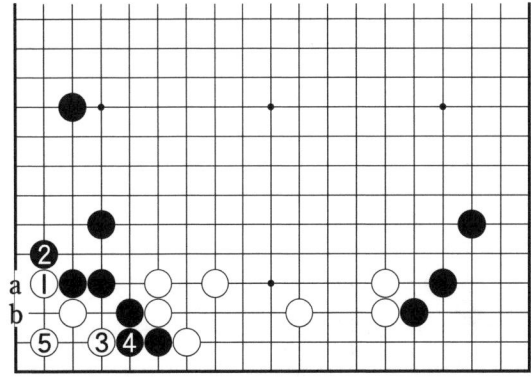

참고도 2

참고도 2(패의 수순)

백1쪽을 하나 젖혀 흑2를 기다려 백3으로 들여다보는 것이 흔히 쓰는 수순이다. 흑4에 이어준다면 백5로 양호구를 쳐서 패로 버틸 요량이다.

다음 흑a에 백b의 패가 그것이다. 흑4로~

41

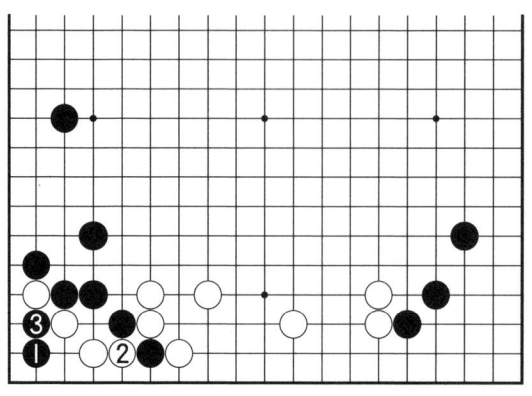

참고도 3

참고도 3(백, 혁혁한 전과)

흑1로 들여다보는 수도 있다. 백은 2로 끊어서 흑 한 점을 접수해서 혁혁한 전과를 올렸다.

흑은 3까지 후수여서 여간 불만이 아니다. 흑1, 3은 팻감이 부족할 때 쓰는 수법이었다. 백2로~

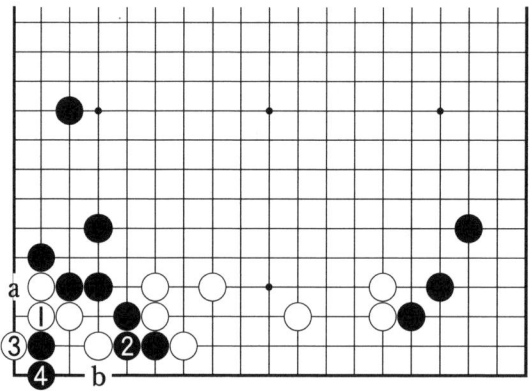

참고도 4

참고도 4(백, 죽음)

백1로 잇는 것은 흑의 주문이다. 흑2로 이은 다음에는 이 백을 살릴 길이 없는 것이다.

백3의 젖힘에는 흑4로 파호해서 a와 b가 맞보기이므로 백은 잡힐 수밖에 없다.

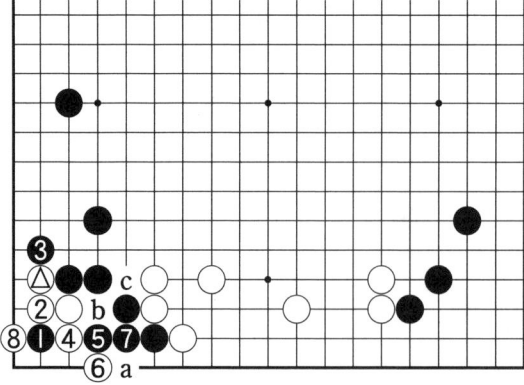

참고도 5

참고도 5(백, 거뜬히 산다)

그렇다면 백이 △로 젖혔을 때 흑1로 치중하는 수가 없을까? 하지만 이번에는 백2로 이어서 그만이다. 흑3에는 백4로 꼬부려서 이하 8까지 거뜬하게 산다. 흑7로 a면 백b, 흑c, 백7로 패가 난다.

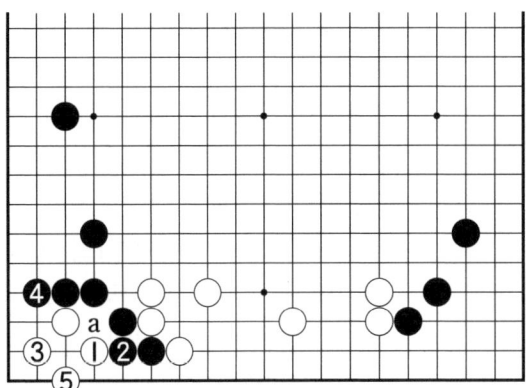

참고도 6

참고도 6 (추천/ 알뜰한 삶)

백1로 먼저 들여다보고 흑 2로 이을 때 백3으로 마늘모하는 절묘한 수순이 성립한다. 흑4를 기다려 백5로 두면 패도 없이 알뜰하게 살 수 있다.

언제든지 백a가 선수임을 기억하기 바란다.

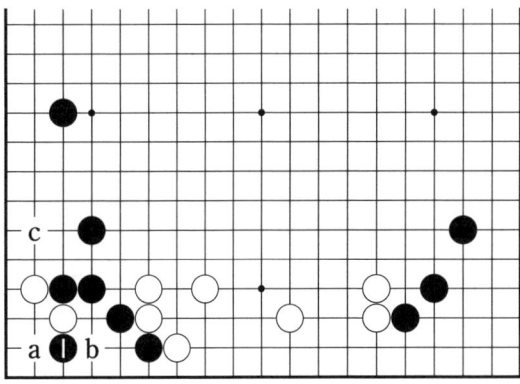

참고도 7

참고도 7 (흑의 모험)

이 상황에서 흑1로 붙여서 잡으러가는 것은 대단한 강수이다.

그러나 다음 백a, 흑b, 백c로 뛰어 나가고 보면 흑이 이 백을 송두리째 잡을 가능성은 없다고 봐도 좋겠다.

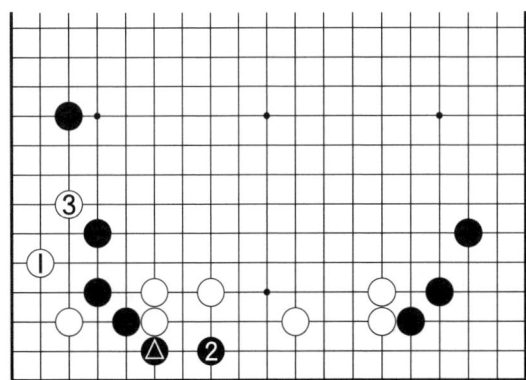

참고도 8

참고도 8 (서로 나의 길을!)

거슬러 올라가서 흑▲의 젖힘에 대해 백은 받지 않고 1의 날일자로 달릴 수도 있다. 흑2에는 백3으로 변신해 서로가 나의 길을 가게 된다.

흑진을 보기 좋게 부순 백이 잘된 결과일 것이다.

좌변의 배치가 달라진 경우

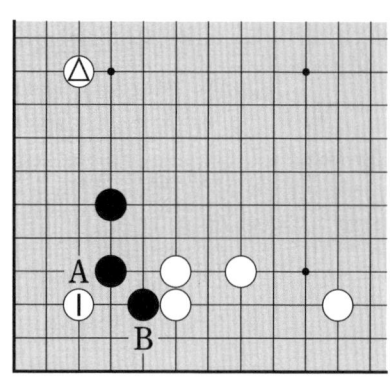

■백△에 주목하기 바란다. [장면 3]에서는 흑돌이 놓여 있었지만 백돌로 바뀌었다.

이렇게 좌변 배치가 달라진 경우 백1로 3三에 뛰어들면 흑의 응수는 A와 B 가운데 어디가 좋을지 알아본다.

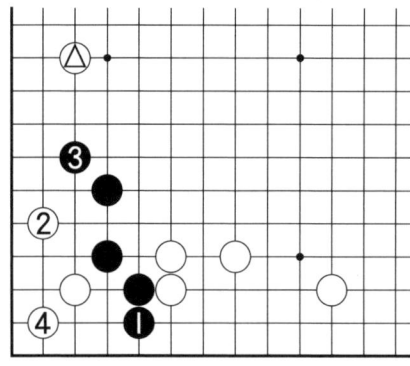

1도

1도(무모한 발상)

흑1로 내려서는 것은 무모한 발상이다. 백은 2에 달리고 4로 살아버린다.

이러면 흑은 졸지에 빈털터리 신세가 된다. 또한 백△가 미리 호점을 차지하고 흑을 공격하고 있어 괴로워졌다.

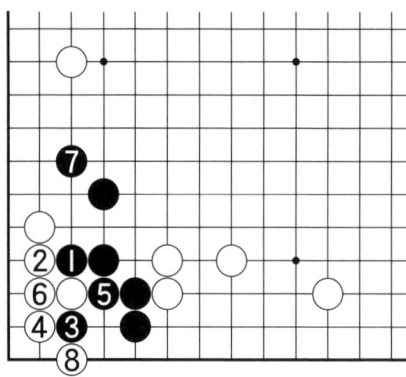

2도

2도(공격목표)

앞 그림의 3으로는 흑1로 하나 찌르고 3에 껴붙이는 것이 치열한 수법이다.

하지만 백이 4 이하 8로 살고 보면 형편은 나아지지 않는다. 역시 흑은 백의 공격목표가 될 뿐이다.

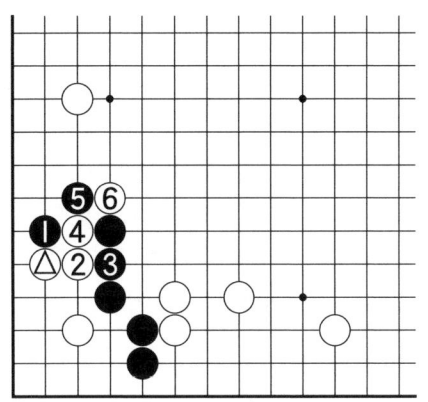

3도

3도(흑1, 무리수)

백△에 대해 바로 흑1에 받는 것은 무리수이다. 백2로 올라서면 당장 응수가 막막해진다.

천상 흑3에 이을 수밖에 없는데, 백이 4에서 6으로 끊어 버리면 더 이상 버틸 수가 없다.

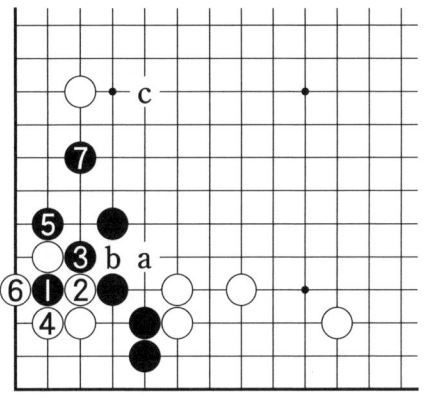

4도

4도(건너붙임)

흑1의 건너붙임은 꽤 궁리한 수이지만 백은 흑이 해달라는 대로 4, 6으로 살아서 나쁘지 않다.

7까지 흑은 좁은 대로 근거는 마련되었지만 다음 백은 a, 흑b, 백c로 뛰는 정도로도 만족스럽다.

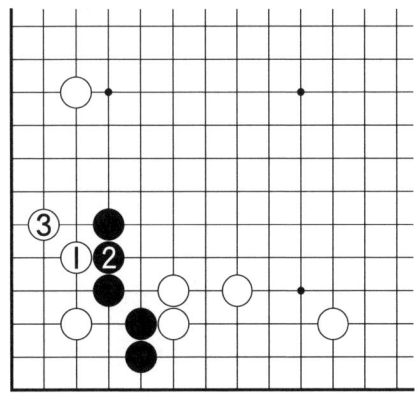

5도

5도(백의 유력한 수법)

거슬러 올라가서 1도의 2로는 백1에 들여다봐 흑2로 잇게 하고 백3에 마늘모하는 수법도 유력하다.

이 결과 흑은 귀는 귀대로 빼앗기고 백의 좋은 먹잇감에서 벗어나지 못한다.

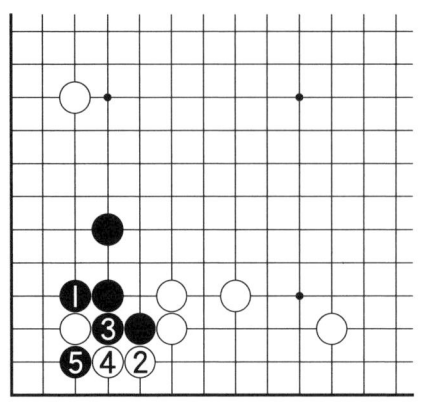

6도

6도(최선/ 자중)

여기서는 흑1로 물러서는 것이 올바른 판단이다. 주변의 백돌이 강하므로 흑은 자중해야 한다.

백2에는 흑3에서 5로 받아서 안전을 도모하는 것이 현명하다. 1도~3도와 비교해보기 바란다.

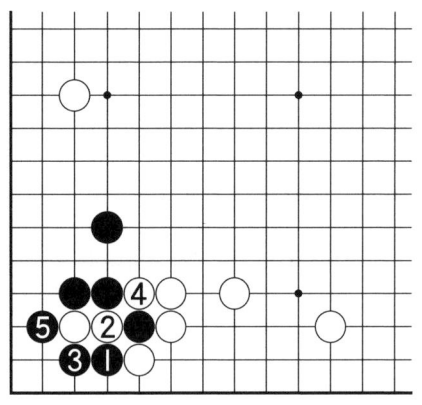

7도

7도(유력한 방법)

앞 그림의 3으로는 흑1에 젖혀나가는 것도 유력한 방법이다. 백2에 흑3, 5로 돌려쳐서 안전한 모습을 얻는 데 성공한다.

주변의 백이 더 견고한 상황이라면 특히 좋은 수법이다.

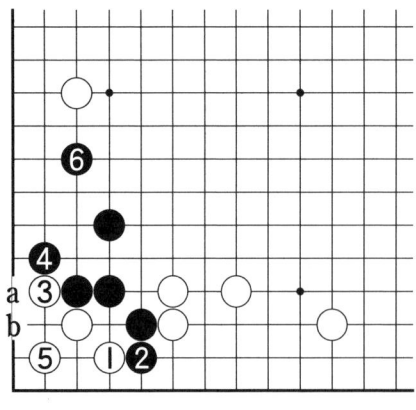

8도

8도(팻감이 많은 경우)

이 상황에서 백이 1로 건너자고 하고 3에서 5로 버티는 수는 다음 흑a에 백b의 패로 받겠다는 뜻이다. 백에게 팻감이 많다면 유력하다. 물론 흑도 패를 보류하고 6으로 안정해서 나쁘지 않다.

한칸 대신 날일자 지킴인 경우

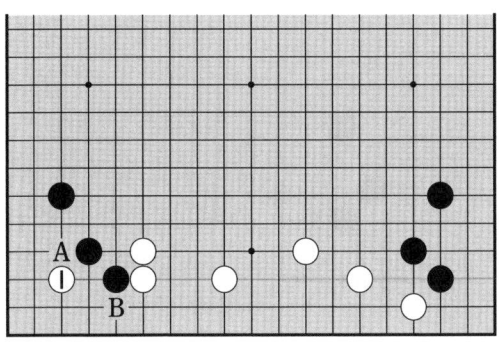

■ 좌하 흑의 배석이 다소 달라졌다. 화점에서 한칸이 날일자의 곳으로 옮겨져 있다.

여기서 백1의 3三침입이면 흑은 A와 B 가운데 어느 쪽이 합당할지 알아본다.

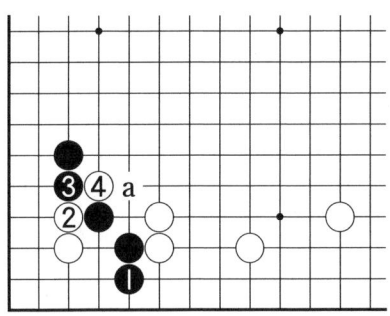

1도

1도(실익이 적다)

흑1로 내려서 차단하는 것은 하변 백이 견고하므로 실익이 적을 것이다. 백2로 밀 때 흑3으로 치받듯이 받는 수는 축 관계가 있다.

백4에 a의 축이 성립하지 않는다면 흑이 괴롭다.

2도

2도(백, 크게 살다)

축이 불리하다면 흑1로 늘 수밖에 없다. 백은 2, 4로 붙여 끌고 6까지 사는 것이 틀이다. 귀를 빼앗긴 흑이 다소 불리한 갈림으로 보인다.

사족이지만 6을 소홀히 하면 흑a로 백이 횡사한다.

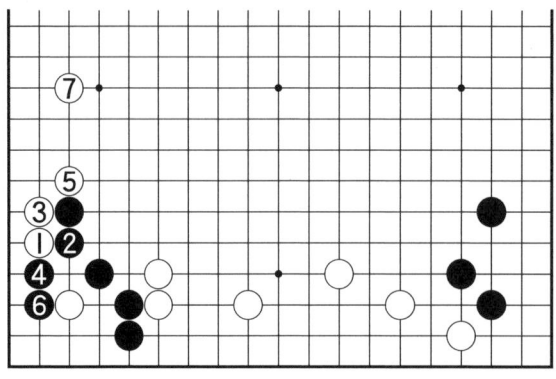

3도

3도(축이 불리한 경우)

백은 축이 불리할 경우 1의 날일자가 좋다. 흑2로 누르면 백3으로 기어나간다. 흑4에는 백5로 젖혀 올리고 7에 벌려서 충분한 갈림이다.

　이 결과도 백의 성공! 수순 중 흑4로~

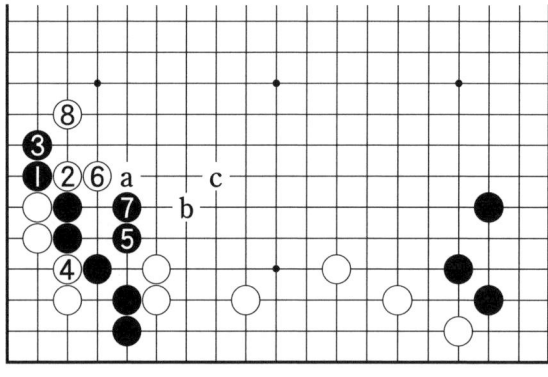

4도

4도(흑, 낭패)

흑1로 덥석 받으면 백2로 끊겨 낭패를 면치 못한다. 흑3으로 해보자 덤비면 백4가 선수로 들어 골치가 아파온다. 8까지 흑의 고전이다. 백a, 흑b, 백c의 씌움도 있어 흑이 버티기 힘들다.

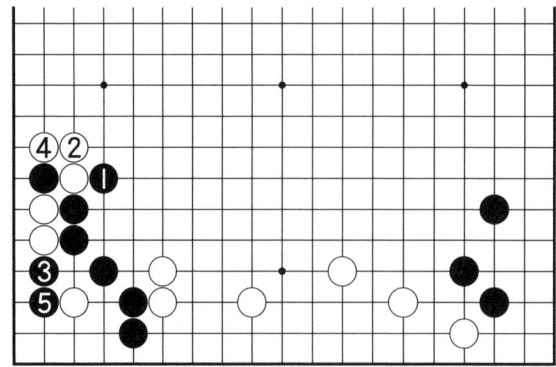

5도

5도(3도보다 못하다)

따라서 앞 그림의 3으로는 흑1로 하나 단수하고 3쪽을 젖혀가는 정도일 것이다.

　하지만 5까지 후수를 끌어야 하므로 3도에 비해서도 흑이 못한 결과라고 볼 수 있다.

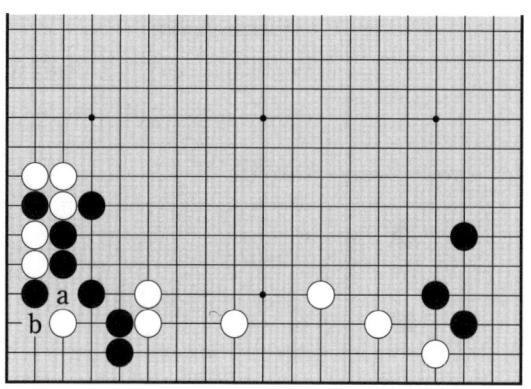

예제

▦ 예제 (백 차례)

바로 앞의 5도에서 흑이 귀쪽에 가일수를 하지 않으면 백에게 어떤 수단이 있을까?

얼른 보고 판단해서는 백a에는 흑b로 아무 수도 없는 것 같다.

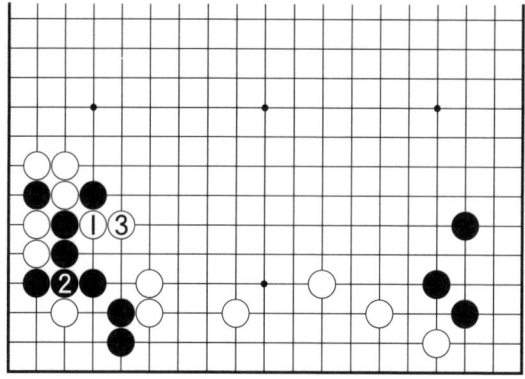

참고도 1

참고도 1(응수를 묻다)

일단 백은 1로 바깥쪽을 끊어서 흑의 응수를 묻는 것이 재미있다.

흑이 2로 잇는다면 백3으로 뻗어서 어마어마한 두터움을 얻을 수 있으므로 만족할 만한 결과일 것이다.

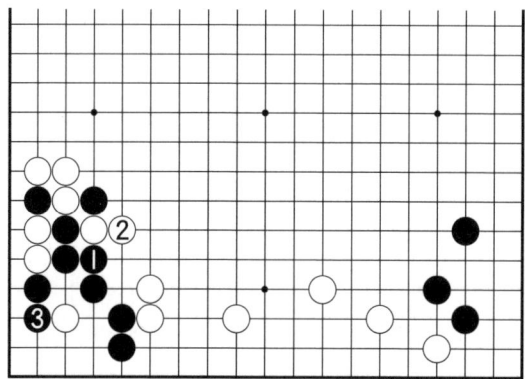

참고도 2

참고도 2(선수 두터움)

앞 그림의 2로 흑1에 응수한다면 백은 2로 나가도 나쁘지 않다.

흑3의 가일수는 필요하므로 백은 선수로 바깥쪽에 두터움을 얻으며 흑의 중앙 쪽 진출을 저지한 셈이 된다.

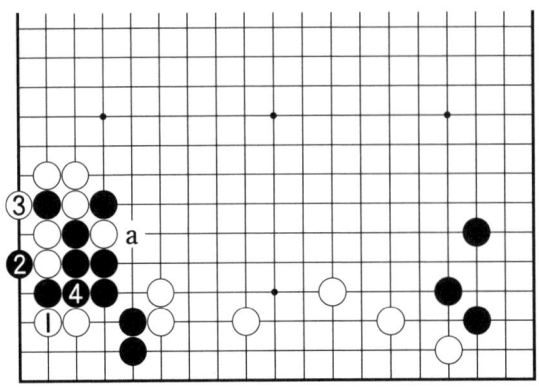

참고도 3

참고도 3(복선)

a 대신에 백1쪽을 막아서 당장 수를 내려가는 것도 유력하다.

흑은 2로 단수하고 4에 이어서 무사하지만 이 변화에는 복선이 깔려 있다.

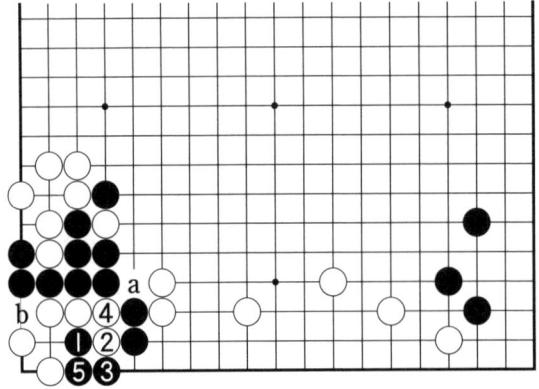

참고도 4

참고도 4(백의 오산)

계속해서 백1은 패와 삶을 맞보기로 하는 급소처럼 보이지만, 이 작전은 실패작으로 끝이 난다.

흑은 패를 피해 2로 잇는다. 백3 다음 흑a에 백b로 끼워서 삶이라 생각하면 오산이다.

참고도 5(잡는 수가 성립)

흑1로 잡으러가는 수가 성립하는 곳이었다. 백2에는 아래쪽에서 흑3으로 단수하고 5에 이을 수가 있다.

백a의 끊음은 흑b가 있어 전혀 두렵지 않다.

참고도 5

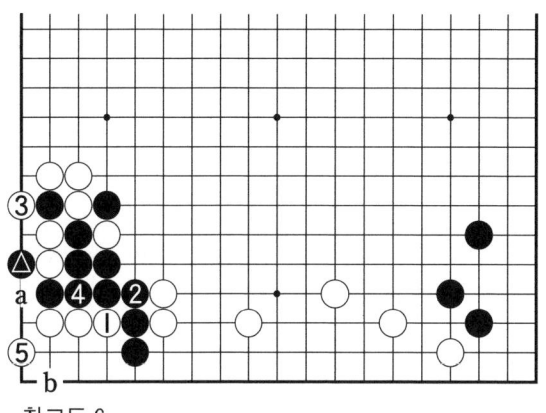

참고도 6

참고도 6(적시의 한수)

그렇다면 백은 수단이 없을까? 아니다! 흑이 ▲로 단수한 순간이 백의 찬스이다. 1로 찝는 것이 적시의 한수이다. 흑2로 잇는다면 백3에 따내고 5 다음 이번에는 a의 패와 b의 삶을 제대로 맞본다.

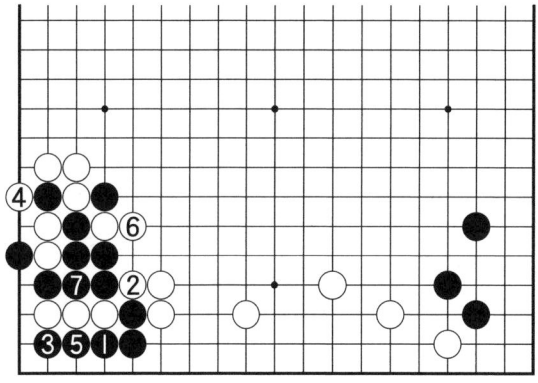

참고도 7

참고도 7(흑, 망한 결과)

앞 그림의 2로 흑1로 기어드는 수는 있다. 그러면 백2로 끊는 것이 좋다. 흑3에 백4로 따내어 흑5를 강요하고 백6이면 흑7도 절대이다. 백은 막강한 두터움을 쌓았다. 흑이 망한 결과이다.

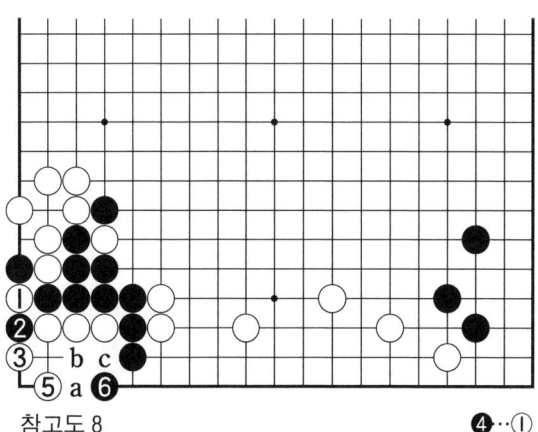

참고도 8

4…①

참고도 8(백의 착각)

참고도 6의 5 대신, 먼저 따낼 차례의 패를 만들려고 백1, 3의 수법을 쓰는 것은 잘못이다. 그러면 흑4로 이어 백의 죽음이다. 백5에 흑6이 급소! 다음 백a에는 흑b로 그만. 백c에 둘 수 없지 않은가.

51

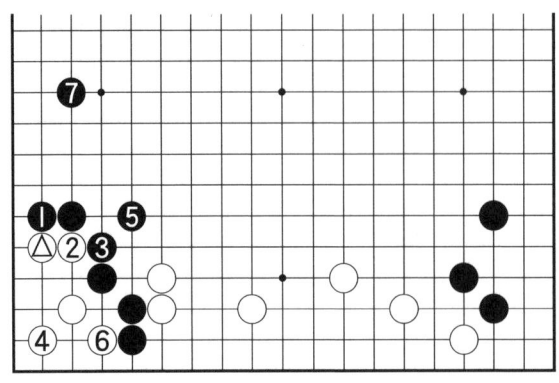

6도

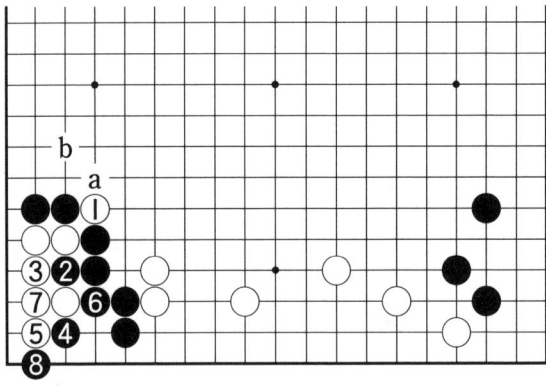

7도

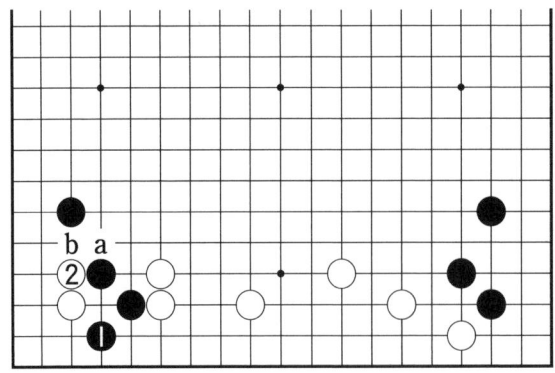

8도

6도(백, 조금 했다)

백△ 때 강력하게 흑1의 막음도 있다. 백은 2로 하나 올라서고 4로 마늘모해서 살게 된다.

흑5에 지킬 때 백6도 필요한 수이며 흑7까지 일단락인데, 백이 '조금 했다'고 볼 수 있다.

7도(백, 무모한 끊음)

앞 그림의 4로 백1의 끊음은 무모한 행동이다. 흑은 2로 찌르고 4에 붙여서 백의 수수를 착착 줄여가서 좋다. 8에 이르러 백은 고작 4수이다. 다음 백a면 흑b로 뛰어 아무 일도 없다.

8도(흑의 마늘모)

흑1로 마늘모해서 차단하는 것은 초중급자들이 흔히 쓰는 이도저도 아닌 어정쩡한 수법이다.

역시 백은 2로 밀어서 흑의 응수를 살핀다. 여기서 흑은 a와 b의 선택이 있다.

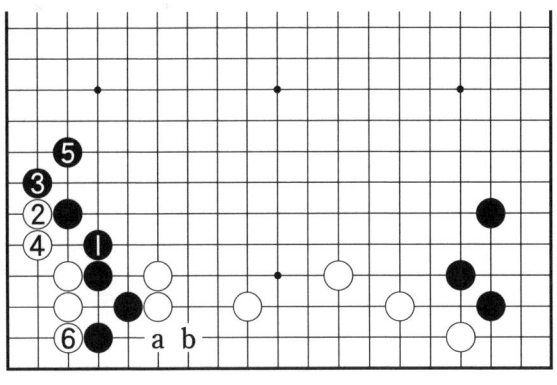

9도

9도(백, 거뜬히 살다)

흑1로 느는 변화부터 살펴본다. 그러면 백은 2의 붙임이 준비되어 있다. 흑3은 당연한 응수이며 백4로 끌고 6에 막아서 거뜬히 살아 성공! 다음 흑a에는 백b로 받아 탈이 없다.

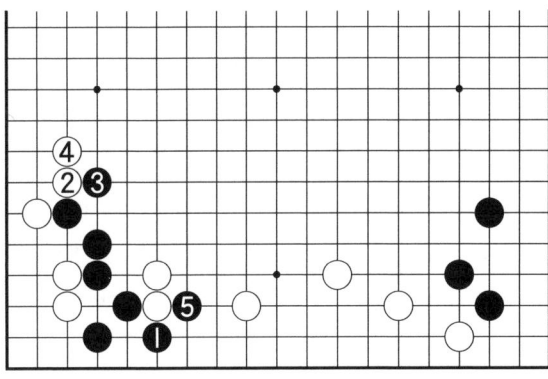

10도

10도(마이웨이)

앞 그림의 3으로 흑1쪽 젖힘이면 백은 2로 반발해서 나쁘지 않다.

흑5까지의 결과는 서로가 '마이웨이'를 외치고 있지만 백이 다소 잘된 갈림으로 봐도 좋을 것이다.

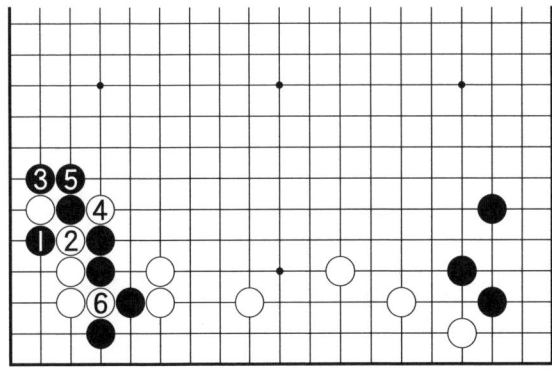

11도

11도(무모한 행동)

흑1로 안쪽을 젖혀가는 것은 강력하다기보다는 무모한 행동이다.

백2에 흑3으로 강행하는 것은 내친걸음이지만 백4로 한방 얻어맞고 6에 찝히면 흑은 응수할 방법이 없다.

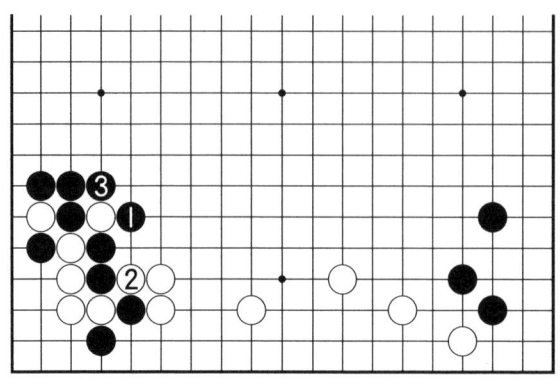

12도

12도(흑, 망한 모습)
계속해서 흑1로 응수하
는 정도일 것이다.
　백2의 단수가 선수로
들어 백은 손을 빼도 문
제가 없다. 이 결과는
흑이 망한 모습이다.

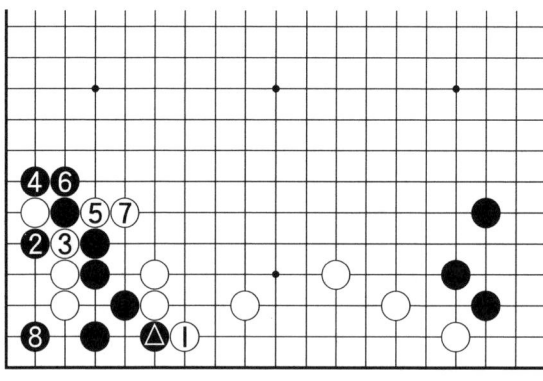

13도

13도(안쪽 젖힘이 성립)
흑▲의 젖힘에 백1로 받
는다면 이제는 흑2로 안
쪽 젖힘이 성립한다.
　백3에는 흑4로 잡고
백5, 7에 흑8로 뛰어서
이 수상전은 백이 되지
를 않는다. 백이 10도를
따라야 하는 이유이다.

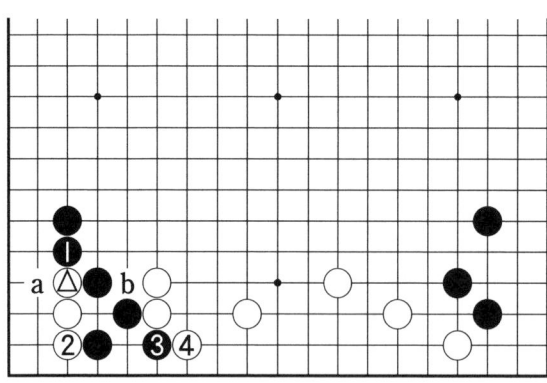

14도

14도(흑1, 강력한 수법)
백△ 때 흑1로 꽉 받는
것이 강력한 수법이다.
백2에는 흑3으로 하나
젖혀 백4와 교환하는 것
이 당연하면서도 중요
한 수순이다. 다음 흑은
a와 b 가운데 어느 쪽을
선택해야 할까?

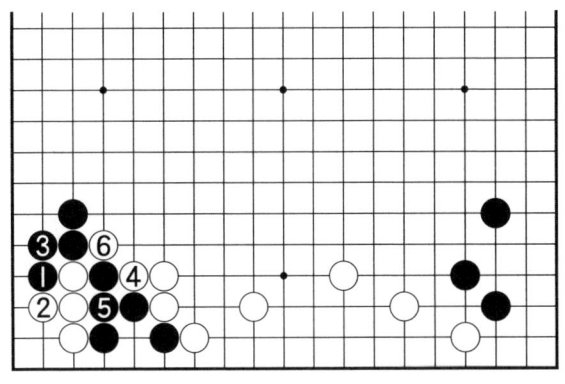

15도

15도(흑의 패배)
흑1, 3으로 젖혀 이어
서 귀의 백을 잡으러 가
는 것은 욕심이 지나치
다. 당장 백4에서 6으
로 끊기면 이 수상전은
흑이 이길 수 없다.

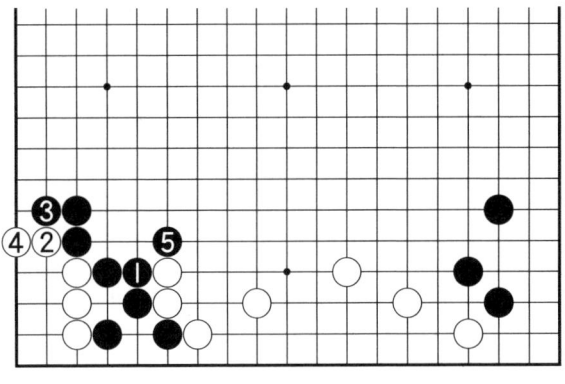

16도

16도(두점머리가 통렬)
따라서 흑1로 둘 곳이
다. 백은 2로 젖히고 4
에 내려서서 살자고 해
야 한다. 이때 흑5의 두
점머리가 통렬하다. 귀
쪽 백은 아직 완생한 돌
이 아닌 만큼 흑도 참을
만한 갈림으로 보인다.

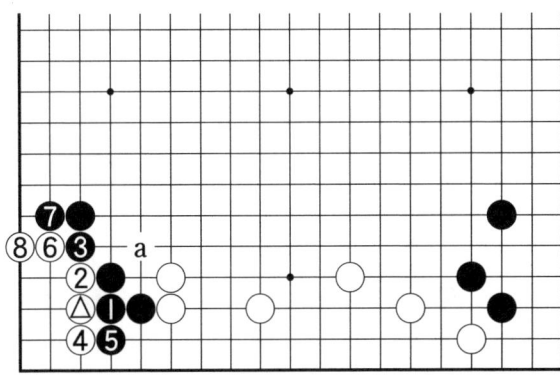

17도

17도(백, 충분한 성과)
백△에 대해 흑1로 웅
크리는 것은 어떨까?
　그러면 백은 2로 하
나 올라서고 4에 내려
서는 수가 준비되어 있
다. 8까지 귀를 파헤치
면 흑도 단점이 있어 a
로 지켜야 하므로 백이
충분한 성과이다.

55

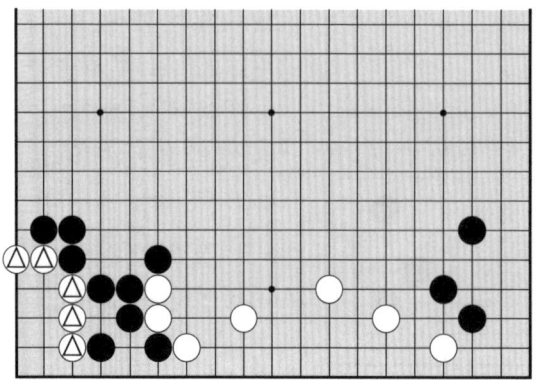

예제

⊞ 예제 (흑 차례)

다음은 16도를 옮긴 장면
이다.

백△ 일단의 사활은 어
떻게 되는지 최선의 결과
를 알아보자. 과연 그냥
잡는 수가 있을까?

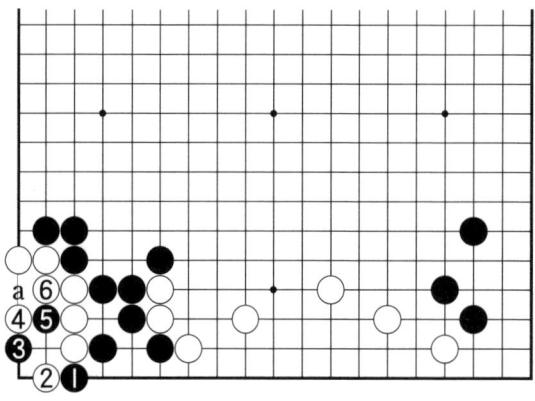

참고도 1

참고도 1(정해1/ 패)

흑1로 젖히고 3으로 '2의
一'의 급소를 공략하는 것
이 좋은 수순이다.

백4로 응수해서 6까지
패가 되는 것이 최선의 결
말이다. 단, 패의 코스가
이것만은 아니다.

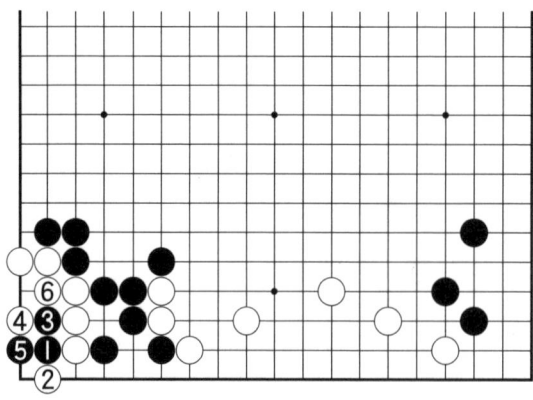

참고도 2

참고도 2(정해2/ 패)

흑1로 붙여도 패를 만들
수 있다. 백2는 최선의 응
수이며 흑3의 파호에 백4
의 붙임이 좋은 수여서 역
시 6까지 패가 된다.

백4로 6에 이으면 흑4,
백5로 패가 되지만 그 수
순은 감점이다.

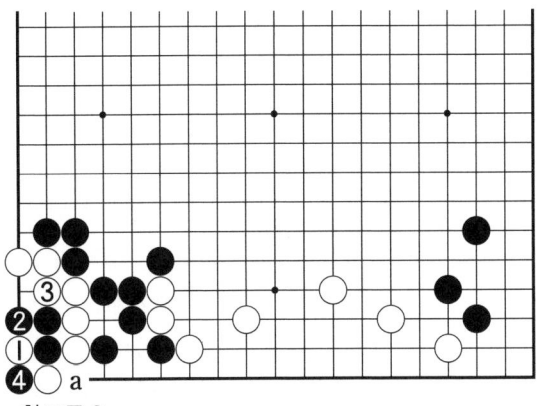

참고도 3

참고도 3(감점 요인)

앞 그림의 4로 백1에 젖혀
도 4까지 패가 되지만 흑
이 패를 이겼을 경우 a로
맛좋게 해결된다는 점이
백의 감점 요인이다.

참고도 1과 참고도 2는
패를 이겨도 그렇지 못함
을 비교해보기 바란다.

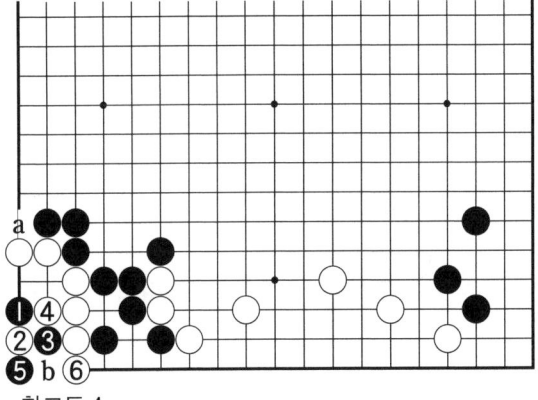

참고도 4

참고도 4(방향 착오)

흑1쪽을 치중하는 것은 방
향 착오이다. 백2의 붙임이
급소여서 흑은 귀를 잡을
수 없다. 흑3에는 백4, 6이
좋은 수순이다.

다음 흑a에는 백b(실은
손을 빼도 된다)로 쉽게 살
수 있다.

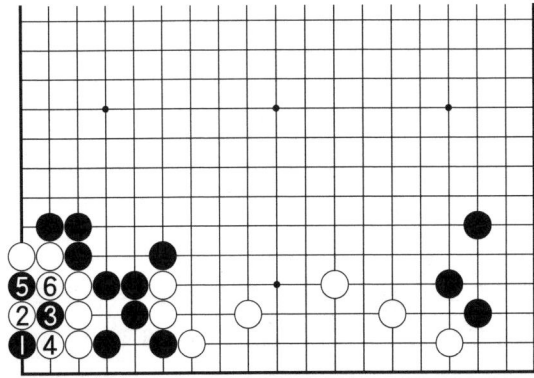

참고도 5

참고도 5(성급한 공략)

흑1은 사활의 급소인 '2의
一'의 곳이지만 좀 성급하
다. 백2의 붙임이 안성맞
춤이어서 더 이상 공략할
방법이 없다.

흑3으로 덤벼 봐도 백
4, 6의 대응이 좋아 간단
하게 살아 버린다.

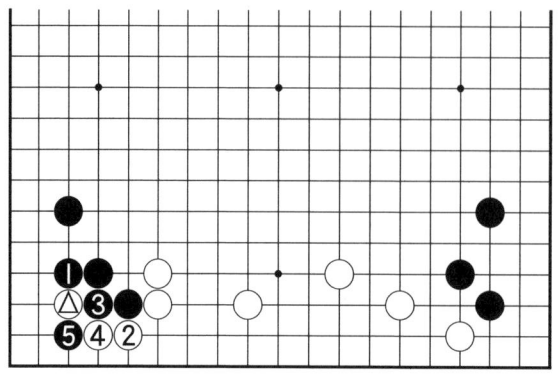

18도

18도(선택의 기준)

백△의 3三침입에 흑1
로 물러섬이 올바른 선
택이었다. 하변 백이 견
고하다는 점이 차단과
물러섬이라는 선택의 기
준이다. 백2에는 흑3,
백4에는 흑5로 받아두
는 것이 상식이다.

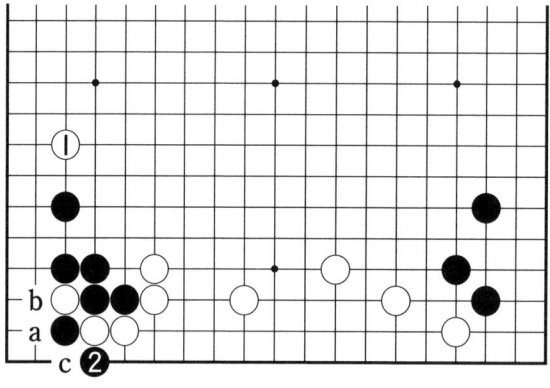

19도

19도(흑2, 젖힘이 호수)

다음 백1로 육박하는 수
에 대해서는 주의가 필
요하다. 백은 흑이 손을
뺀다면 a, 흑b, 백c로
근거를 빼앗으려는 속
셈이다. 따라서 흑은 뭔
가 응수해야 하는데 2의
젖힘이 호수!

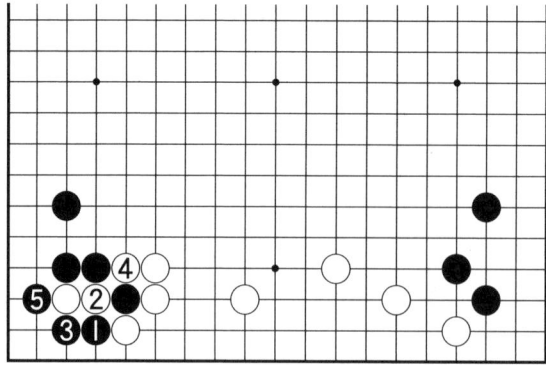

20도

20도(백, 두텁다)

18도의 3으로 흑1에 젖
히는 수법은 적절하지
못하다. 그 까닭은 4까
지 백을 두텁게 해준 잘
못이 크기 때문이다.

흑1~5는 삶을 빨리
얻고 싶을 때 쓴다는 점
을 잊지 말도록 하자!

석점의 강약 관계

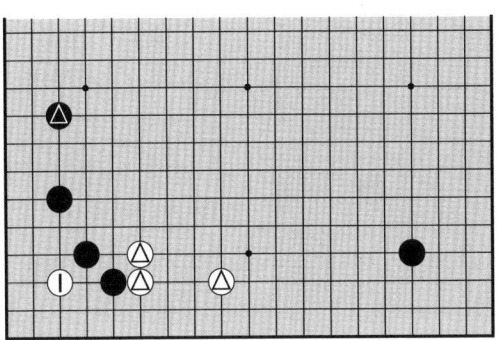

■ 흑⬥가 추가된 흑 진은 강한 모습이다.

문제는 백⬥ 석점의 강약 관계인데, 이를 염두에 두고 백1의 3 三침입에 대한 흑의 올바른 응수는 어디일지 알아본다.

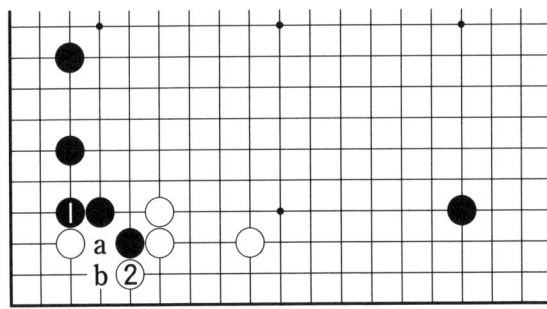

1도

1도(나약한 행동)

흑1의 후퇴는 나약하다. 백은 기분 좋게 2로 젖혀서 선수활용을 하게 된다. 이제는 흑이 a로 움츠리든 b에 젖혀나가든 좋은 결과는 나올 수 없다.

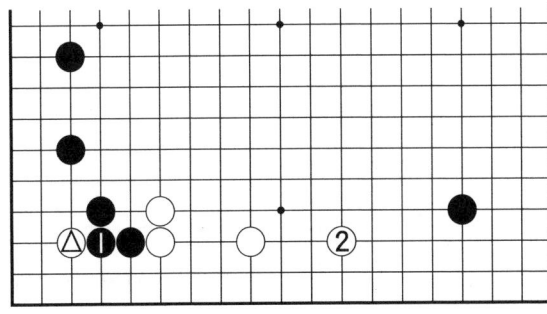

2도

2도(귀의 맛을 남긴다)

흑1은 백⬥의 준동을 제한하며 차단도 하고 있지만, 백은 우선 2로 벌려둘 것이다. 귀쪽의 맛은 천천히 노리겠다는 뜻이다. 흑이 한방 당한 결과로 보인다.

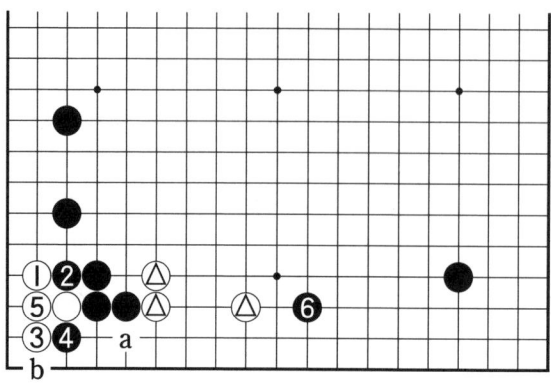

3도

3도(백, 성급)

앞 그림의 2로 즉각 백1
로 마늘모해서 삶을 꾀
하는 것은 성급하다. 흑
은 2, 4를 선수하고 6으
로 압박해 백△ 석점을
공격할 것이다.

이후 흑a가 b에 젖혀
서 귀를 잡는 수를 보고
있어 백은 갑갑하다.

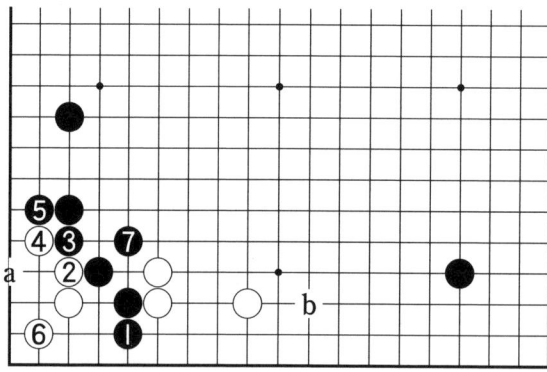

4도

4도(최선/ 차단)

최선은 흑1의 차단이다.
하변 백 석점을 공격하
겠다는 강력한 의지의
표명이다. 백2에서 6으
로 삶을 꾀할 때 흑7의
수비는 절대! 다음 백a
로 살아둘 때 흑b에 압
박해서 호조이다.

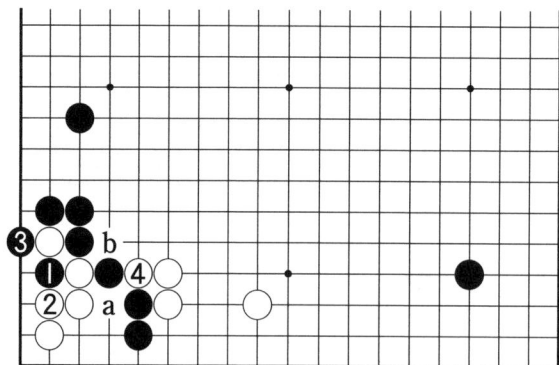

5도

5도(흑, 곤란)

앞 그림의 7로 흑1에 잡
으러가는 것은 과격하
다. 백은 2를 하나 선수
하고 나서 4에 찝어 a와
b를 맞본다. 이렇게 되
면 흑은 졸지에 응수하
기가 곤란해진다.

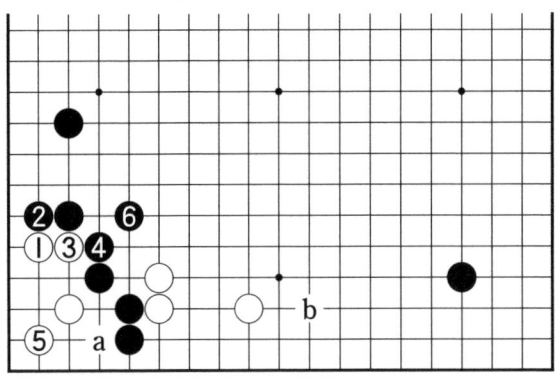

6도

6도(대동소이)

백1의 날일자가 조금 궁리한 수법이지만 결과는 대동소이하다. 흑2에 백3으로 하나 올라서고 5로 삶을 꾀한다. 다만 흑6에 지킨 다음 역시 백a가 필요하므로 흑b의 공격이 준엄하다.

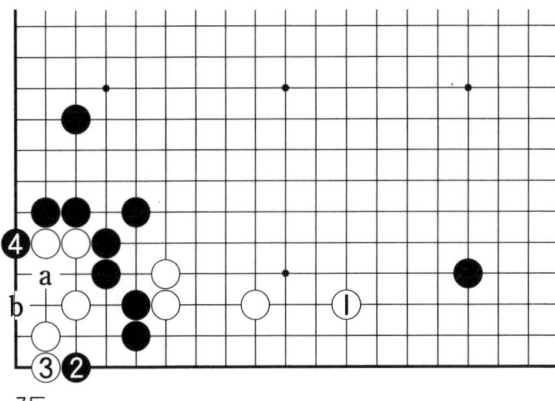

7도

7도(백, 횡사)

귀를 돌보지 않고 백1로 변에서 흑의 공격을 피하는 것은 무리이다. 흑2로 달려 백3과 교환하고 흑4에 젖히면 졸지에 귀의 백은 횡사한다. 다음 백a는 흑b로 치중당해 그만이다.

8도

8도(즉각 잡으러 가면?)

이 상황이라면 흑1 이하로 즉각 잡으러가는 것은 모험이다. 백4가 호수! 흑5, 7로 파호할 때 백8의 끊음이 통렬하다. 다음 백a의 젖힘이 귀의 사활에 작용해 흑은 난처하다.

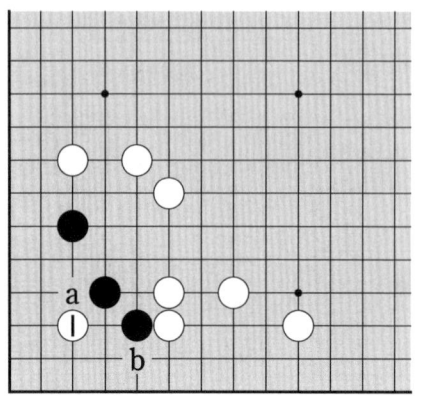

예제

▦ 예제 (흑 차례)

귀의 흑 석점을 둘러싸고 있는 백
돌은 비교적 강력하다. 바깥쪽의
출구는 없는 것으로 보인다.

여기서 백1로 3三에 들어왔다.
흑은 a와 b 가운데 어떤 응수가
적합할까?

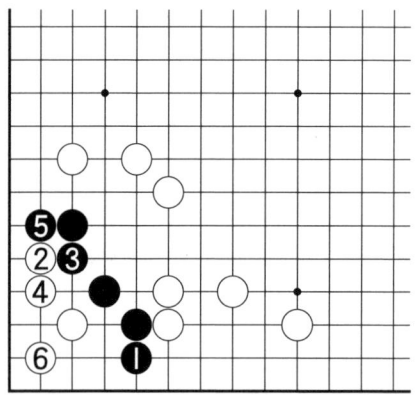

참고도 1

참고도 1(무모한 차단)

흑1로 내려서서 강력하게 차단하
는 수는 무모하다. 백2의 날일자
를 당하면 그 순간 응수할 방법이
마땅치 않게 된다.

흑3, 5면 백6으로 가볍게 살아
버린다. 이러면 흑은 살길이 막막
하다.

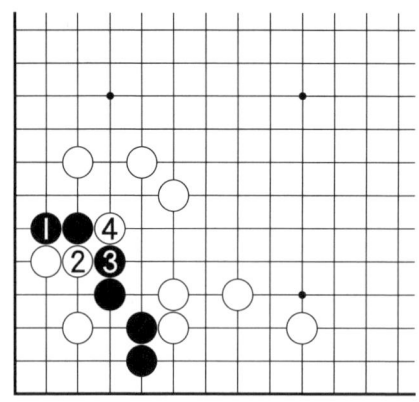

참고도 2

참고도 2(대책이 없다)

앞 그림의 3으로 흑1로 막는 것은
백2, 4로 나가끊는 수가 성립하므
로 대책이 전혀 없을 것이다.

애초에 흑은 길을 잘못 들어섰
던 것이다.

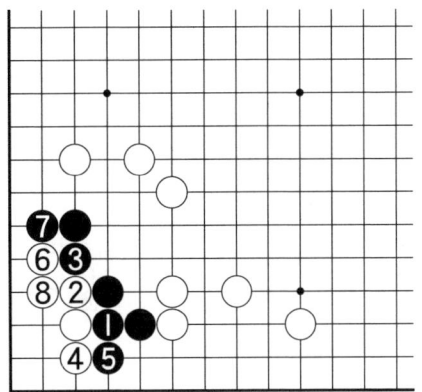

참고도 3

참고도 3(헤어날 길이 없다)

흑1의 차단 역시 좋은 결과는 얻기 힘들다. 백2, 흑3 다음 백4의 내려섬이 호수이다.

흑5에 백6, 8로 젖혀 이어서 비록 아직 삶은 아니지만 수수가 워낙 많다. 흑은 헤어날 길이 없어 보인다.

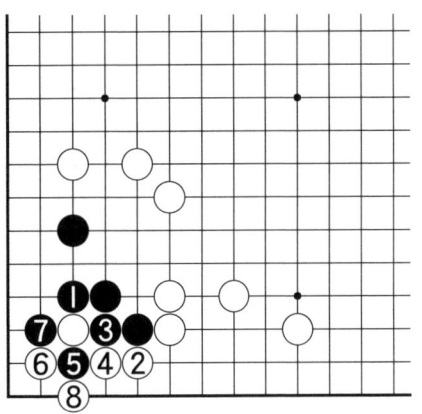

참고도 4

참고도 4(최선/ 물러서는 한수)

흑1로 늦추는 것이 최선의 수법이다. 바깥쪽 백이 강한 만큼 흑은 안전을 도모하는 것이 시급하다.

단, 백2의 젖힘에 흑3, 5로 응수하는 것은 백6, 8의 추궁이 매서워 흑이 옹색해진다.

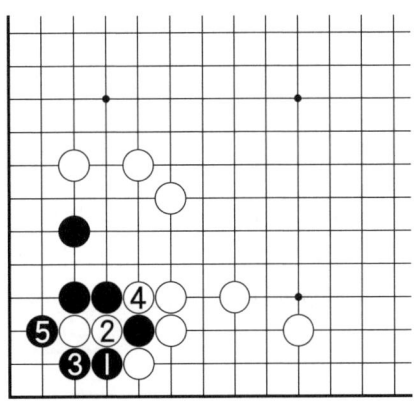

참고도 5

참고도 5(현명한 태도)

따라서 앞 그림의 3으로는 흑1에 젖히는 것이 현명한 태도이다.

백2에는 흑3, 5로 돌려치는 상용수법이 준비되어 있어 위험에서 간단하게 벗어날 수 있다.

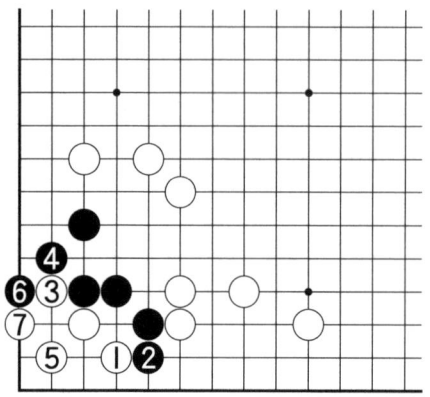

참고도 6

참고도 6(사활이 걸린다)

그런데 참고도 4의 2로는 백1로 마늘모하는 수가 있다. 흑2에 백3에 젖히고 5로 호구쳐서 문제를 일으키려는 뜻이다.

그러면 흑6에 백7의 패로 받아 쌍방의 사활이 걸린다. 수순 중 백3으로는~

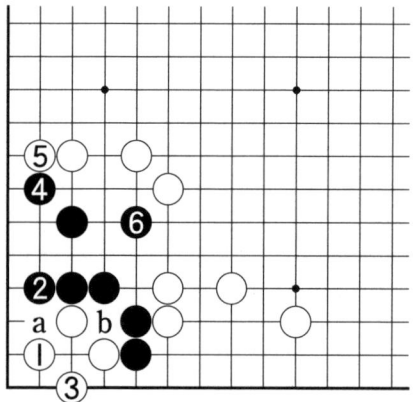

참고도 7

참고도 7(궁색해도 산다)

백1로 움츠리듯이 호구쳐서 삶을 꾀하는 수도 성립한다. 흑2에는 백3으로 산다. 다음 흑a에는 백b가 들음을 확인하기 바란다.

흑은 궁색하나마 4에서 6이면 집힐 것 같지는 않다.

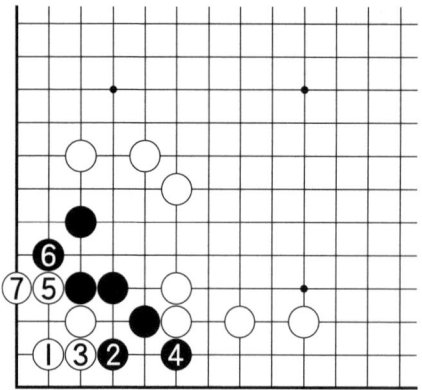

참고도 8

참고도 8(마늘모하는 강수)

이 상황에서 백1로 마늘모하는 강수가 있다. 참고도 5의 코스를 거부하고 있다. 흑2에는 백3에서 5로 젖히고 7에 내려서서 산다.

이번에는 흑이 살아야 하는데 조금 피곤한 모습이다.

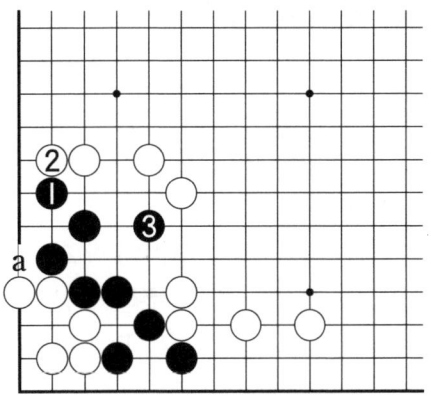

참고도 9

참고도 9(그럭저럭 산다)

계속해서 흑1로 마늘모하면 잡히지는 않을 것 같다. 백2에 흑3으로 뛰어서 그럭저럭 살았다.

흑a로 막는 것이 귀의 백에 대해 선수라는 점이 그나마 다행이었다.

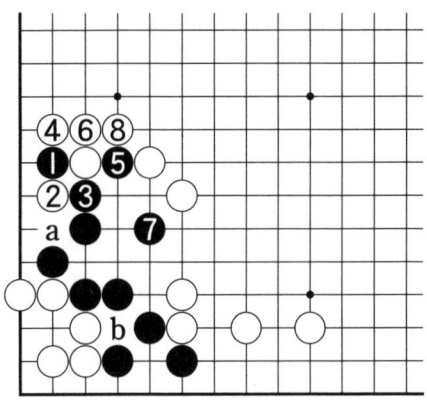

참고도 10

참고도 10(가까스로 산다)

흑1에 붙여서 타개하려는 것은 백2, 4의 반격을 불러 위험하다. 흑5의 단수를 선수활용하고 7에 뛰어야 하는데 백8을 당하면 옹색해진다.

흑a를 선수하고 b에 두면 가까스로 살 수는 있을 것이다.

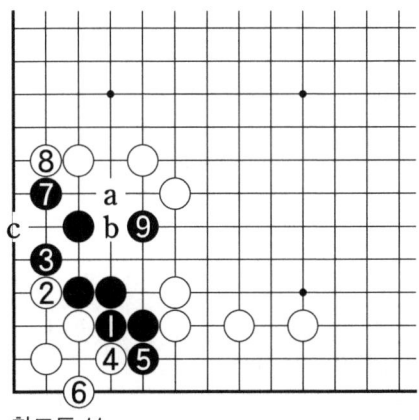

참고도 11

참고도 11(흑, 위험)

참고도 7의 2로 흑1에 응수하는 것은 백2 이하 6으로 살고 난 다음 흑이 괴로운 지경에 놓인다.

흑7, 9로 살자고 할 때 백이 a에 들여다보고 흑b, 백c로 잡으러 가서 매우 위험하다.

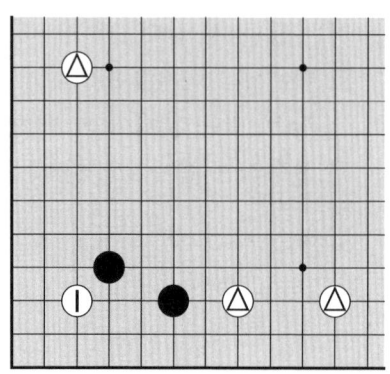

장면 7

화점 날일자굳힘에서 적진의 배경

■ 화점 날일자굳힘에서 백1의 3三침입에 대한 응수법을 알아 보기로 한다.

주변을 살피면 좌변의 백△ 한점과 하변의 백△ 두점이 귀 의 흑을 가까이서 흑은 멀리서 압박하고 있는 상황이다.

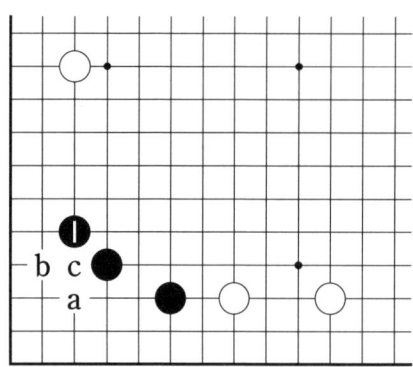

1도

1도(마늘모 지킴)

여기서 흑이 먼저 둔다면 1로 마 늘모해서 귀를 지켜 두는 것이 요 령이며 그러면 귀는 안전하다.

백은 장면 a의 침입 외에 b의 저공비행, c의 붙임 등의 수법도 있는 곳이었다.

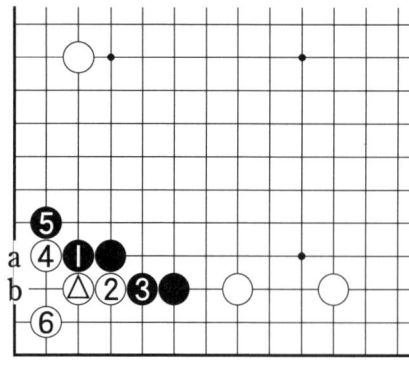

2도

2도(흑, 부담이 큰 패)

백△에 흑1쪽을 막는 것은 대단히 위험한 행동이다. 백은 2로 하나 밀어 흑3과 교환하고 4에서 6으 로 패를 준비한다.

흑a, 백b의 패는 흑도 질 경우 바깥쪽이 만신창이가 될 테니 부 담이 크다.

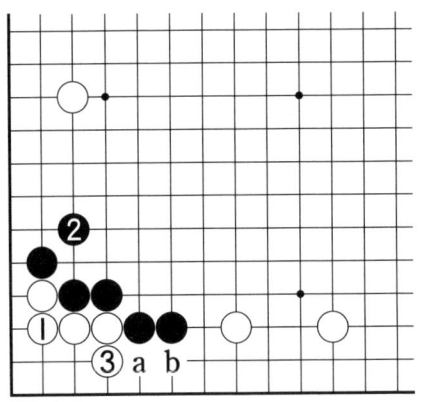

3도

3도(잇는 수도 성립)

앞 그림의 6으로는 패를 하지 않고 백1의 이음도 성립한다. 좌변에 지원군이 있으므로 가능하다.

흑2로 지킬 때 백3의 꼬부림은 이렇게 둘 곳이다. 달리 a에 젖혀 흑b, 백3은 초중급자의 수법이다.

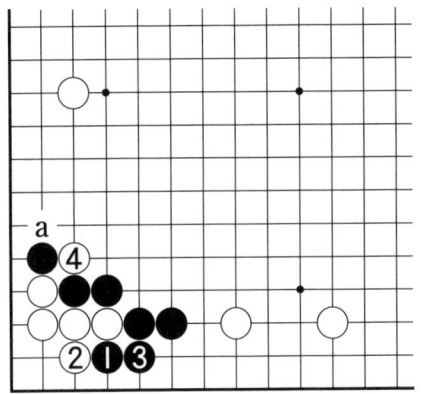

4도

4도(흑1, 3은 무리!)

바깥쪽을 지키지 않고 흑1, 3으로 젖혀 이어서 귀의 백을 잡으려는 것은 무리이다. 그러면 백4로 끊겨서 대책이 없다.

백은 이후 변화에 자신이 없으면 4 대신 안전하게 a에 껴붙일 수도 있을 것이다.

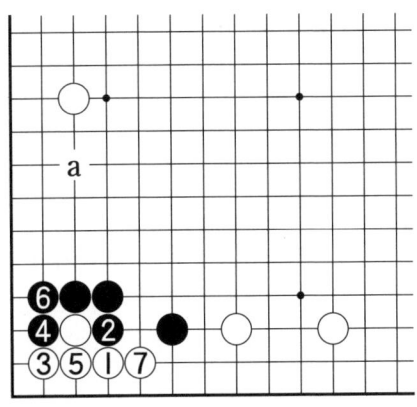

5도

5도(백의 마늘모 변화)

2도의 2로는 백1로 마늘모하는 수도 있다. 그러면 흑은 2로 찝는 것이 좋다. 백3에는 흑4, 6으로 단수하고 잇는다.

백7은 절대의 한수. 다음 흑은 a쯤에 벌려서 안심할 수 있다.

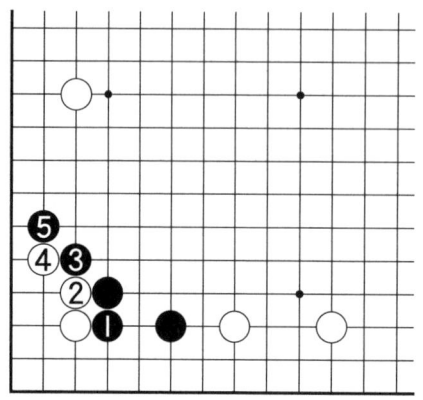

6도

6도(최선/ 올바른 방향)

여기는 흑1쪽을 막는 것이 올바른 방향이다. 이러면 흑에게 위험한 상황이 벌어질 일이 없다.

　백2에 흑3의 젖힘은 당연하며 백4에 흑5의 이단젖힘이 강력한 수법이다. 이다음~

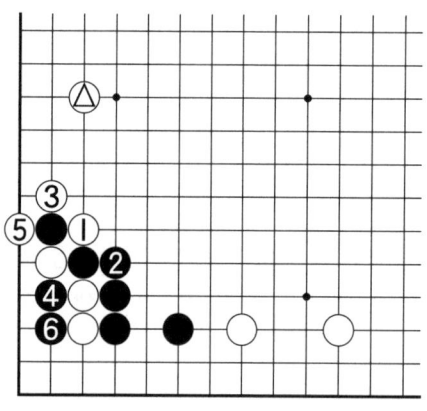

7도

7도(서로 만족)

백1, 3으로 흑 한점을 잡는 것이 상식적이다. 흑은 자연스럽게 4, 6으로 백 두점을 품으며 귀를 크게 지켜서 충분하다.

　백도 선수를 뽑았고 △와의 간격도 좋아 불만이 없을 것이다.

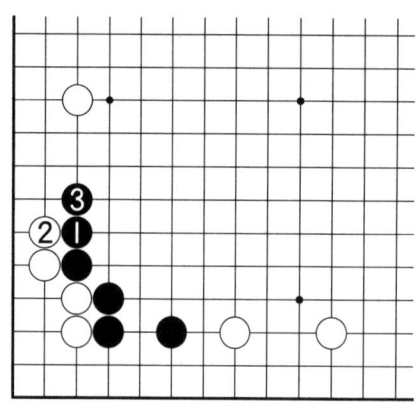

8도

8도(슬슬 늘어둔다)

앞 그림의 진행이 싫다면 흑은 이단 젖히지 않고 1로 늘어두어도 나쁘지 않다.

　백2에는 역시 흑3으로 슬슬 늘어서 위험에서 벗어난 모습이다.

화점 날일자굳힘에서 우군의 배경

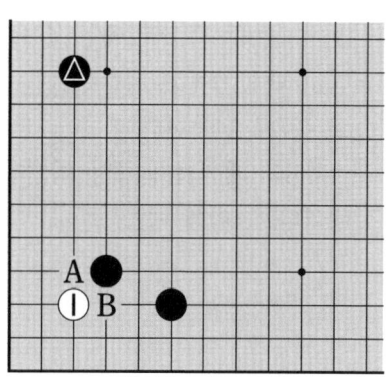

■ 흑의 화점 날일자굳힘, 그리고 좌변 쪽에 우군인 흑▲가 놓여 있는 배석이다.

여기서 백1의 3三침입이면 흑은 A와 B 가운데 어느 쪽으로 막아야 할지 알아본다.

주변에 상대 백돌이 없다는 것이 포인트이다.

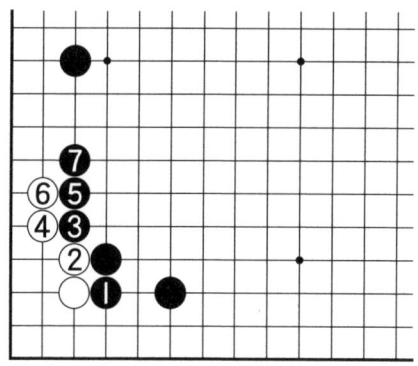

1도

1도(명백한 방향 착오)

흑1쪽을 막는 것은 방향 착오임이 명백하다. 백2, 4에 흑5로 늘면 백6에 흑7에 또 늘어야 한다.

변에 놓여 있는 흑 한점이 울고 있는 만큼 백이 크게 만족스런 갈림이다. 더욱이 백의 선수 아닌가!

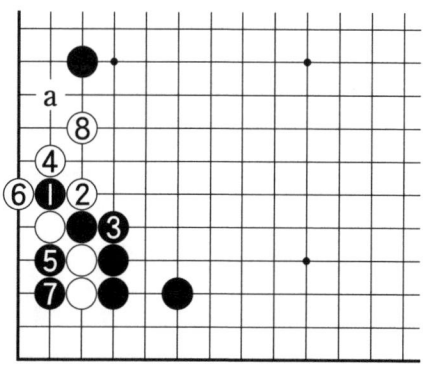

2도

2도(이단젖임)

앞 그림의 5로는 흑1에 이단젖히는 것이 강력한 의미가 있지만 이 코스 역시 흑이 유리하다고는 볼 수 없다.

백2 이하 6은 당연하며 8(또는 a)로 지켜서 일단락이다.

69

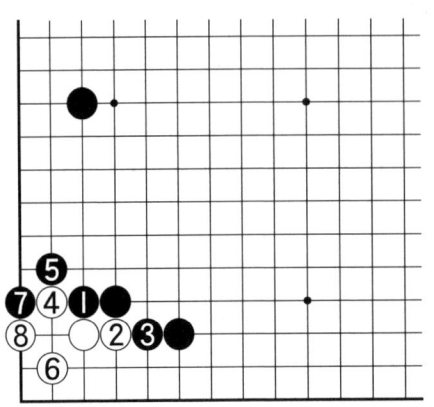

3도

3도(최선/ 단호한 막음)

이번에는 단호하게 흑1쪽을 막는 것이 올바르다. 백2에는 흑3으로 받고 백4, 6에는 패를 겁내지 말고 흑7로 단수한다.

백8의 패까지가 쌍방 최선의 진행이다. 그런데 백2로는~

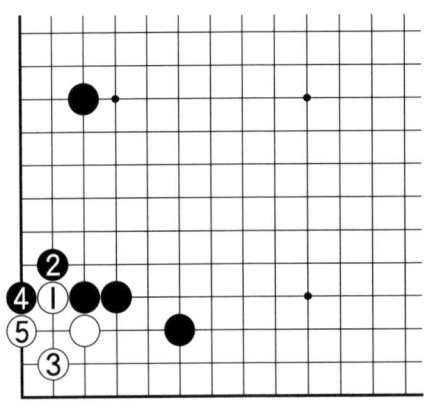

4도

4도(단순한 패)

단순하게 백1로 젖히고 3에 호구치는 것이 좋은 경우도 있다. 역시 흑4에 백5로 버텨서 패가 불가피하다.

앞 그림이나 이 그림 모두 팻감이 승패의 관건이다.

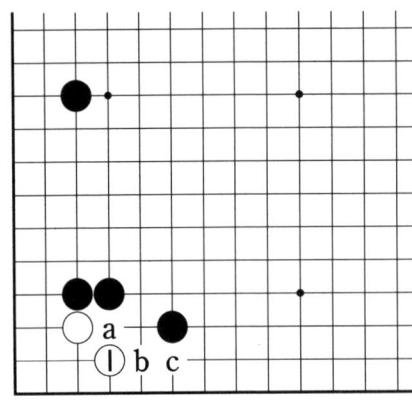

5도

5도(백의 마늘모)

이 상황에서 백1로 마늘모해 살짝 비트는 수도 종종 쓰인다. 패를 피해서 그냥 살자는 뜻을 품고 있다.

다음 흑은 a, b, c의 세 가지 응수법이 있다.

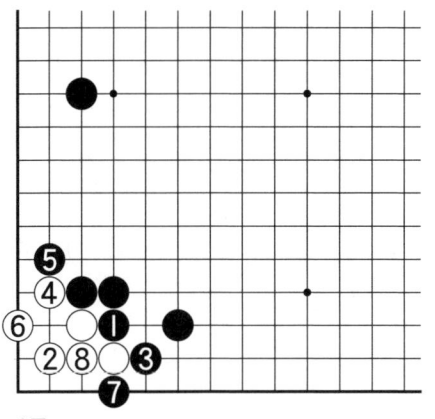

6도

6도(준비된 호구침)

흑1로 찝으면 백2로 호구치는 수가 준비되어 있다.

다음 흑3으로 호구쳐서 막으면 백4로 하나 젖히고 나서 6으로 사는 것이 틀이다. 흑7의 선수활용은 당장 두지 않아도 좋다.

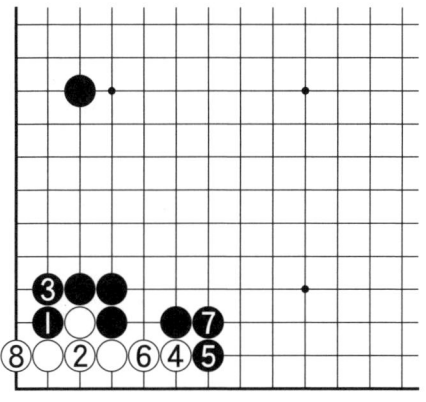

7도

7도(균형 중시)

앞 그림의 3으로 흑1에 단수하고 3으로 잇는 것도 가능하다. 좌변 흑 한점과의 균형을 중시하는 뜻이 있다.

백은 4로 붙이고 6에 잇는 것이 좋은 수순이며 흑7을 기다려 백8로 내려서서 살게 될 것이다.

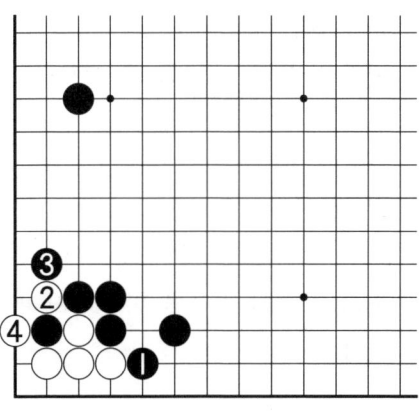

8도

8도(배석 관계에 따라)

흑1에 호구쳐 막을 수도 있다. 백2, 4를 강요해 선수를 뽑으려는 뜻이다.

앞 그림보다 흑이 꼭 나은 결과라고는 볼 수 없지만 배석 관계에 따라서는 유력한 진행이다.

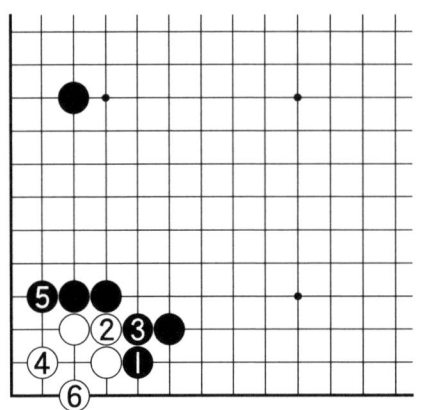

9도

9도(타이트한 수법)

6도의 1 대신 흑1로 마늘모 붙이는 것은 좀 더 타이트한 수법이다. 백2에는 흑3으로 꽉 받는 것이 중요하다.

백은 4에서 6으로 살 수 있지만 조금 옹색한 모습이다.

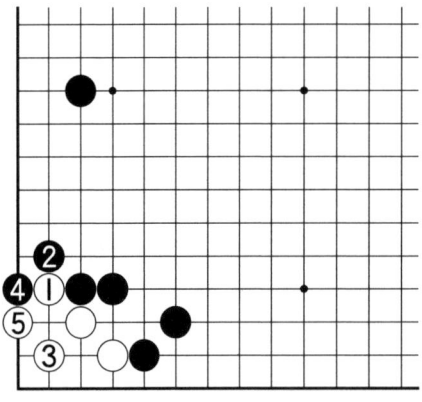

10도

10도(패로 가는 길)

앞 그림처럼 사는 것이 싫으면 백1로 젖히고 3에 호구쳐서 버틸 수밖에 없다.

흑4에는 당연히 백5의 패로 받아야 한다.

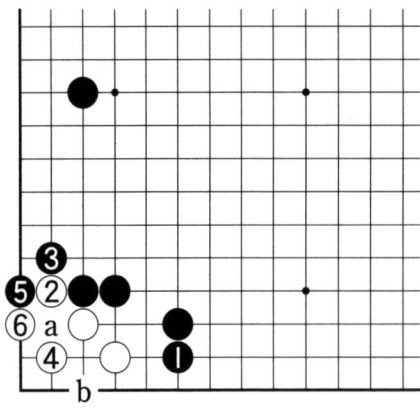

11도

11도(흑1, 강력한 태도)

마지막 변화는 흑1로 늘어서는 것인데 실전적인 수이자 강력한 태도이다. 이 코스 역시 백2 이하 6의 패가 필연적이다.

백6으로 a에 잇는 것은 흑b를 불러 살길이 없음을 확인하기 바란다.

화점 눈목자굳힘에서 우군의 배경

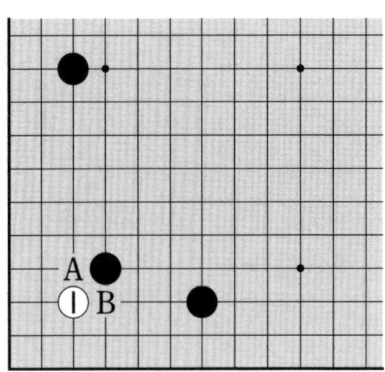

■ 이번에는 화점 눈목자굳힘에서 백1의 3三침입에 대한 응수법을 알아보자.

변쪽의 배석은 앞서의 [장면 8]과 똑같다. 흑은 A와 B, 어느 쪽을 막는 것이 올바를지 알아본다.

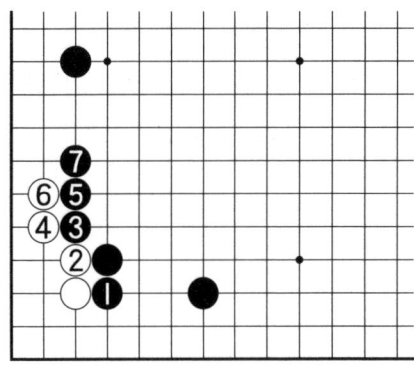

1도

1도(방향 착오)

흑1쪽을 막는 것은 날일자굳힘 때와 마찬가지로 방향 착오의 성격이 짙다. 백2, 4는 당연하며 흑5로 늘면 백6에 흑7로 또 늘어야 한다.

백은 선수로 귀를 도려내어 만족스런 결과일 것이다.

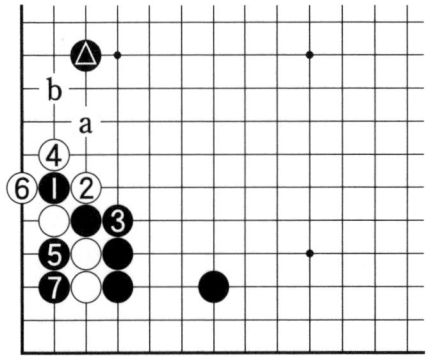

2도

2도(이단젖힘)

앞 그림의 5로 흑1로 이단젖히는 것도 그리 좋은 결과를 이끌어낼 수 없다.

백2~6은 당연하며 흑7까지는 앞서 배운 바와 같은 수순이다. 다음 백은 a 아니면 b인데 흑▲가 빛을 잃게 된다.

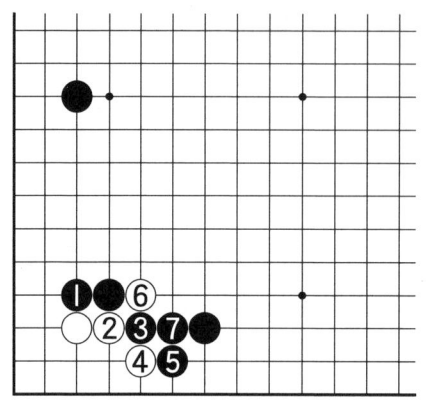

3도

3도(최선/ 세력 중시)

흑은 침입해온 백돌을 잡을 수는 없다.

따라서 흑1쪽을 막아서 조그맣게 살려주고 세력을 쌓는 것이 바람직하다. 백2에는 흑3, 백4에는 흑5로 받는 것이 보통이다. 백6, 흑7 다음~

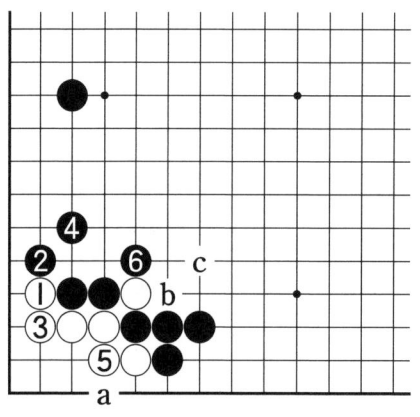

4도

4도(일반적인 진행)

백1, 3으로 젖혀 잇고 5로 꽉 이어서 사는 것이 보통이다.

백5로는 a에 호구쳐도 되지만 5쪽이 더 많이 쓰인다. 흑6으로 잡은 것도 중요하다. 백b로 달아나면 흑c의 장문이 있다.

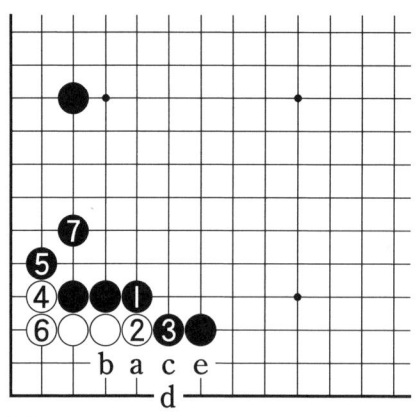

5도

5도(늦출 때의 정형)

3도의 3은 흑1로 늦추는 것도 유력한 수법이다. 백은 2에 하나 기어나가고 4로 젖히고 6에 잇는 것이 틀이다. 7까지가 정형.

이후 흑a, 백b에 흑은 c~e를 선수활용할 수 있다.

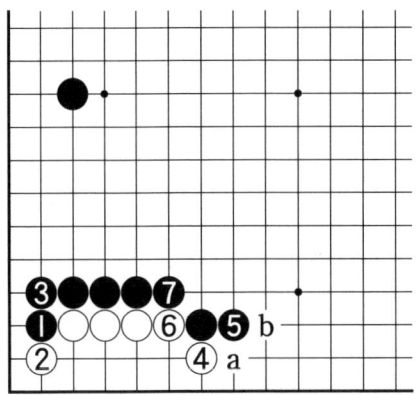

6도

6도(2선의 젖혀이음)

앞 그림의 3으로는 흑1, 3에 젖혀 잇는 것도 성립한다. 백4에는 흑5 로 느는 것이 요령이다.

백은 6, 흑7을 교환하고 또 백a 로 기어나가야 한다. 흑은 또 b에 슬슬 늘어서 좋다.

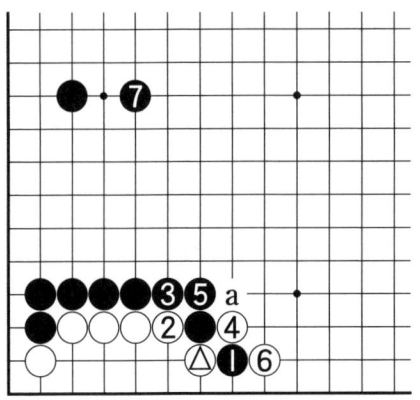

7도

7도(두터움 배가)

백△ 때 바로 흑1에 받을 수도 있 다. 백2, 4로 끊겨 흑1의 한점이 잡히므로 어떨까 싶지만 언제든지 흑은 a를 선수활용해 두터움을 배 가시킬 수 있음이 자랑이다. 여기 서 흑7의 한칸뜀이 호점!

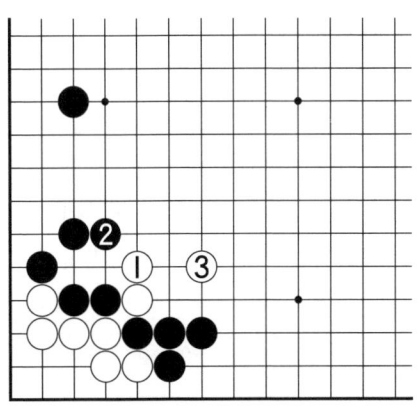

8도

8도(지키는 이유)

참고로 4도 흑6은 이렇게 지켜야 세력이 완성된다.

그렇지 않고 손을 빼면 백1, 3 으로 움직이는 맛이 생겨 세력이 파괴되며 주변 상황에 따라 하변 흑이 몰릴지도 모른다.

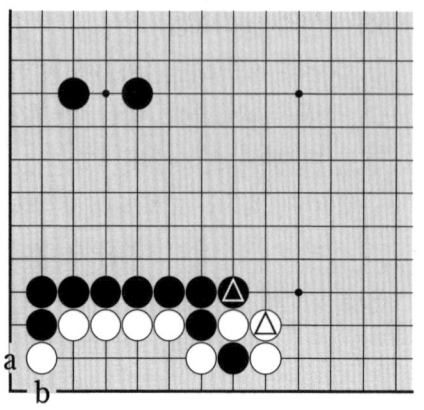

예제

▦ 예제 (흑 차례)

7도에 이어, 흑▲와 백△가 문답
되어 있는 형태이다.

여기서 흑a의 젖힘은 선수이지
만 백b로 응수하게 해서 어쩐지
싱겁다. 달리 흑은 귀에 어떤 수단
이 있을까?

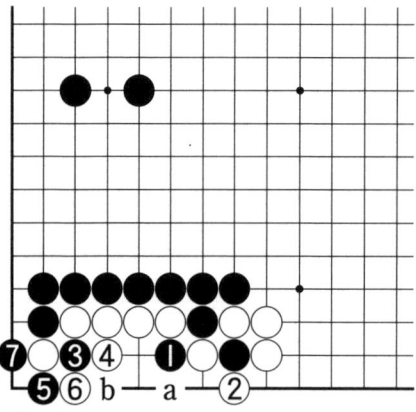

참고도 1

참고도 1(최선/ 날카로운 끊음)

흑1로 단수하고 나서 3으로 끊는
것이 날카로운 수법이다. 다음 백
4에 흑5로 돌려치는 수가 성립한
다. 백6에 흑7로 패. 이 패는 백의
부담이 크므로 a에 물러서고 흑3,
백b로 될 공산이 크다.

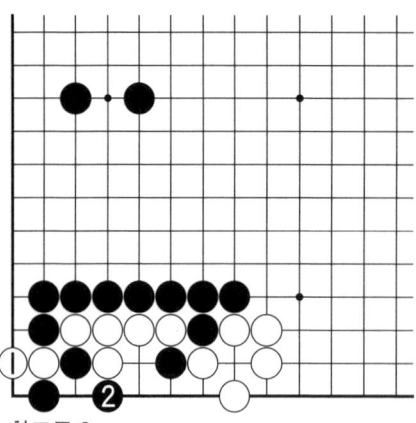

참고도 2

참고도 2(단패)

앞 그림의 6으로 백1로 빠지는 것
은 잘못이다. 흑2의 단수를 불러
백의 부담이 큰 단패로 변한다.

앞 그림은 팻감이 관건이지만
이단패임에 주목하기 바란다.

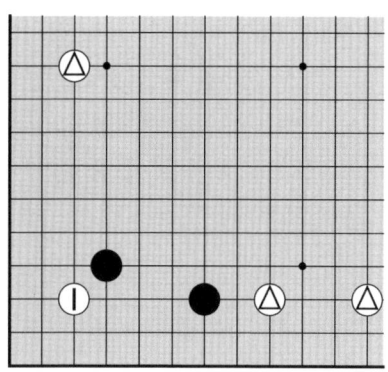

▓ 흑의 눈목자굳힘은 주변에 있는 백△들 때문에 무척이나 허약해 보인다.

백1의 3三침입이 통렬하다. 여기서 흑은 어떻게 처리하는 것이 좋을지 알아본다.

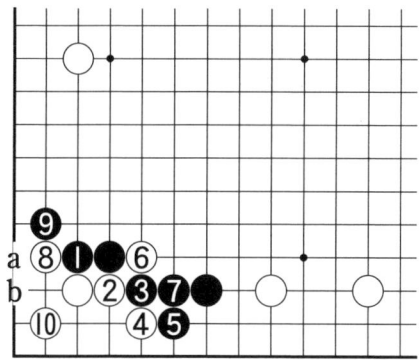

1도

1도(위험이 따른다)

흑1쪽을 막는 것은 위험이 따른 다. 백2 이하 흑9까지는 앞서 나 왔던 진행과 똑같지만 백10이 색 다르다.

요컨대 흑a면 백b의 패를 불사 하겠다는 뜻이다. 흑도 패를 질 경 우 전체가 위험하다.

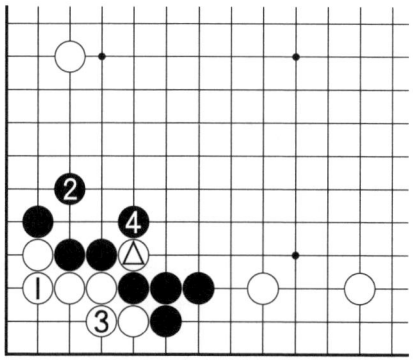

2도

2도(한숨을 돌리다)

앞 그림의 10으로 백1에 이으면 흑은 2로 이어서 한숨을 돌릴 수 있다.

백3으로 살 때 흑4로 바깥쪽 백 △ 한점을 수중에 넣어서 비록 귀 는 백에게 내주었지만 아주 편한 모습이다.

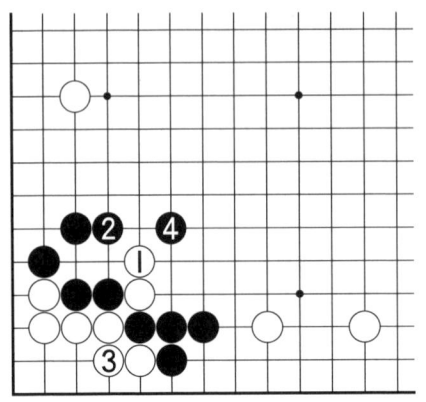

3도

3도(수단을 남긴다)

앞 그림의 3으로는 이 그림처럼 백1로 뻗어두는 수가 있다.

흑2로 받을 때 백3으로 잇겠다는 뜻이다. 이러면 흑4로 장문을 치더라도 백 두점이 움직이는 수단이 남는다.

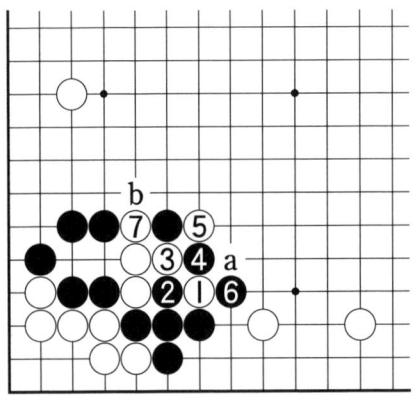

4도

4도(탈출의 맥점)

백1의 붙임이 유일한 탈출의 맥점이다. 흑2, 4는 어쩔 수 없다.

그러면 백5를 선수하고 7로 돌파한다(팻감이 유리하다면 7로 a에 몰 수도 있다). 흑은 b로 돌려쳐서 타개하게 될 것이다.

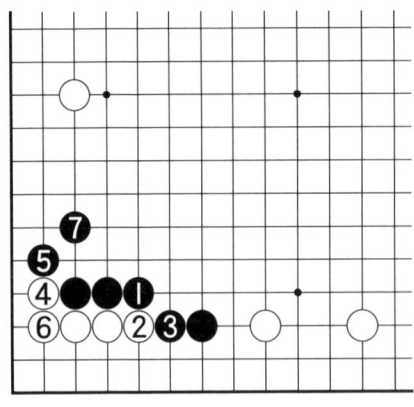

5도

5도(흑, 다소 미흡)

1도의 3으로 흑1에 늘면 위험은 없다. 백은 2와 흑3을 문답하고 나서 백4, 6으로 젖혀잇는다.

그러면 귀는 선수 삶. 바깥쪽 흑은 비교적 견고하지만 다소 미흡한 느낌이다.

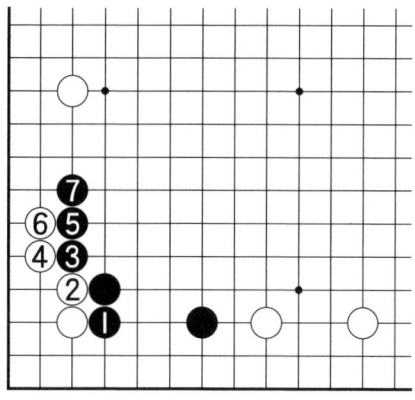

6도

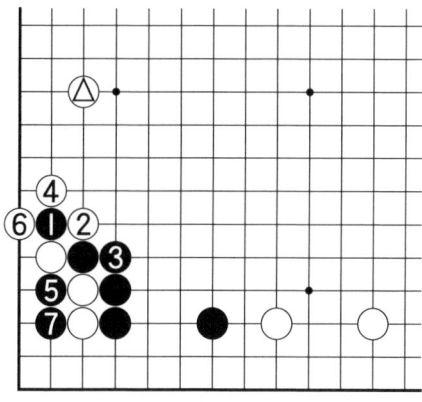

7도

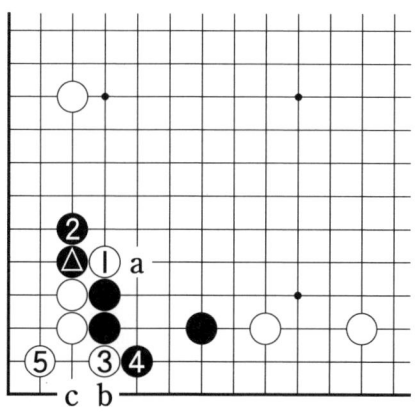

8도

6도(최선/ 안전한 코스)

흑1쪽을 막는 것이 최선의 코스로 가는 길이다.

백2에는 흑3에 젖히고 백4에는 흑5, 7로 슬슬 늘어서 흑 일단은 안전하다. 그런데 흑5로는~

7도(이단젖힘)

흑1로 이단젖히는 수도 있다. 백은 2, 4로 흑 한점을 잡아야 한다. 흑은 7까지 귀를 크게 확보해서 만족이다.

다만, 백도 선수를 뽑았고 △와의 간격도 좋으므로 불만은 없을 것이다.

8도(염려스러운 반격)

가장 염려스러운 것은 흑●로 젖혔을 때 백1로 뿌리를 끊어 반격해오는 수이다. 흑2에는 백3, 5로 버틴다. 단, 백은 a의 축이 유리해야 하며 흑b, 백c의 패도 이겨낼 수 있어야 한다.

이 진행이 겁난다면 흑●로는 1에 느는 것이 좋다. 다음 백이 계속 밀면 흑도 늘어야 함은 물론이다. 무엇보다도 흑은 안전이 중요하다.

PART 2

사활

-기본 패턴

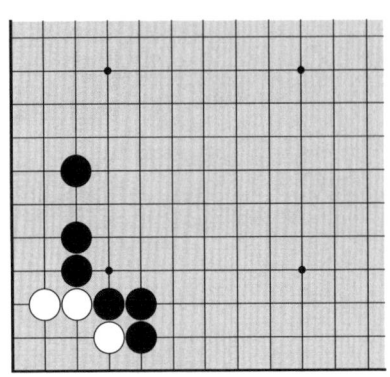

장면 1
기본형 중의 기본형

▨ 백 차례

출발은 백이 귀의 석점을 어떻게 두어야 살릴 수 있을지 알아본다.

기본형 중에서도 기본형에 속하는 것으로 첫수는 쉽지만 그 후의 처리는 조금 어렵다.

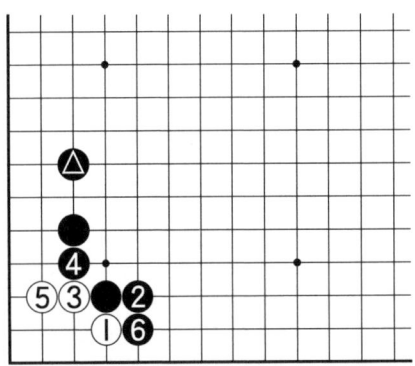

1도

1도(과정)

흑의 소목 날일자굳힘에 백1의 붙임은 응수타진의 기본 수법이다.

흑2는 바깥쪽을 중시한 응수이며 백은 당장은 아니지만 3, 5로 살자는 수가 있다. 흑6에 막고, ▲를 덧붙여서 나온 형태였다.

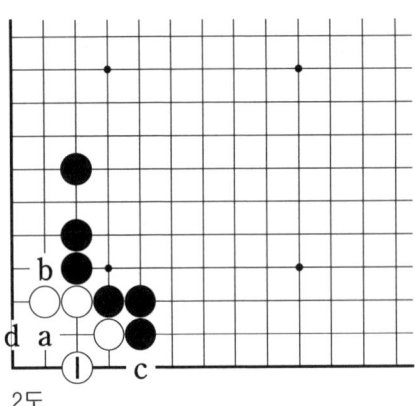

2도

2도(정해/ 호구치는 한수)

정해는 누구라도 틀릴 일이 없는 백1로 호구치는 한수이다.

그러면 이 백은 완성! 다음 흑의 최선은 a~c 중 어느 수일까?

우선 흑a는 백d로 크게 살려주므로 가장 나쁜 선택이다.

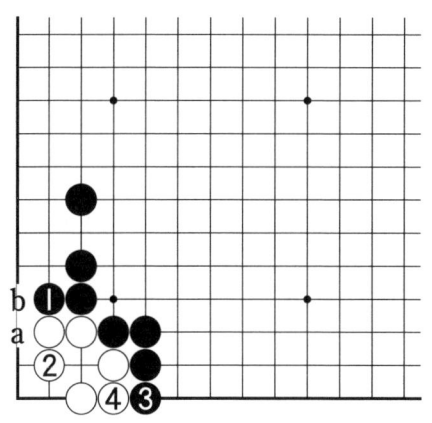

3도

3도(백, 4집의 삶)

초중급자들에게서 가장 많이 볼 수 있는 것이 흑1로 막는 수이다. 백은 2로 살게 되며 흑3, 백4는 흑의 선수 권리이다.

나중에 백a, 흑b로 되는 것으로 봐서 백은 4집의 삶이다.

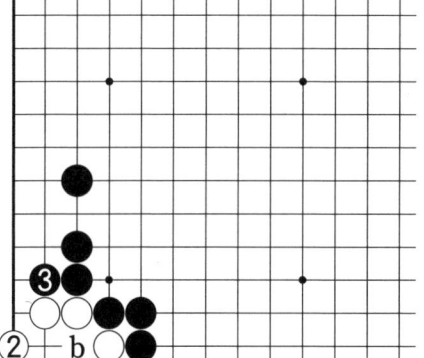

4도

4도(흑1, 최선의 선택)

흑1로 내려서는 것이 최선의 선택이었다. 백은 2로 '2의 ㅡ'의 급소를 두어서 살아야 한다. 그러면 흑3이 또 선수!

백4로 산 다음 흑a, 백b는 흑의 권리이므로 백은 2집의 삶이다.

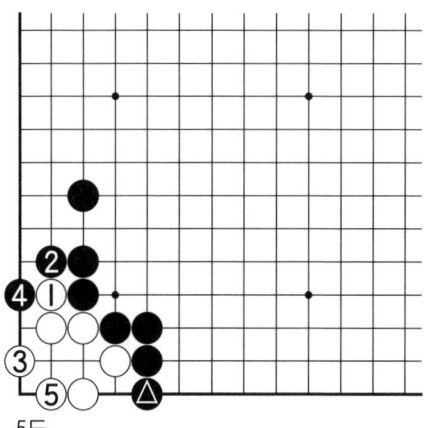

5도

5도(일방적인 수읽기)

흑●에 대해 백1로 하나 기어나가서 흑2와 교환하고 백3으로 사는 편이 앞 그림보다는 분명 이득이다. 그러나 5까지의 수순은 백의 일방적인 수읽기이다. 흑2로는~

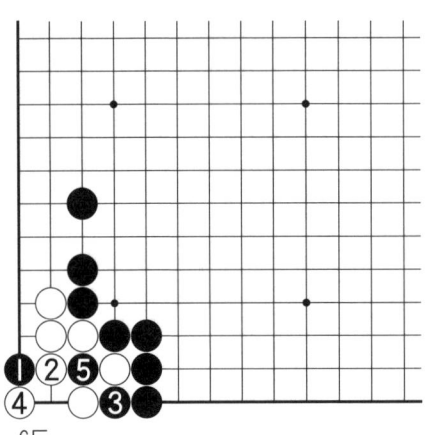

6도

6도(흑1, 통렬한 급습)

의표를 찌르며 흑1로 '2의 一'의
급소를 급습하는 것이 통렬하다.

백2는 절대의 응수이며 흑3으
로 파호하면 백은 이을 수가 없다.
천상 백4로 버텨서 패를 할 수밖
에 없는 것이다.

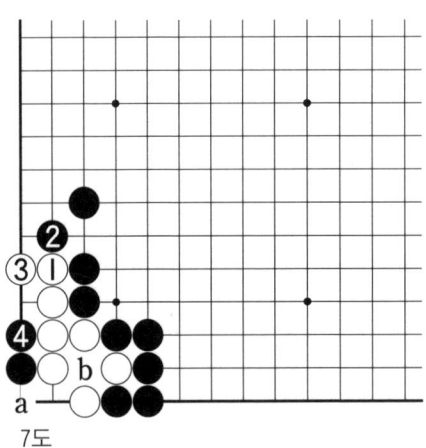

7도

7도(대동소이한 결과)

앞 그림의 4 대신 백1로 기어나가
고 3에 꼬부려서 궁도를 넓히는
것도 대동소이한 결과가 된다.

흑4의 파호가 필살의 한수! 백
은 다음 a로 두고 b의 곳 패를 다
툴 수밖에 없다.

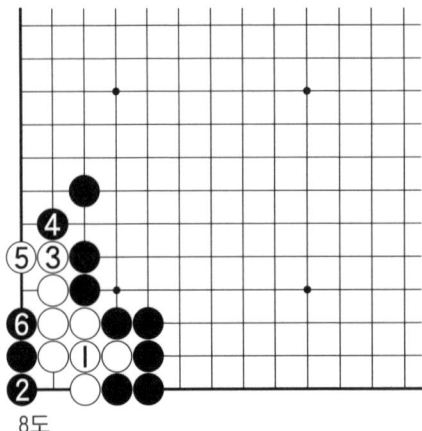

8도

8도(귀곡사)

이 상황에서 백1로 잇고 그냥 살
려는 것은 욕심 사나운 생각이다.
흑2로 파호당해 살길이 사라지는
것이다.

뒤늦게 백3, 5로 궁도를 넓혀
봤자 흑6을 불러 이것은 빅이 아
니라 귀곡사의 죽음이다.

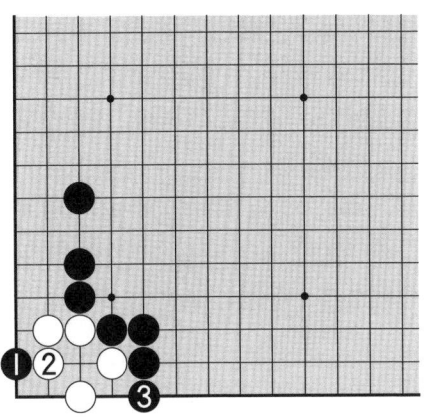

예제

▦ 예제 (백 차례)

이 상황에서 흑1로 치중하고 백2로 응수하자, 흑3으로 살그머니 1선에 내려섰다. 과연 무슨 뜻일까?

흑의 현혹 수법에 대한 백의 최선의 응수를 묻는다.

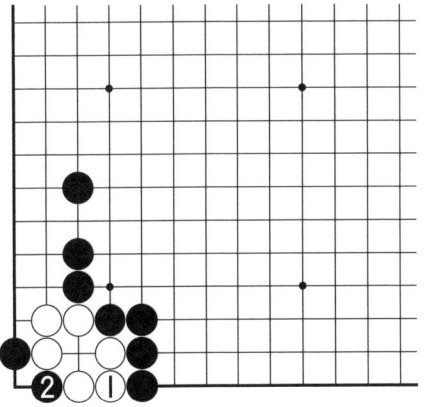

참고도 1

참고도 1(술수에 말려들다)

백1은 흑의 술수에 말려드는 코스이다. 흑2로 패를 들어올 것이 너무나도 빤하다.

결론을 먼저 말하자면 이 백은 완벽하게 살아 있는 돌이다. 그렇다면 백의 정수는?

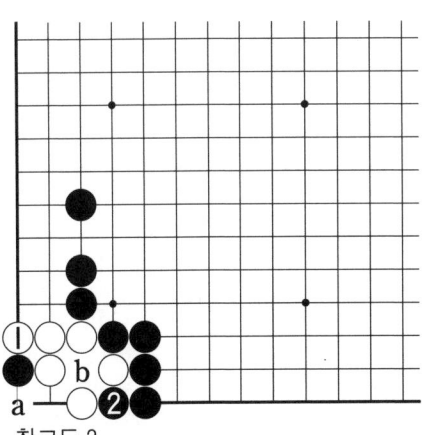

참고도 2

참고도 2(역시 잘못된 응수)

백1로 바깥쪽에서 흑 한점을 단수하는 것도 잘못된 응수이다. 흑은 자연스럽게 2로 단수하면서 파호할 것이다.

이러면 백은 a로 따내고 나서 b의 패를 다툴 수밖에 없다.

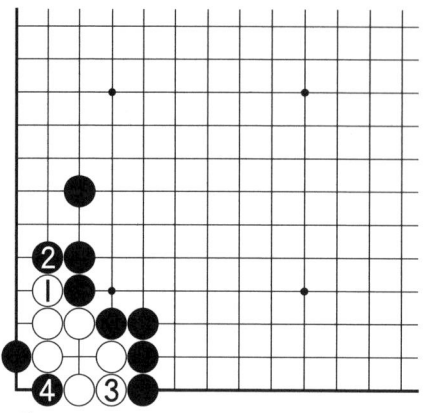

참고도 3

참고도 3(자충의 대악수)

백1로 하나 기어나가는 것은 대악수이다. 흑2와 교환되어 자충수를 둔 셈이다.

다음 백은 3에 둘 수밖에 없으며 흑4의 패 도전을 피할 수 없다. 참고도 1보다도 못한 결과이다.

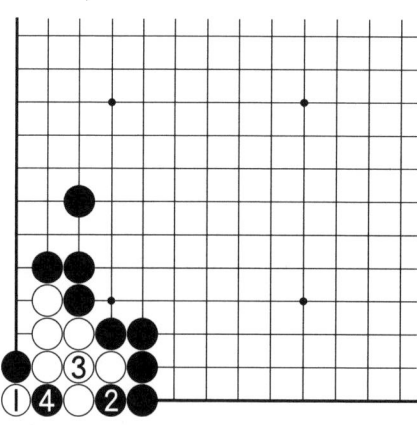

참고도 4

참고도 4(백1, 올바른 수)

앞 그림의 3으로 백1쪽을 먼저 두는 것이 그럴듯해 보이지만 흑2의 단수를 불러 오히려 불리한 결과가 된다. 4까지 흑이 먼저 따내는 패가 되었다.

앞 그림은 그나마 백이 따낼 차례의 패임에 주목하자.

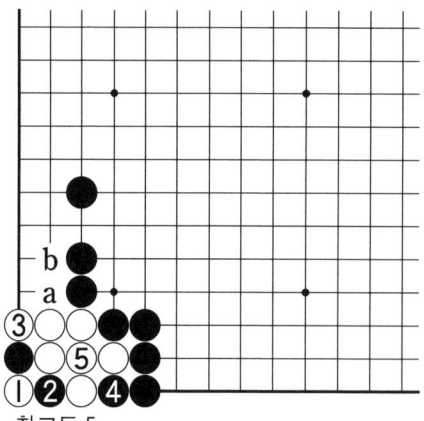

참고도 5

참고도 5(정해/ 처음부터 먹여침)

애초에 백1로 집어넣는 것이 유일한 해결책이었다. 흑2에는 백3으로 뒤에서 단수하면 그만이다.

흑은 착수금지에 걸려 있다. 흑4에 백5로 이을 수 있음이 앞서의 그림과 다른 점이다.

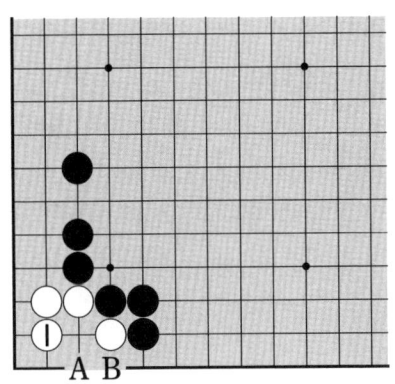

■ 흑 차례

백1쪽으로 호구치는 것은 이상한 감각이다. 여기서 흑은 어떻게 귀를 공략하는 것이 최선의 길인지 알아본다.

요컨대 A로 치중해 잡으려가는 수가 있느냐, 아니면 B로 단수해서 패로 가느냐?

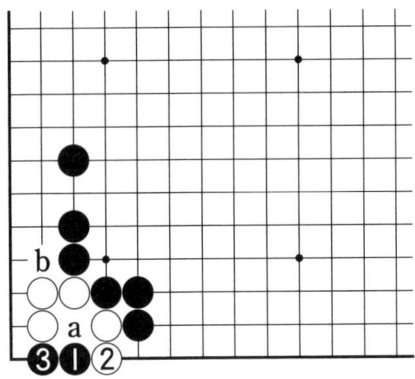

1도

1도(흑3, 필사의 한수)

흑1로 치중하면 백2의 차단은 절대이다. 여기서 흑3의 파호는 필사의 한수이다.

달리 두면 백이 쉽게 살아 버리므로 이렇게 공략할 수밖에 없다. 이에 대해 백a는 흑b로 간단히 잡힌다.

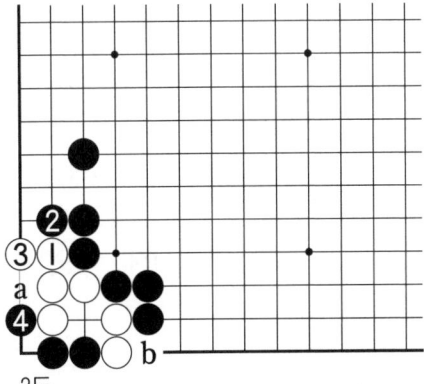

2도

2도(백, 횡사)

계속해서 백1로 하나 기어나가고 흑2 때 백3으로 꼬부려서 궁도를 넓히는 것은 흑4의 파호가 절호의 한수여서 횡사한다.

다음 백a로 패를 획책해도 흑b로 단수하는 수가 성립하므로 살 수 없다.

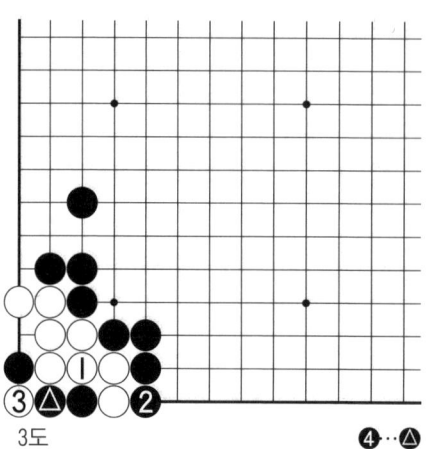

3도

4…⚫

3도(백은 죽음일까?)

그렇다고 백1로 단수하는 것으로
도 살 수 없다. 흑2로 죄어서 그만
인 것이다.

　백3에 따내 봤자 흑이 ⬤에 두
어서 되따내면 귀곡사의 죽음을
피할 수 없다. 그렇다면 백은 죽음
일까?

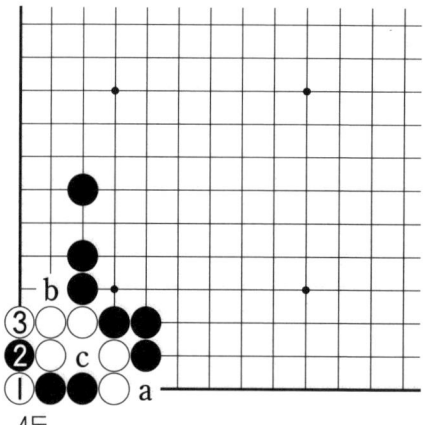

4도

4도(집어넣는 묘수)

거슬러 올라가 2도의 1로 이 그림
백1에 집어넣는 묘수가 있었다.
흑2로 따낼 때 백3으로 두면 삶의
모습이다.

　흑이 a로 단수하든 b에 메워오
든 백은 c의 곳에 두기만 하면 살
아 있다.

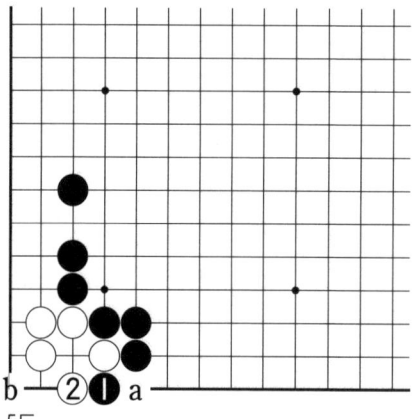

5도

5도(정해/ 패)

따라서 이 문제의 정해는 흑1로
단수하는 한수이다. 백도 2로 버
텨서 패를 하게 된다.

　흑은 a에 이을 여유가 있는 것
이 자랑이다. 그러면 백b로 역시
패싸움이 계속될 것이다.

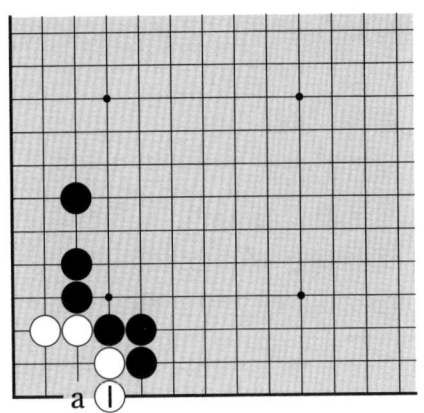

예제

▦ 예제 (흑 차례)

a로 호구치지 않고 백1로 내려선 것은 크게 살려는 뜻이지만 욕심이 지나치다.

그렇다면 흑에게 어떤 수가 있을까? 급소 일격으로 간단하게 해결할 수 있다.

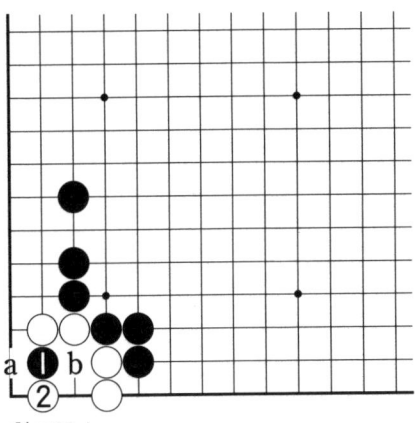

참고도 1

참고도 1(2의 二 공략은 실패)

흑1의 '2의 二' 공략도 귀의 급소 가운데에서는 유력하지만 이 경우는 백2가 좋은 응수여서 싱겁게 끝난다.

다음 a와 b를 맞보고 있어 백은 완생이다.

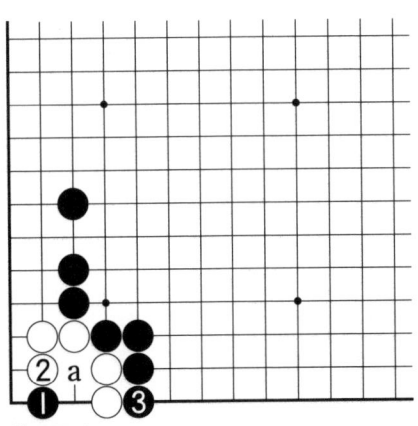

참고도 2

참고도 2(정해/ 2의 一 치중)

이 백을 잡으려면 흑1로 '2의 一'의 급소를 치중하는 것이 유일한 해결책이다.

백2에는 a의 환격을 엿보며 흑3으로 바깥쪽 막음이 결정타이다. 그러면 백은 꼼짝없이 잡힌다.

막아서 비틀어보다

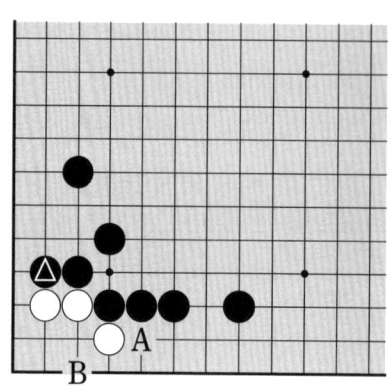

▨ 백 차례

배석은 조금 다르지만 사활의 맥락은 마찬가지이다. 흑은 A 로 막으면 백이 B로 호구쳐서 살아 버린다고 보고 ▲쪽을 막아서 비틀어봤다.

　여기서 백은 어떻게 응수하는 것이 좋을지 알아본다.

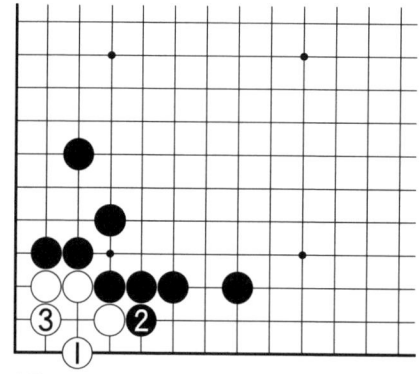

1도

1도(백, 성공적인 삶)

앞서의 [장면 1]에서는 통했지만 백1로 호구치는 것은 여기서는 옳지 못하다.

　물론 흑2쪽을 막아 준다면 백3으로 거뜬하게 살아서 잘된 결과이다. 백은 무려 4집이나 얻으며 살았으므로 성공이다.

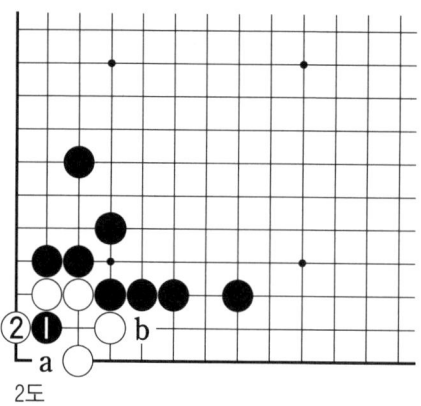

2도

2도(한치 앞도 못보다)

흑1로 '2의 2'의 곳을 공략하는 것은 초중급자들이 흔히 범하는 대실수로 한치 앞도 보지 못하고 있다. 백2의 젖힘이 삶의 급소!

　다음 흑a면 백b, 흑b면 백a로 거뜬히 살아 있다.

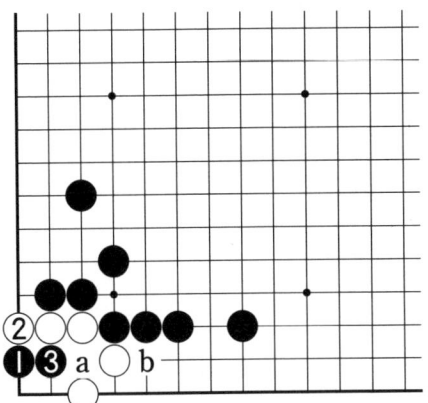

3도

3도(바둑 격언대로)

적의 급소는 나의 급소라는 바둑 격언대로 앞 그림에서 백이 두었 던 삶의 급소가 바로 죽음의 급소 였다.

흑1의 치중이 필사의 한수! 백 2면 흑3으로 백의 죽음이다. 다음 백a에 흑b로 그만이다.

4도

4도(패는 피할 수 없다)

앞 그림의 2는 백1로 물러서는 것 이 이 상황에서 최선이다. 흑2에 백3, 5로 또 한 눈을 마련할 수 있 지만 흑6의 패는 피할 수 없다.

백은 그냥 살 수 있는 돌을 패 로 만들었다.

5도

5도(정해1/ 호구 꼬부림)

장면에서 백이 무조건 사는 수는 두 가지가 있다.

그 하나가 바로 1의 호구 꼬부 림이다. 흑2에는 백3으로 내려서 서 알뜰하게 살아 있다.

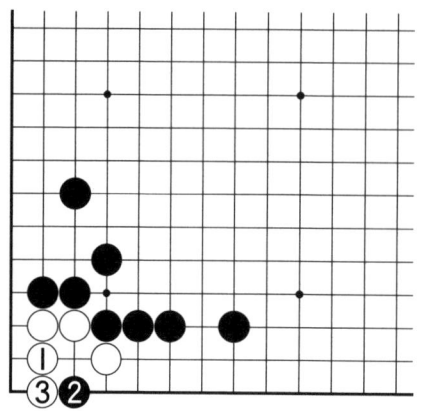

6도

6도(사는 데는 지장 없다)
백1에 흑2로 치중해 봐도 백3으
로 막으면 역시 사는 데는 지장이
없다.

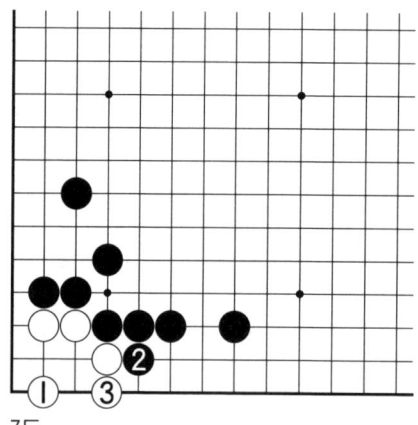

7도

7도(정해2/ 뛰는 수)
나머지 하나의 삶은 백1로 1선에
뛰는 수이다. 귀의 급소인 '2의
一'의 곳을 차지하고 있음이 범상
치 않다.
　흑2에는 백3으로 내려서서 훌
륭하게 살아 있음을 알 수 있다.

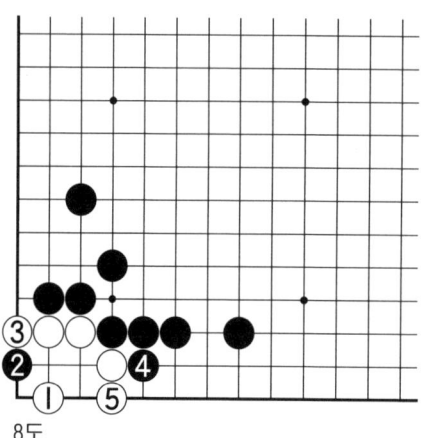

8도

8도(크게 살아간다)
백1에 흑2로 치중하면 물론 백3
으로 막아 크게 살아간다.
　5까지 되면 삶의 모습을 눈으로
확인할 수 있을 것이다.

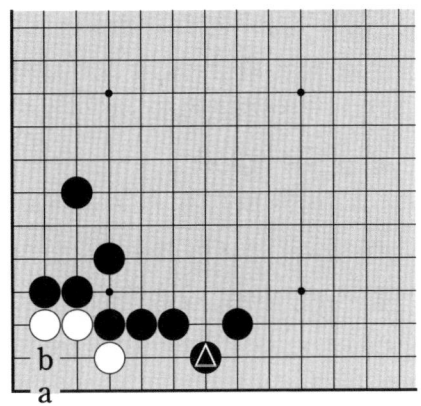

예제

⊞ 예제 (백 차례)

장면과 다른 점은 흑❹ 한점이 더 놓여 있다는 것인데, 이 사활에 어떤 영향을 미칠까?

백은 a와 b 가운데 어느 수가 최선일지 생각해보자.

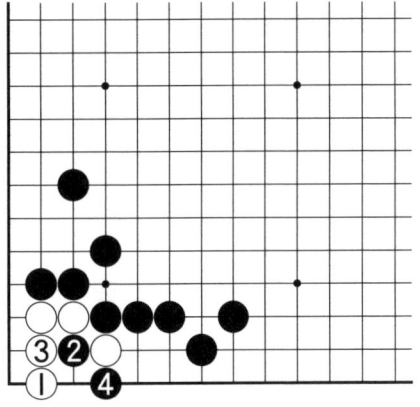

참고도 1

참고도 1(2의 一은 실패)

백1의 뜀은 '2의 一'의 급소를 차지하고 있다는 점에서 유력해 보이지만 실은 잘못된 판단이다.

흑2의 끊음이 통렬한 공략이어서 낭패를 본다. 백3에 흑4가 결정타여서 백의 죽음이다.

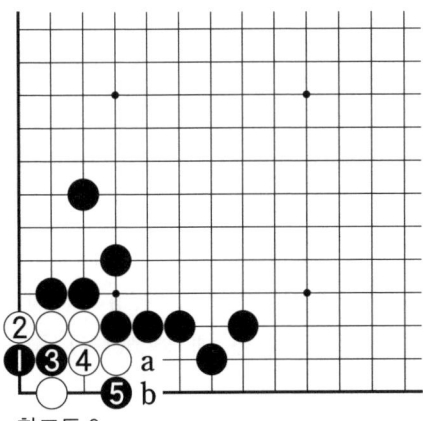

참고도 2

참고도 2(치중해도 잡는다)

앞 그림의 2로는 흑1에 치중해도 백을 잡을 수 있다. 백2에 흑3으로 하나 올라가서 백4와 교환하고 흑5로 파호하면 된다.

다음 백a에는 당연히 흑b로 따라붙어서 그만이다.

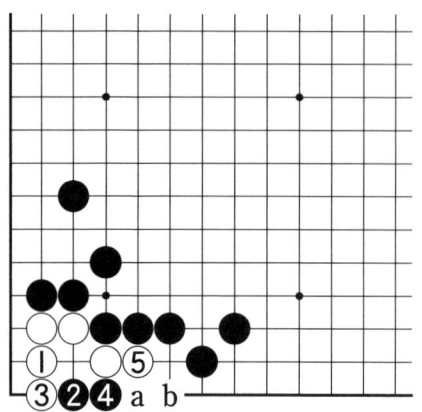

참고도 3

참고도 3(꼬부림으로 삶?)

백의 최선 최강은 1의 꼬부림이다. 이 수면 완벽하게 백이 살아있는 것처럼 보인다.

　흑2에는 백3으로 받고 흑4에는 백5로 비키는 것이 호수이니까. 다음 흑a는 백b로 잡힐 뿐이다.

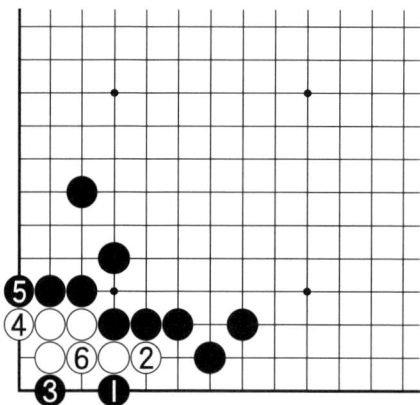

참고도 4

참고도 4(삶의 모습)

흑1로 1선에 붙이는 것이 비약적인 착상이지만 백2에 후속수가 마땅치 않다는 것이 아쉽다. 흑3에 붙이는 것이 날카로운 공략이지만 백4가 냉정한 응수여서 수포로 돌아간다. 흑5에는 백6으로 이어서 삶의 모습이다.

　더 이상 흑이 공략할 방법이 없음을 확인하기 바란다.

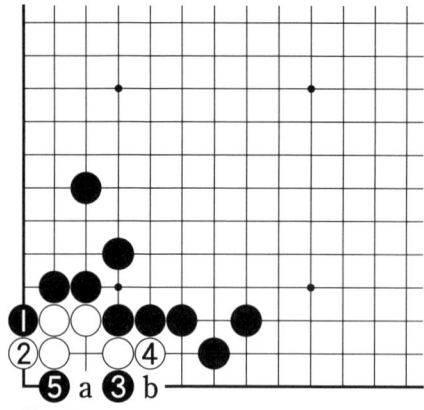

참고도 5

참고도 5(정해/ 쌍방 최선은 패)

'죽음은 젖힘에 있다'는 격언대로 흑1에 젖히고 3으로 붙이는 것이 교묘한 수순이다.

　백4에 흑5가 결정타! 백은 a로 패를 들어가야만 한다. a 대신 b는 흑a로 횡사. 패가 쌍방 최선이었다.

늘어서서 궁도를 넓히다

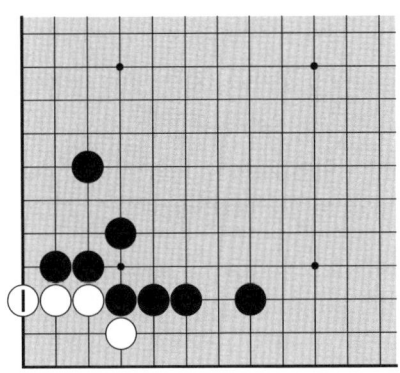

■ 흑 차례

백1로 1선에 늘어서듯 내려선 것은 궁도를 넓혀서 크게 살아 보겠다는 야심찬 계획인데, 과연 백의 뜻대로 될지 알아본다.

흑은 귀를 어떻게 공략하는 것이 좋을까?

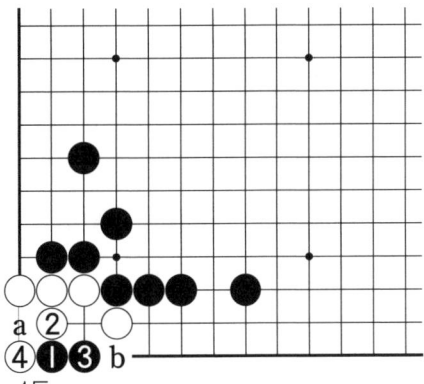

1도

1도(2의 一의 급소는 실패)

흑1로 '2의 一'의 급소에 치중하는 것이 유력해 보이지만 백2가 좋은 응수여서 단번에 실패임이 드러난다. 흑3에는 백4가 삶의 묘수.

다음 흑a로 따내봤자 백b로 막아서 완벽한 삶이다.

2도

2도(역시 살아간다)

흑1로 치중하는 것 역시 백2가 좋은 응수여서 쉽게 살아 버린다. 흑3에는 백4로 앞 그림과 비슷해진다. 6에 이르러 흑이 더 이상 공격할 수 없음은 너무도 명백하다.

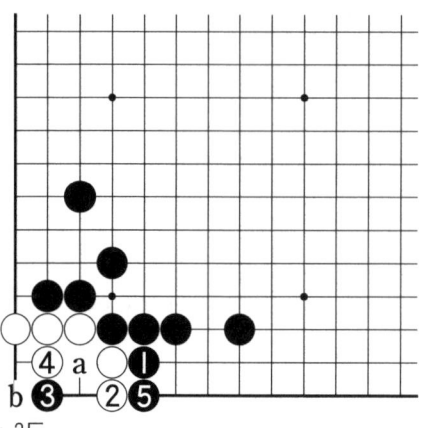

3도

3도(정해/ 패)

뜻밖일지도 모르지만 흑1이 최선의 한수이다. 백2 때 비로소 흑3에 치중하는 것이 좋은 수순이며 백4에 흑5가 결정타!

다음 a의 환격을 보고 있으므로 백은 b로 패를 하지 않을 수 없다.

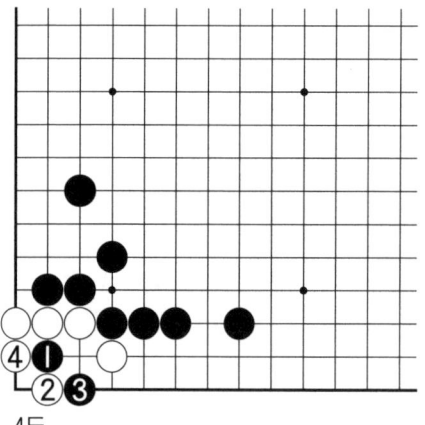

4도

4도(패는 되지만 감점)

흑1쪽으로 치중해도 백2, 4면 패는 될 것이다. 다만 패를 흑이 이겼을 때 백의 수수가 많고, 백이 이겼을 때 집도 많은 것이 흑의 감점 요인이다. 앞 그림은 뒷맛도 없이 백을 잡으므로 백점 만점!

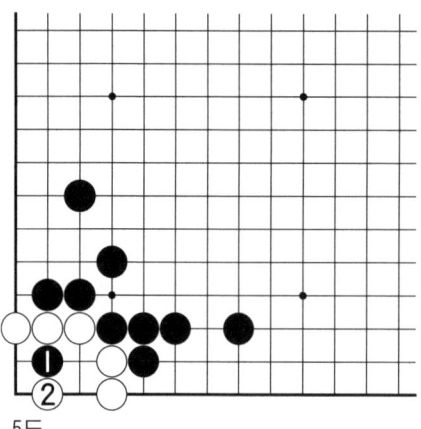

5도

5도(뒤늦은 붙임)

이 상황에서 뒤늦게 흑1로 붙이며 치중하지 않도록 주의한다.

그러면 백2로 응수해 이번에는 패도 없이 완벽한 삶의 모습이다.

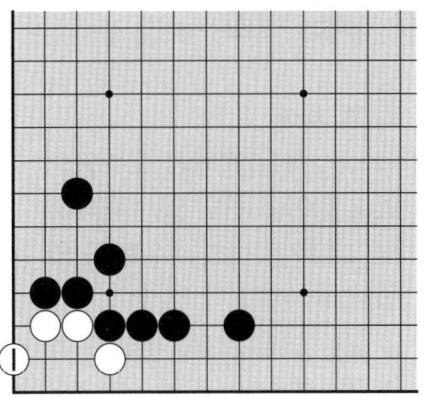

예제

▦ 예제 (흑 차례)

백1은 게걸음과 흡사한 동작이다. 하지만 '2의 一'의 급소를 점령하고 있는 만큼 탄력적이다.

그렇다면 흑은 어떻게 귀를 공략해야 할까?

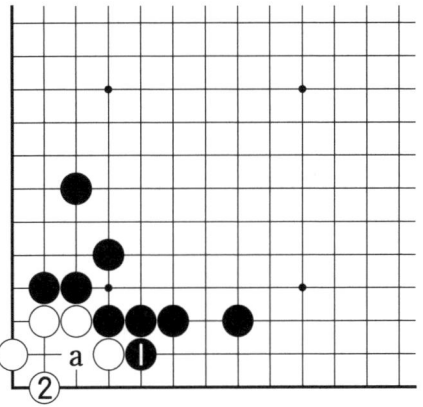

참고도 1

참고도 1(급소 삶)

흑1로 막는 것은 백2가 급소로 쉽게 살아 버린다.

다음 흑은 a로 끊을 수가 없어 귀의 삶이 보장된다.

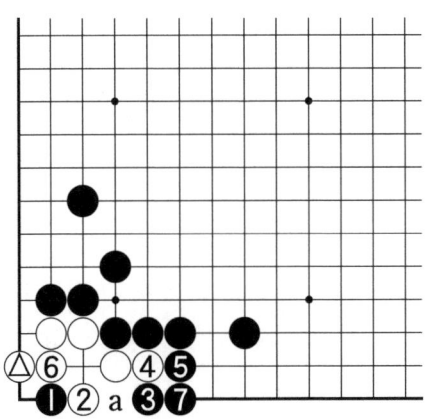

참고도 2

참고도 2(정해/ 바둑 격언대로)

적의 급소는 나의 급소라는 바둑 격언대로 두면 된다.

흑1의 치중이 백△를 추궁하는 준엄한 공략이다. 백2에는 흑3 이하 7이 침착한 수순이다. 백은 a의 곳에 두지 못하는 것이 아프다.

장면 5

포위된 여섯점의 생존 방법

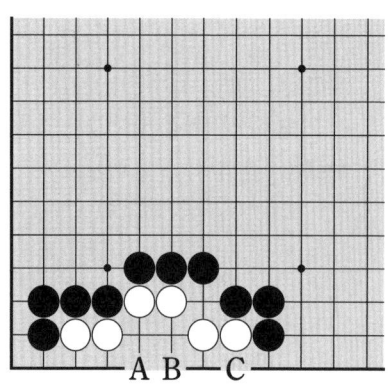

백 차례

백 여섯점은 흑에게 포위되어 있어 달아날 곳도 없는 상태이다. 이 백을 살리는 방법을 알아보기로 한다.

언뜻 아무렇게나 두어도 될 것 같지만, 그래도 A~C 가운데 해답이 있다.

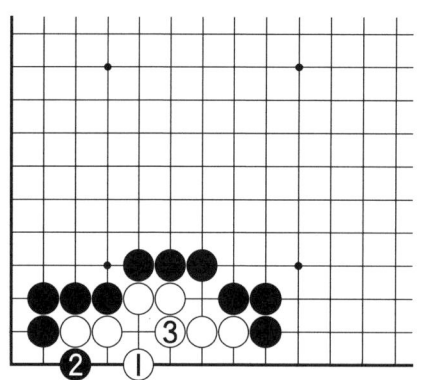

1도

1도(정해/ 왼쪽 호구침으로 삶)

이 형태는 사활의 기본형 가운데에서도 기본에 속한다. 실전에서도 흔히 볼 수 있는 형태이다.

백1로 왼쪽에서 호구치는 한수! 그러면 백은 완벽한 삶을 얻는다. 흑2에는 백3으로 완성이다.

2도

2도(욕심을 부리면?)

여기서 주의할 점이 있다. 앞 그림의 3은 백1로 욕심을 부려서는 안 된다.

흑이 2로 이어준다면 백3으로 두어서 앞 그림보다 나은 결과일지도 모르지만 백의 희망사항이다. 흑2로는~

98 사활(기본 패턴)

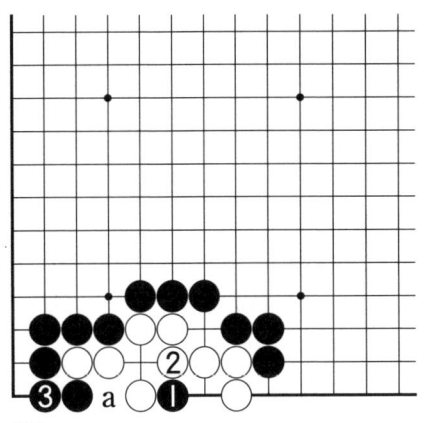

3도

3도(적의 급소는 나의 급소)
흑1로 급습하는 수가 성립한다. 앞 그림에서 백이 두어서 살았던 바로 그곳이다. 요컨대 적의 급소는 나의 급소!

백2에 흑3으로 이으면 이제는 백이 a에 둘 수 없으므로 살길이 없다.

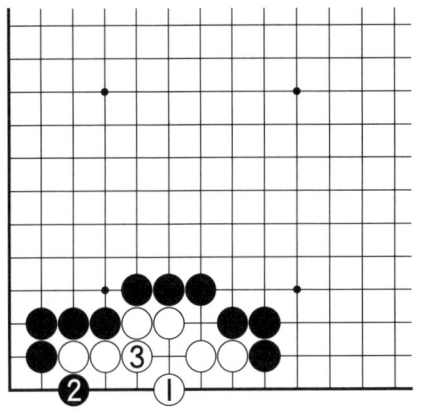

4도

4도(방향 착오)
백1로 오른쪽에서 호구치는 것은 방향 착오이다. 하지만 흑이 무심코 2에 젖힌다면 백3으로 두어서 삶을 얻을 수 있다.

좌우에서 한 눈씩 맞보고 있는 만큼 산뜻하게 살았다. 따라서 흑2로는~

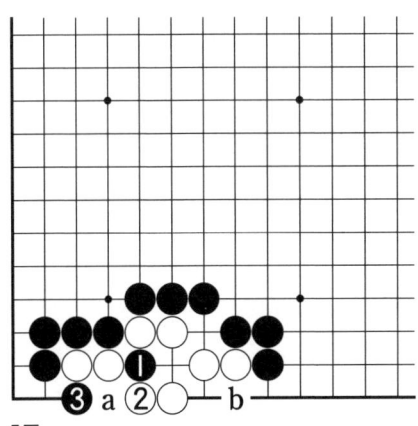

5도

5도(끊어야 할 곳)
마땅히 흑1로 끊어야 할 곳이다. 백이 두어서 살았던 그곳이다. 바로 적의 급소는 나의 급소였던 것이다.

백2에는 흑3으로 몰아서 그만이다. 다음 백a면 흑b로 파호해 백은 살길이 없다.

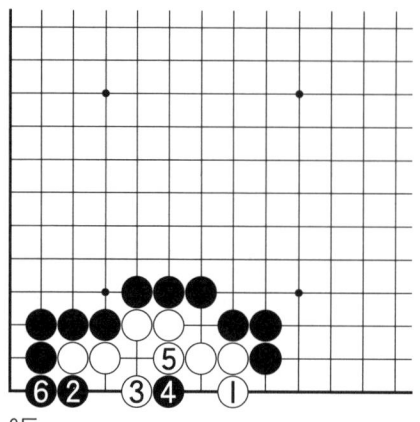

6도

6도(죽음은 젖힘에 있다)

백1로 1선에 꼬부리는 것은 궁도를 최대한 넓혀서 크게 살자는 뜻이지만 과연 무사할까?

흑2가 '죽음은 젖힘에 있다'는 격언을 따른 공략법이다. 백3에는 흑4가 결정타여서 6까지 보듯이 백의 죽음이다.

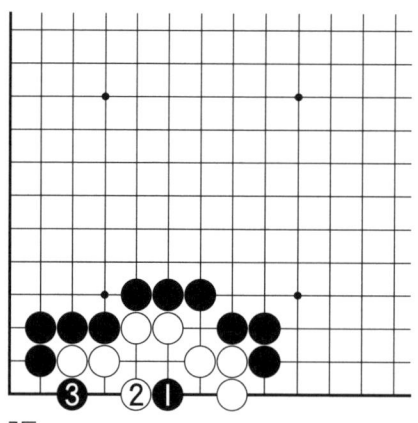

7도

7도(치중해도 괜찮다)

다만 앞 그림의 2로는 흑1에 먼저 치중해도 백을 잡을 수 있다. 백2를 기다려 흑3에 젖히면 마찬가지 결과를 이끌어낼 수 있다.

백2 대신 3으로 버텨오면 흑은 2의 곳을 두면 된다.

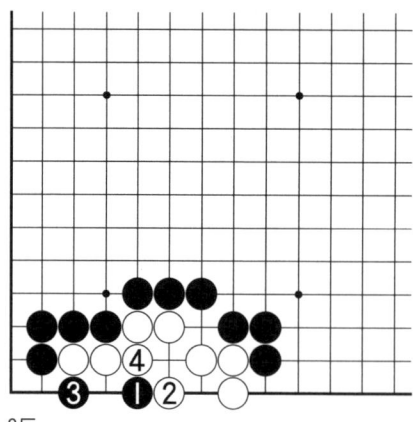

8도

8도(유의)

그런데 무심코 흑1의 곳에 치중하면 백2로 받아 그만이니 유의해야 한다.

흑3에 백4로 한점 잡고 크게 사는 모습이다. 참고로 제시했다.

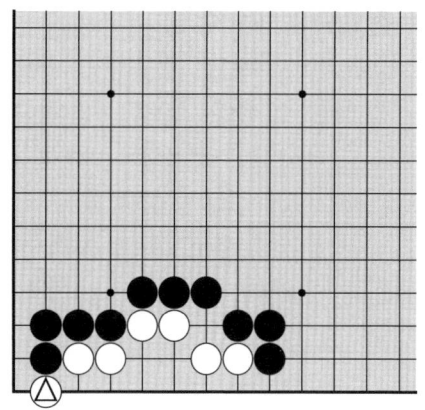

예제

▦ 예제 (백 차례)

다른 배석은 장면과 똑같은데 백 △의 1선 젖힘이 덧붙여져 있는 형태이다.

과연 이 한점이 사활에 어떤 영향을 미치게 될까? 백이 사는 수는 몇 가지나 있을지 생각해보자.

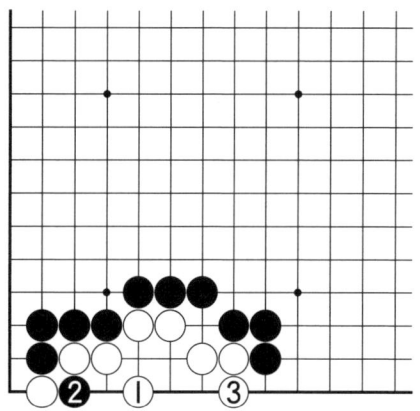

참고도 1

참고도 1(사는 수 1)

앞서와 마찬가지로 백1로 왼쪽에서 호구치는 수는 당연히 살 수 있다.

다만 사는 방법이 좀 다르다. 흑2의 먹여침에 대해 이번에는 백3으로 궁도를 넓혀서 사는 편이 여러 모로 이득이다.

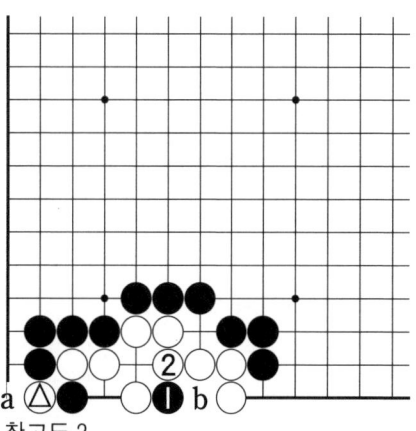

참고도 2

참고도 2(삶의 증명)

앞 그림에 이어, 흑1로 공략해 봐도 백2로 응수하면 흑의 다음수가 없다.

다만 흑a로 백△ 한점을 따내는 것은 선수. 백은 b로 받아야 한다. 앞 그림이 완생임을 증명해 봤다.

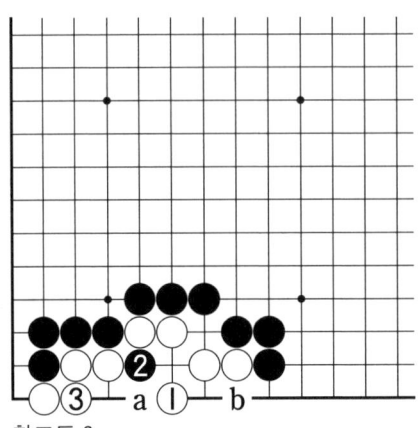

참고도 3

참고도 3(사는 수 2)

오른쪽에서 백1로 호구쳐도 이 백을 살릴 수 있다. 흑2의 끊음이 급소 공략이지만 이번에는 백3으로 1선에 잇는 수가 성립한다.

다음 a와 b를 맞보기로 살아 있음에 주목하자.

참고도 4

참고도 4(사는 수 3)

백1에 꼬부려도 살 수 있다. 흑2의 먹여침은 당연하지만 백3으로 물러서면 참고도 1과 똑같은 결과임을 알 수 있다.

백3은 a쪽에 두어도 사는 데는 지장이 없다.

참고도 5

참고도 5(사는 수 4)

백1로 잇는 것으로도 이 백은 살아 있다. 흑2의 젖힘에 백3으로 받아서 완벽한 삶이다. 백3은 a쪽에 호구쳐도 상관이 없다.

살펴봤듯이 백이 사는 수는 무려 네 가지나 있었다.

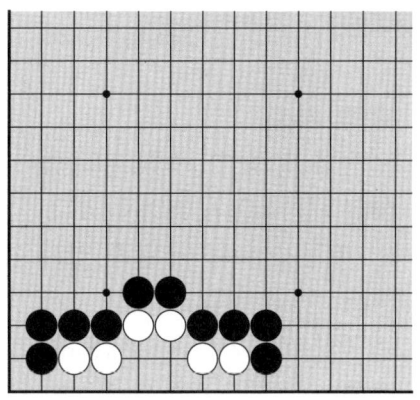

예제

▦ 예제 (백 차례)

장면과 다른 점은 오른쪽 부분의 공배가 메워져 있다는 점이다. 과연 이 사활은 어떻게 될까?

흑이 손을 빼도 잡을 수 있는지 생각해보자.

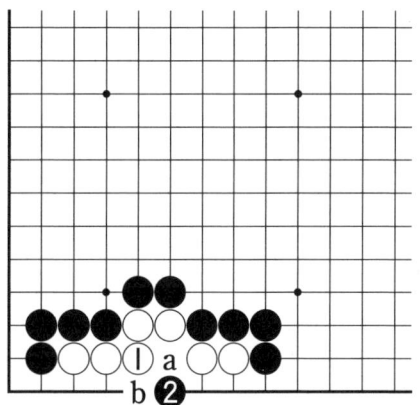

참고도 1

참고도 1(자체로 죽음)

이 백은 자체로 죽음이다. 백1로 잇는 것이 그나마 노력한 수이지만 흑2의 치중 일격으로 그만이다. 백1로 a에 두어도 흑b로 같은 결과가 기다린다.

따라서 흑은 손을 쓸 필요가 없이 잡은 모습이다.

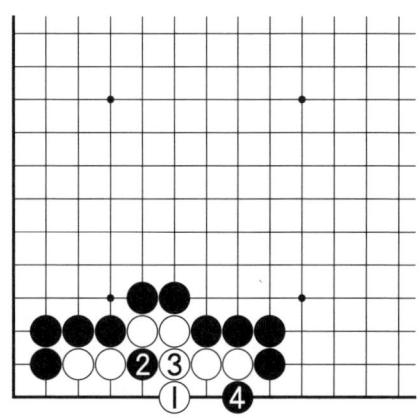

참고도 2

참고도 2(가볍게 잡는다)

물론 백1로 호구쳐 봐야 흑2가 선수로 들으니 4의 젖힘이면 가볍게 잡는 모습이다.

다시 한번 이 모양은 자체로 죽음임을 기억하자.

장면 6

1선의 내려섬

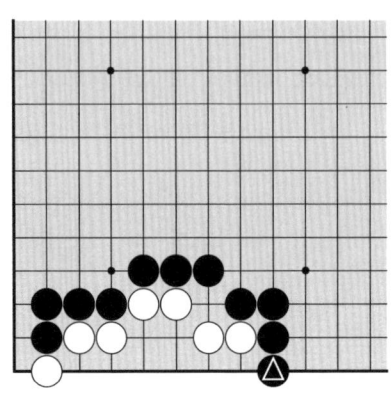

▨ 백 차례

[장면 5]의 레벨업 예제에서 흑
▲의 내려섬이 덧붙여져 있다.
이 백이 사는 수가 있는지 알아
본다.

　만약 백이 사는 수가 없다면
흑▲는 이 백을 잡는 능률적이
면서도 훌륭한 한수가 된다.

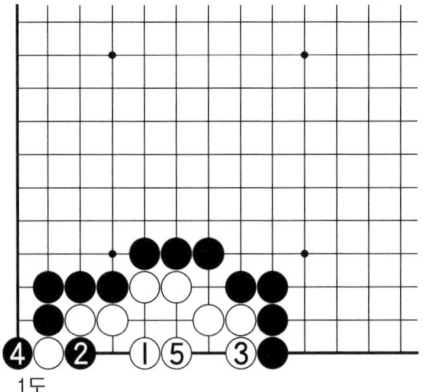

1도

1도(달콤한 환상)

백1쪽에서 호구치는 것은 유력한
삶의 시도 가운데 하나이다. 흑2
의 먹여침으로 파호해서 잡으려만
온다면 백3에서 5로 살아서 멋진
결과이다.

　그러나 이 진행은 백의 달콤한
환상이다.

2도(필살의 파호)

흑은 가만히 1로 1선을 기어드는
간단한 공략법이 있었다.

　백2에 흑3의 파호가 a의 양단
수와 b의 먹여침을 맞보기로 삼는
필살의 한수! 백은 살아날 방법이
없다.

2도

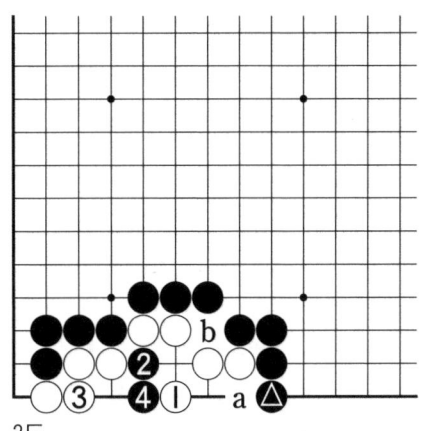

3도

3도(흑▲의 존재감)

백1로 오른쪽에서 호구치는 것은 흑2의 끊음이 급소가 된다.

백3에는 흑4로 파호해서 백의 죽음이다. 다음 백a는 흑b의 단수에 저항 불능의 상태. 그러면 흑▲의 존재감을 느낄 수 있다.

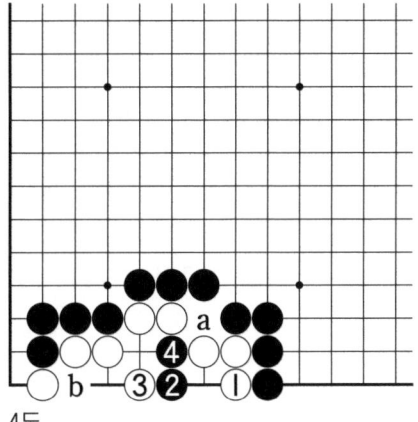

4도

4도(치중)

백1로 궁도를 최대한 넓히는 것도 뜻대로 안 된다. 흑2의 치중이 통렬한 급소!

백3에는 흑4로 파호해 a의 양단수와 b의 파호를 맞본다. 2도와 비슷한 의미의 진행이었다.

5도(사는 수가 없었다)

백1로 잇는 것으로도 살 수 없다. 흑2의 치중이 정확한 급소! 백3에는 흑4로 끊으면서 파호해서 그만이다.

백은 a에 두어봤자 흑b를 불러 아무 소용이 없다. 이 백이 사는 수는 없었다.

5도

장면 7
한 줄씩 이동한 형태에서

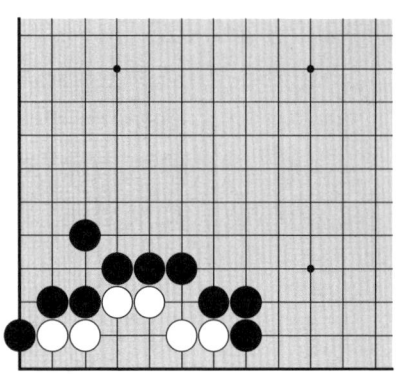

▨ 백 차례

[장면 5]의 형태에서 모든 돌이 한 줄씩 귀쪽으로 이동한 형태이다. 이러면 백의 사활은 어떻게 달라질까?

여기서 사는 수가 몇 가지나 있는지 알아보는 것도 중요한 과제이다.

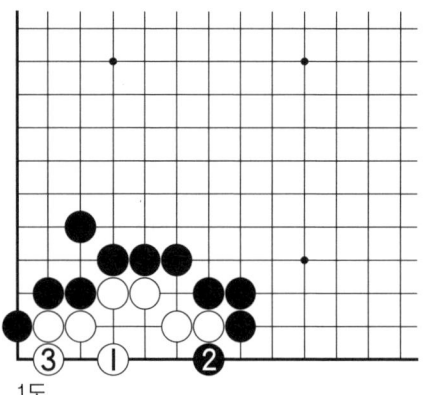

1도

1도(사는 수 1)

귀쪽으로 가깝게 갈수록 귀의 특수성이 작용한다. 그 덕택에 이 백은 여러 가지의 사는 수가 생긴다.

우선 백1로 호구치는 것이 가장 상식적인 코스이다. 흑2에 백3으로 간단하게 살 수 있다.

2도

2도(사는 수 2)

백1쪽 꼬부림으로도 살 수 있다. 흑2의 치중에는 백3에서 5로 무사하다.

귀의 특수성 때문에 흑은 백을 공략할 방법이 없다.

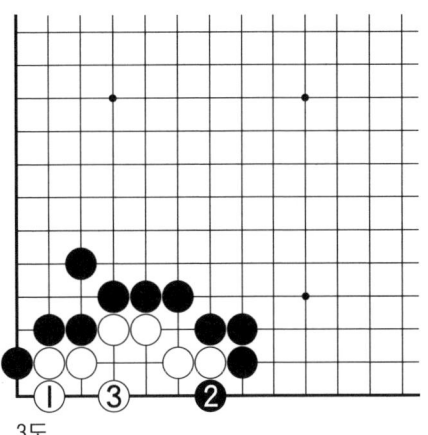

3도

3도(실전의 경우)

실전이라면 백1에 흑2로 젖혀 백
3으로 가볍게 살려줄 수밖에 없을
것이다.

　이래야 집이라도 최대한 줄일
수 있기 때문이다.

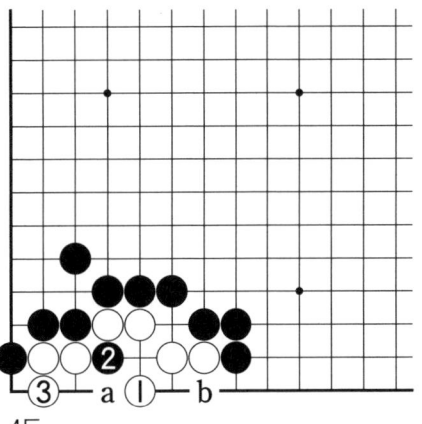

4도

4도(사는 수 3)

백1로 호구쳐도 살 수 있다. 흑2
의 끊음에는 백3으로 꼬부리는 수
가 성립한다. 다음 a와 b를 맞보
기로 하고 있다.

　흑2로는 3에 젖히고 백이 2의
곳을 이어서 살게 하는 것이 타당
한 진행이다.

5도(사는 수 4)

백1로 오른쪽을 꼬부려 궁도를 넓
혀도 살 수 있다. 흑2에는 백3으
로 두어서 탈이 없다. 흑4에는 백
5로 받아서 귀의 특수성이 빛을
발한다.

　이 백이 사는 수는 네 가지나
있었다.

5도

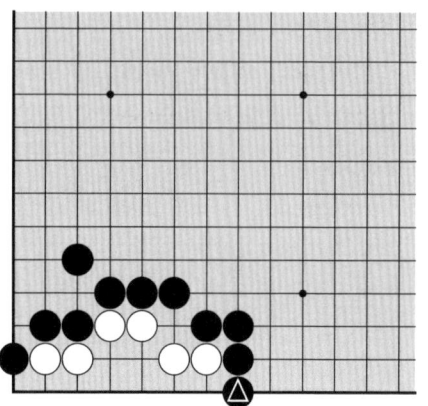

예제

▦ 예제 (백 차례)

장면과는 1선에 흑▲의 내려섬이 있다는 점이 다르다. 그러면 이 백의 사활은 어떻게 될까?

만약 백이 사는 수가 없다면 흑▲는 백을 잡는 능률적인 한수로 볼 수 있다.

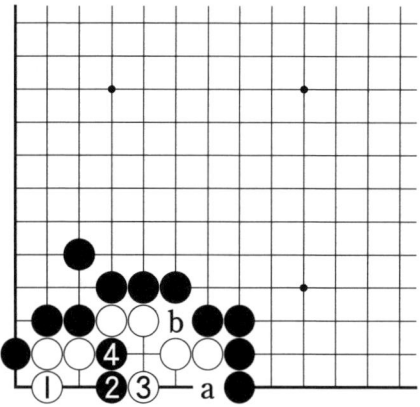

참고도 1

참고도 1(치중으로 죽음)

백1로 꼬부려 궁도를 넓히면 흑2의 치중이 통렬해 백의 죽음이다.

다음 백3은 흑4로 파호해서 그만이다. 계속해서 백a면 흑b.

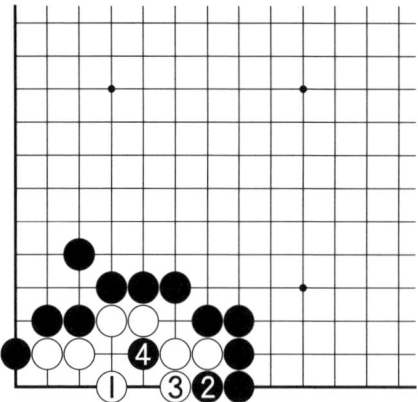

참고도 2

참고도 2(결론은 죽음)

백1로 호구치면 흑2, 4의 공략이 알기 쉽다.

결론은 백이 사는 수가 없다는 것이다.

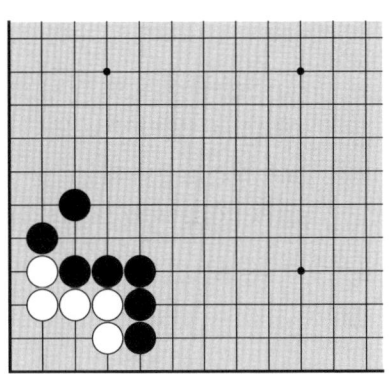

장면 8

실전에서의 기본 사활

■ 백 차례

실전에서 흔히 볼 수 있는 형태로, 귀의 기본 사활에서도 기본에 속한다.

당연하지만 귀의 사활은 먼저 두는 쪽이 살리거나 잡을 수 있다. 여기서는 백이 사는 방법을 알아본다.

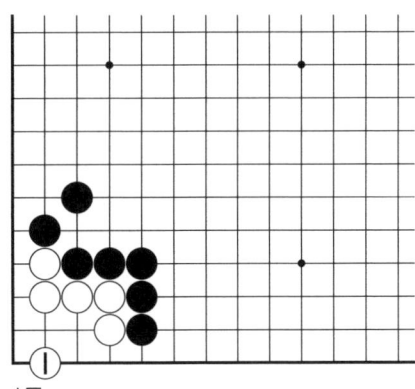

1도

1도(가장 상식적인 방법)

가장 상식적인 삶의 방법은 백1의 1선 한칸뜀이다. 그러면 백은 완벽하게 살아 있다.

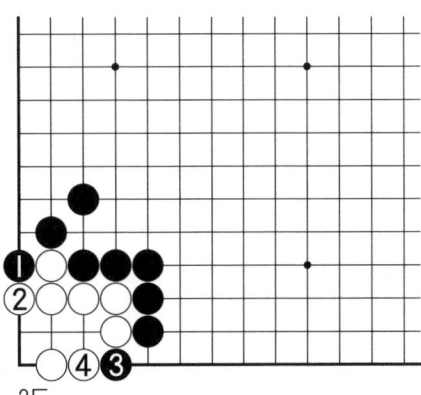

2도

2도(직4궁의 삶)

계속해서 흑1에는 백2로 막고, 흑3에도 역시 백4로 막아 최소한 직4궁도를 확보하고 있음을 알 수 있다.

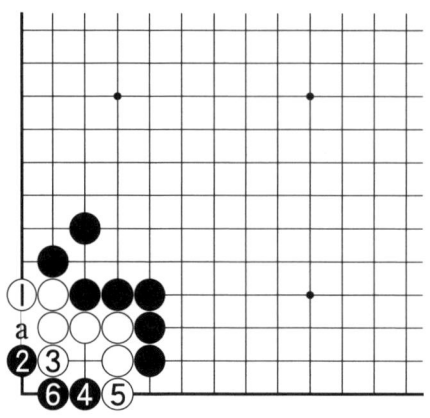

3도

3도(빅의 삶)

백1쪽의 꼬부림은 궁도를 넓혀서 사는 방법으로 경우의 수법이다.

다만 흑2의 치중에 백3, 흑4의 파호에 백5로 받아야 하므로 6까지 귀의 백은 0집이다.

그렇다고 a로 메우는 패는 백의 부담이 크다.

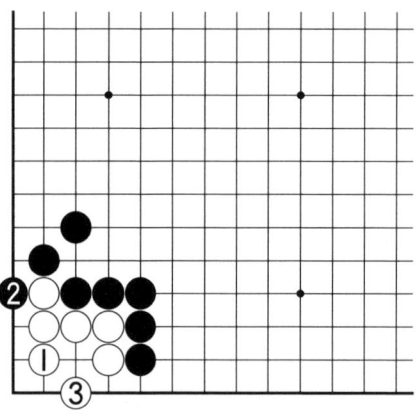

4도

4도(2의 二에 두어도 삶)

백1로 '2의 二'의 급소를 두어도 살 수 있다. 다만 흑2의 젖힘이 아프다. 그러면 백3으로 물러서는 것이 무난한 응수이다.

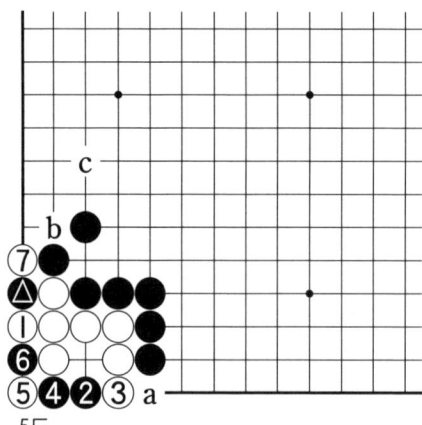

5도

5도(배석에 따라 성립)

백1로 막는 수는 바깥쪽 배석에 따라 성립한다. 흑2, 4의 공략에 백5는 맥점이다.

흑6 다음 백7로 따냈을 때 흑a 가 가능하면(백b를 당해도 흑c쪽에 돌이 있다면) 패가 되므로 백이 위험하다.

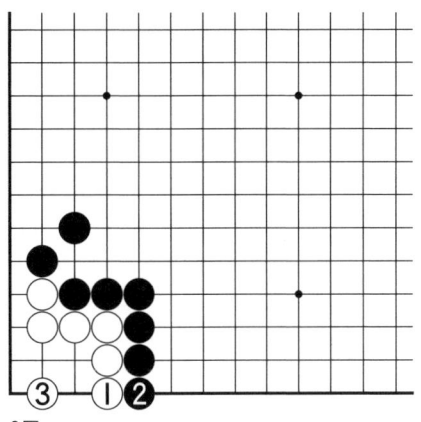

6도

6도(1선 내려섬의 삶)

백1로 1선에 내려서는 수로도 살 수 있다. 다만 흑에게 2의 곳을 선수로 막히는 것이 조금 따끔하다.

다음 백3으로 지켜 두는 것이 응수의 틀이다.

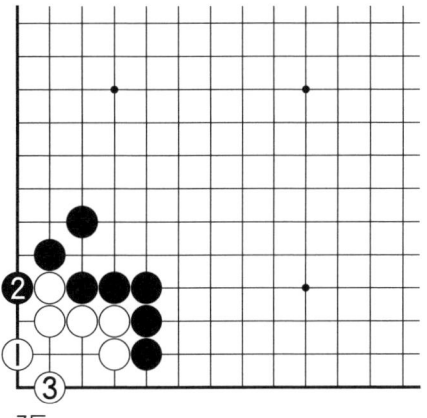

7도

7도(살지만 2집 손해)

백1로 움츠려도 살 수 있다. 흑2의 젖힘에 백3으로 두어서 확실한 삶이다. '2의 一'의 급소 두 군데를 차지한 삶이었다.

다만 4집에 불과하므로 1도에 비해 2집이나 손해를 보고 있다.

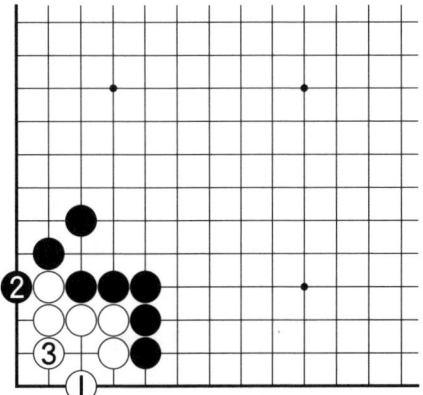

8도

8도(역시 손해의 삶)

백1로도 살 수 있지만 흑2의 젖힘에 백3의 후퇴가 불가피하다.

이 진행도 4집의 삶이므로 손해가 명백하다. 4도와 대동소이한 결과이다.

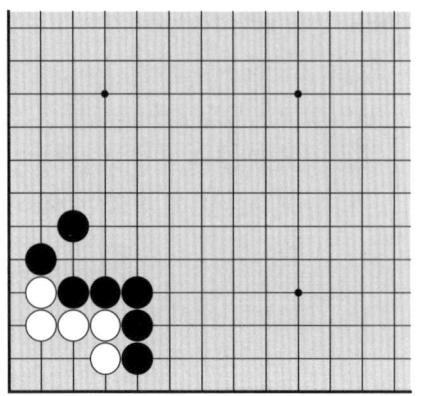

예제

▦ 예제 (흑 차례)

장면과 같은 형태에서 이번에는 귀의 백을 잡는 가장 기본적인 공략법을 생각해보자.

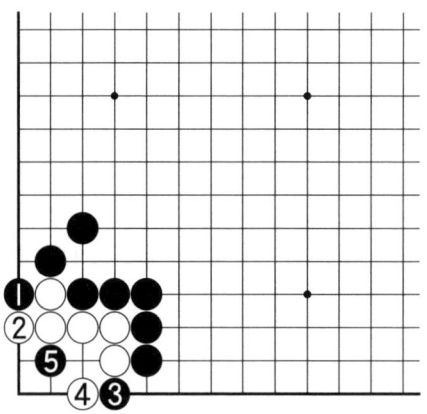

참고도 1

참고도 1(죽음은 젖힘에 있다)

'죽음은 젖힘에 있다'는 격언대로 흑1로 젖히고 또 3에 젖히고 오궁도의 한가운데를 5로 치중하는 수순이 가장 확실하다.

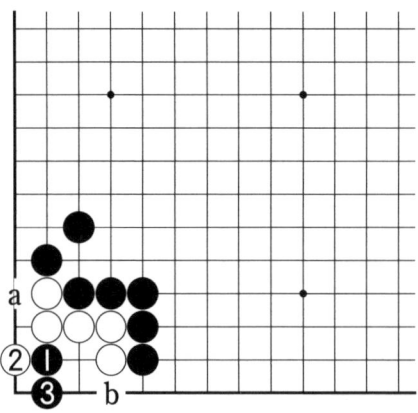

참고도 2

참고도 2(초중급자의 수법)

흑1의 치중은 초중급자들이 흔히 두는 수법이다. 다행한 것은 이렇게 공략해도 백은 살길이 없다는 점이다. 백2에는 흑3으로 내려서서 안형을 방해하고 a와 b를 맞봐서 백의 죽음이다.

다만 주변 상황에 따라 조금 맛이 개운치 않다.

장면 9
좌변 젖힘이 있는 경우

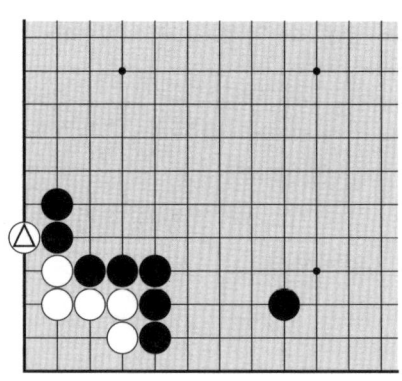

▨ 흑 차례

[장면 8]의 형태에서 달라진 것은 좌변에 백△의 1선 젖힘이 하나 생겼다는 점이다. 그러면 귀의 사활이 어떻게 달라지는지 알아본다.

과연 백을 잡는 수는 몇 가지나 있을까?

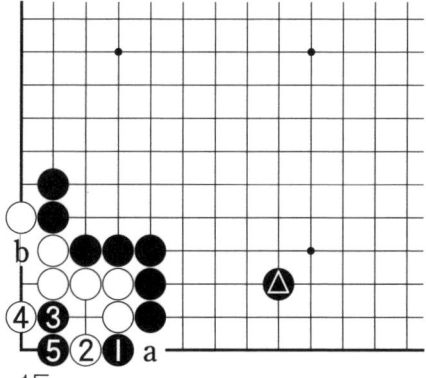

1도

1도(정해1/ 간명한 공략법)

하변 흑△가 있을 때는 흑1로 젖히고 백2에 받을 때 흑3으로 치중하는 것이 간명한 공략법이다.

백4에는 흑5로 파호하고 다음 백a로 따내도 흑b에 먹여쳐서 그만인 것이다.

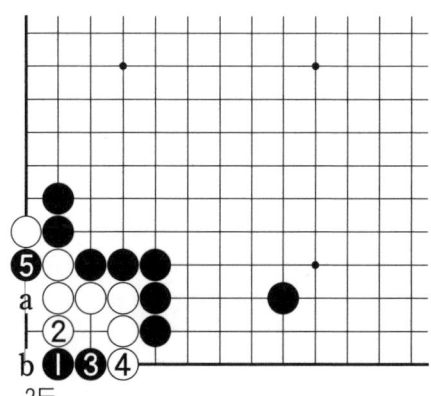

2도

2도(정해2/ 귀곡사)

흑1로 치중하는 것은 조금 복잡하지만 하변에 흑돌이 없어도 가능한 수법이다.

백2에는 흑3으로 파호하고 백4 때 흑5로 먹여쳐서 백의 명맥을 끊는다. 다음 백a는 흑b로 귀곡사의 죽음이다.

113

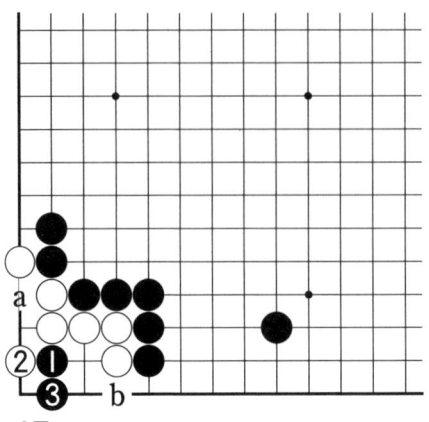

3도

3도(혼자만의 수읽기)

흑1로 '2의 二'의 곳을 공략해도 잡을 수 있을 것처럼 보인다. 백2면 흑3으로 내려서서 다음 a의 먹여침과 b의 건넘을 맞보기로 할 수 있으니까.

　그러나 이 진행은 혼자만의 수읽기이다.

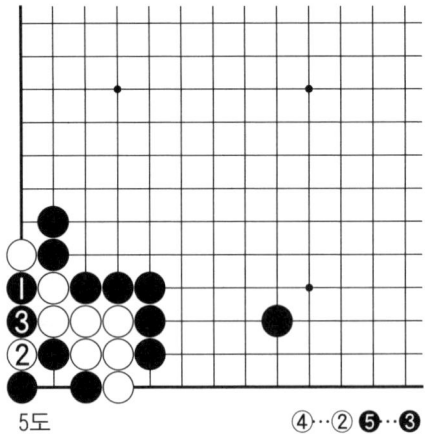

4도

4도(1수 늦은 패)

앞 그림의 2로는 백1에 붙이는 맥점이 있다. 흑2에 백3으로 단수하고 5로 가차 없이 몰아간다.

　흑은 잇지 못하고 6에 메워 패를 해야 하므로, 백이 여유 있는 1수 늦은 패이다.

5도(언뜻 단패?)

앞 그림의 6으로는 흑1로 먹여치고 싶기도 할 것이다. 이러면 언뜻 단패가 되니까. 그러나 흑의 착각으로 백2라는 묘수가 있다.

　흑3으로 따낼 때 백도 4로 되따내고 흑5로 또 따내면~

5도　　　　④…② ❺…❸

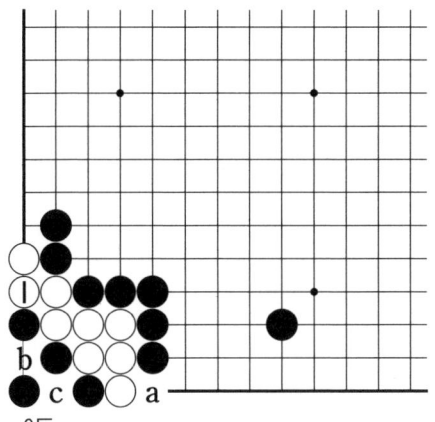
6도

6도(양패의 삶)

백1로 자연스럽게 단수해 양패의 형태가 된다.

즉, 흑이 a에 메우면서 단수해도 백은 b로 따내고 나중에 흑이 팻감을 쓰고 따내면 이번에는 백c로 따내어서 양패의 삶인 것이다.

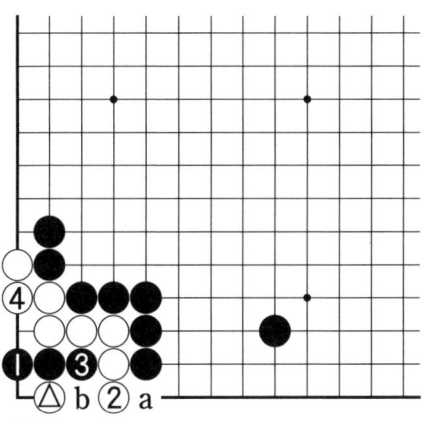
7도

7도(빅의 삶)

백△의 붙임에 대해 흑1로 빠져서 파호하는 것도 뜻대로 안 된다. 백2로 내려서서 궁도를 넓히는 것이 호수이다.

흑3을 기다려 백4로 이으면 빅의 삶이다. 흑a, 백b로 결말이 날 곳이다.

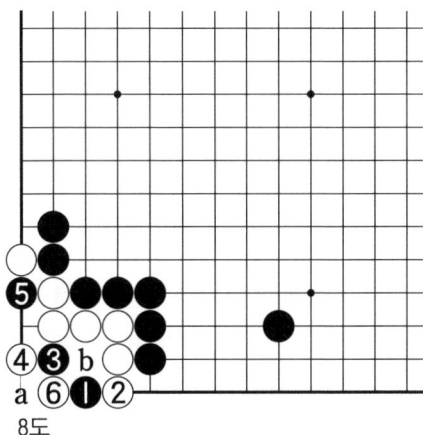
8도

8도(급소에서 벗어나다)

흑1로 치중하는 것도 급소에서 벗어난 공략이다. 백은 2로 차단하는 한수. 흑3에서 5로 파호하면 백6의 먹여침이 좋은 수이다.

계속해서 흑a, 백b 다음은 앞의 5도에서 6도의 수순을 참조하기 바란다.

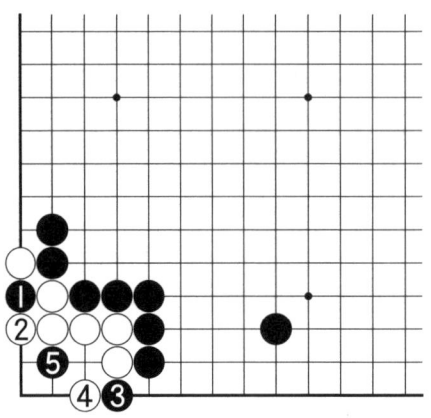

9도

9도(중대한 착각)

"흑1로 먹여쳐 백2와 문답하고 나서 흑3에 젖히고 5로 오궁도의 중앙에 치중해서 백 죽음!"이라고 생각할 수도 있을 것이다.

　그러나 이 진행은 중대한 착각이 숨어 있다.

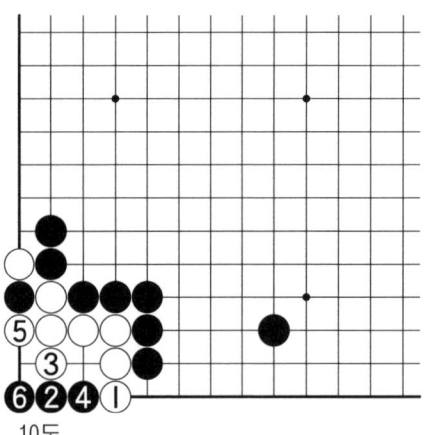

10도

10도(안타까운 진행)

"앞 그림의 2로 백1로 궁도를 넓혀도 흑2의 치중으로 그만이다. 백3에는 흑4, 백5에는 흑6으로 파호해서 귀곡사의 죽음!"이라고 부연 설명한다면 참 안타까운 일이 아닐 수 없겠다.

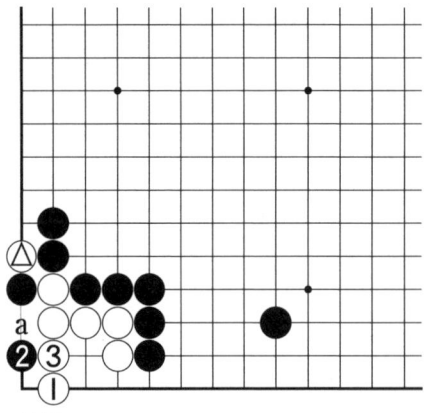

11도

11도(2의 一의 급소)

9도의 2로는 백1로 '2의 一'의 곳에 뛰는 수가 급소이다. 흑2의 치중에는 백3에 빳빳하게 잇는 것이 침착한 수이다.

　요컨대 백△의 효과로 흑은 a에 두지 못하므로 귀는 살아 있다.

하변 젖힘이 있는 경우

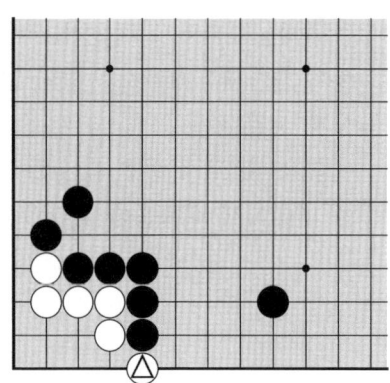

■ 흑 차례

이번에는 하변 쪽에 백△의 1선 젖힘이 있는 형태이다.

이 사활은 또 어떻게 될지 알아본다. 백을 잡는 정확한 수를 찾아보자.

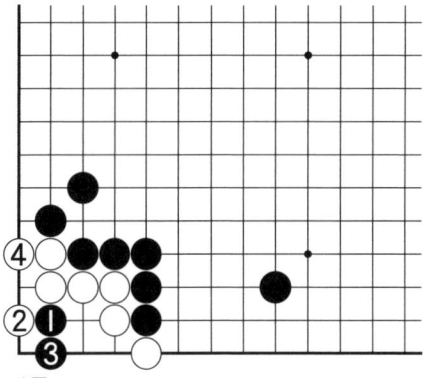

1도

1도(2의 二 공략은 실패)

흑1로 '2의 二'의 급소를 공략하는 것은 백2를 불러 아주 간단하게 실패한다.

흑3으로 파호할 때 백4로 꼬부리면 백이 살아있는 모습이다.

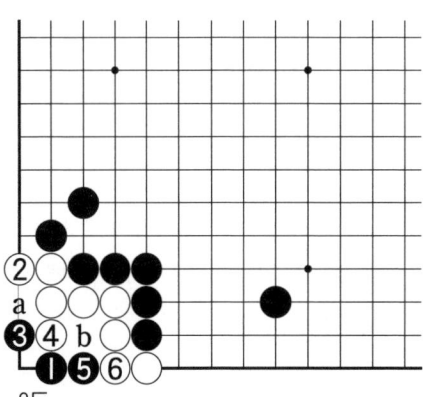

2도

2도(2의 一의 공략도 실패)

흑1로 '2의 一'의 급소를 공략하는 것도 신통치 않다. 백2의 꼬부림으로 궁도를 최대한 넓히는 것이 좋은 응수이다.

흑3에는 백4, 6으로 대응해서 빅의 삶이다. 공배가 a, b의 두 군데 있기 때문이다.

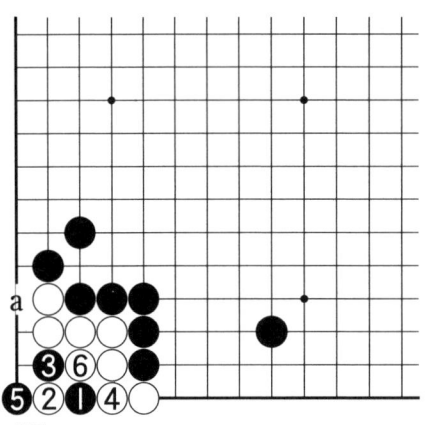

3도

3도(패도 실패)

흑1로 백의 1선 젖힘을 들여다보는 듯한 치중도 실패한다. 백2로 붙이기만 해도 6까지 만만치 않은 상황이 된다.

다음 흑a로 젖히고 백이 2의 곳을 따내어서 패싸움이 시작된다.

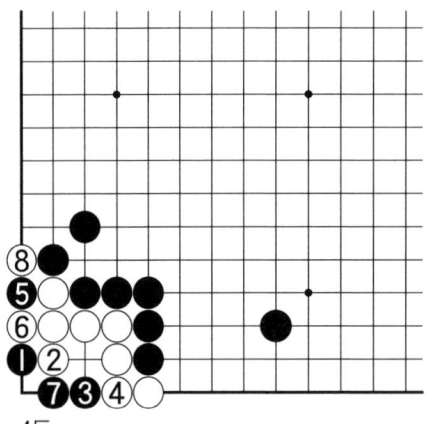

4도

4도(바깥쪽이 터진다)

흑1로 묘하게 2의 ㅡ의 곳을 치중하는 것도 백2의 저항을 부른다.

흑3 이하 7은 필사의 공략이지만 백8로 따내면 패는커녕 바깥쪽이 터져서 아무 것도 되지 않음을 알 수 있다.

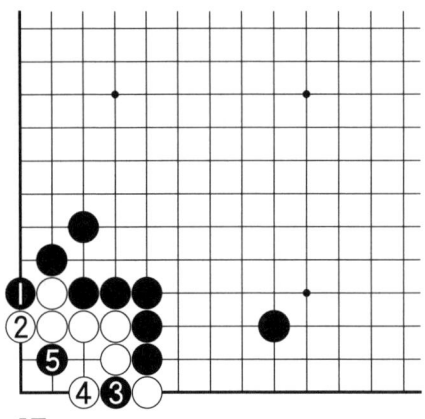

5도

5도(정해/ 죽음은 젖힘에 있다)

답은 뜻밖에도 간단하다. 죽음은 젖힘에 있다는 격언대로 두기만 하면 된다.

흑1로 젖혀 백2와 교환하고 나서 흑3에 먹여친다. 백4로 따낼 때 흑5로 치중하면 명백한 백의 죽음이다.

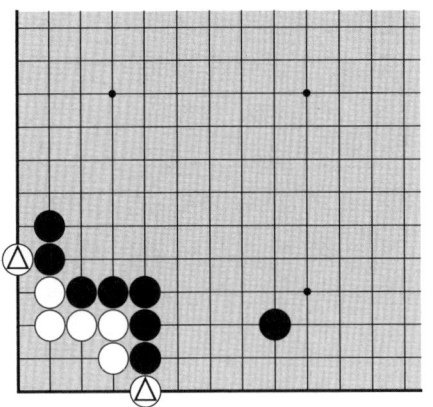

예제

▦ 예제 (흑 차례)

좌변과 하변 쪽의 1선에 각각 백
△의 젖힘이 덧붙여져 있는 형태
이다.

이 패턴의 최종 관문인 셈인데,
과연 귀의 사활은 어떻게 될까?

요는 흑이 귀의 백을 잡는 수가
있느냐 없느냐가 관건이다.

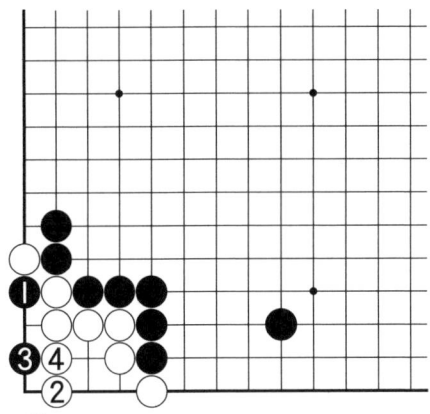

참고도 1

참고도 1(삶의 증명 1)

결론을 먼저 말하면 백은 이대로
살아 있다.

흑1의 먹여침에는 백2의 한칸
뜀이 '2의 ―'의 급소를 점령하는
호수로 흑은 더 이상 둘 수가 없
다. 흑3에 두어봤자 백4로 응수해
살아 있다.

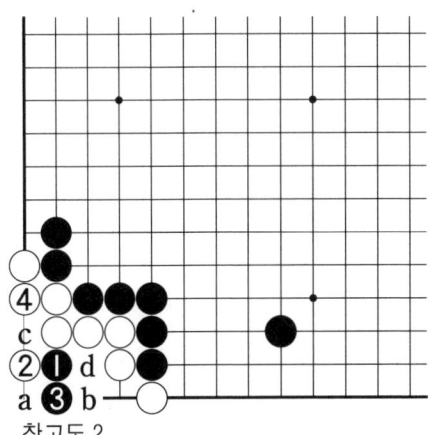

참고도 2

참고도 2(삶의 증명 2)

흑1로 '2의 二'의 곳을 공략해도
백2의 젖힘이 호수이다. 흑3에는
백4로 응수해서 살아 있다.

다음 흑a에는 백b, 흑c, 백d가
성립한다. 착수금지를 이용한 삶
의 방법이었다.

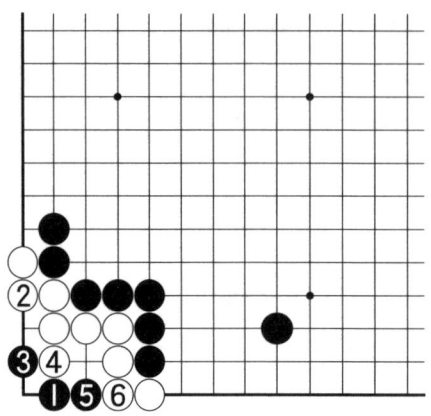

참고도 3

참고도 3(삶의 증명 3)

흑1로 '2의 一'의 급소를 치중하는 것도 성공하지 못한다.

백2의 이음이 냉정한 호수. 흑3에 백4, 흑5에 백6으로 자연스럽게 이어 두면 이 결과는 빅의 모습이다.

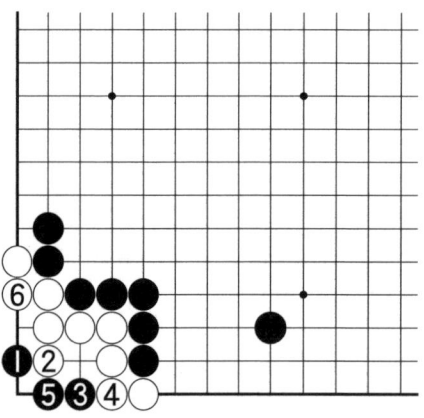

참고도 4

참고도 4(삶의 증명 4)

흑1도 '2의 一'의 급소이지만 백2로 받아서 살 공간이 넉넉하다.

흑3으로 파호해도 백4로 잇고 6까지 되면 이 진행은 앞 그림과 똑같은 결과이다.

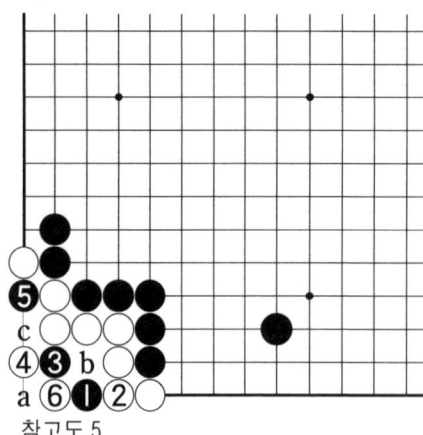

참고도 5

참고도 5(삶의 증명 5)

흑1로 치중하는 것은 계속 주효하지 못했던 공략인데, 여기서도 마찬가지이다.

6까지는 낯익은 수순이다. 다음 흑a에 백b, 흑c 이하의 수순은 [장면 9]를 참조하기 바란다.

장면 11
쌍벽을 이루는 귀의 기본 사활

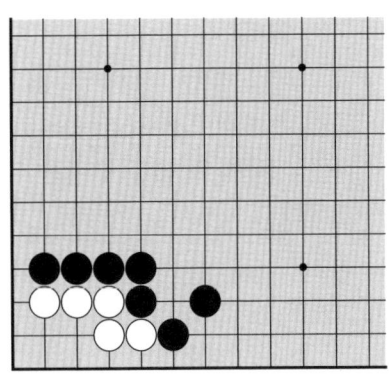

▨ 백 차례

앞서의 패턴과 쌍벽을 이룰 만
한 귀의 기본 사활이다. 물론
이대로는 살아 있지 못하다.

　백은 어떻게 사는 것이 좋을
지 알아본다.

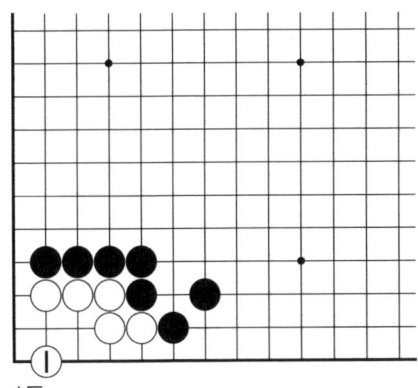

1도

1도(정해1/ 한칸뜀)

이 장면에서 가장 널리 쓰이는 삶
의 방법은 두 가지가 있다.

　그중 하나는 백1로 한칸을 뛰는
것이다. 이것으로 삶이며 6집을
얻었다.

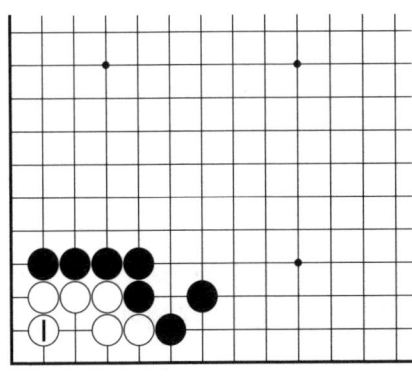

2도

2도(정해2/ 꼬부림)

나머지 하나로 가장 외부의 영향
을 받지 않는 수가 백1의 꼬부림
이다. 역시 6집의 삶이다.

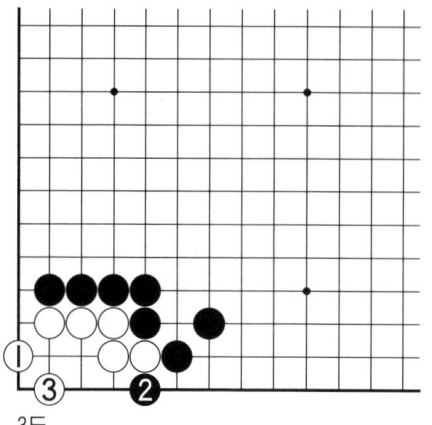

3도

3도(약간 손해)

삐딱하게 백1로 급소를 두어도 살 수는 있다.

그러나 흑2의 젖힘에 백3으로 물러서야 하므로 약간 손해를 본다. 물론 흑도 당장 두지는 않을 것이다.

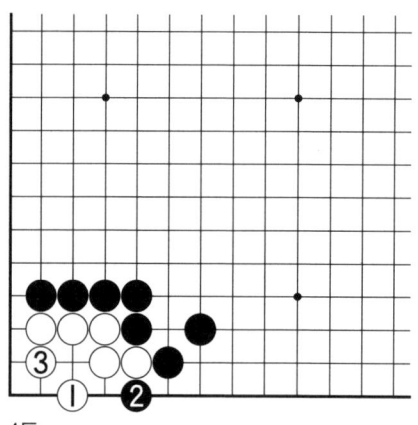

4도

4도(역시 손해)

백1로 움츠려도 살 수는 있다. 이래도 역시 흑2의 젖힘이 선수가 된다. 그러면 백은 3으로 옹색하게 살아야 하므로 1도에 비해 손해이다.

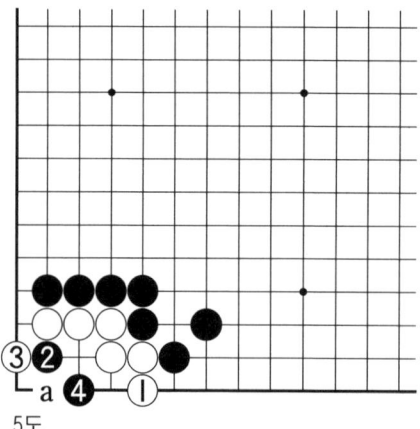

5도

5도(패는 실패 1)

백1로 꼬부려서 궁도를 넓히는 것은 욕심이다. 흑2의 치중이 통렬하다. 백3에는 흑4의 마늘모가 호수여서 다음 백은 a로 패를 해야 한다.

그런데 흑2로는 4의 곳을 먼저 두어도 마찬가지 결과이다.

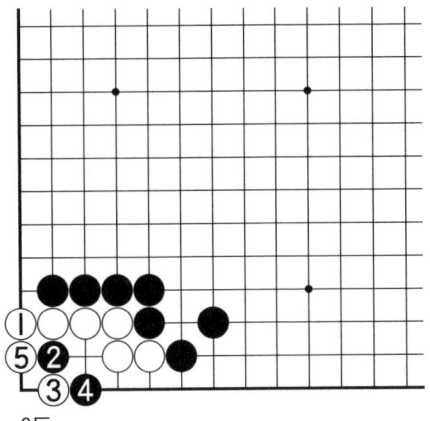

6도

6도(패는 실패 2)

백1로 이쪽을 내려서서 궁도를 넓히는 것도 좋지 않다.

역시 흑2의 공략이 매섭다. 백은 3의 붙임이 맥점이어서 5까지 패를 만들 수 있는 것이 불행 중 다행이랄까. 물론 실패작이다.

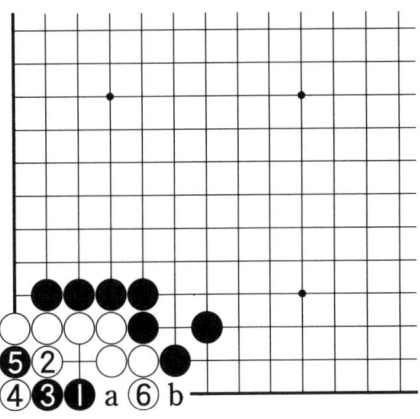

7도

7도(만년패)

흑1쪽 치중은 백2가 '적의 급소는 나의 급소'에 해당하는 좋은 응수여서 6까지 만년패가 된다.

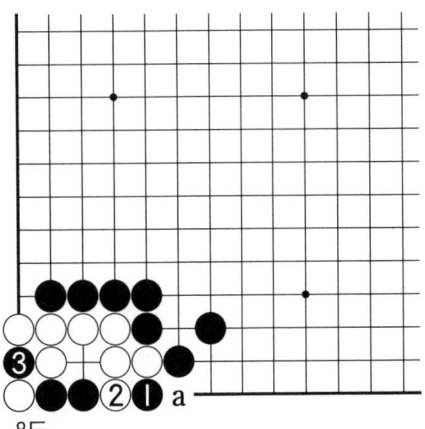

8도

8도(그냥 산다)

앞 그림의 5로 흑1에 젖히고 백2 때 흑3은 다음 백a로 따내고 나서 흑이 응수할 방법이 없음을 확인하기 바란다. 이러면 그냥 백이 사는 모습이다.

123

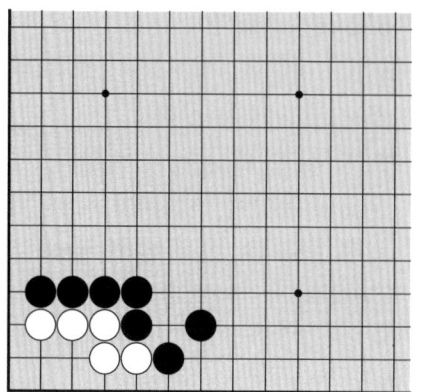

예제

⊞ 예제 (흑 차례)

만약 이 형태에서 백이 손을 빼어, 흑이 귀를 잡으러가야 한다면 어떤 수순을 밟아야 할까?

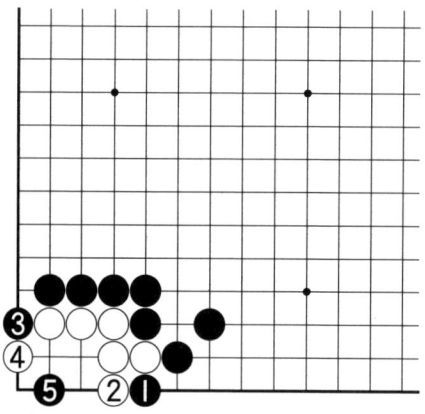

참고도 1

참고도 1(정해/ 가장 상식적)

이 그림이 가장 상식적이며 모범적이다.

흑1로 젖히고 또 3에 젖히고 5로 치중하는 수순을 잘 기억하기 바란다.

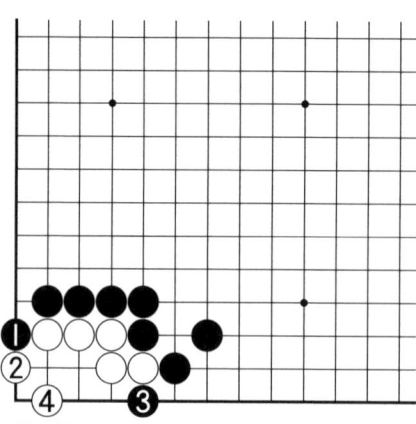

참고도 2

참고도 2(주의)

그런데 여기서 수순을 바꿔 좌변쪽에서 흑1로 먼저 젖히고 3이면 백4로 가뿐히 살아가므로 주의해야 한다.

장면 12
1선 내려섬과 추가 배치

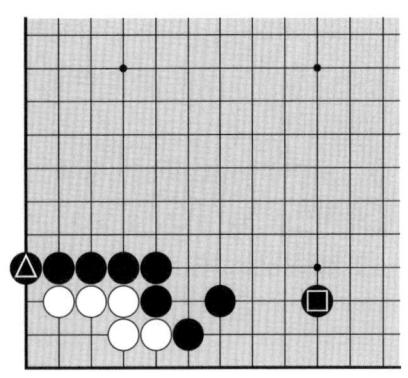

■ **백 차례**

좌변 쪽에 흑△의 1선 내려섬이 있고 하변에는 흑■가 놓여 있다. 모두 귀의 사활과 밀접한 관련이 있는 돌들이다.

여기서 백의 최선의 삶은 어떤 수인지 알아본다.

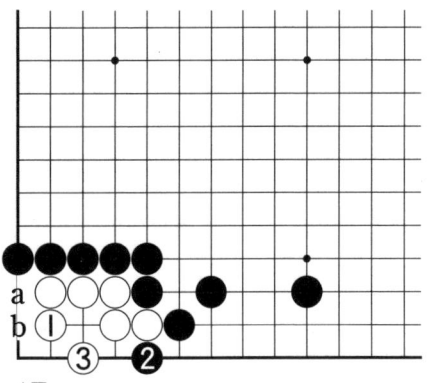

1도

1도(최선일까?)

앞서 배운 대표 응수의 하나인 백 1의 꼬부림은 어떨까? 그러면 삶은 확실하다. 단, 흑2의 젖힘에 백3의 후퇴가 제법 아프다.

언제든 흑a, 백b로 될 테니 백은 3집의 삶이다. 이것으로 최선이라 할 수 있을까?

2도

2도(막으면 패가 필연)

앞 그림의 3으로는 백1로 막아 버리고 싶을 것이다. 그러나 그랬다가는 흑2라는 무서운 붙임이 작렬한다. 그러면 백3, 5의 패는 필연이다.

따라서 앞 그림에서 후퇴한 것은 부득이했다.

125

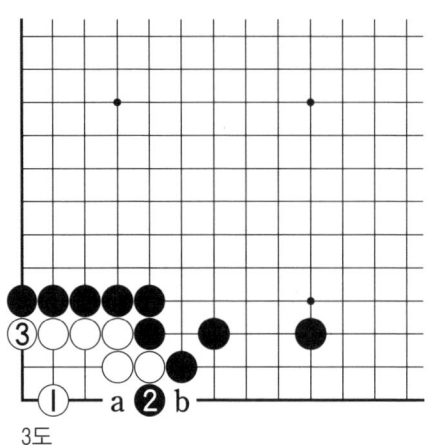

3도

3도(정해/ 최선의 삶)

백1의 1선 한칸뜀이 최선의 한수이다. 흑2에는 백3으로 궁도를 최대한 넓혀서 사는 것이 좋은 수법이다.

이다음 백a, 흑b는 백의 선수권리이므로 백은 5집을 내고 산 셈이다. 흑2로는~

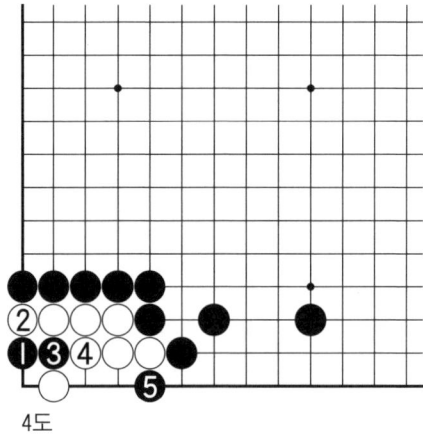

4도

4도(흑의 착각)

흑1로 치중하고 백2에 차단할 때 흑3으로 올라서는 멋진 수순이 있다고 여길지도 모른다. 백4면 흑5로 젖혀서 백의 죽음이니까.

그러나 이 진행은 흑의 착각이다. 백4로는 5의 곳에 꼬부리는 묘수가 있다.

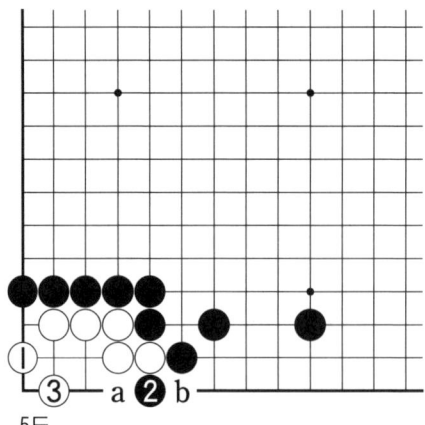

5도

5도(살지만 1집 손해)

백1로도 살 수 있지만 최선의 삶에 비해 1집 손해를 본다.

요컨대 흑2의 젖힘에 백3으로 물러서야 하는 점이 아픈 것이다. 백a, 흑b로 될 테니 귀의 백은 4집이다.

양쪽에 1선 내려섬이 있는 경우

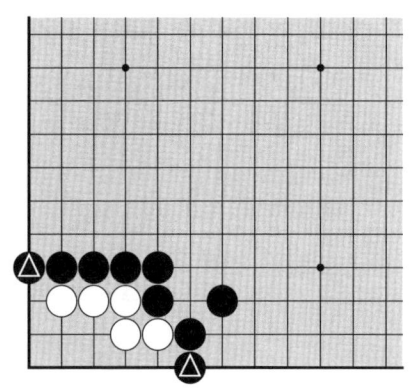

▨ 백 차례

이번에는 흑❷로 좌변과 하변 쪽에서 1선 내려섬이 덧붙여져 있다.

이럴 때는 백이 어떻게 사는 것이 가장 좋을까? 쌍방 최선 의 결과를 알아본다.

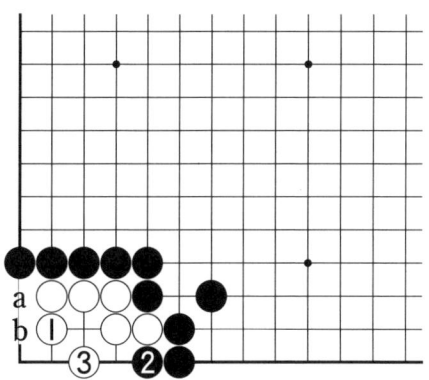

1도

1도(정해/ 쌍방 최선)

뜻밖일지도 모르지만 백1로 꼬부 려서 사는 것이 최선의 한수이다.

흑2에는 백3으로 물러서는 것 이 정수이며 흑a, 백b로 될 테니 귀는 3집의 삶이다. 이 진행이 쌍 방 최선의 결과이다.

2도(한칸을 뛰면 횡사)

백1로 1선을 향해 한칸을 뛰는 것 은 판단 미스이다. 흑2의 치중이 통렬해 백은 비명횡사를 당하게 된다. 백3에 흑4가 결정타!

다음 백a에 받아도 흑b로 기어 들면서 파호해서 그만이다.

2도

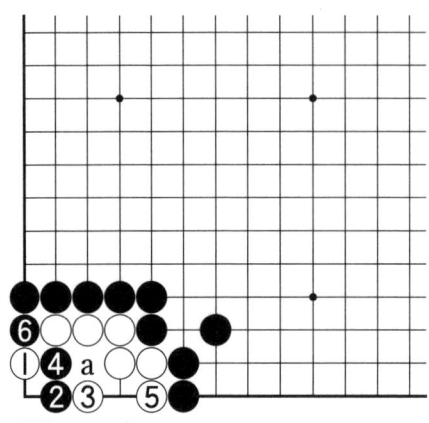

3도

3도(양자충의 죽음)

백1의 마늘모도 유력한 급소이지만 흑2의 치중이 통렬한 급소 공략이다. 백3에 흑4로 파호하고 백5의 저항에 흑6으로 끊어서 그만이다.

백은 양자충이 되어 a로 단수할 수 없음이 안타깝다.

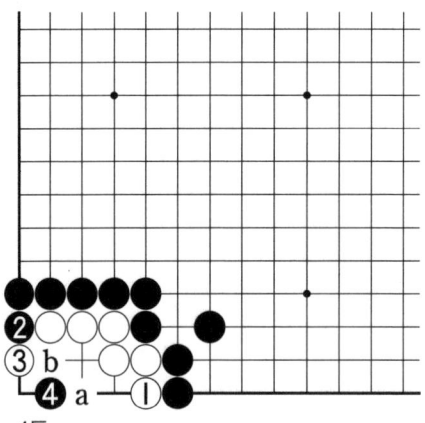

4도

4도(대동소이한 결과)

백1로 궁도를 넓게 확보하는 것도 뜻을 이루지 못한다.

그러면 흑2로 하나 들어가고 백3에 흑4로 치중해서 끝장이다. 다음 백a면 흑b로 앞 그림과 같아진다. 4로 흑b는 백4의 패가 있다.

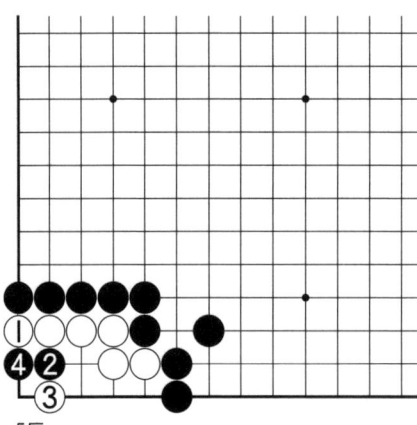

5도

5도(2의 二 공략으로 백 죽음)

백1로 왼쪽에서 궁도를 넓히는 것이 가장 유력한 저항이다. 그러면 흑2로 '2의 二'의 곳을 짚어가는 것이 정확한 공략이다.

백3의 붙임에는 흑4가 냉정한 대응으로, 이 백이 살 수 없음은 2도에서 확인한 바 있다.

원포인트 예제

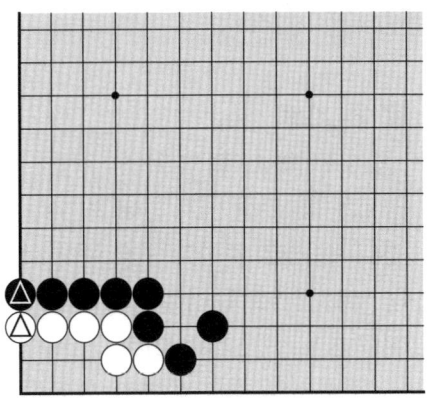

예제

▦ 예제 (흑 차례)

[장면 11]에서 백△와 흑△의 1선 내려섬이 각각 덧붙여진 형태이다. 여기서 물론 백이 둘 차례라면 쉽게 산다. 흑이 귀의 백을 잡는 문제이다.

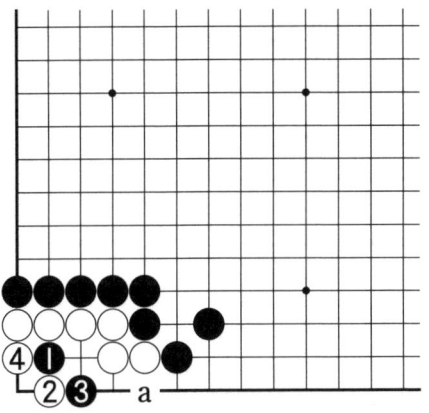

참고도 1

참고도1(정해/ 2의 二 공략)

흑1로 '2의 二'의 곳을 공략하는 것은 백2의 붙임이 끈덕진 저항이어서 패를 피할 수 없는데 이 결과가 실은 쌍방 최선이다.

흑3으로 4에 두는 것은 백a가 호수여서 크게 살려준다.

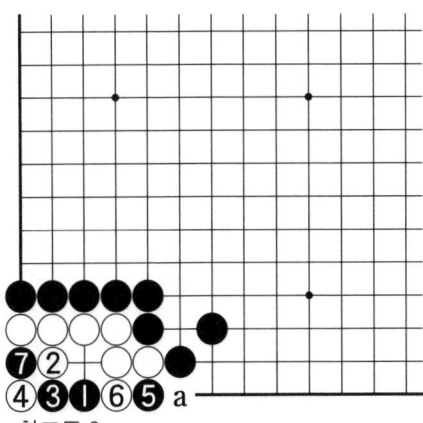

참고도 2

참고도2(골치 아픈 패)

흑1로 치중하는 것은 백2에서 4가 좋은 응수여서 복잡해진다.

흑5로 젖히고 백6에 흑7로 따내어서 패인데, 이 패는 백이 a로 따낼 여유도 있고, 그럴 경우 골치 아파진다. 감정 대상!

129

1선의 양젖힘이 있는 경우

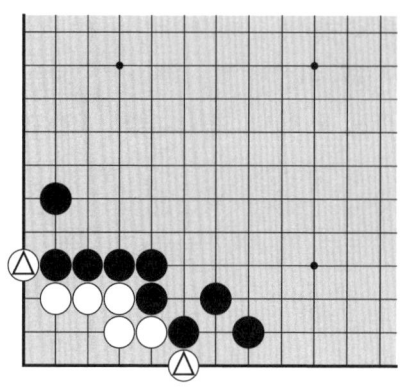

▨ 흑 차례

[장면 11]에서 형태를 조금 바꾼 것인데 가장 먼저 눈에 띄는 것이 백△로 왼쪽과 오른쪽에 젖힘이 두 개 있다는 점이다. 이른바 1선의 양젖힘이다.

이럴 경우 흑은 귀를 어떻게 공략해야 할지 알아본다.

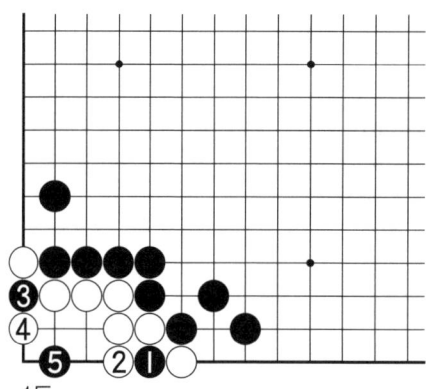

1도

1도(얘기가 잘 풀린다?)

흑1로 먹여쳐 백2로 따내게 한다. 그리고 흑3에 또 먹여쳐 백4를 강요하고 오궁도의 한가운데를 흑5로 치중하면 쉽게 백을 잡을 수 있다.

그런데 이것은 얘기가 너무 잘 풀리는 것 같다.

2도

2도(백, 사는 수가 있다)

앞 그림의 수순은 엉터리 수읽기였다. 흑△에 대해 백은 1로 꼬부리는 것이 삶의 급소! 흑2의 치중에는 백3으로 막아서 산다.

흑은 a의 곳을 이을 수 없다. 백△의 효과이다.

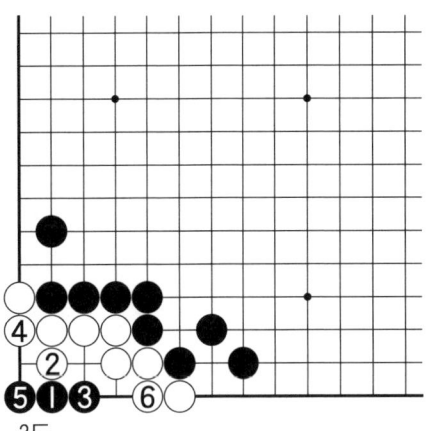

3도

3도(2의 一 공략도 실패)

흑1로 '2의 一'의 급소를 치중하는 것도 좋은 결과를 이끌어내지 못한다.

백2가 좋은 응수이다. 흑3이 어쩔 수 없을 때 백4의 이음이 또 호수이다. 흑5면 백6으로 빅의 삶을 얻는다. 흑5로~

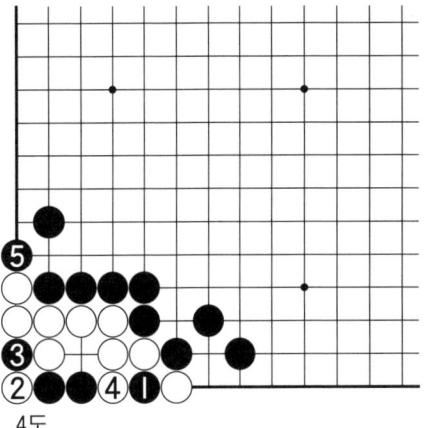

4도

4도(강력한 저항)

흑1로 먹쳐치는 것이 필사의 한수이지만 백2로 집어넣는 수가 강력한 저항이다.

흑3을 기다려 백4로 따내면 흑5는 절대의 한수인데 이다음이 아주 골치 아프다. 패는 패인데~

5도(골치 아픈 패)

앞 그림에서의 결과를 그대로 옮겨왔다.

여기서 백이 a로 따내어서 패가 시작되는데, 백이 a에 두지 않더라도 흑은 한 수로 이 패를 해결할 수 없다. 백이 내버려 두면~

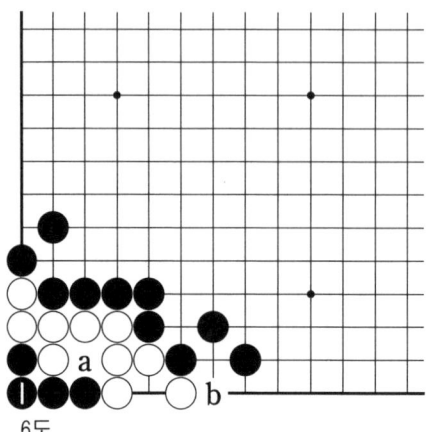

6도

6도(잡은 것도 아니다)
흑이 취할 수 있는 행동은 1에 잇는 수뿐인데 이것으로 백을 잡은 것도 아니다.

백은 기회를 봐서 a로 따낼 것이다. 그 전에 흑은 손쓸 방법도 없다. b에 두는 것은 헛수고일 뿐이다.

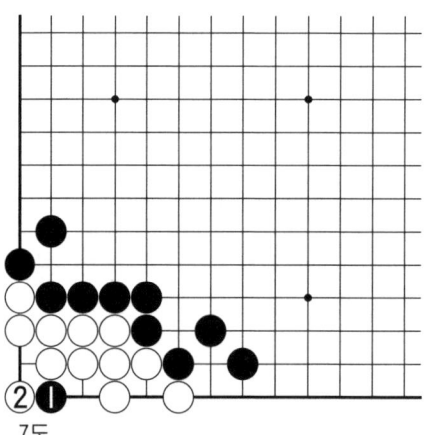

7도

7도(이제야 비로소 패)
백이 흑 넉점을 따냈다고 가정하자. 그러면 이런 형태가 된다.

여기서 흑1로 공략하는 것은 절대적이다. 백은 2의 곳에 패를 들어갈 수 있다. 이 때문에 골치 아픈 패라고 한 것이다.

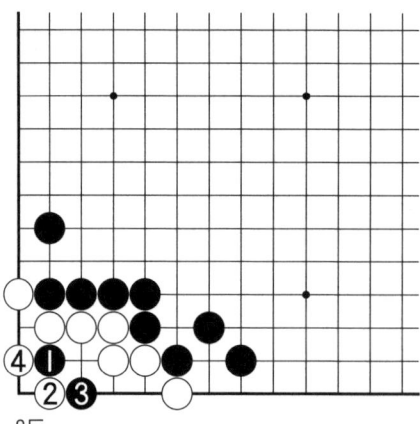

8도

8도(정해/ 2의 二 공략이 최선)
흑1로 '2의 二'의 급소를 찔러가는 것이 정확한 공략이다.

백2의 붙임도 최강의 한수이며 흑3, 백4에 이르기까지의 패가 쌍방 최선의 결말이다. 이러면 깔끔한 단패!

정석 과정에서의 사활

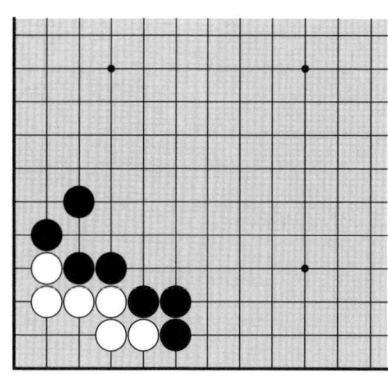

■ **흑 차례**

실전에서 흔히 볼 수 있는 사활
이다. 정석 과정에서 돌을 몇
개 들어내어 만든 형태임을 쉽
게 짐작할 수 있을 것이다.

이대로 백은 살아 있다. 그것
을 증명해 보기로 한다.

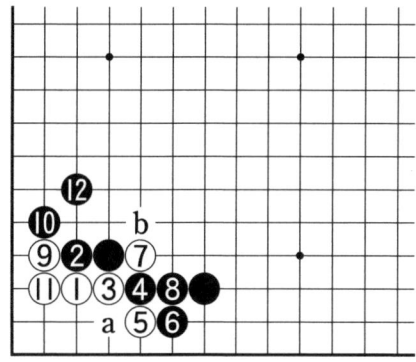

1도

1도(과정)

흑의 눈목자굳힘에 백1로 3三침입
한 것이 출발점이다. 흑2는 상식
적인 응수이며 백3에 흑4로 젖히
면 12까지는 거의 필연이다.

여기서 백a로 잇고 흑b로 보강
하면 정석은 일단락된다.

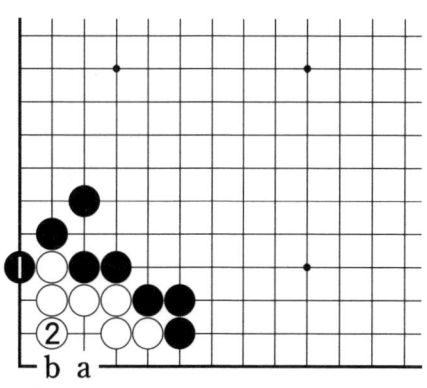

2도

2도(삶의 증명 1)

흑1로 젖히면 백2로 꼬부려 응수
하는 것이 틀이며 이것으로 완벽
한 삶임을 알 수 있다.

다음 흑a의 치중이면 백b로 막
아 그만이다.

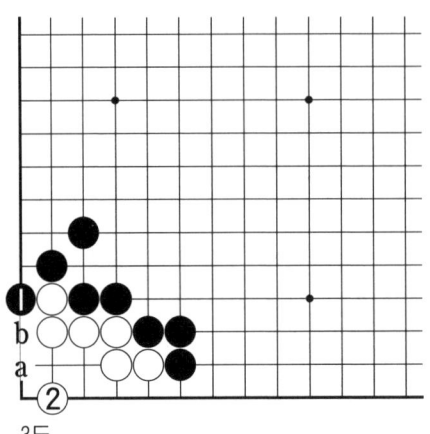

3도

3도(널리 쓰이는 수법)

흑1의 젖힘에 백은 2의 한칸뜀도 가능하며 앞 그림의 꼬부림과 더불어 두 가지 다 널리 쓰이는 수법이다.

역시 흑a의 치중이면 백b로 막아 그만이다.

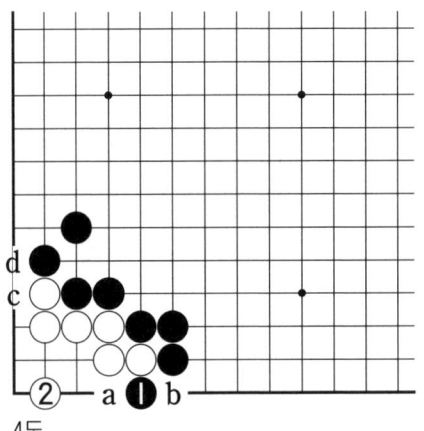

4도

4도(삶의 증명 2)

흑1쪽에서 젖혀도 백2의 한칸뜀이 상용의 응수법이다. 이로써 완벽한 삶의 모습이다.

이 백은 a, 흑b, 그리고 백c, 흑d로 되는 것으로 봐서 6집을 확보하며 살아 있다.

5도

5도(삶의 증명 3)

흑1로 '2의 二'의 급소를 공략하는 것은 어떨까?

그러면 백2의 젖힘이 급소. 흑3에는 백4 다음 a와 b를 맞봐서 안전하게 살아 있다.

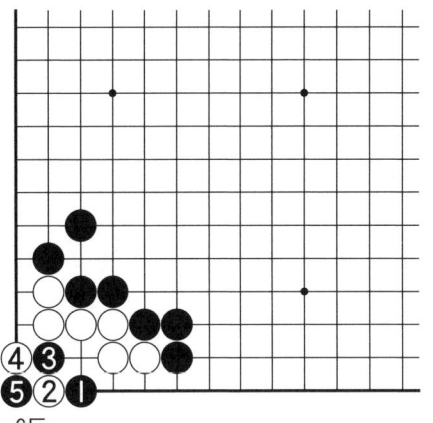

6도

6도(백2, 잘못된 응수)

흑1의 치중은 그런 대로 매서운 수법이다. 만약 백2로 붙여온다면 흑3으로 단수해서 그냥은 끝나지 않는다.

이 코스는 패가 불가피하다. 백2가 잘못된 응수였기 때문이다.

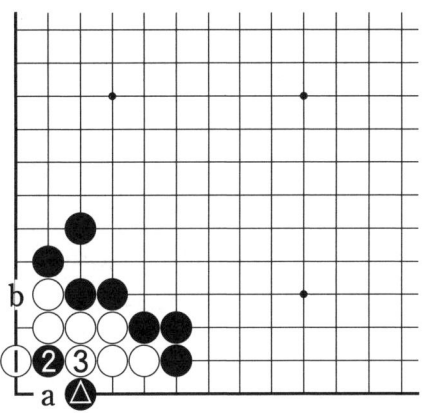

7도

7도(삶의 증명 4)

흑▲에 대해 백은 1로 마늘모하는 것이 좋은 응수이다. 흑2에는 백3으로 단수하는 것이 가장 안전한 대응이다.

다음 흑이 a에 잇는다면 백b로 간단하게 살아 버린다.

8도

8도(삶의 증명 5)

흑1쪽 치중에는 백2의 마늘모붙임이 좋은 응수이다. 흑3에는 백4로 젖혀서 다음 a와 b를 맞보기로 한다.

이로써 완벽한 삶의 모습! 그리고 보니 5도와 똑같은 결과가 되었다.

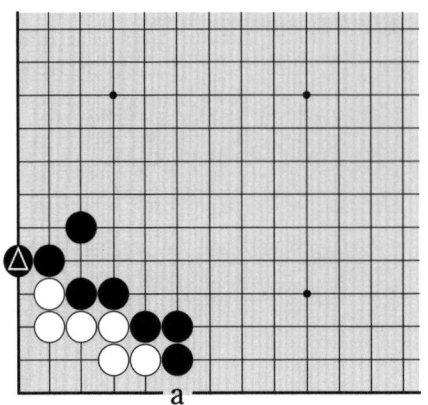

예제

▦ 예제 (흑 차례)

장면과 달라진 것은 흑▲의 1선
내려섬이 있다는 점이다. 그러면
흑은 귀에 어떤 수단이 있을까?

참고로 ▲ 대신 a에 흑돌이 있
는 것은 백의 사활에 전혀 영향을
주지 못한다.

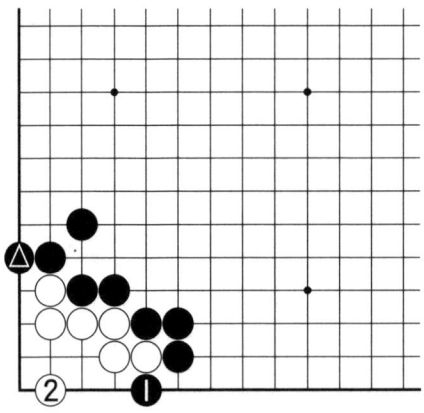

참고도 1

참고도 1(죽음은 젖힘에 없었다!)

'죽음은 젖힘에 있다'는 격언대로
흑1로 젖히는 것은 잘못된 적용이
다. 백은 2로 1선에 한칸을 뛰어
서 거뜬하게 살아 버린다.

이 결과 흑▲ 한점은 있으나 마
나한 존재가 되고 말았다.

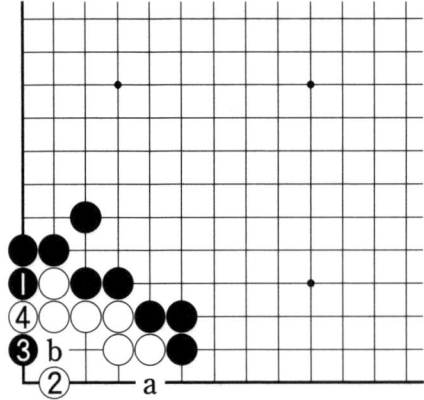

참고도 2

참고도 2(역시 한칸뜀으로 삶)

흑1로 기어들어도 백2의 한칸뜀
이 좋은 응수이다. 흑3에는 백4로
차단할 수 있는 것이 자랑이다.

다음 흑a면 백b로 삶이며, a 대
신 b면 백a가 호수여서 역시 사는
모습이다. 애초에 백2로는 b여도
삶이다.

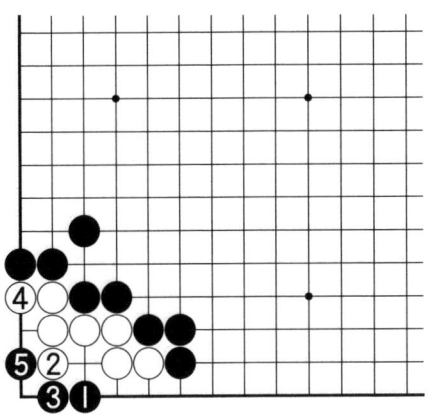

참고도 3

참고도 3(백2, 침착한 응수)

흑1의 치중은 비범한 발상이지만 백2의 꼬부림이 침착한 응수여서 다음이 없다.

흑3에는 백4로 궁도를 넓혀서 삶인 것이다. 흑5에 두어봤자 후수만 끌 뿐, 백은 손을 빼어도 빅으로 살아 있다.

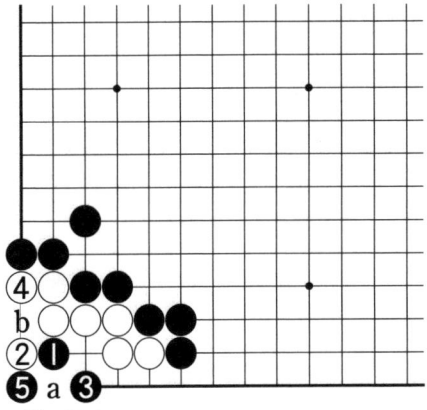

참고도 4

참고도 4(정해/ 이단패)

흑1의 붙임이 매서운 공략이다. 백2의 젖힘이면 흑3으로 마늘모 하는 것이 최강의 공략이다. 백4도 최선이며 흑5로 패가 된다.

단, 흑은 a의 곳 패를 이긴 다음 b의 패도 이겨야 비로소 본격적인 패로 몰고 갈 수 있다. 흑의 이단패였다.

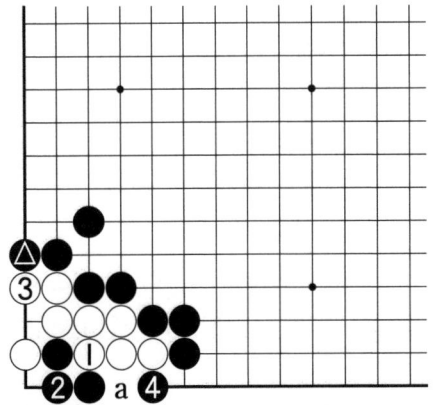

참고도 5

참고도 5(흑▲의 효과)

앞 그림의 4로 백1에 단수하고 흑2로 이을 때 백3에 두어 그냥 살아보려는 것은 성공할 수 없다.

흑4의 젖힘이 성립하기 때문이다. 흑▲가 있어 백a에 두지 못함이 아프다.

장면 16
호구치는 경우

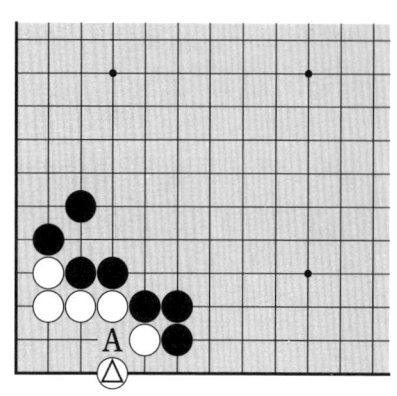

▨ 흑 차례

백이 A에 잇지 않고 △로 호구를 쳐도 살아 있음에는 변함이 없다.

다만 흑이 바깥쪽에서 귀에 대해 영향력을 행사할 때 앞서의 경우와는 크게 달라진다.

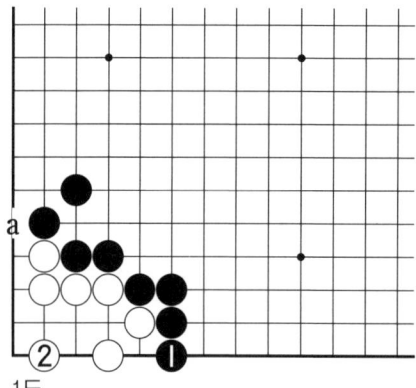

1도

1도(흑1쪽 내려섬이 선수)

이 형태에서는 흑1쪽에 내려서는 것이 귀의 백에 대해 선수로 작용한다. 앞의 [장면 15] 레벨업 예제에서는 a쪽 내려섬이 있으면 패가 되었는데, 만약 여기서 백2를 생략하면 어떻게 되는 것일까? 그것은 4도에서 알아보겠다.

2도

2도(끝내기 수법)

흑1로 먼저 치중하는 것은 끝내기를 할 때의 수법이다. 백2를 기다려 흑3으로 내려서면 이제는 얘기가 달라진다.

요컨대 귀의 백은 손을 빼도 잡히지 않는다. 다만 집이 줄어들 뿐이다.

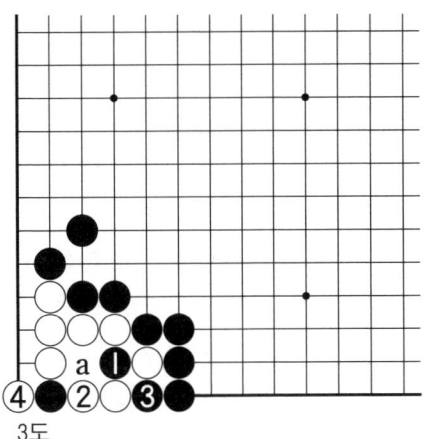

3도

3도(집은 줄었지만 살았다)

백이 손을 뺐다고 해도 흑은 잡을 방법은 없다. 고작 흑1로 먹여칠 수 있을 뿐이다. 백은 2로 대응하고 흑3에 따낼 때 백4로 따내어서 산다.

만일 백2로 a에 따냈다가는 흑3을 불러 횡사한다.

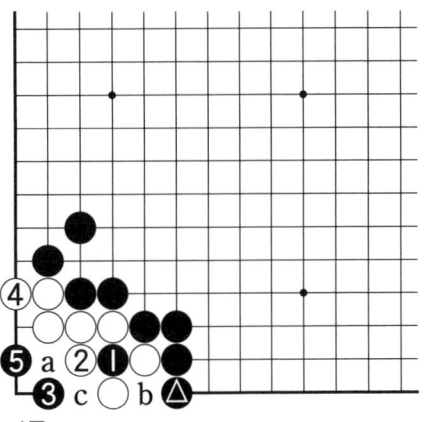

4도

4도(귀곡사의 죽음)

흑▲에 대해 백이 손을 빼는 것은 무모하다. 흑1로 먹여치고 백2로 따낼 때 흑3에 치중해서 간단하게 백을 잡는다.

백4에는 흑5로 파호해서 그만. 다음 백a는 흑b로 귀곡사의 죽음이다.

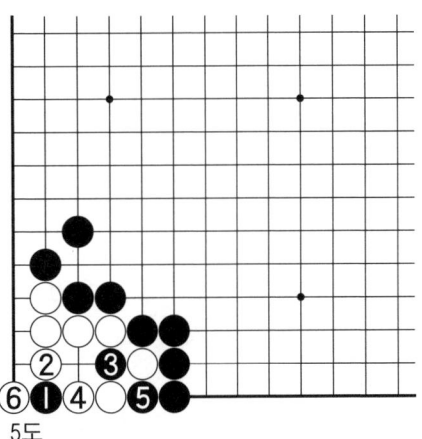

5도

5도(백2가 호수여서 삶)

앞 그림처럼 먹여치지 않고 흑1로 치중하는 것은 백2가 호수여서 죽음에서 벗어난다.

흑3에는 백4, 흑5에 백6으로 따내어서 살 수 있다. 그러고 보니 3도와 마찬가지 결과가 되었다.

장면 17
모양은 다르지만 공략의 요령은 같다

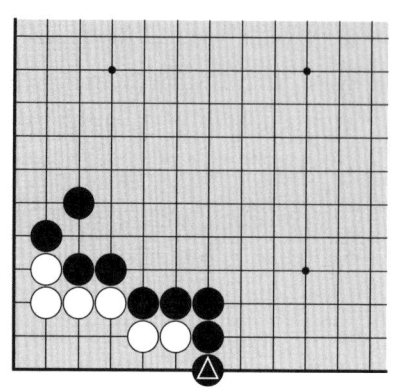

■ 흑 차례

[장면 16]과 형태는 다르지만 공략의 요령이나 주안점은 같다. 흑▲로 1선에 내려선 한점이 없다면 이 백은 도저히 잡을 수 없는 완생의 모습이다.

이 경우라면 백의 사활은 어떻게 될지 알아본다.

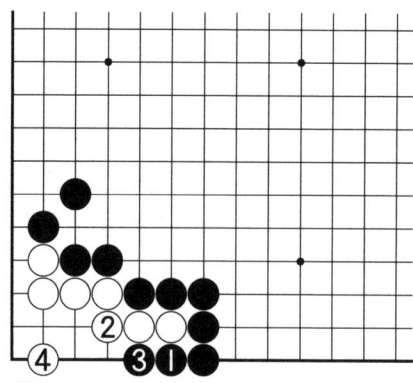

1도

1도(기어드는 것은 실패)

흑1로 기어드는 것은 백2로 잇게 해 다음이 없다.

계속해서 또 흑3에 기어들어도 백4가 급소여서 여유 있게 살아 버리는 것이다.

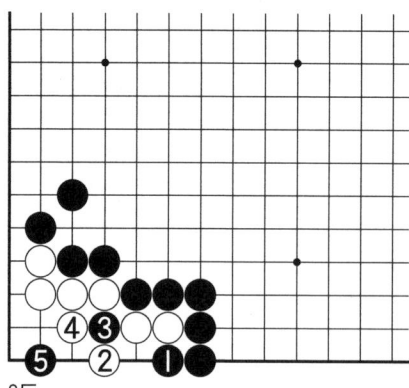

2도

2도(상황 역전)

그런데 흑1에 백2로 호구치면 상황이 역전된다. 흑3의 먹여침이 주효해 5의 치중이면 백이 죽는 모습이다.

이 수순에서 힌트를 얻으면 문제의 답이 나올 것이다.

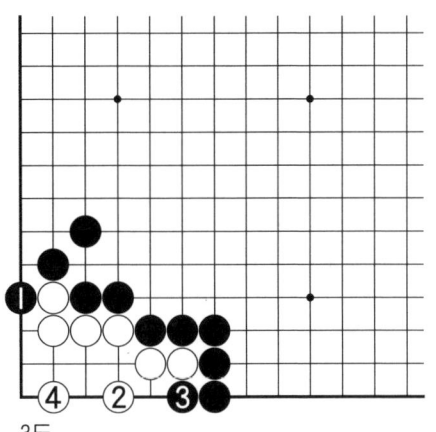

3도

3도(탄력적 대응)

'죽음은 젖힘에 있다'는 격언대로 흑1쪽에서 젖히는 것도 좋은 결과를 얻지 못한다.

백2로 호구치는 것이 탄력적인 대응이다. 흑3은 절대이니 백4로 틀을 갖춰서 알뜰하게 살아간다.

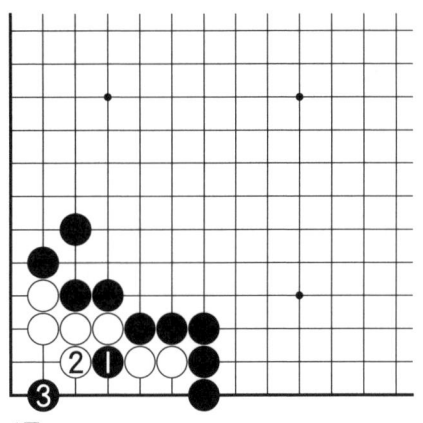

4도

4도(정해/ 끊어 놓고 치중)

알고 보면 쉽다. 흑1로 하나 끊어 놓고 백2를 기다려 흑3으로 치중하는 것이 백을 죽음으로 몰고 가는 좋은 수순이다.

모르고는 두기 힘든 수들인 만큼 반드시 기억해 두기 바란다.

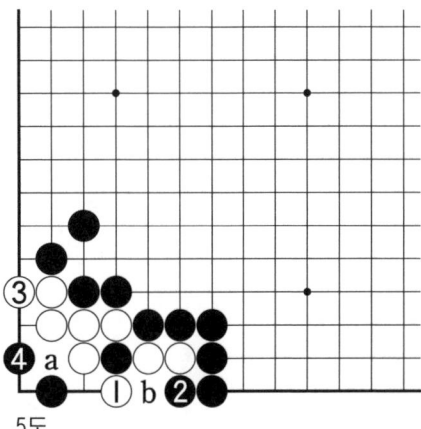

5도

5도(귀곡사의 죽음)

계속해서 백1로 따낼 때 자연스럽게 흑2로 파호한다.

다음 백3으로 궁도를 넓혀 오더라도 흑4로 마늘모해서 파호하면 백은 살길이 없다. 백a는 흑b로 파호해서 귀곡사의 죽음이다.

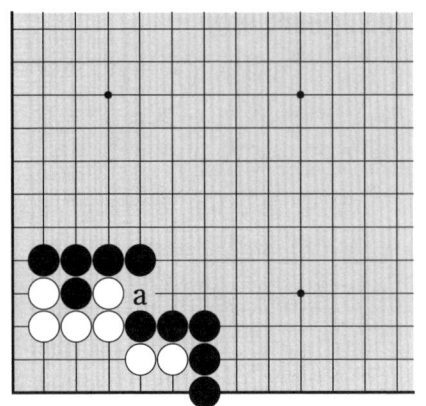

예제

▦ 예제 (흑 차례)

장면과 다른 것은 a의 곳 공배가 하나 비어 있다는 점이다.

　이 변화가 백의 사활에 어떤 영향을 줄까? 흑이 다시 한번 귀를 공략해보자.

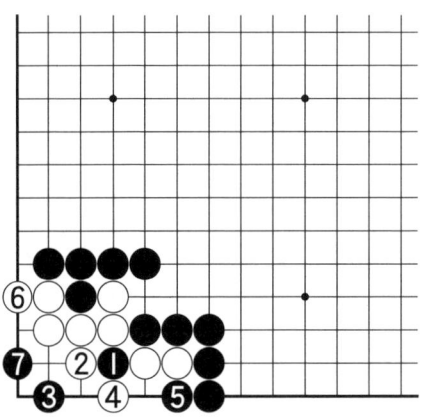

참고도 1

참고도 1(정해/ 귀곡사의 죽음)

장면에서의 공략법과 마찬가지이다. 흑1 이하 7까지 백이 아무리 발버둥쳐 봐야 귀곡사의 죽음을 면치 못한다.

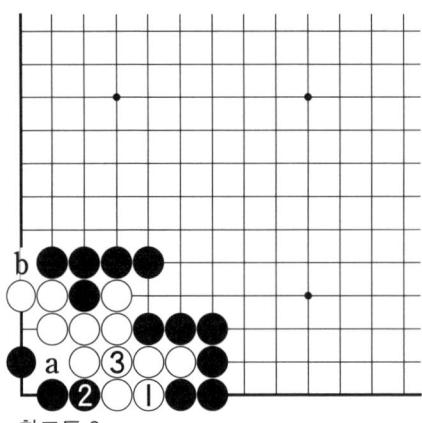

참고도 2

참고도 2(여유)

다음 백1이면 흑2로 단수하고 백3에 이을 때 흑은 손을 빼도 여유 있다.

　차후 백a로 단수하면 흑b로 막아 귀곡사의 죽음에는 변함없다.

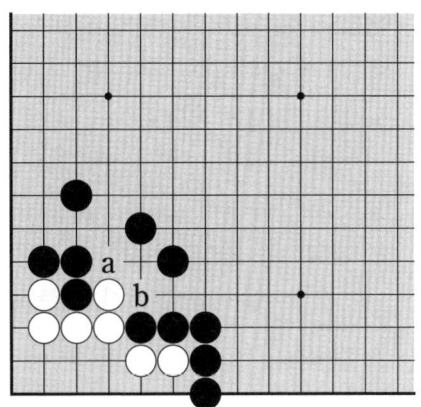

예제

▦ 예제 (흑 차례)

이번에는 공배가 두 군데(a와 b) 비어 있다. 이러면 백의 사활이 어떻게 달라질까?

흑이 귀를 공략하는 수단이 있는지 알아보기로 하자.

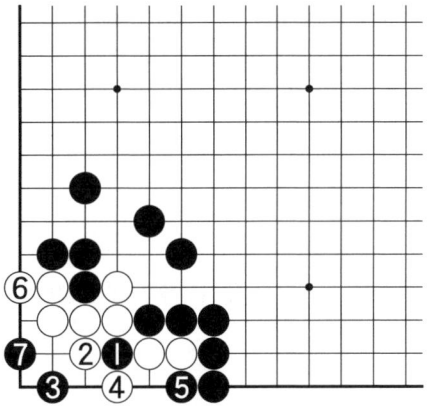

참고도 1

참고도 1(똑같은 수순으로!)

앞서와 똑같은 수순 말고는 달리 공략할 방법이 없다. 흑1의 끊음, 3의 치중이 그것이다. 요는 백6 때 흑7로 마늘모한 다음이다.

여기서 백에게 수단이 없다면 결과는 죽음뿐이다.

참고도 2(아쉬운 죽음)

물론 여기서 백1이면 흑2로 파호해 백의 죽음을 쉽게 확인할 수 있다.

백은 달리 해보지도 않고 죽여서 아쉽다.

참고도 2

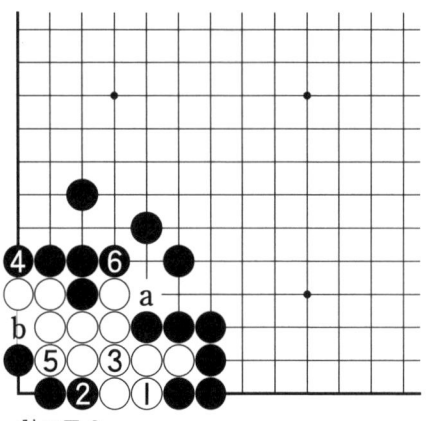

참고도 3

참고도 3(정해/ 귀곡사의 죽음)

백1이 최강의 저항이며 흑2의 단수에는 백3으로 잇는다.

　여기서 흑은 안쪽을 건드리지 않고 바깥쪽에서 4, 6(또는 a)으로 메워가는 것이 냉정하다. 백은 b로 몰 수 없으니 귀곡사의 죽음을 피할 수 없다.

참고도 4(공배가 셋이면 삶!)

공배가 하나든 둘이든 백은 귀곡사의 죽음이었다. 하지만 a~c의 세 군데 공배가 비어 있으면 얘기가 다르다.

　요컨대 이대로 백은 살아 있다. 흑1~7의 공략은 마찬가지이며 이다음~

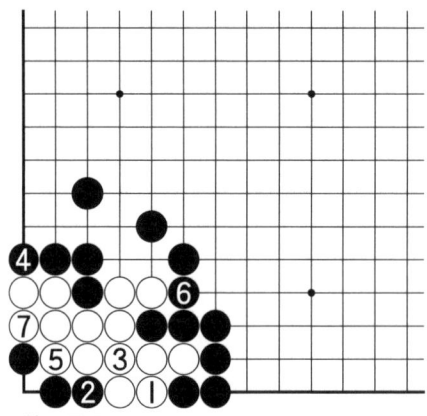

참고도 4

참고도 5(눌러잡기로 삶)

이제는 백1, 3으로 버티는 수단이 주효한다.

　흑이 4, 6으로 바깥쪽 공배를 메워가도 백5, 7의 눌러잡기가 성립한다. 착수금지를 이용한 삶이었다.

참고도 5

PART 3

사활

-실전 패턴

장면 1
실전적 기본 사활

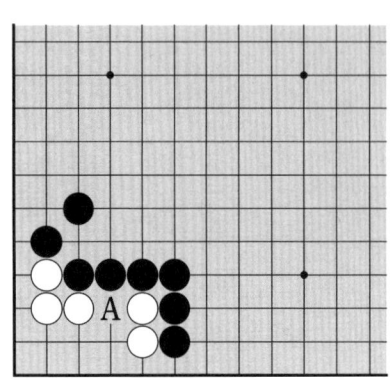

■ 흑 차례

이 형태는 귀의 기본 사활 가운데 하나인데, 실전에서 흔히 볼 수 있다. A의 곳 공배가 비어 있음이 포인트이다.

백이 먼저 두면 문제없이 산다. 흑은 어떤 공략법이 있을지 알아본다.

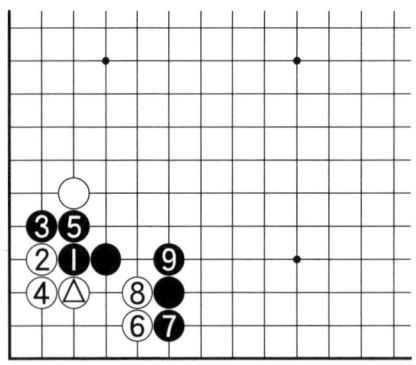

1도

1도(과정)

흔히 나오는 화점 걸침에서 백△의 3三침입이 출발점이었다. 흑1로 차단하면 백은 2, 4로 젖혀 잇고 6에 달리는 것이 상식이다.

흑7로 막으면 백8은 당연하며 흑9로 늦추는 것이 보통이다. 이 다음~

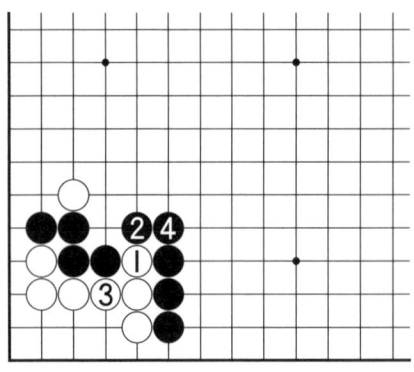

2도

2도(정형)

백1로 하나 나가 흑2와 교환하고 백3으로 살아두는 것도 정형이다. 흑4의 이음은 두터운 수.

그런데 이 형태에서 백1, 3을 두지 않고 흑이 1의 곳을 두었다고 가정한 것이 장면이다.

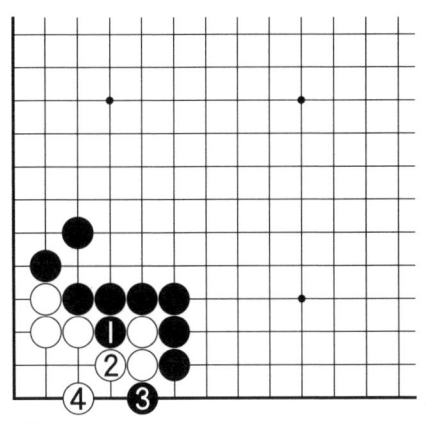

3도

3도(흑1, 속수)

초중급자들이 가장 많이 범하는 실수가 흑1로 들어가는 속수이다. 백2로 응수한 다음이면 귀를 잡기란 불가능하다.

흑3의 젖힘에는 백4로 호구쳐서 완벽한 삶의 모습이다.

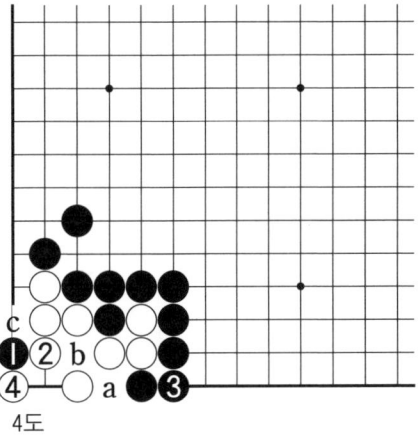

4도

4도(백은 살아있다)

앞 그림에 이어, 흑1로 '2의 一'의 곳을 치중해도 백2로 받아서 안전하다. 흑3에는 백4가 호수.

다음 흑a의 파호에는 b로 잇지 않고 백c로 따내 버린다. 그렇게 된다고 가정하면~

5도(삶의 확인)

이런 형태가 되는데, 다음 흑1로 석점을 따내더라도 백2로 되따내면 백은 교묘히 사는 모습이다.

5도   ②…△

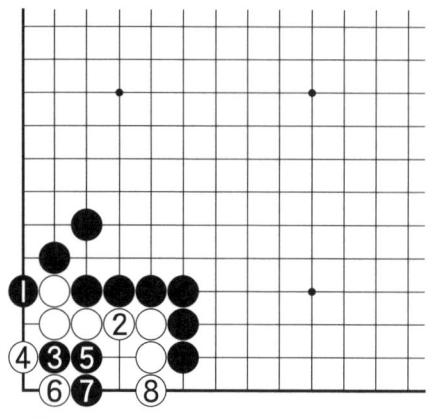

6도

6도(만년패)

흑1의 젖힘은 격언에 따른 공략이지만 방향이 틀렸다. 공간을 넓히는 백2의 이음이 좋은 응수이다.

흑3의 붙임이 급소이지만 백4 이하 8로 대응해 만년패의 형태이다. 팻감이 관건이지만 수가 늘어져 빅에 가까운 결과이다.

7도(껴붙임도 속수)

흑1의 껴붙임도 대표적인 속수 가운데 하나이다. 백2로 잇게 하는 순간, 이 백은 살아있는 형태이다.

흑3으로 건너봤자 끝내기에 불과하다. 백은 4, 6으로 거뜬히 살 수 있다.

7도

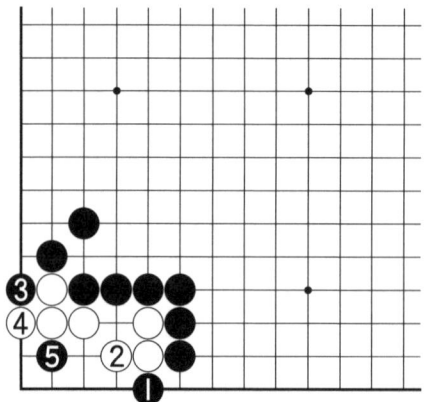

8도

8도(정해/ 완벽한 수순)

죽음은 젖힘에 있다! 격언에 부합되는 수는 하변 쪽 흑1의 젖힘이다. 백2로 받을 때 비로소 흑3쪽을 젖히는 것이 좋은 수순이다.

백4를 기다려 흑5로 치중하면 백은 살길이 없다.

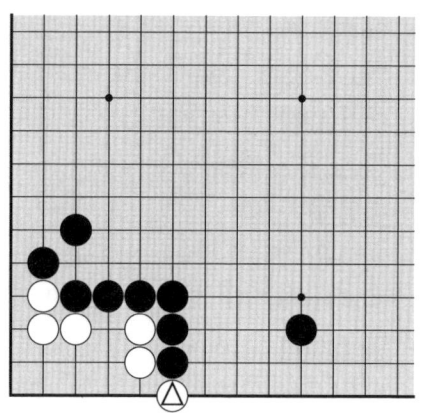

예제

▦ 예제 (흑 차례)

장면과 다른 점은 하변 쪽에 백△
의 1선 젖힘이 있다는 것이다.

이 한점이 귀의 사활에 미치는
영향은 대단하다. 흑은 최선의 공
략을 궁리해 보자.

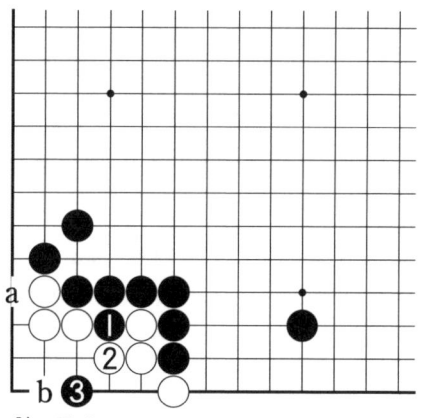

참고도 1

참고도 1(속수 같지만 좋은 공략)

이 경우는 속수 같지만 흑1로 하
나 찔러서 백2와 교환하고 흑3으
로 치중하는 것이 좋은 공략 수순
이다.

흑1로 a에 젖히든가 하는 것은
백b로 응수당해 쉽게 살려준다.

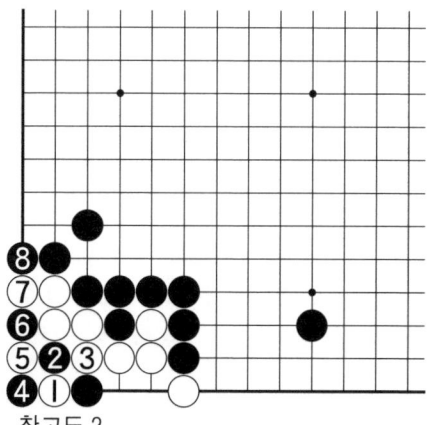

참고도 2

참고도 2(정해/ 한 수 늦은 패)

앞 그림에 이어, 백은 1로 붙이는
것이 최선의 대응이다.

흑2, 4는 필연이며 백5로 집어
넣고 흑6에 백7로 막는 것이 좋은
수순이다. 흑8로 막아 한 수 늦은
패의 결과이다.

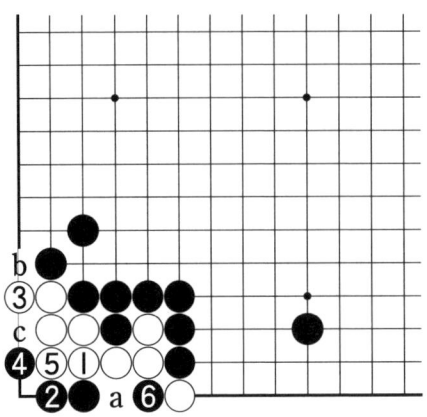

참고도 3

참고도 3(이번에는 단패)

백1로 잇는 것은 흑2로 늘게 해
좋지 않다. 천상 백은 3으로 궁도
를 넓힐 수밖에 없는데 흑4, 6이
통렬하다.

　다음 백a는 흑b에 막혀 귀곡사.
따라서 백은 c, 흑b의 패를 할 수
밖에 없다.

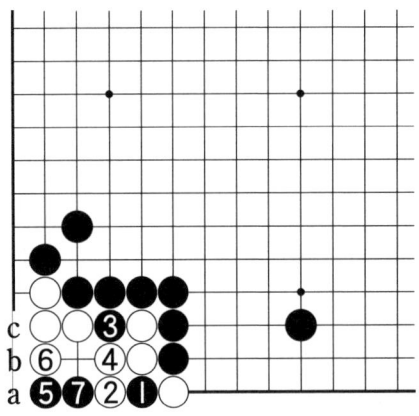

참고도 4

참고도 4(먹여치면 살려준다)

흑1로 먹여치는 것은 백2로 따내
기만 해도 후속수가 시원찮다. 흑
3, 백4 다음 흑5의 치중에는 백6
이 호수이다.

　흑7로 파호해도 다음 백a, 흑b,
백c로 살 수 있다. 흑의 실패였다.
그런데 백2로는~

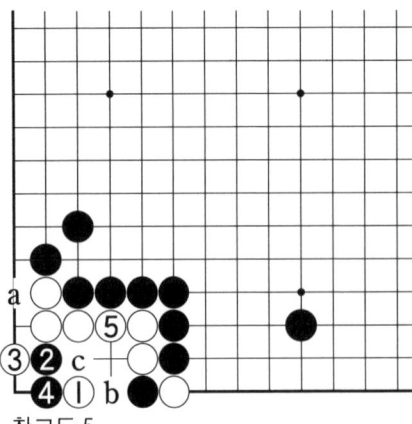

참고도 5

참고도 5(조금 어렵지만 백 삶)

조금 어려운 수이지만 백1로 뛰어
서 받는 것도 좋다. 흑2에는 백3
으로 젖히고 흑4면 백5로 꽉 이어
서 살 수 있다.

　다음 흑a면 백b로 따내어서 삶.
계속 흑c로 두어봤자 백의 선수
빅이다.

위쪽 공배가 있다

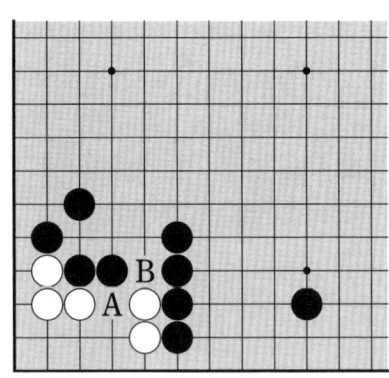

■ **흑 차례**

[장면 1]과 다른 점이 무엇인지 먼저 살펴볼 필요가 있다.

A쪽 공배가 비어 있는 것은 마찬가지인데, 거기에다 B의 곳 공배가 하나 더 있다. 그러면 귀의 사활은 어떻게 될지 알아본다.

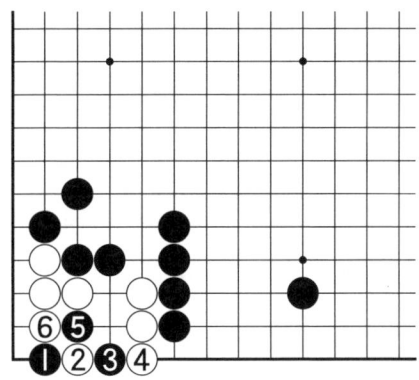

1도

1도(2의 一 공략은 실패)

흑1은 '2의 一'의 급소 치중인 만큼 가장 먼저 생각할 만한 공략이다. 하지만 백2의 붙임이 좋은 응수여서 이하 6까지 보듯이 여유 있게 살아간다.

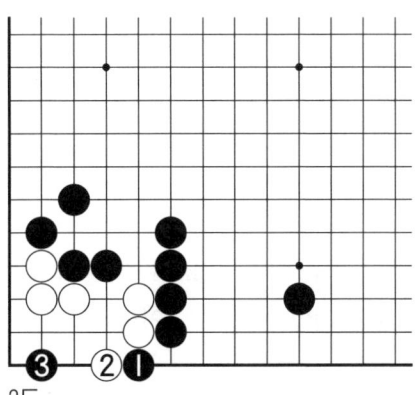

2도

2도(정해/ 젖히고 치중)

'죽음은 젖힘에 있다'는 격언대로 흑1쪽 젖힘이 이번에도 출발점이다. 백2는 이 한수의 응수이며 여기서 흑3으로 '2의 一'의 급소를 치중하는 것이 정확한 수순이다. 이다음~

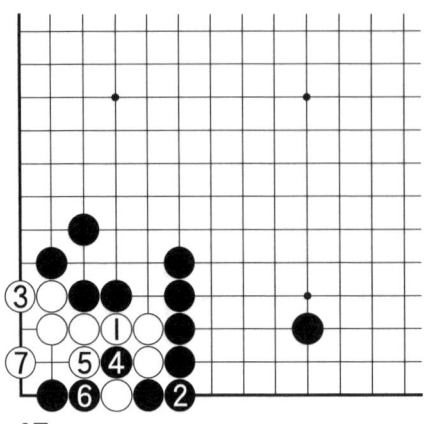

3도

3도(정해/ 최선의 수순으로 패!)

백1의 꽉이음은 최선의 응수이며 흑도 2로 잇는 것이 최선이다.

백3의 꼬부림도 최선이며 흑4, 6에 백이 잇지 않고 7로 버텨서 패로 몰고 간 것은 필연이다. 여기까지의 수순이 모범 답안!

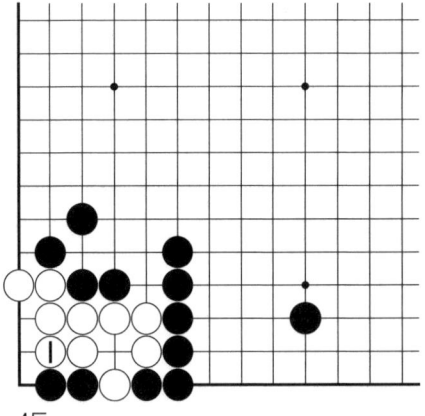

4도

4도(감점)

앞 그림의 7로 백1로 단수해도 역시 패는 된다. 하지만 이 결과는 감점이다. 굳이 점수를 주자면 90점 정도일까.

미세한 정도이지만 어떤 차이가 있는 것일까? 이 부분은 **원포인트 예제**에서 알아보기로 한다.

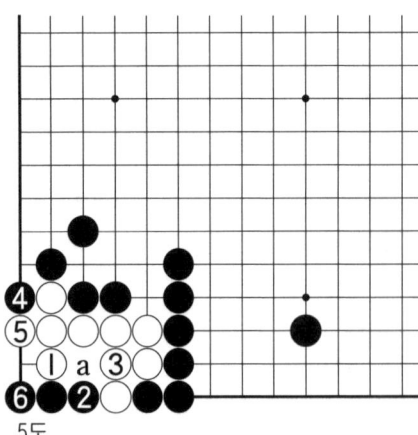

5도

5도(귀곡사의 죽음)

이 상황에서 백1로 받고 흑2의 단수에 백3으로 잇는 것은 큰 잘못이다.

흑4의 젖힘이 통렬하다. 백5를 기다려 흑6이면 이 진행은 귀곡사의 죽음이다. 백3으로 뒤늦게 a면 패이지만 역시 감점이다.

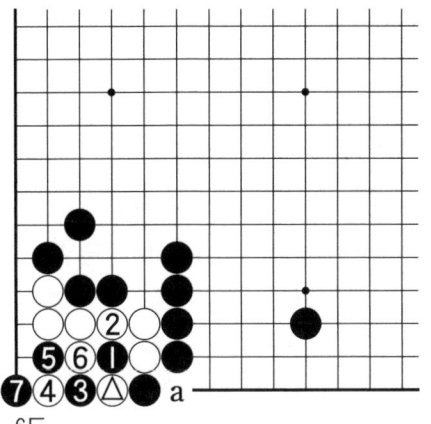

6도

6도(흑의 부담이 큰 패)

거슬러 올라가서 백△ 때 흑1쪽을 끊는 것은 좋지 않다. 백2, 흑3 다음 백4의 붙임이 급소이다.

흑5, 7은 내친걸음이지만 흑의 부담이 큰 패이다. 백은 △로 따내고 a로 흑진을 파괴하며 패를 해소할 테니까.

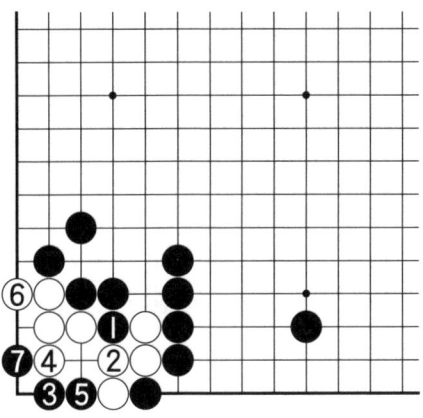

7도

7도(그럴듯하다?)

흑1, 백2를 교환하고 흑3에 치중하는 것도 바람직하지 않다.

백4, 흑5로 파호하면 언뜻 그럴듯하다. 백6이면 흑7로 젖혀 최소한 패는 보장되는 모양이다.

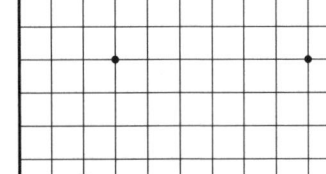

8도

8도(패의 모습)

가령 백1로 응수하면 흑2로 뒤에서 단수하면 된다.

그러면 다음 백a로 따낼 수밖에 없어 패의 모습이다.

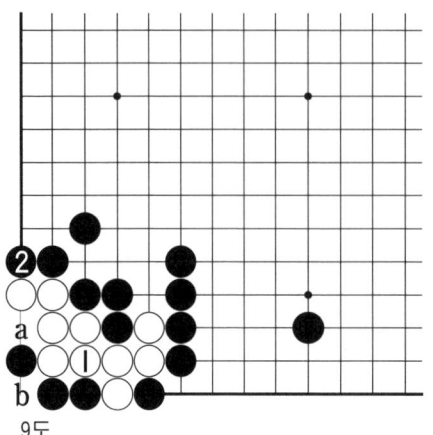

9도

9도(귀곡사의 죽음)

만일 백1로 두점을 단수하면 흑2로 바깥 공배를 메우면 그만이다.

다음 백은 a의 눌러잡기가 안되므로 b로 두점을 따낼 수밖에 없는데 이때 흑이 되따내면 백은 귀곡사의 죽음이다. 실제로 놓아보며 확인하기 바란다.

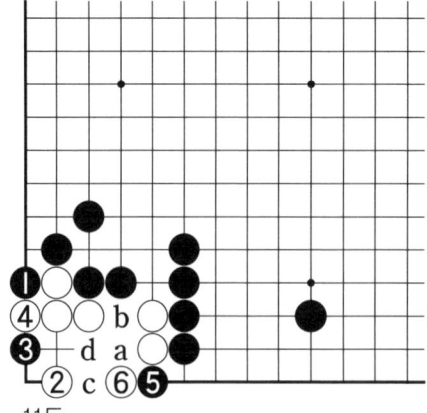

10도

10도(눌러잡기로 산다)

7도의 6으로는 백1로 집어넣는 교묘한 맥점이 있었다. 흑2로 따내기를 기다려 백3으로 단수하면 흑이 달리 저항할 수 없다.

흑a에 단수해도 백b, 흑c, 백d의 눌러잡기가 성립한다.

11도(방향 착오)

흑1쪽 젖힘은 방향 착오이다. 백2의 한칸뜀으로 '2의 一'의 급소를 차지하는 것이 좋은 응수여서 쉽게 산다.

흑3, 5의 도전은 백4, 6으로 막아 그만이다. 다음 흑a는 백b, 흑c, 백d로 몰아떨구기가 성립한다.

11도

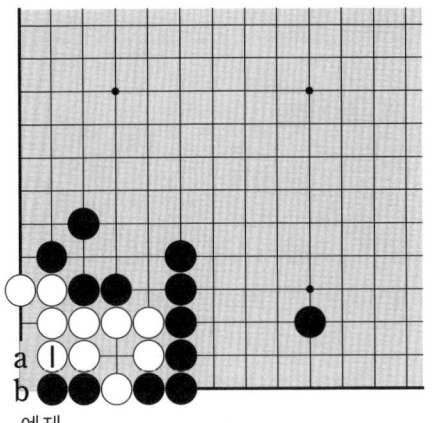

예제

▦ 예제 (감점의 이유)

4도를 옮긴 모양이다. a 대신 백1
로 단수하는 것은 감점이라고 했
는데 그 이유를 알아보자.

흑이 패를 이겼을 때는 백1이든
a든 상관없지만, 백이 패를 이겼
을 때는 다르다. 백b로 따내면~

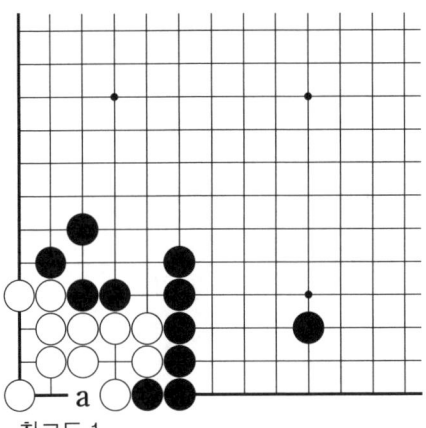

참고도 1

참고도 1(a의 팻감)

이런 그림이 된다. 그런데 이 모양
에는 흑이 볼 때 어디에선가 패가
생기면 a라는 팻감 하나가 있다.

백은 이 점이 마음에 들지 않는
것이다.

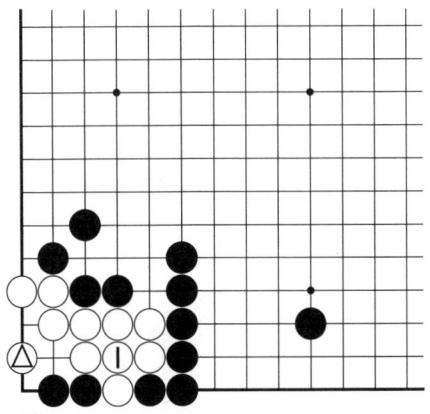

참고도 2

참고도 2(팻감이 없다)

백이 △로 두었을 경우에는 백1로
이어서 패를 해소하게 된다.

이러면 이 모양은 흑이 쓸 수
있는 팻감이 눈을 씻고 찾아봐도
없음을 알 수 있다. 이 팻감의 있
고 없음이 감점의 이유였다.

1선의 내려섬

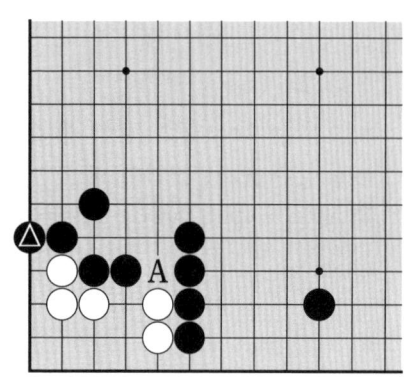

▨ 흑 차례

[장면 2]와 다른 점은? A의 공배가 비어 있는 것은 마찬가지인데, 흑▲의 1선 내려섬이 덧붙여져 있다. 그러면 귀의 사활은 어떻게 될지 알아본다.

무조건 잡을 수 있느냐, 아니면 패라도 날까?

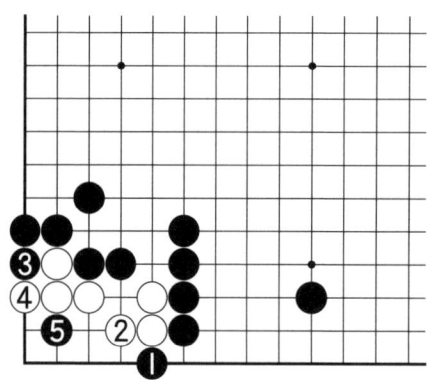

1도

1도(흑1, 훌륭한 공략)

'죽음은 젖힘에 있다'는 격언대로 흑1의 젖힘은 훌륭한 공략이다.

백2는 저항력이 부족한 수. 흑3, 백4 다음 흑5의 치중 일격으로 너무도 쉽게 잡혀 버린다.

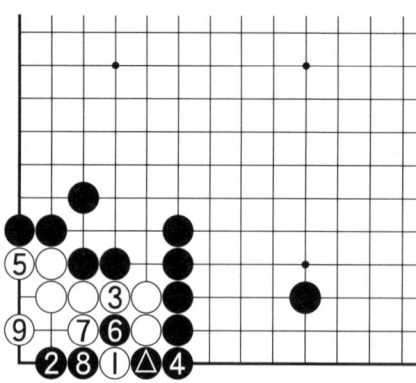

2도

2도(흑, 수읽기 부족)

흑▲의 젖힘에 백1로 바로 막는 것이 최강의 저항이다. 흑도 이 수를 넘지 못하고서는 문제를 해결했다고 할 수 없다.

흑2의 곳 치중은 수읽기 부족이다. 백3 다음은 9까지의 패가 필연이다.

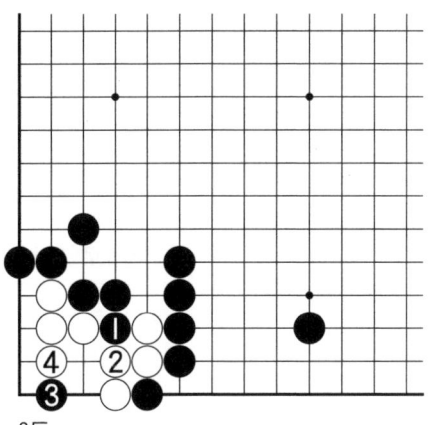

3도

3도(좋은 공략 수순)

속수 같은 느낌이 들지도 모르지만, 앞 그림의 2로는 흑1로 하나 찌르고 백2에 흑3으로 급소를 공략하는 것이 좋은 수순이다. 백4는 절대적인 응수이다. 이다음~

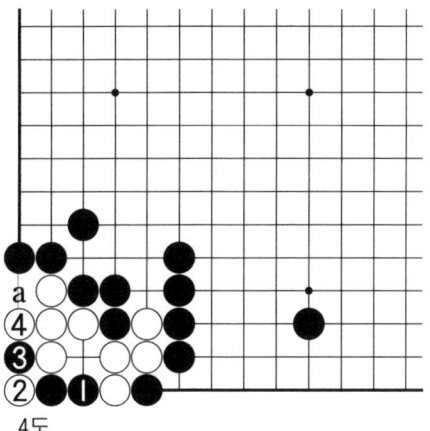

4도

4도(흑, 경솔한 따냄)

흑1의 파호는 이 한수이다. 백2로 집어넣는 수는 맥점. 자칫 a에 막으면 흑이 3의 곳에 젖혀 귀곡사로 쉽게 잡힌다.

흑3에 따내는 것은 경솔하다. 백4로 패가 되므로 미흡한 결과이다. 흑3으로는~

5도(정해/ 치중하는 묘수)

흑1로 1선에 치중하는 묘수가 있었다. 백2는 절대이며 흑3으로 한 점을 따내면서 단수 상태가 된다.

백은 따낼 수밖에 없고 흑도 되따낸 것이 다음 그림이다.

5도   ④…△ ❺…❸

157

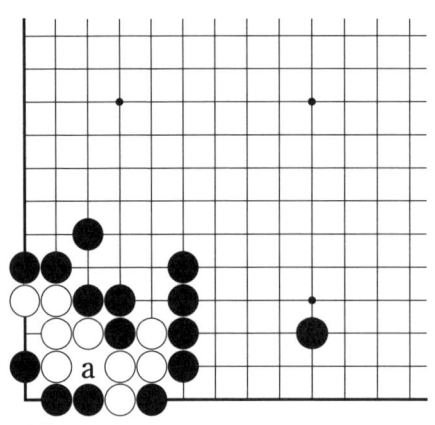

6도

6도(이대로 귀곡사)

이 그림을 자세히 보면 백은 더 이상 둘 수가 없다. a로 두어봤자 헛수고, 흑은 손을 빼도 백을 잡고 있다.

이 백은 귀곡사의 상태로 잡혀 있는 것이다.

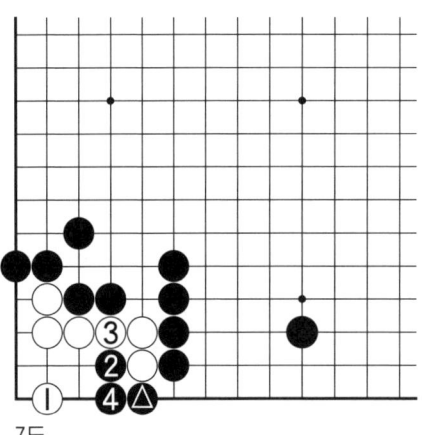

7도

7도(유일한 공략법)

흑이 ▲로 젖혔을 때 백1로 물러서면?

이럴 때는 흑2로 젖혀올리고 백3에 흑4로 꽉 잇는 것이 유일한 공략법이다. 이로써 백 죽음!

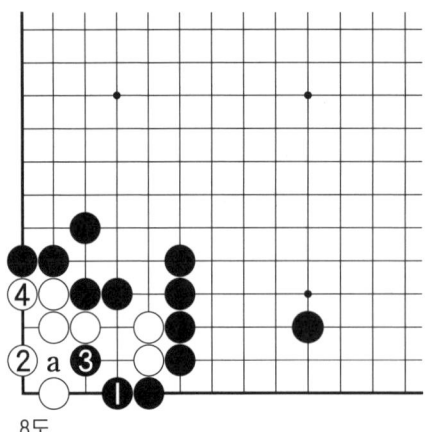

8도

8도(늘면 실패)

앞 그림의 2로 그냥 흑1에 늘면 백2로 살아 버린다. 흑3에 파호하면 백4로 이쪽에 눈을 확보한다(3과 4는 맞보기).

다음 흑a로 들어갈 수 없음을 확인하기 바란다.

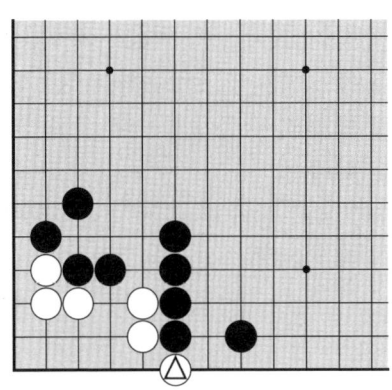

장면 4
젖힘이 추가된 형태

▨ 흑 차례

[장면 2]에서 백△의 젖힘이 추가된 형태이다. 그러면 귀의 사활은 어떻게 될지 알아본다.

흑은 귀의 백을 잡는 수가 있을까?

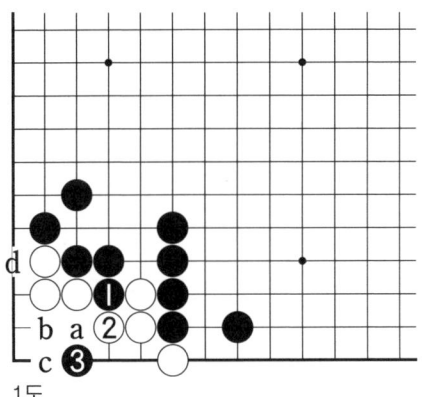

1도

1도(정해/ 백은 이대로 살아있다)

결론을 먼저 말하자면 이 백을 잡는 수는 없다. 백은 자체로 살아있다. 삶을 증명해 보기로 한다.

어쨌든 흑1, 3은 유력한 공략이다. 이때 백은 a~d의 네 가지 응수가 있다.

2도

2도(백, 빅의 삶)

백1로 잇는 것도 가능하다. 흑2에는 백3으로 궁도를 넓힌다. 그러면 흑4는 필연인데, 거기서 백5면 살 수 있다.

흑6에는 백7로 이어서 빅의 삶. 살았지만 집은 없다는 것이 불만일까.

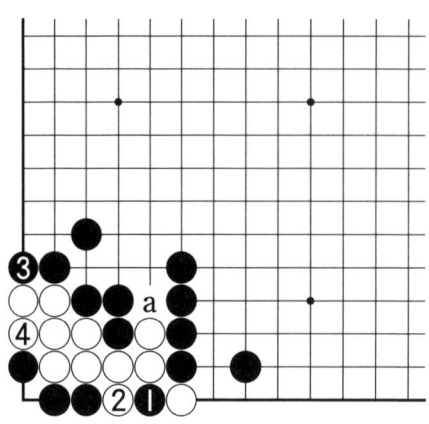

3도

3도(7집이나 내고 살다)

앞 그림의 6으로 흑1에 먹여치는 것은 잘못이다. 백2로 따내고 흑3에는 백4의 눌러잡기가 성립한다. 이러면 백은 7집이나 내고 산 셈이다.

a의 공배가 비어 있는 것이 백의 구명줄이었다.

4도(2도와 같은 결과)

흑▲에 대해 백1로 늦춰서 받는 것도 삶을 얻을 수 있다. 흑2에는 백3, 흑4에 백5로 이으면 7까지 보듯이 빅으로 산다.

그러고 보니 이것은 2도와 같은 결과가 되었음을 알 수 있다.

4도

5도(백1의 붙임도 유력하다)

백1로 붙이는 것도 경우에 따라 유력한 응수이다. 흑2는 당연하며 백은 3에 단수하고 5로 집어넣는 것이 좋은 맥점이다.

흑6으로 따내기를 기다려 백7로 막으면 삶의 모습이다.

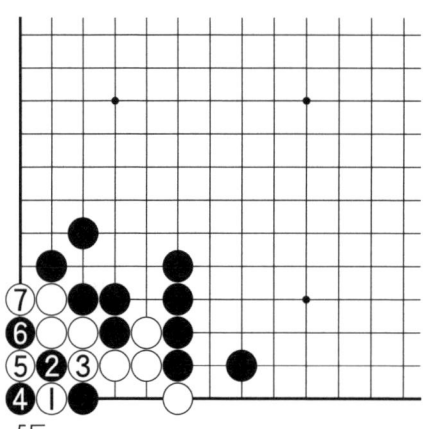

5도

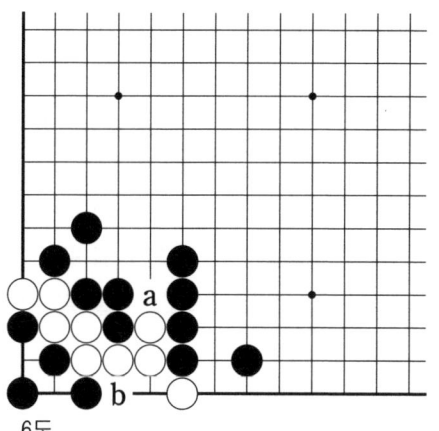

6도

6도(양패로 크게 살았다)

앞 그림의 결과를 옮겼다. 여기서 흑이 a에 메우면 백은 b로 막는다. 이 형태는 이른바 양패.

크게 살았지만 실전이라면 다른 곳에서 패의 발생에 신경을 써야 하므로 빅의 삶과는 일장일단이 있다.

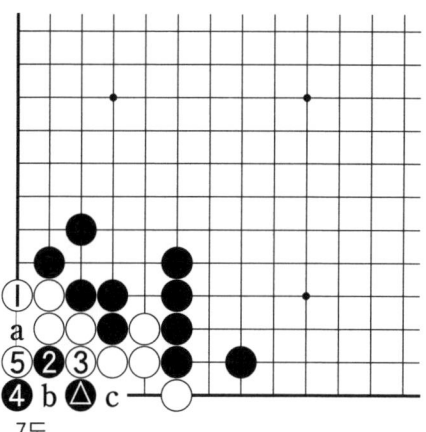

7도

7도(한 수 여유 있는 양패)

흑▲에 대해 백1로 꼬부려서 궁도를 넓히는 것도 있다. 흑2는 성급한 공략. 백3으로 이어서 좋다.

흑4에는 백5로 집어넣어 한 수 여유 있는 양패이다. 흑4로 5는 백a, 흑b, 백c가 있다.

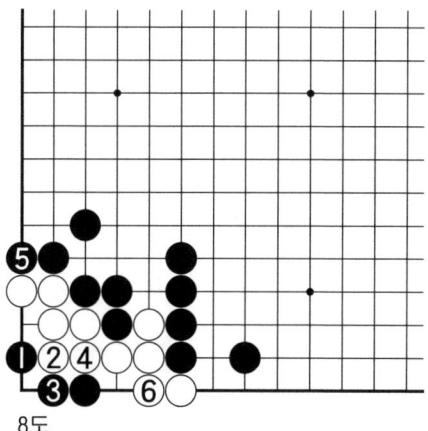

8도

8도(역시 빅의 삶)

앞 그림의 2로는 흑1로 급소를 짚어가는 것이 좋은 수법이다. 물론 백을 잡거나 할 수 있는 것은 아니다.

백2, 4가 침착한 응수여서 6까지 빅의 삶이다. 2도나 4도와 같은 결과가 되었다.

장면 5
두점의 사활

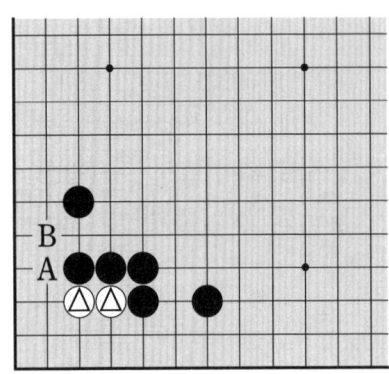

■ 백 차례

귀의 백△ 두점은 뒷맛이 남아
있는 돌이다. 백A로 젖힐 때 흑
B로 받는 것으로 가정하고 귀
의 사활이 어떻게 되느냐를 알
아보기로 하자.

　힌트를 주자면 백이 그냥 살
수는 없다.

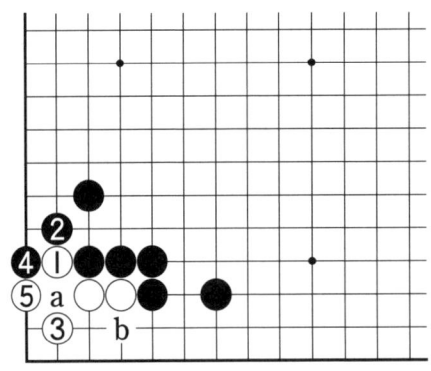

1도

1도(패의 기본형)

백1, 흑2 다음 백3으로 호구치는
것이 상식적인 수법이다. 흑4로
단수할 때 백5의 패로 버티는 것
이 기본적인 틀이다.

　백5로 a에 잇는 것은 흑b를 불
러 쉽게 잡힌다.

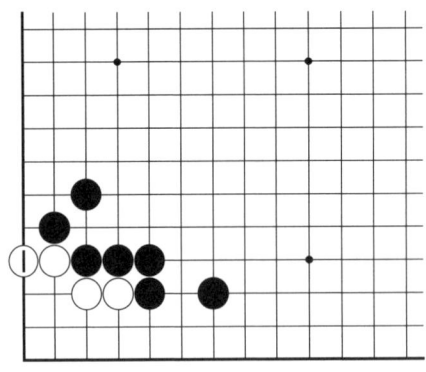

2도

2도(변화1/ 1선에 내려서면?)

앞 그림의 3으로 백1로 1선에 내
려서는 것은 궁도를 넓혀서 크게
살려는 의도이다. 그러면 흑은 귀
를 어떻게 공략해야 할까?

　급소가 두 군데 있고 답도 두
가지이다.

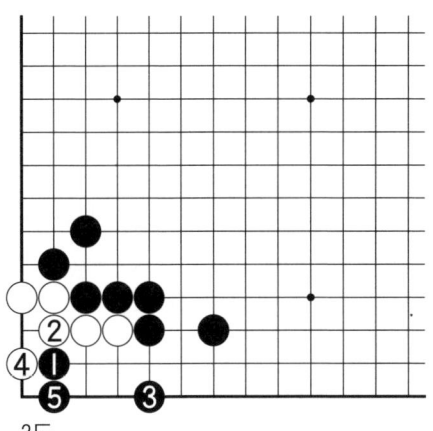

3도

3도(잡는 수 1)

가장 먼저 떠오르는 급소는 흑1로 '2의 二'의 급소를 치중하는 수일 것이다.

포인트는 백2로 이은 다음인데 흑3으로 뛰는 것이 절묘한 맥점이다. 백4에는 흑5로 내려서서 백을 잡을 수 있다.

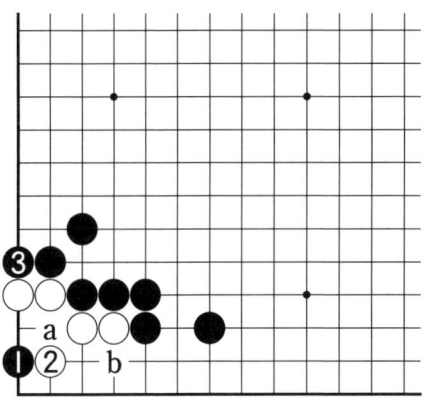

4도

4도(잡는 수 2)

흑1로 '2의 一'의 급소를 치중하는 것도 성립한다. 백2에는 흑3으로 막아서 a의 환격을 보는 수가 준비되어 있다.

백이 a에 이으면 흑b로 젖혀서 간단하게 백을 죽음으로 본다.

5도(변화2/ 2의 一의 급소면?)

백1로 '2의 一'의 급소를 차지하는 발상은 꽤 비약적이다. 처음 이런 수를 당하면 당황할지도 모른다.

그러면 흑은 어떻게 귀를 공략해야 할까?

5도

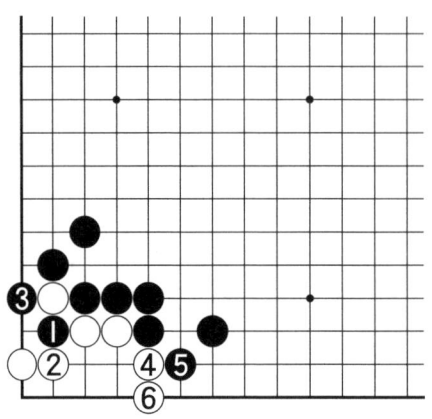

6도

6도(백의 술수에 말려들다)

흑1, 3으로 한점을 끊어 잡는 것
은 백의 술수에 말려든 행동이다.
백은 회심의 미소를 지으며 4로
젖히고 6에 내려서서 살 것이다.

　패도 내지 않고 살았으니 백의
대성공, 흑의 대실패이다.

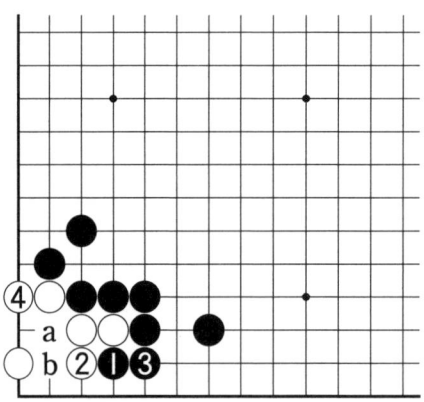

7도

7도(백의 속셈 속에 포함)

흑1, 3으로 젖히고 잇는 것도 백
의 속셈 속에 포함되어 있는 수읽
기이다. 백은 4로 내려서서 거뜬
히 살아 버린다.

　흑3으로는 a에 끊어도 백b가
선수여서 백에게 위협이 되지 않
는다.

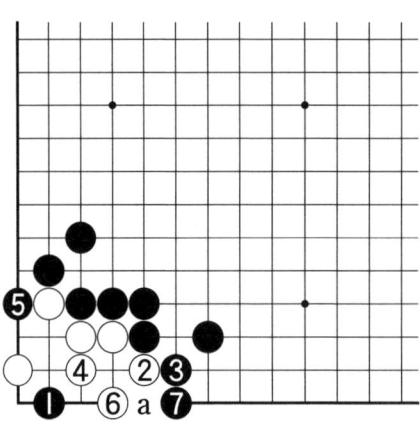

8도

8도(2의 一 공략은 복잡하다)

흑1로 하나 남은 '2의 一'의 급소
를 공략하는 것은 어떨까?

　이 코스는 꽤 복잡하다. 백2, 4
는 최강의 저항이다. 흑5(이 수로
a는 백6의 패가 있음), 백6이라면
흑7로 내려서서 백의 죽음이다.

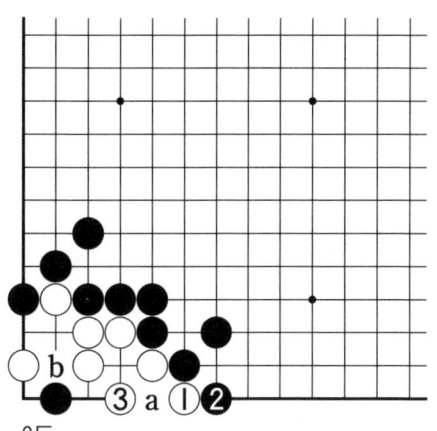

9도

9도(한 수 늦은 패)

앞 그림의 6으로는 백1에 하나 젖
히고 흑2로 받을 때 백3의 패로
버티는 수단이 있다.

　백은 a의 패를 버티고 b에 또
두어야 단패가 되지만, 한 수 늦었
어도 그냥 잡히는 것보다야 낫다.

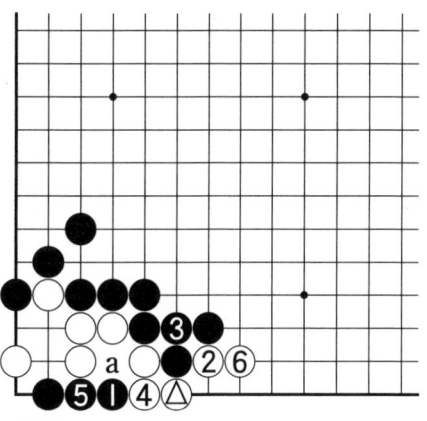

10도

10도(꼬리만 달아난다)

흑도 백의 생각대로 두지는 않을
것이다.

　백△로 젖힌 순간, 흑1로 치중
해서 패의 저항을 봉쇄하는 것이
매서운 수이다. 백6까지 꼬리는
달아났지만 흑이 a로 끊으면 본대
는 잡힌 셈이다.

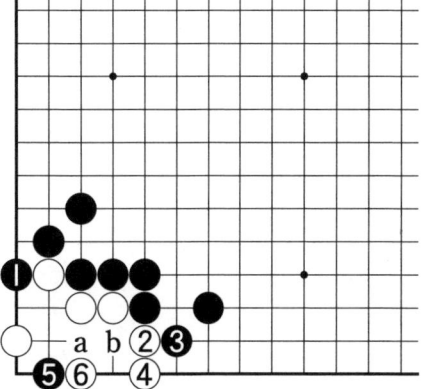

11도

11도(패가 기다린다)

흑1로 단수하는 것도 급소 가운데
하나이지만 이 경우는 적합하지
않다.

　백2, 4로 궁도를 넓히는 것이
좋은 대응이다. 흑5의 치중에는
백6이 안성맞춤이다. 다음 흑a, 백
b의 패가 기다린다.

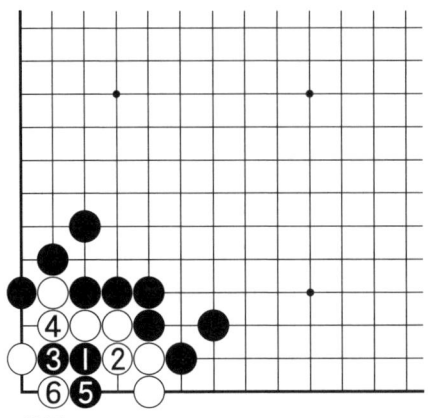

12도

12도(역시 패가 필연이다)

앞 그림의 5로 흑1에 붙여서 공략
하더라도 백을 무조건 잡을 수는
없다. 백2, 4에서 6의 패가 필연
이다.

앞 그림 흑1로 두고 나서는 패
가 날 수밖에 없다.

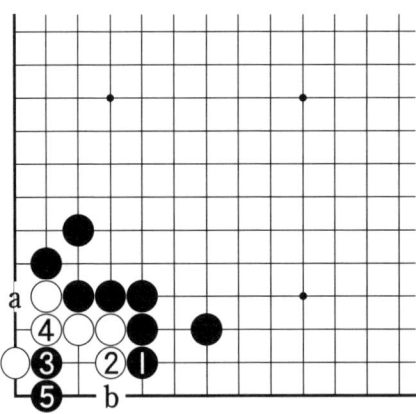

13도

13도(2선의 내려섬)

이 경우는 흑1로 2선에 내려서는
한수로 백을 죽음으로 몰아넣는
다. 백2면 흑3으로 치중하고 백4
에 흑5로 내려서는 수순이 알기
쉽다.

다음 a와 b가 맞보기이므로 백
은 살 수 없다.

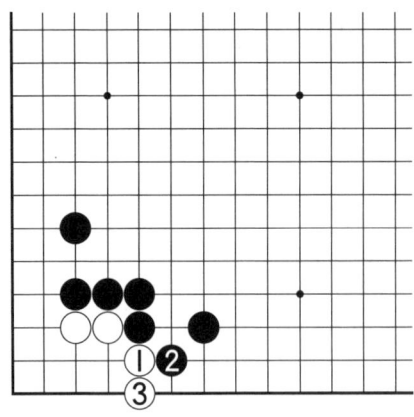

14도

14도(변화3/ 젖히고 내려섬)

이번에는 하변 쪽을 백1로 젖히고
3으로 내려서는 변화이다. 이 수
순 또한 흑을 현혹시켜 그냥 살아
볼까 하는 뜻이다.

역시 흑이 귀를 공략하는 방법
을 묻는다.

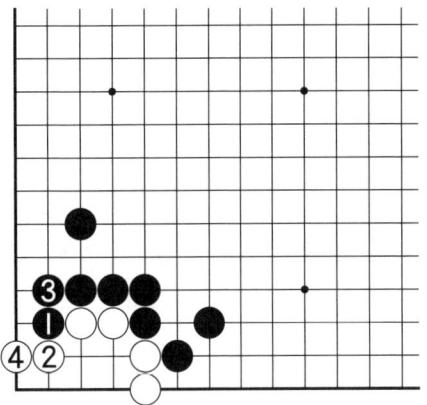

15도

15도(백이 바라는 행동)
흑1, 3으로 젖히고 잇는 것은 백이 가장 기대하는 흑의 행동이다.

　백은 기쁜 마음으로 2에서 4로 아주 크게 산뜻하게 살아 버린다. 흑3으로는~

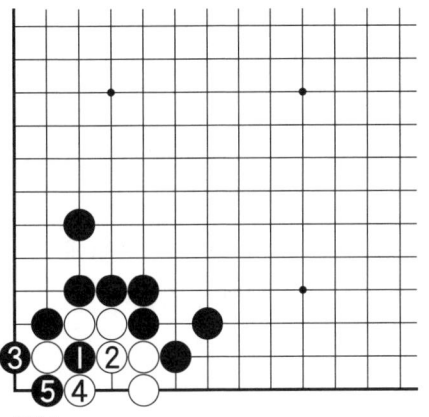

16도

16도(흑의 부담도 큰 패)
흑1로 끊고 3으로 단수하는 강력한 수법이 있기는 하지만 백4로 따낼 때 흑5로 패를 들어가는 것이 고작이다.

　이 패는 흑의 부담도 큰 만큼 백은 대환영일 것이다.

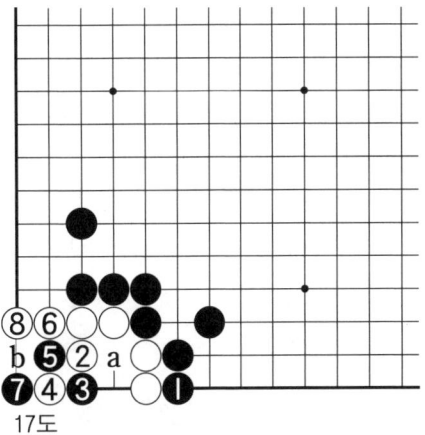

17도

17도(백, 몰아떨구기의 삶)
흑1로 막는 것은 백2의 꼬부림이 탄력적인 응수여서 후속수가 마땅치 않다.

　흑3의 붙임이 환격을 보는 급소이지만 백4 이하 8의 대응이 있어 살아간다. 다음 흑a에는 백b로 몰아떨구기.

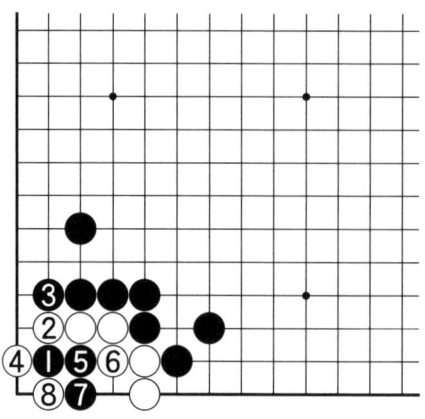

18도

18도(2의 二 공략도 패)
흑1로 '2의 二'의 급소에 치중하는
것은 어떨까?
　백2의 차단은 당연하며 흑3의
막음도 필연이다. 백4의 젖힘이
급소. 결국 흑5 이하 백8까지 보
듯이 패를 피할 수 없다.

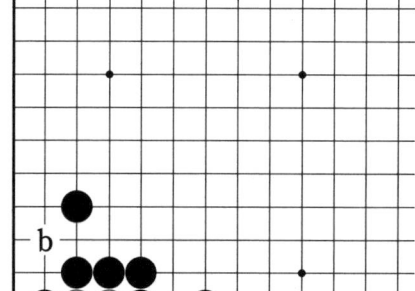

19도

19도(치중으로 백 죽음)
흑1로 치중하는 것이 정확한 급소
였다. 백2가 최강의 저항이지만
흑3의 젖힘이 냉정한 한수이다.
　백4를 기다려 흑5로 단수하고
또 7에 단수한다. 다음 백a에 흑b
로 백을 깔끔하게 잡는다.

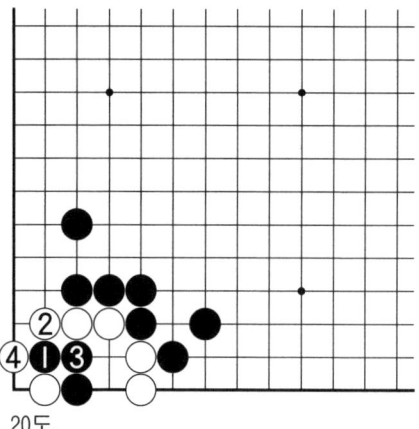

20도

20도(흑, 손 따라 두다)
앞 그림의 3으로 흑1쪽에서 단수
하는 것은 손 따라 두는 수이다.
　백2가 '적의 급소는 나의 급소'
여서 탄력적인 모습이 된다. 흑3
에는 백4로 건너서 패의 형태이
다. 흑3으로는~

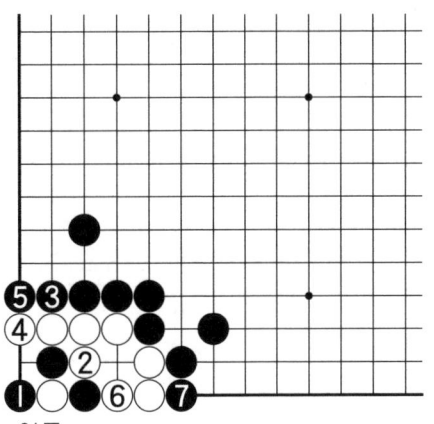

21도

21도(역시 패가 된다)

흑1로 따내는 수도 있다. 그러면 백2로 찝는 것이 급소가 된다.

흑3, 5로 틀어막으면 백6은 절대. 거기서 흑7로 단수해서 역시 패가 된다.

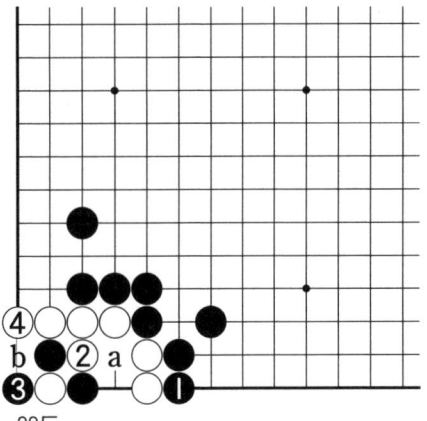

22도

22도(최악의 수읽기)

앞 그림의 1 대신 흑1로 바깥쪽을 막는 것은 최악의 수읽기이다. 백 2, 4가 좋은 수순이어서 백은 간단하게 삶을 확보한다.

다음 흑a에 백b의 몰아떨구기가 성립하기 때문이다. 결과적으로 17도와 같아졌다.

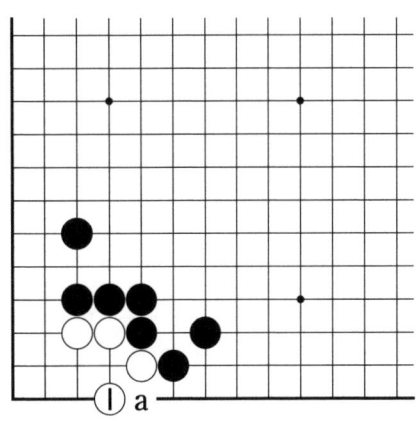

23도

23도(변화4/ 호구치면?)

백a로 내려선 것이 14도였다. 그렇다면 백1로 호구치면 어떻게 될까?

흑이 귀를 공략하는 방법을 묻는다. 아쉽게도 백을 잡는 수는 세 가지나 있다.

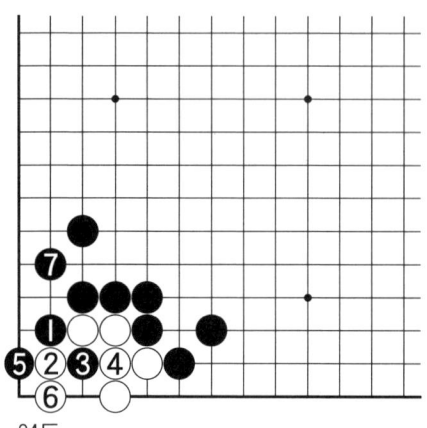

24도

24도(잡는 수 1)

흑1로 젖히는 것이 가장 알기 쉬운 수법이다.

백2로 받을 때 흑3으로 단수하면 백4는 절대 수. 거기서 흑5로 단수하고 7에 보강하면 백은 힘도 못쓰고 잡혀 버린다.

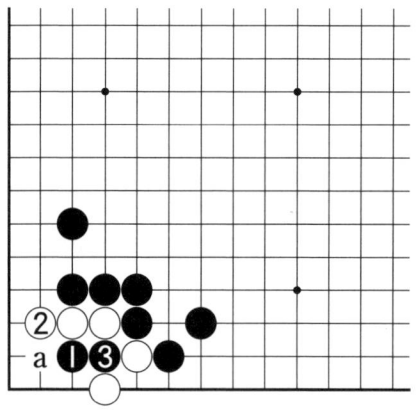

25도

25도(잡는 수 2)

조금 어려운 수 같지만 흑1로 붙이는 것도 성립한다. 다음 백2면 흑3으로 끊어서 백을 쉽게 잡을 수 있다.

2로 백a면 흑이 2의 곳에 단수해서 앞 그림과 같은 결과가 될 것이다.

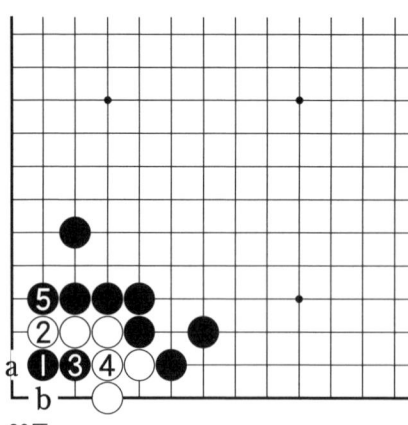

26도

26도(잡는 수 3)

약간 속수 같지만 흑1로 치중해도 백을 잡을 수 있다. 백2로 차단할 때 흑3으로 파호하는 수가 결정타!

백4를 강요하고 흑5에 막아서 그만이다. 다음 백a에는 흑b.

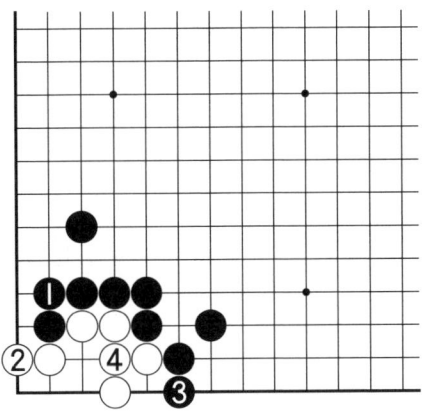

27도

27도(백, 쉽게 산다)

24도의 3으로 맥없이 흑1로 잇는 것은 백의 의도에 말려드는 수이다. 백2로 내려서 쉽게 살아 버린다. 흑3에는 백4가 응수의 요령이다.

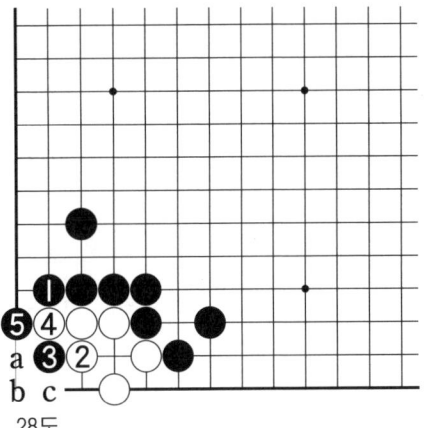

28도

28도(백2가 호수여서 패)

애초에 흑1로 내려서는 것도 많이 쓰이는 공략법이지만 이 경우는 백2로 버티는 수가 있어서 미흡하다. 흑3에는 백4, 흑5 다음 백a, 흑b, 백c로 패가 된다.

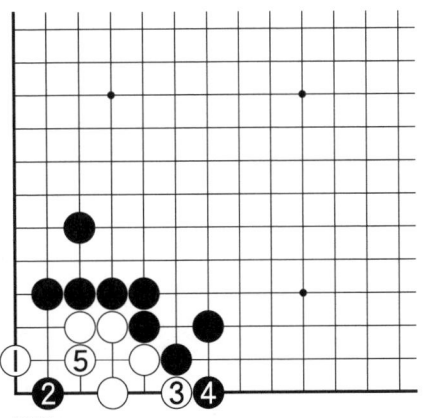

29도

29도(이단패가 고작이다)

앞 그림의 2로는 백1로 '2의 一'의 급소를 두는 것이 그럴듯해 보이지만 흑2의 치중이 통렬한 공략이어서 좋지 않은 결과가 기다린다.

　백은 3에 젖히고 5로 버텨서 이단패로 가져갈 수밖에 없다.

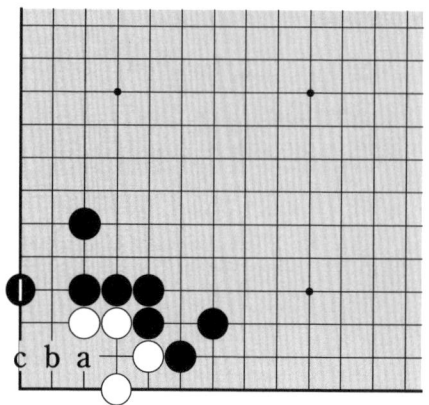

예제1

▦ 예제1 (백 차례)

이 상황에서 흑1로 1선에 한칸을 뛰는 것은 묘한 수이다. 얼른 맥점처럼 보이기도 한다.

백a든 b든 흑c로 잡을 수 있다는 점이 자랑인데, 백의 버팀을 생각해보자.

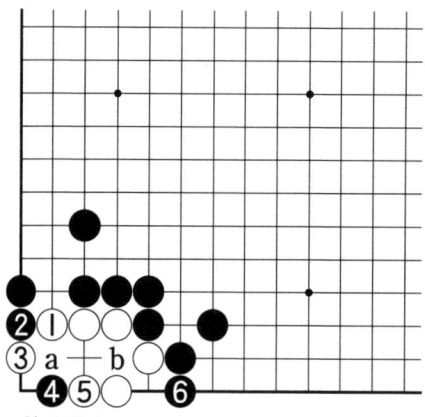

참고도 1

참고도 1(백5, 경솔)

따라서 일단 백은 1로 내려서는 한수이다. 흑2에도 백3으로 막는 한수. 여기서 흑4의 치중이 통렬한 급소 일격이다.

백5로 덥석 받으면 흑6을 불러 그냥 잡힌다. 다음 백a면 흑b가 있다.

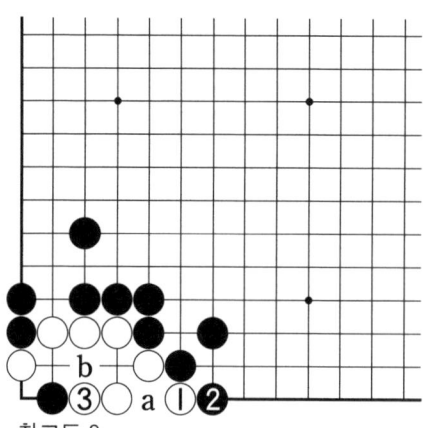

참고도 2

참고도 2(정해/ 한 수 늦은 패)

앞 그림의 5로는 백1로 하나 젖혀서 흑2와 문답해 두고 백3으로 되돌아오는 것이 최강의 저항이다.

백은 a의 패를 버틴 후 b에 두어야 비로소 단패로 갈 수 있다.

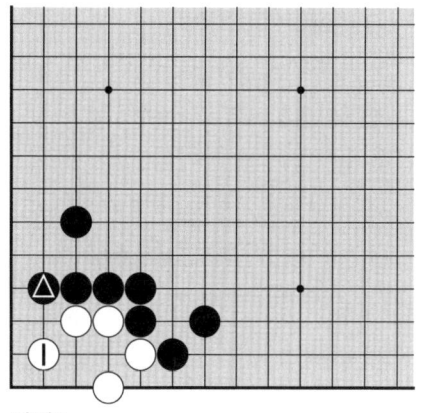

예제2

▦ 예제2 (흑 차례)

흑이 ▲로 내려섰을 때 백1로 마늘모하는 수가 있다.

이 변화가 가장 까다롭다고 알려져 있다. 하긴 아마추어 고단자도 실전에서 실수할 정도이니까. 흑의 최선의 공략법은 무엇일까?

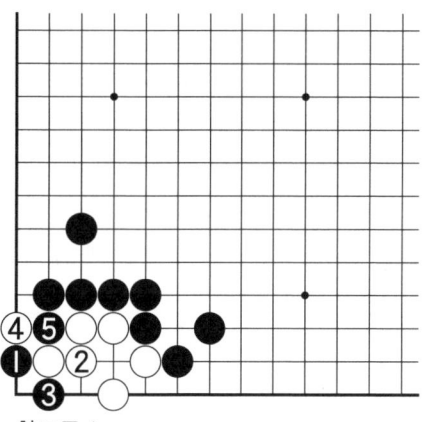

참고도 1

참고도 1(패는 최선이 아니다)

흑1의 붙임은 날카로운 수법이다. 하지만 백2로 웅크리는 것이 좋은 대응이다. 흑3은 필사의 한수이며 결국 백4, 흑5로 패가 된다.

물론 이 결과가 최선의 그림은 아니다.

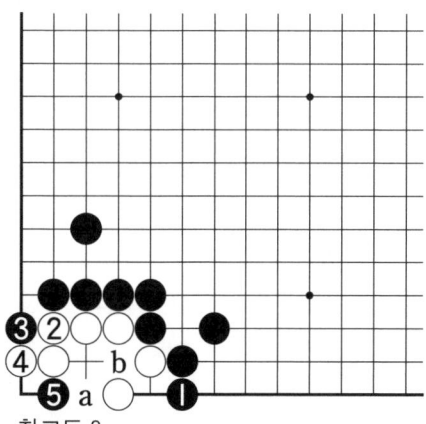

참고도 2

참고도 2(정해/ 1선의 내려섬)

뜻밖일지도 모르지만 흑1로 1선에 내려서는 것이 백을 죽음으로 이끄는 급소이다.

백2의 저항에는 흑3으로 하나 젖히고 5로 치중해서 끝장을 낸다. 다음 백a면 흑b의 먹여침이 있다.

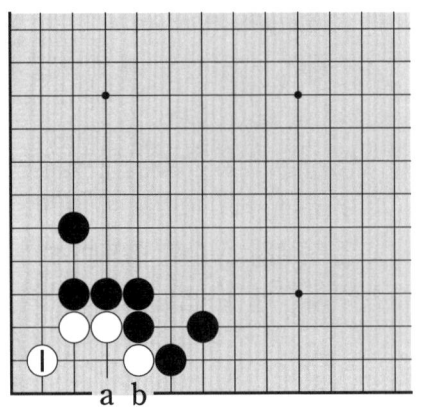

예제3

▦ 예제3 (흑 차례)

오른쪽에서 a로 호구치지도 b에 내려서지도 않고, 처음부터 백1로 '2의 二'의 곳에 마늘모하는 것도 꽤 사용되는 현혹 수법의 하나이다. 흑의 공략법을 묻는다.

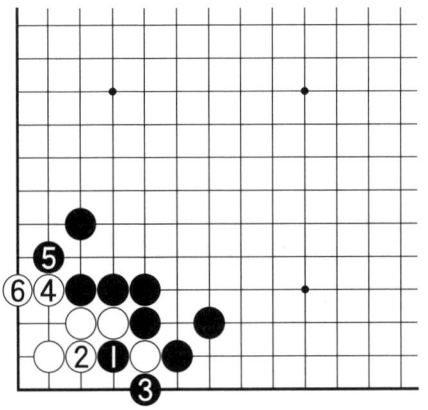

참고도 1

참고도 1(백의 주문)

흑1로 백 한점을 끊어 잡는 것은 끝내기할 때나 쓰는 수법이다. 백은 2를 선수하고 4로 젖히고 6에 내려서서 산뜻하게 살아 버린다.

당연하지만 이 그림이 백의 주문이었다.

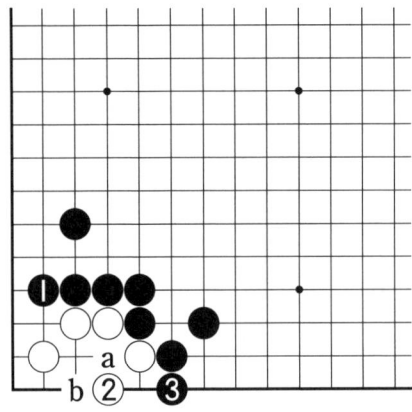

참고도 2

참고도 2(정해/ 낯익은 형태)

흑1로 2선에 내려서는 것이 급소이다. 백이 2로 호구치면 흑3으로 1선에 내려서서 백을 죽음으로 몬다. 이것은 낯익은 형태로 다음 변화는 생략한다.

백2로 a에 이으면 흑b의 치중으로 그만이다.

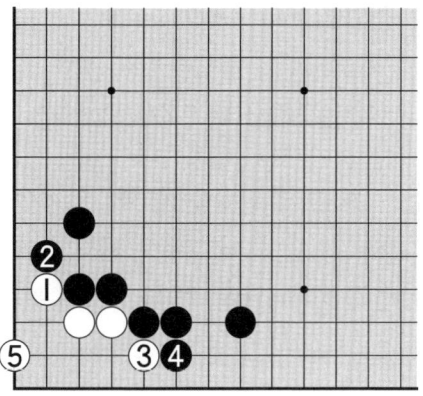

예제

▦ 예제 (흑 차례)

이 예제는 장면의 변화 중 마지막 관문이기도 하다. 백은 1로 젖혀 흑2와 교환하고 또 백3에 젖혀 흑4를 기다려 백5로 '2의 一'의 급소를 점령했다. 이 진행은 접바둑에서 상수들의 애용 수법 가운데 하나이다. 이때 흑은 귀를 어떻게 공략하면 좋을까?

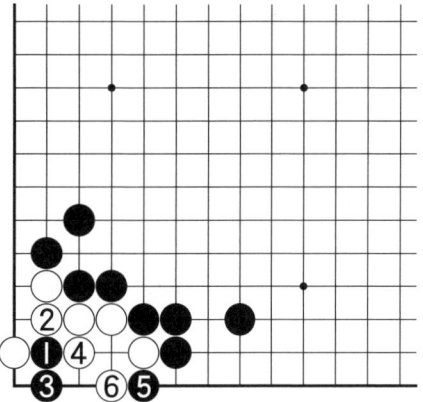

참고도 1

참고도 1(패는 미흡한 결과)

흑1로 '2의 二'의 곳을 공략하는 것이 날카로워 보인다. 백2는 절대이며 흑3의 내려섬도 급소.

하지만 백은 4로 탄력을 주고 흑5의 단수에 백6의 패로 버틸 것이다. 이러면 미흡한 결과이다.

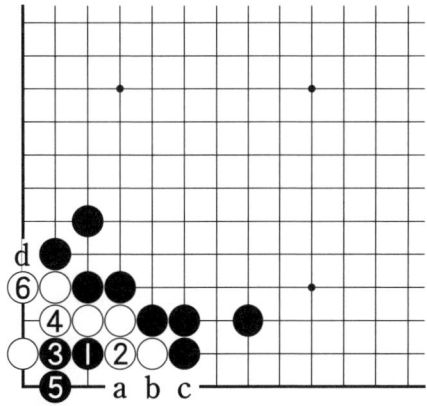

참고도 2

참고도 2(한 수 늦은 패)

흑1로 붙이는 것은 좋은 결과를 이끌지 못한다.

백2는 누가 두어도 이 한수이며 흑3에서 5에 백6이면 흑은 a, 백 b, 흑c로 한 수 늦은 패가 고작이다. 흑은 다음 d에 또 두어야 단패 아닌가.

175

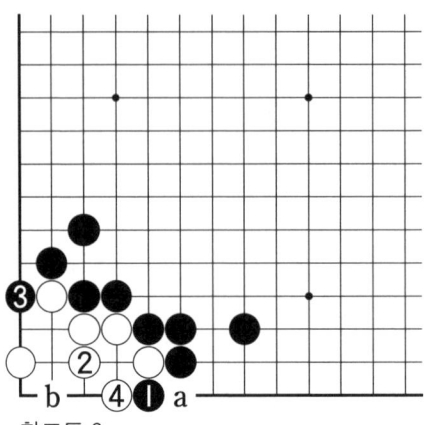

참고도 3

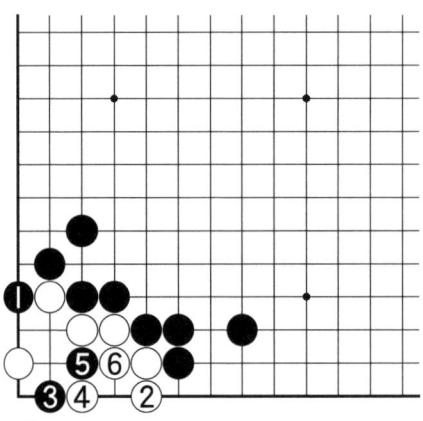

참고도 4

참고도 5

참고도 3(역시 패가 된다)
흑1로 1선에서 단수하는 것은 유력한 공략이지만 백2로 탄력을 주는 것이 좋은 대응이다.

　흑3으로 파호할 때 백4의 저항이 성립한다. 단, 흑a로 물러설 여유가 있다. 다음 백b로 여전히 패.

참고도 4(백2, 4의 호수로 패)
흑1쪽에서 단수하는 것도 만족할 만한 결과를 얻어내지는 못한다. 백2로 내려서서 궁도를 넓히는 것이 최강의 대응이다.

　흑3의 치중에는 백4가 호수여서 결국은 흑5, 백6의 패가 불가피하다.

참고도 5(치중이 달라도 패)
앞 그림의 3으로 흑1쪽에서 치중하는 것도 패에서 벗어나지 못한다. 백2의 마늘모붙임이 필사의 저항이다.

　흑3, 백4의 패는 쌍방 최선을 다한 수순이다.

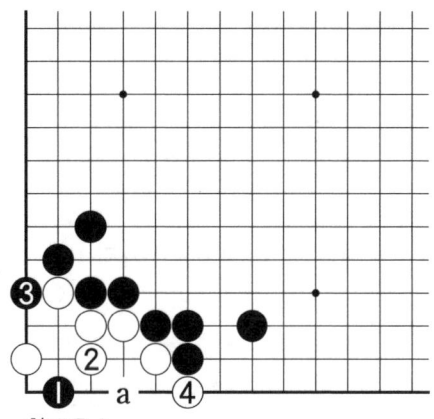

참고도 6

참고도 6(2의 一 치중이 출발점)

흑1로 '2의 一'의 급소를 치중하는 것이 최선의 공략으로 정해의 출발점이다.

　백2는 강력한 저항이며 흑3에 백4의 젖힘도 필사적인 한수이다. 그도 그럴 것이 4로 백a면 흑4로 쉽게 잡히니까.

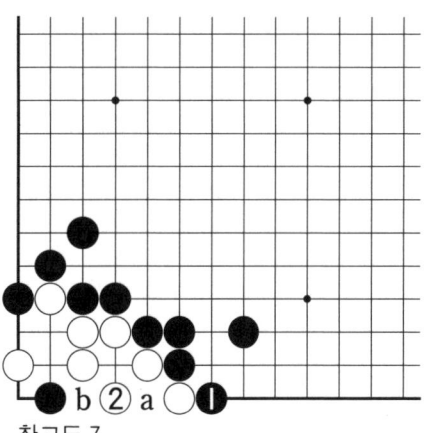

참고도 7

참고도 7(패가 빠르다)

앞 그림에 이어, 흑1로 덥석 받는 것은 백2의 패가 너무도 빠르다.

　비록 상대가 a의 패를 버티다가 b에 두어야 비로소 단패가 되기는 하지만 그냥 잡는 것보다는 못한 결과임이 분명하다.

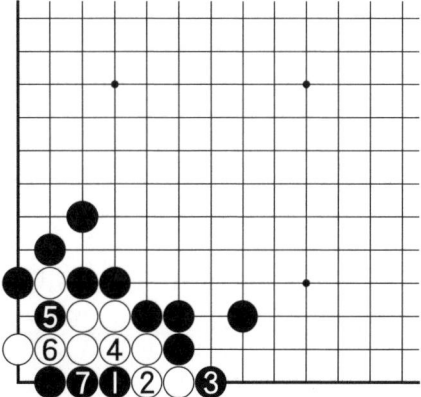

참고도 8

참고도 8(정해/ 죽음의 수순)

앞 그림의 1 대신 흑1로 치중하는 것이 필살의 일격이다. 일단 백2는 어쩔 수 없을 테니 흑3에 단수해서 백4를 강요한다.

　다음 흑5로 따내고 7이면 백은 3궁도에 불과하다. 살길이 없음은 말할 것도 없다.

빗꼴의 원형

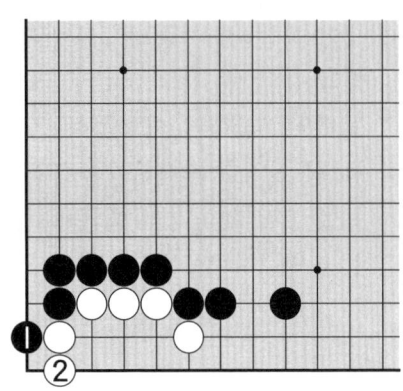

■ 흑 차례

지금 흑1로 젖히자 백이 2로 내려선 장면이다.

백 여섯점의 형태는 마치 머리빗 모양과 흡사하다. 이른바 '빗꼴'의 원형이라고 볼 수 있겠다. 이 백을 공략하는 방법을 알아본다.

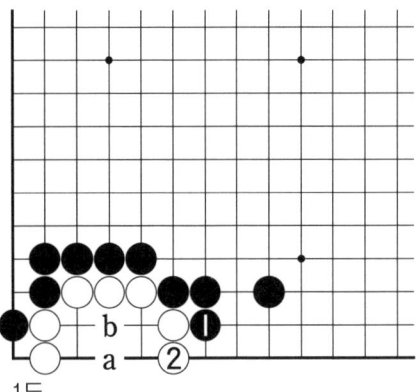

1도

1도(빗꼴의 완성)

흑1로 꼬부려 막는 수를 가장 상식적이라고 생각하는 이가 있을까?

백은 2로 내려서며 안도한다. 이렇게 되면 완벽한 삶의 기본형인 빗꼴의 완성이니까. 흑a면 백b, 흑b면 백a로 삶이다.

2도(아슬아슬하게 살다)

흑1의 치중은 '석점의 중앙'에 해당하는 급소이지만, 이 경우 백2가 좋은 응수여서 실패로 돌아간다. 흑3에 백4로 둘 수 있는 것은 귀의 특수성 때문이다. 백은 아슬아슬하지만 살았다.

2도

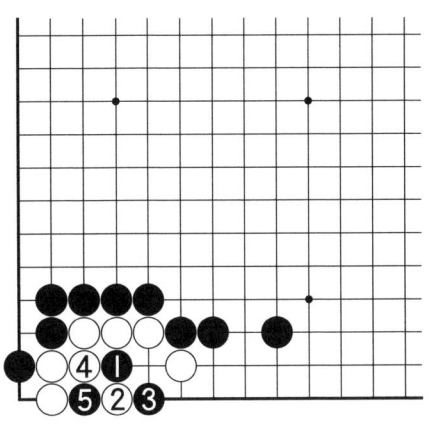

3도

3도(정해/ 패가 최선의 결과)

같은 '석점의 중앙'이라도 흑1로
공략하는 것이 정해이다.

백은 2로 붙일 수밖에 없으며
흑3, 백4, 흑5의 패가 되는 것이
쌍방 최선의 결과이다.

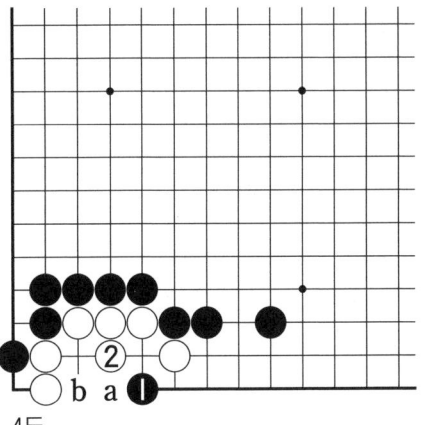

4도

4도(백을 쉽게 살려준다)

흑1로 치중하는 것은 비약적인 발
상이지만 역시 백2가 좋은 대응이
어서 쉽게 살려준다.

다음 흑a는 백b로 막아 2도와
같아진다.

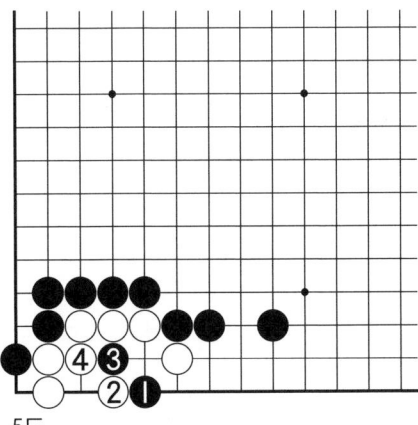

5도

5도(백2, 경솔한 응수)

흑1의 치중 때 백2로 붙이는 것은
경솔한 응수이다.

그러면 흑3을 불러 백4로 패를
해야 한다.

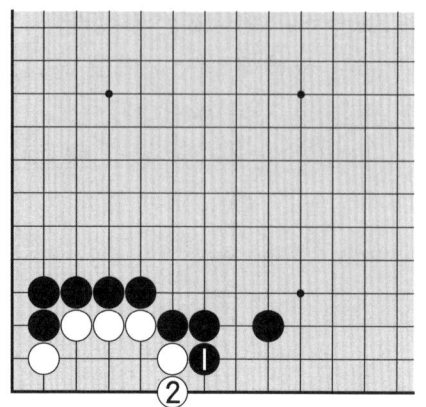

예제

▦ 예제 (흑 차례)

이 상황에서 흑1로 하변 쪽을 꼬부려 막으면 전혀 다른 변화가 기다린다.

백2로 내려선 것은 당연한데, 여기서 흑은 어떻게 백을 공략하는 것이 좋을까?

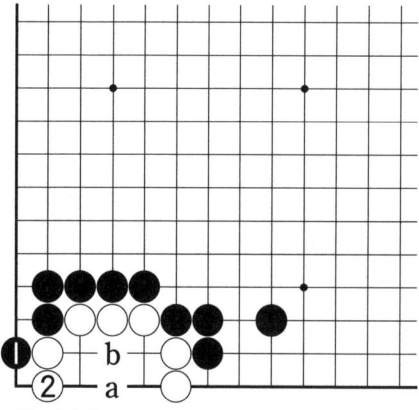

참고도 1

참고도 1(완생형인 빗꼴)

흑1쪽을 젖히는 것은 생각 없는 행동이다. 백은 2로 내려서며 미소를 지을 것이다.

그러고 보니 이 형태는 장면의 1도에서 봤던 바로 그 빗꼴이다. 이제는 a와 b가 맞보기여서 흑의 공략에도 끄떡없다.

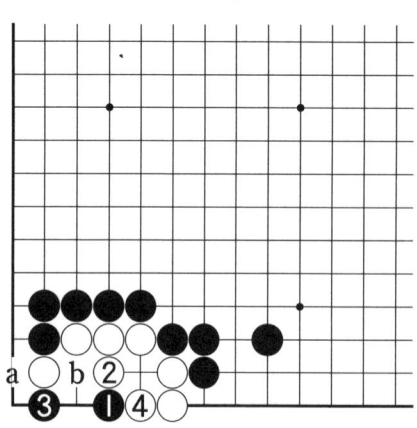

참고도 2

참고도 2(석점의 중앙은 실패)

"석점의 중앙'에 해당하는 흑1의 치중은 날카로운 수법이지만 백2가 호수여서 뜻을 이루지 못한다.

흑3에는 백4가 침착한 응수여서 삶을 얻는다. 다음 흑a에는 백b로 안전하다.

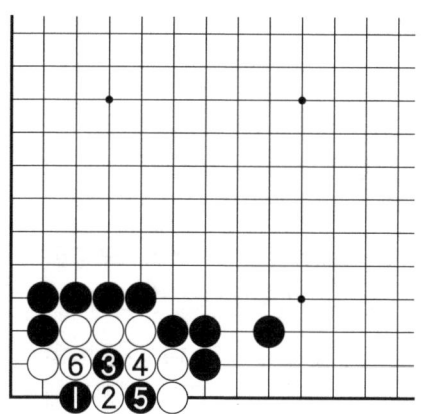

참고도 3

참고도 3(통하지 않는 급소)

흑1의 치중은 비범한 급소이지만 백2의 붙임이 좋은 응수여서 통하지 않는다. 흑3, 5에는 백4, 6의 돌려치기가 효과적이어서 여유 있게 살아간다.

흑1로 3에 두어도 백2로 붙여 마찬가지 결과이다.

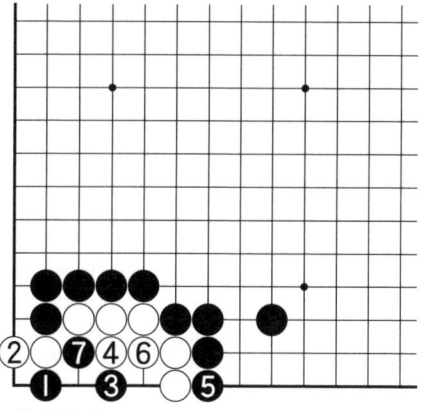

참고도 4

참고도 4(정해/ 껴붙여서 패로!)

흑1의 껴붙임이 멋진 급소 공략이다. 그리고 보니 이곳은 '2의 一'의 곳이기도 하다.

백2는 당연하며 흑3의 뜀도 급소이다. 백4에 흑5, 백6을 문답하고 흑7의 패로 들어가는 것이 정해이다.

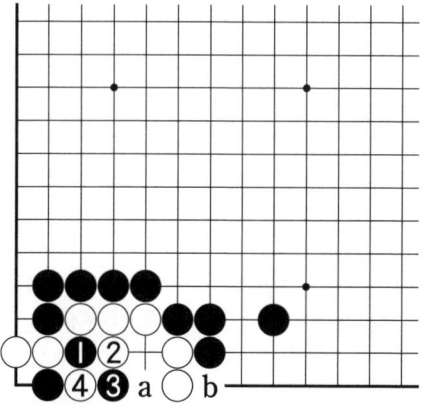

참고도 5

참고도 5(패이지만 감점)

앞 그림의 3으로 먼저 흑1에 끊고 백2에 흑3으로 젖혀도 패이지만 감점 대상이다.

백이 a로 패를 해소한 다음 b쪽 끝내기가 남기 때문이다. 앞 그림에서는 이것이 없으니 큰 차이다.

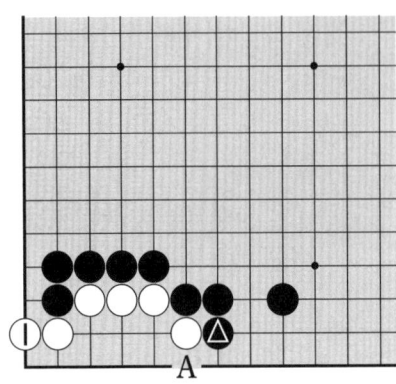

장면 7
귀쪽 내려섬

흑 차례

흑△의 꼬부려 막음에 대해 백은 A로 내려서지 않고 귀쪽을 1로 내려섰다. 이 수도 궁도를 넓히는 방법 가운데 하나이다.

그러나 중대한 급소가 노출되었다. 이 백을 멋지게 공략해 보자.

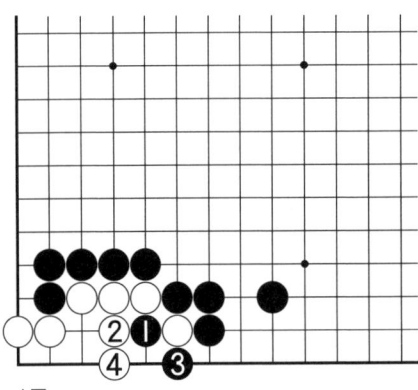

1도

1도(선수 끝내기에 불과하다)

흑1, 3으로 백 한점을 끊어 잡는 것은 백4까지 아주 편하게 살려주는 방법이다. 물론 이 진행은 흑이 선수 끝내기를 한 것에 지나지 않는다.

백은 이 그림을 기대하고 있었을 것이다.

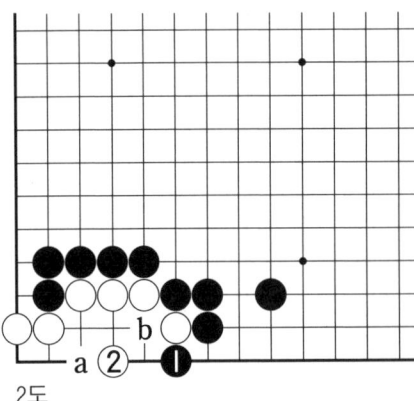

2도

2도(석점의 중앙)

흑1로 1선에서 단수하는 것은 백2로 '석점의 중앙'을 지키는 것이 좋은 대응이어서 싱겁게 실패한다. 다음 흑a면 백b로 삶.

따라서 천상 흑은 b로 따내는 정도이니 앞 그림과 똑같아진다.

182 사활(실전 패턴)

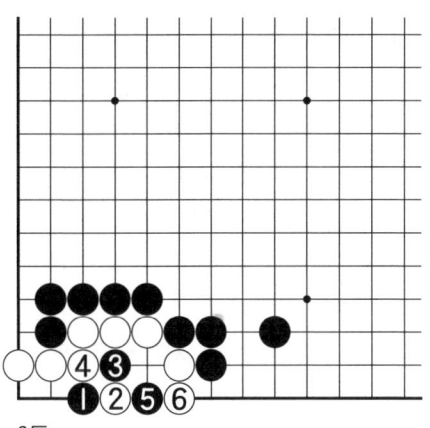

3도

3도(백2의 곳이 급소)

흑1로 묘하게 치중하는 방법도 있다. 하지만 백2로 붙이는 것이 급소여서 후속수가 끊긴다. 흑3에는 백4, 6으로 받아 아주 크게 살아갈 뿐이다.

이 진행은 흑이 뭘 했는지 알 수 없는 결과이다.

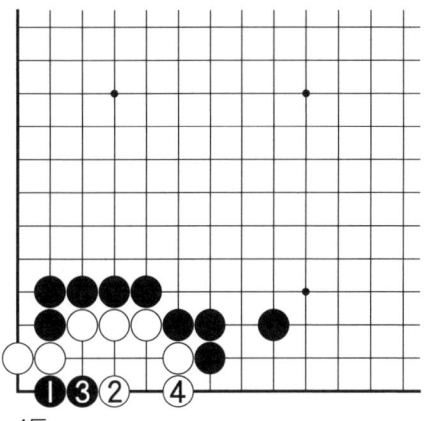

4도

4도(2의 一도 실패)

흑1의 붙임은 '2의 一'로 유력한 급소임에는 틀림없지만 이 경우는 효과를 보지 못한다.

백2가 역시 삶의 급소여서 그 순간 살아 버린다. 흑3에는 백4로 크게 살 수 있다.

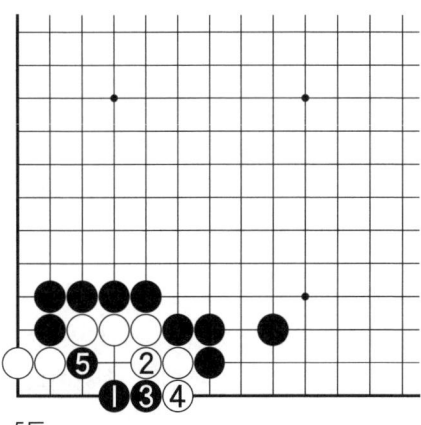

5도

5도(정해/ 적의 급소로 백 죽음!)

'적의 급소는 나의 급소'라는 격언대로 흑1로 '석점의 중앙'을 공략하는 것이 정해이다.

다음 백2에는 흑3으로 하나 기어나가 백4와 교환하고 흑5로 끊어서 순식간에 백을 죽음으로 몰아넣는다.

위쪽 공배 하나가 있는 경우

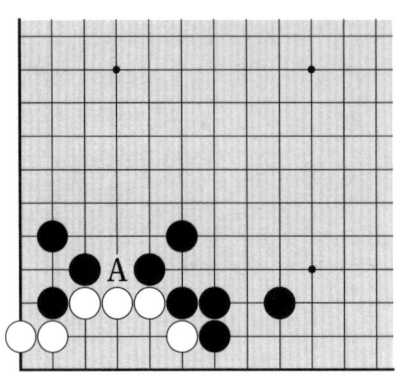

■ 흑 차례

[장면 7]과 대동소이한 배석이 지만 중대한 차이가 있다. 그것은 위쪽에 A의 공배가 하나 비어 있다는 점이다.

그러면 이 백의 사활은 어떻게 되는지 알아본다.

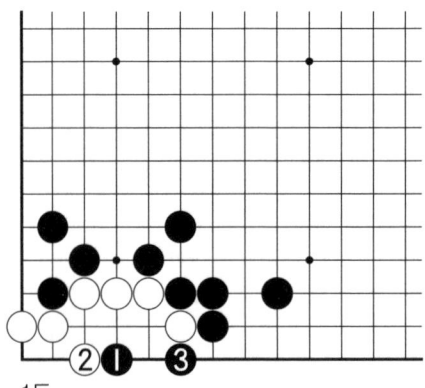

1도

1도(백2, 나약한 태도)

결론을 먼저 말하자면 이 백은 자체로 살아있다. 흑1은 '석점의 중앙'에 해당하는 급소로 유력한 공략이다.

여기서 백2는 나약한 태도이다. 흑이 3으로 건너면 백은 살길이 없다.

2도(삶의 증명 1)

앞 그림의 2로는 백1의 마늘모로 붙이는 한수뿐이다. 흑2의 파호에는 백3으로 집어넣고 흑4로 따낼 때 백5로 단수해서 여유 있게 살 수 있다.

백3으로 4에 두고 흑3, 백a의 빅으로 사는 것은 엄청 손해이다.

2도

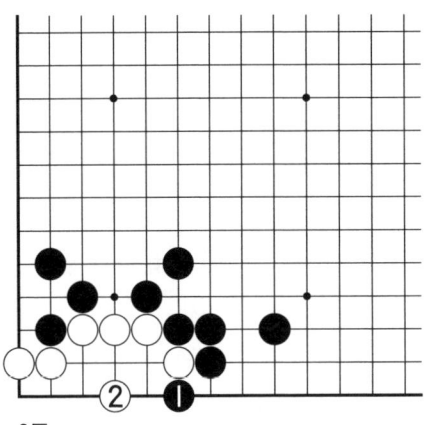

3도

3도(삶의 증명 2)

흑1로 1선에서 단수하는 것은 위쪽 공배가 막혀 있을 때도 신통치 않았으니, 이 경우는 더욱 잘될 리가 없다.

백2가 '석점의 중앙'에 해당하는 급소여서 쉽게 산다.

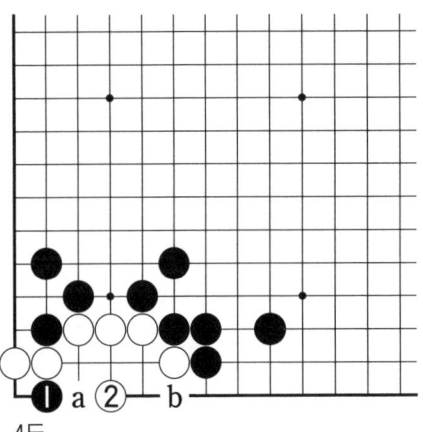

4도

4도(삶의 증명 3)

흑1로 '2의 一'의 곳을 공략하는 것도 백2로 '석점의 중앙'을 지키는 것이 좋은 수비여서 더 이상 수단의 여지가 없다.

다음 흑a는 백b가 있어 헛수고이다.

5도

5도(삶의 증명 4)

흑1의 치중에는 백2로 받는 것이 알기 쉬운 응수이다. 흑은 3으로 백 한점을 끊어 잡는 정도이니 6까지 백은 알뜰하게 사는 데 성공한다.

이상 살펴봤듯이 이 백은 완벽하게 살아 있었다.

귀쪽에 공배가 채워진 경우

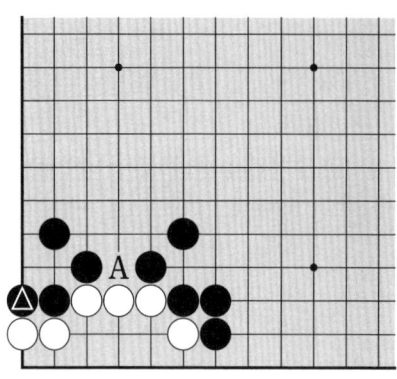

■ 흑 차례

[장면 8]과 비교해 A의 곳 공배가 비어 있는 것은 같지만 이번에는 귀쪽에 흑▲가 놓여져 공배가 채워진 상태이다.

그러면 이 백의 사활은 어떻게 될지 알아본다.

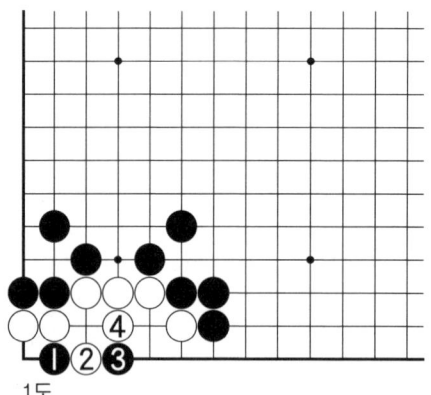

1도

1도(패가 최선은 아니다)

흑1의 붙임은 '2의 一'의 급소로 꽤 유력하다. 백은 2로 받을 수밖에 없으며 흑3의 단수에 백4의 패로 버티는 것도 어쩔 수 없다.

다만 패가 최선은 아니기에 좀 아쉬울 뿐이다.

2도

2도(석점의 중앙도 실패)

흑1로 '석점의 중앙'을 공략하는 것도 앞서와 같은 요령인 백2가 호수여서 뜻대로 안된다.

흑3에는 백4, 6으로 대응해서 빅의 삶이다. 이렇게 살아서는 흑의 실패!

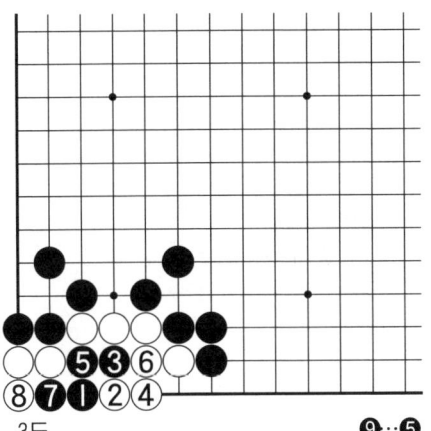

3도

9…**5**

3도(후절수 성립)

끊겠다고 흑1로 묘하게 들여다보는 것이 백을 잡을 수 있는 유일한 급소이다. 다음 백2로 붙일 때가 기로인데 흑3으로 단수하면 문제가 발생한다. 이때 백4로 이으면 흑5, 7로 넉점을 희생하고 9의 절묘한 후절수가 성립한다.

결국 우여곡절 끝에 흑의 뜻대로 백의 죽음이다.

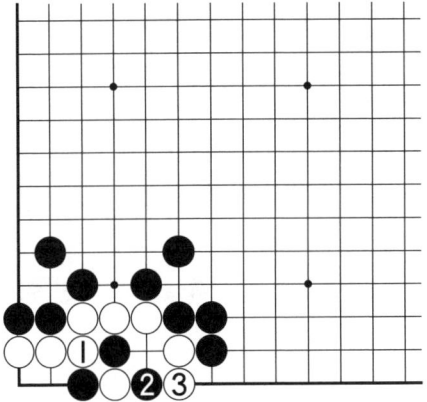

4도

4도(백, 크게 산다)

그러나 앞 그림의 4로 백1에 잇고 흑2로 따낼 때 백3으로 차단하면 그만이었다.

그러면 백이 석점을 잡고 크게 사는 모습이다.

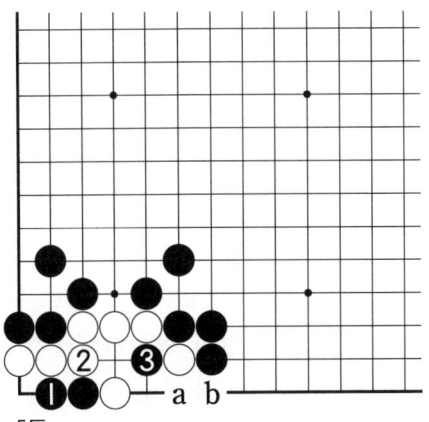

5도

5도(정해/ 백 죽음)

실은 3도 백2의 저항에는 이 그림 흑1, 백2를 문답하고 흑3에 끊는 것이 백 죽음의 정확한 수순이었다. 다음 백a는 흑b로 그만이다.

187

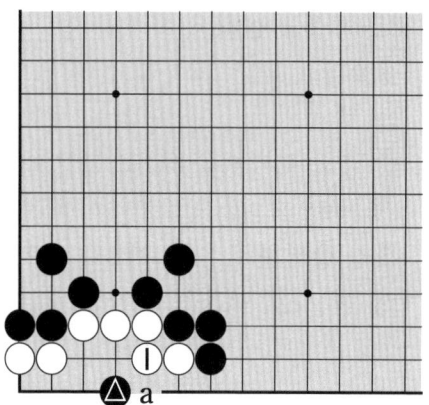

예제1

▦ 예제1 (흑 차례)

흑▲의 치중에 대해 백은 1로 꽉 이었다. 이러면 분명 잘못된 응수이다. 본래 a로 마늘모 붙이는 것이 올바른 수였는데….

그렇다면 백을 추궁하는 공략 수순은 무엇일까?

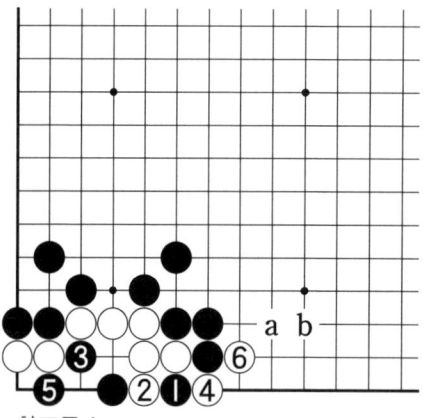

참고도 1

참고도 1(탈출을 허용한다)

흑1로 젖히고 백2로 받을 때 흑3으로 끊는 것은 백의 자충에 착안한 공략이지만 백4로 따낼 때 흑5가 필요하므로 백6의 탈출을 허용한다.

다만 a나 b에 흑돌이 있다면 이 진행도 괜찮다.

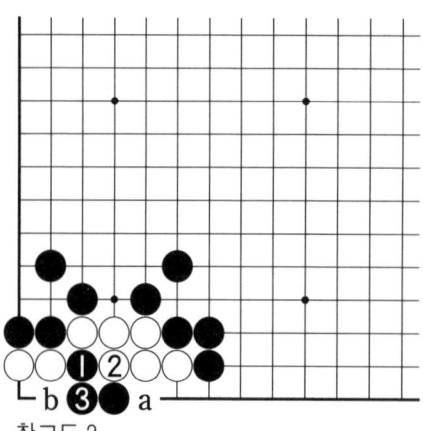

참고도 2

참고도 2(정해/ 백 죽음)

점잖게 흑1로 끊는 것이 죽음의 급소이다. 백2에 흑3으로 이으면 백은 대책이 전혀 없다. 백a로 단수해 봐도 흑b로 키워서 잡혀주는 것이 멋진 수여서 살길이 없는 것이다.

이후 흑 넉점이 잡히더라도 치중 한방으로 백의 죽음임을 확인하기 바란다.

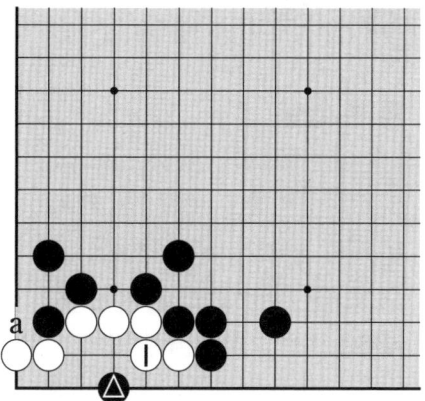

예제2

▦ 예제2 (흑 차례)

역시 흑▲에 백1로 이었다. 바로 앞의 형태와 다를 게 없어 보이지만 중대한 차이가 있다.

우선 a의 공배가 비어 있고 또 오른쪽 변에 의미가 불분명한(?) 흑돌이 하나 추가되어 있다. 그러면 흑은 어떤 공략법이 있을까?

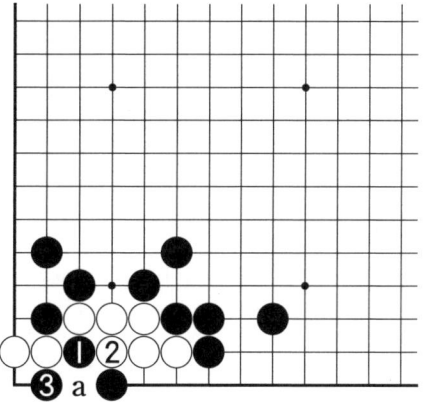

참고도 1

참고도 1(패는 최선이 아니다)

흑1로 끊는 것이 가장 먼저 떠오르는 급소일 것이다. 백은 당연히 2로 단수한다.

여기서 a에 이을 수는 없으니 흑3으로 버텨서 패가 되는데, 이것은 미안하게도 정해가 아니다.

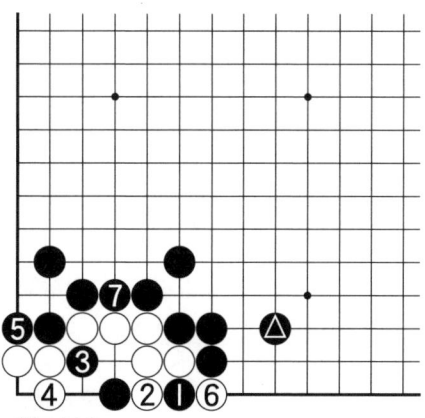

참고도 2

참고도 2(정해/ 백 죽음)

흑1로 젖혀서 백2를 강요하고 흑3에 끊는 것이 좋은 공략 수순이다. 아까의 실패 코스가 이번에는 정해 코스라니 아이러니하다. 백4, 6에는 흑5, 7로 그만. 안팎 자충에 걸려 백은 꼼짝할 수 없다.

그러고 보면 흑▲가 왜 있었는지 알 수 있다. 바깥 탈출이 불가능하니까.

장면 10
공배 두 개와 1선 내려섬

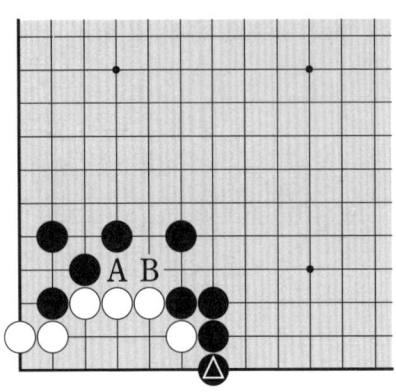

▨ 흑 차례

이번에는 배석이 상당히 달라졌다. 우선 위쪽을 보자. A, B의 두 군데 공배가 비어 있음을 알 수 있다. 그리고 오른쪽 변에 흑▲로 1선의 내려섬이 있다.

　그러면 흑은 백을 잡는 방법이 두 가지 있다.

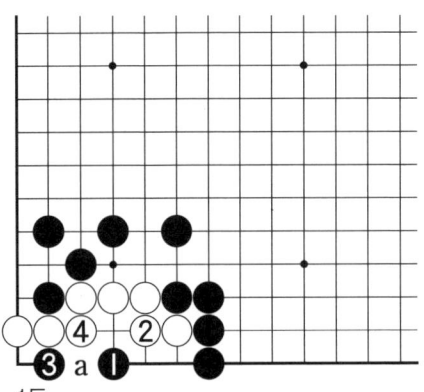

1도

1도(흑, 후수 빅)

흑1의 치중은 '석점의 중앙'에 해당하는 급소이다. 하지만 이 경우 백2의 이음이 냉정한 응수여서 그 순간 후속 수단이 사라진다.

　흑3에는 백4로 꽉 이어서 그만이다. 다음 흑은 a에 두어 봤자 후수 빅이다.

2도(아슬아슬하지만 산다)

앞 그림의 3으로 흑1에 끊는 것은 어떨까?

　그러면 백2로 눈 하나를 만드는 것이 좋은 응수이다. 흑3, 5에는 백4, 6으로 두어 양자충의 위험도 없다. 흑5로 a면 백은 b.

2도

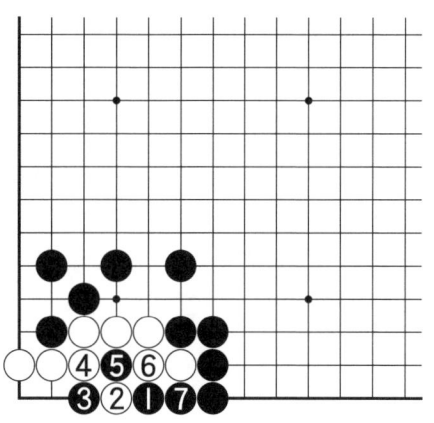

3도

3도(패는 흑의 실패!)

흑1로 전진하는 것도 꽤 유력한 급소이다. 그러나 백2의 붙임이 좋은 대응이다. 흑3에는 백4에서 6이 좋은 수순이어서 백이 먼저 따내는 패가 된다.

　물론 패가 되어서는 흑의 실패이다.

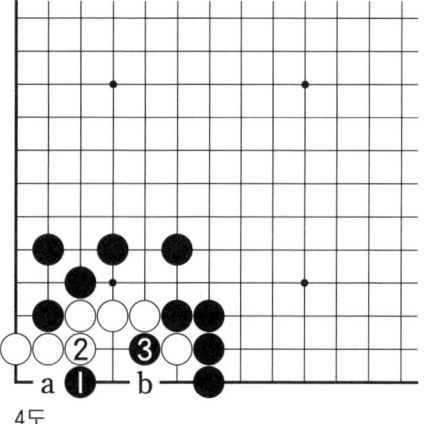

4도

4도(잡는 수 1)

흑1로 들여다보듯이 치중하는 것이 잡는 코스 중 하나이다. 백은 2로 이을 수밖에 없다. 그러면 흑3에 끊어서 간단하게 백을 잡는다.

　백2로 a면 백b로 뛰어 오른쪽과 연락해서 그만이다.

5도

5도(잡는 수 2)

흑1로 '2의 一'의 급소에 붙여가도 백을 잡을 수 있다. 백2에는 흑3의 끊음이 호수.

　백4에는 흑5로 이어서 백은 살 궁도가 나오지 않는다. 다음 백a면 흑b로 그만이다.

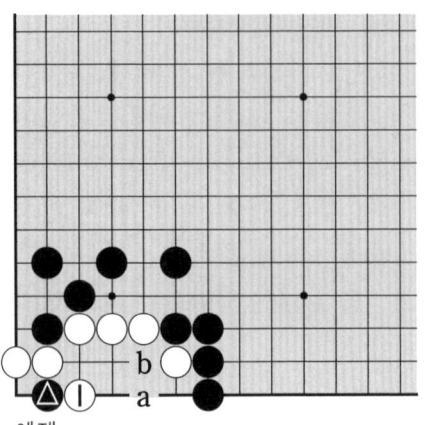

예제

예제 (흑 차례)

흑▲의 붙임에 대해 백1로 바로 받으면 어떻게 될까?

흑a는 백b로 잇게 해 그냥 살려 주며 그렇다고 흑b에 끊는 것은 안 될 것이 너무 빤하다. 그렇다면 흑의 최선은 무엇일까?

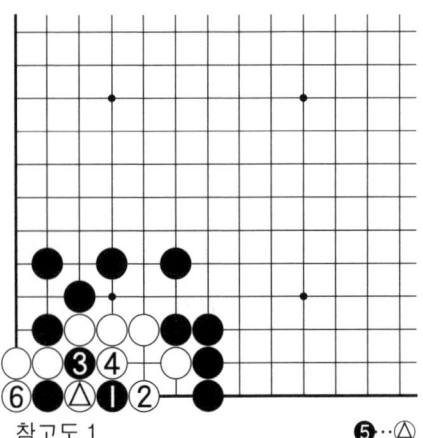

참고도 1   ❺…△

참고도 1(정해/ 단수하는 한수)

흑1로 단수하는 한수이다. 백도 2로 되단수할 수밖에 없다. 흑3, 백4 모두 필연이자 절대적인 수순들이다.

다음 흑5로 잇는 것이 의표를 찌르는 좋은 수이다. 어쨌든 백은 6으로 따내겠지만~

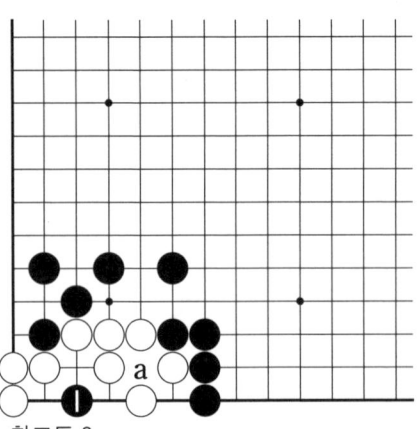

참고도 2

참고도 2(결론은 백 죽음!)

흑1의 치중이 마지막 결정타! 이 한수로 a의 곳이 옥집으로 바뀌는 것이다.

긴 수순이었지만 첫수 다음에는 외길이나 다를 게 없었다. 결론은 백의 죽음이었다.

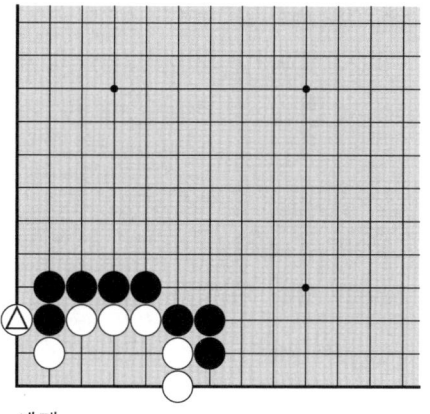

예제

▦ 예제 (흑 차례)

이쯤 해서 어렵다면 어려운 형태가 등장했다. 거슬러 올라가서 [장면 6]의 레벨업 예제에 백△의 1선 젖힘이 덧붙여져 있는 것이 해결해야 할 문제다.

그러면 이 백은 살아있는지, 아니면 패라도 나는지 생각해보자.

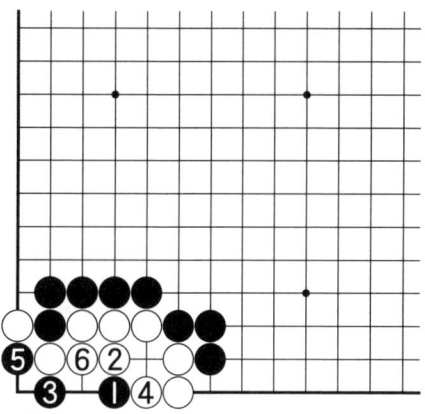

참고도 1

참고도 1(석점의 중앙은 실패)

흑1로 '석점의 중앙'을 공략하는 것은 백2가 좋은 응수여서 실패로 끝난다.

흑3의 붙임도 급소이지만 백4가 또 침착하다. 흑5의 패 도전에도 백6으로 물러서서 깔끔하게 살 수 있다.

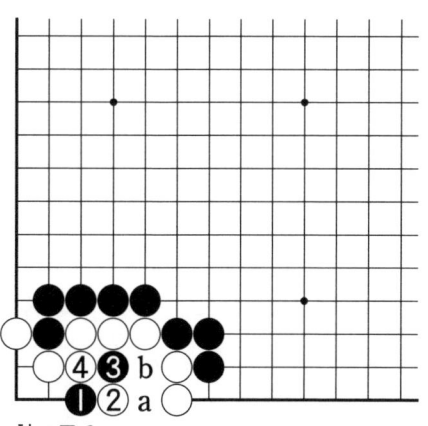

참고도 2

참고도 2(백2가 호수여서 실패)

흑1로 치중하는 것도 유력한 급소 공략의 하나이다.

하지만 이번에는 백2로 석점의 중앙을 지키는 것이 호수여서 또 실패한다. 흑3에는 백4로 단수해서 그만이다. 다음 흑a면 백b.

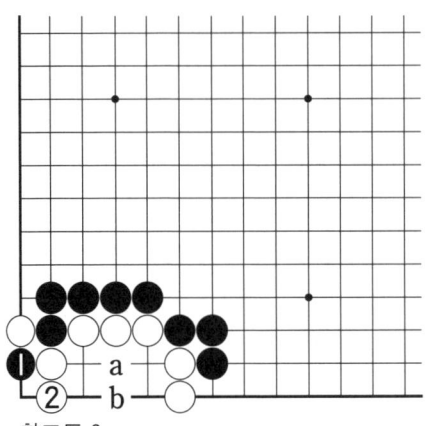

참고도 3

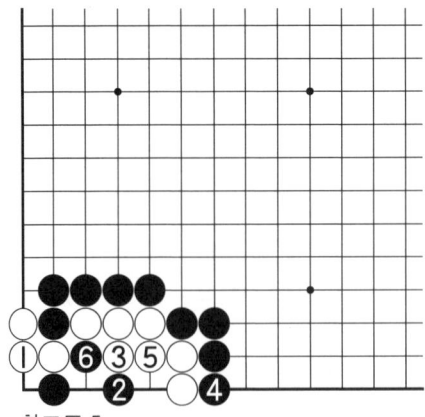

참고도 5

참고도 3(빗꼴로 쉽게 산다)

흑1로 먹여치는 것도 성공하지 못한다. 백은 1의 한점을 따내는 것이 아니라 2로 물러선다.

이러면 빗꼴의 완성형! 무조건 살아있는 형태인 것이다. 다음 흑a에는 백b, 흑b에는 백a.

참고도 4(정해/ 패가 최선)

흑1의 붙임이 출발점. 백2쪽 이음은 호수이며 흑도 3으로 패를 하는 것이 최선이다.

백a로 때려내 패가 시작되는데, 흑b는 백c로 잇게 해, 흑c는 백d로 각각 헛패임을 기억하도록!

참고도 5(역시 패이지만 감점)

앞 그림의 2로 백1로 아래쪽을 이으면 흑2가 급소여서 이하 6까지 역시 패가 된다.

단, 이 그림은 흑이 패를 이겼을 경우 맛좋게 해결된다. 앞 그림은 그렇지 않으므로 약간 백의 감점이다.

장면 11

귀의 특수성과 공배가 있는 경우

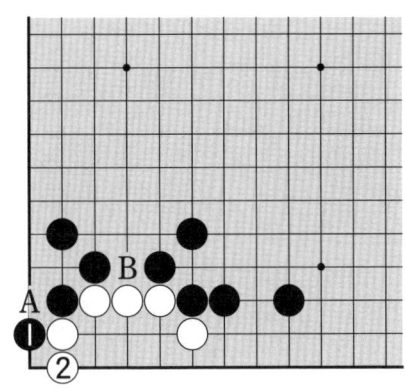

■ 흑 차례

[장면 6]에서 약간 발전한 형태라고 봐도 좋겠다. 주목할 것은 흑1로 백2와 교환했지만 A곳에 흑돌이 없어 귀의 특수성이 있다는 점과 또 B의 곳 공배가 있다는 점이다. 그러면 이 백의 사활은 어떻게 될지 알아본다.

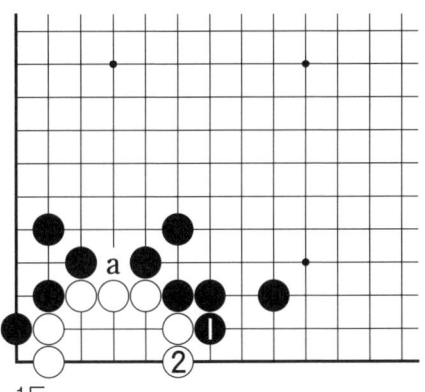

1도(완생형인 빗꼴)

흑1로 꼬부려 막는 것으로는 백을 잡을 수 없다. 백2로 내려서면 완생의 대표형인 빗꼴이다.

a의 곳에 공배가 있든 없든 이 형태는 삶의 기본형이다.

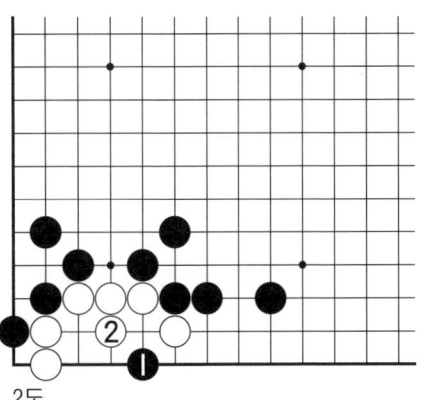

2도(백2의 선방으로 삶)

흑1의 치중은 비범한 발상이지만 역시 백을 잡는 수와는 거리가 크다. 백2의 움츠림이 석점의 중앙에 해당하는 선방이어서 쉽게 살아간다.

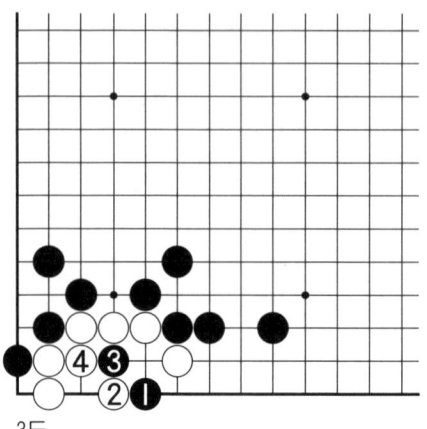

3도

3도(백, 조심할 일)

흑1의 치중 때 백은 2로 붙여 받지 않도록 조심해야 한다.

그러면 흑3에 백4로 받아 패를 피할 수 없다.

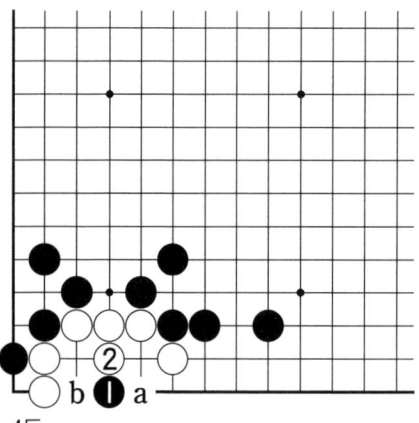

4도

4도(2의 곳이 급소)

흑1의 치중은 '석점의 중앙'에 해당하는 급소로 유력한 공략이지만 역시 백은 2도와 같은 요령으로 2에 받는 것이 삶의 급소이다.

다음 a와 b를 맞보기로 살아 있는 모습이다.

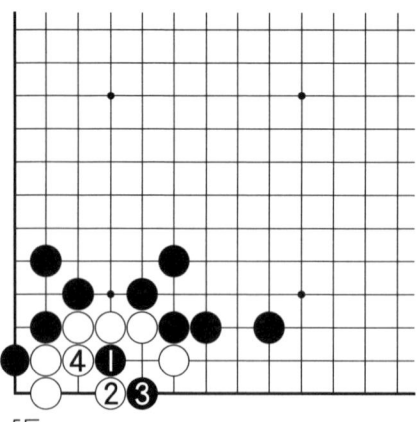

5도

5도(정해/ 적의 급소로 패)

'적의 급소는 나의 급소'라는 격언대로 흑1에 치중하는 것이 정확한 공략이다.

백2의 붙임은 최강의 응수이며 흑3에 백4의 패도 최선의 응수이다. 이 형태의 결론은 패였다.

한 줄씩 이동한 경우

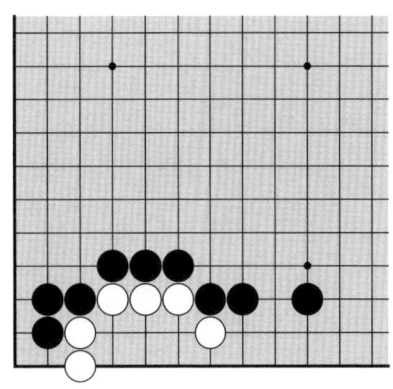

■ 흑 차례

[장면 11]과 차이는 위쪽에 공배가 없다는 것이고, 또 모든 돌이 한 줄씩 오른쪽으로 이동해 있다는 점이다.

그러면 흑이 이 백을 공략하는 최선의 방법은 무엇인지 알아본다.

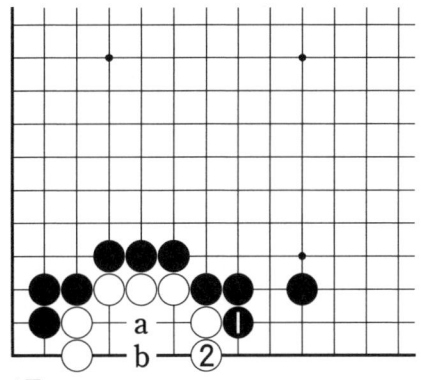

1도

1도(꼬부려 막음은 늘 실패)

흑1의 꼬부려 막음은 언제 어디서나 좋은 결과를 얻기 힘들다고 알아두면 좋겠다. 백은 기분 좋게 2로 내려서 빗꼴을 완성한다.

다음 흑a면 백b, 흑b면 백a로 살아있다.

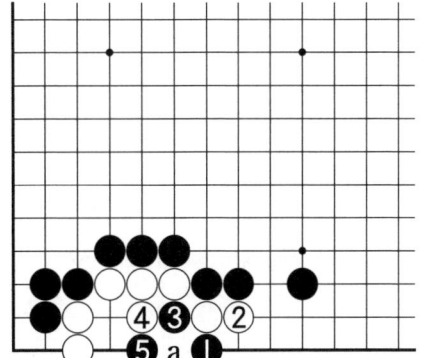

2도

2도(적의 급소가 아니었다)

흑1의 1선 붙임은 '적의 급소는 나의 급소'라는 격언에 부합되는 공략이지만 백2로 나가면 흑3, 5의 패가 고작이다.

이러면 정해와는 거리가 멀다. 백2로 a는 흑4의 치중을 불러 횡사한다.

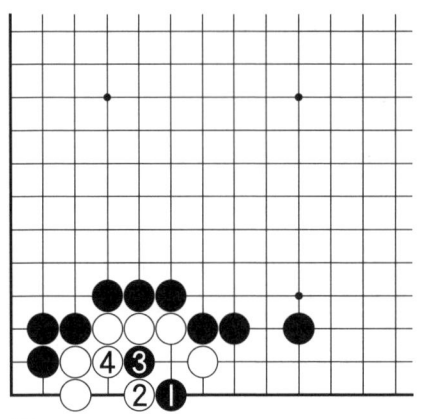

3도

3도(백2, 좋은 응수로 패)

흑1의 치중은 백2의 붙임이 '석점의 중앙'을 지키는 좋은 응수여서 뜻을 이루지 못한다. 흑3의 단수에는 백4의 패가 기다리고 있다.

당연하지만 패가 되어서는 미흡한 결과이다.

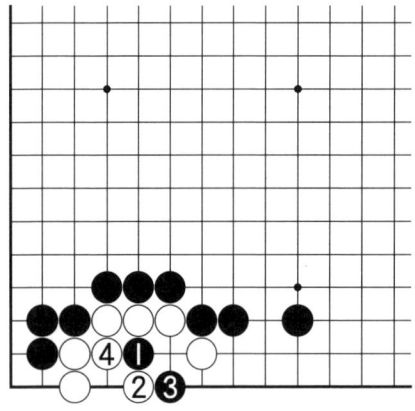

4도

4도(똑같은 결과가 되다)

흑1의 붙임은 두 개의 '석점의 중앙' 가운데 하나이지만 역시 백2의 붙임이 호수여서 4까지 패가 불가피하다.

그러고 보니 이것은 앞 그림과 똑같은 결과가 되었다.

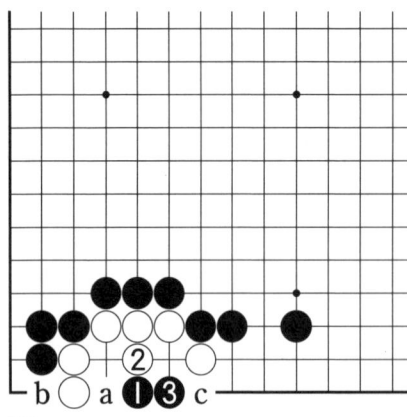

5도

5도(정해/ 백 죽음)

흑1의 치중이 진짜 '석점의 중앙'에 해당하는 급소이다. 백2가 최강의 저항이지만 흑3으로 파호하면 백은 후속수가 없다.

다음 백a에 두어 봤자 흑b로 그만이다. 또 백c면 흑a로 역시 그만이다.

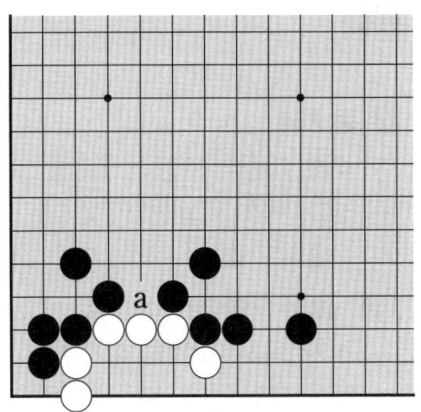

예제

▦ 예제 (흑 차례)

근본적으로 장면과 달라진 점은 위쪽에 a의 공배가 하나 비어 있다는 것뿐이다.

그러면 흑이 백을 무조건 잡는 수는 없으며, 패를 내는 방법도 두 가지나 있다.

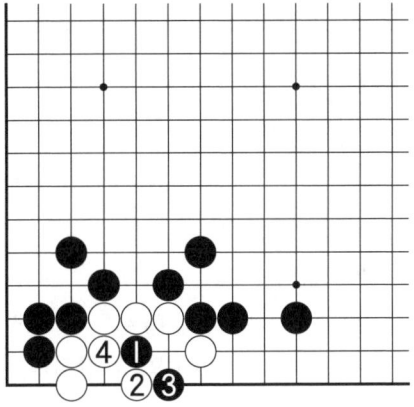

참고도 1

참고도 1(정해/ 패 1)

흑1로 치중하는 수가 가장 먼저 떠오르는 공략일 것이다. 백2에 흑3으로 단수할 때 백4의 패로 버티는 것이 쌍방 최선의 결과이다. 흑이 먼저 따내는 패이다.

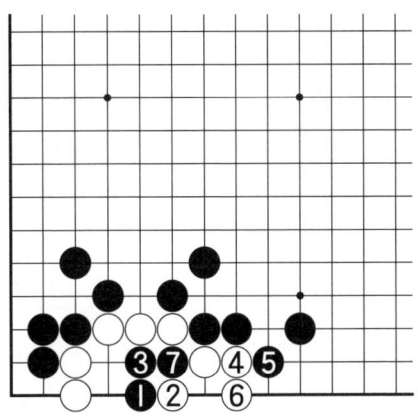

참고도 2

참고도 2(정해/ 패 2)

흑1로 치중하는 것도 성립한다. 이쪽이 백의 응수가 어려운 점이 있다.

백2로 마늘모 붙이고 4, 6으로 눈 하나를 만들려고 하면 흑7은 절대의 한수이다. 역시 흑이 먼저 따내는 패이다.

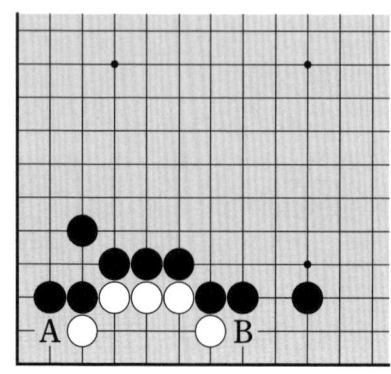

장면 13
빗꼴의 원형

▨ 흑 차례

이번에는 빗꼴의 원형이라고 할 수 있다. 위쪽 공배는 막혀 있지만 흑A와 흑B가 두어 있지 않은 점을 주목하기 바란다.

그러면 흑이 이 백을 잡는 수는 여러 가지 있다. 모두 알아내 보자.

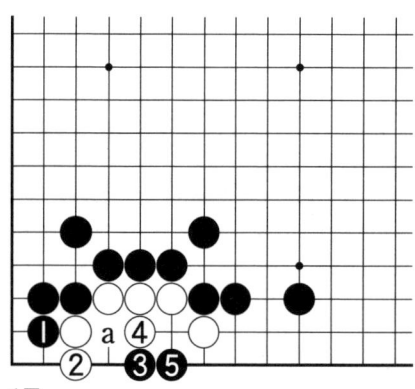

1도

1도(잡는 수 1)

흑1, 백2를 교환하고 흑3에 치중하는 것이 간명한 공략 수순이다. 백4에는 흑5로 파호해서 백은 살 길이 없다.

백4로 5의 곳에 마늘모 붙이면 흑a의 끊음이 있어 역시 잡힌다.

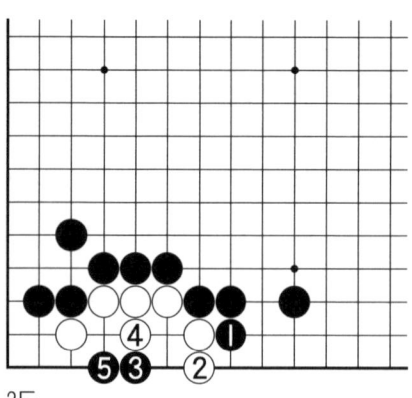

2도

2도(잡는 수 2)

반대쪽에서 흑1로 꼬부려 막고 백2를 기다려 흑3으로 치중해도 앞 그림과 마찬가지의 결과를 얻을 수 있다.

백4, 흑5로 백이 잡힘은 설명할 것도 없을 것이다.

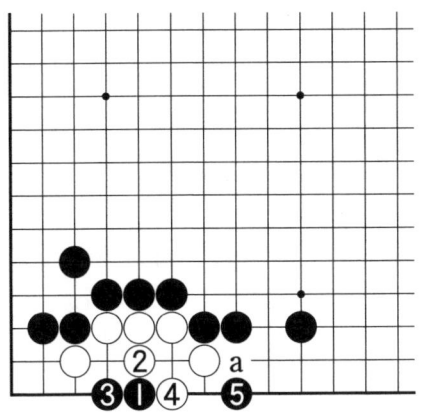

3도

3도(잡는 수 3)

조금 어려운 수이지만 '석점의 중 앙'인 흑1의 곳을 치중해도 잡을 수 있다. 백2는 최강의 응수이지 만 흑3의 파호가 중요한 한수!

백4에 흑5로 뛰어서 백의 죽음 이다. 5로 흑a는 백5의 버팀이 있 어 패가 난다.

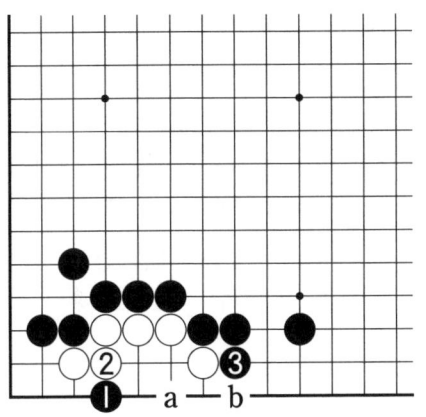

4도

4도(잡는 수 4)

이상한 수 같지만 흑1쪽에 치중하 는 것도 백을 잡는 급소가 된다. 백2의 이음을 강요하고 흑3으로 막으면 백은 살 공간이 없다.

다음 백a에는 흑b로 그만. 흑1 은 a쪽 치중이어도 마찬가지다.

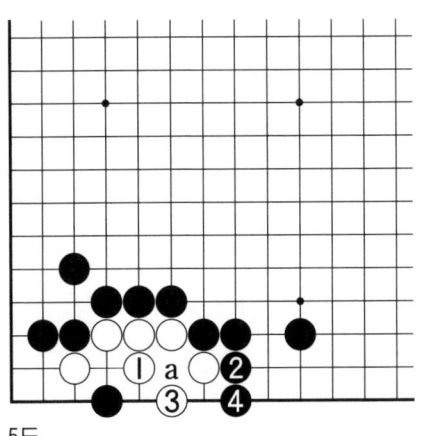

5도

5도(흑2, 4가 냉정한 공략)

앞 그림의 2로 백1로 버티면 어떻 게 될까?

흑은 가만히 2로 막고 백3에는 흑4로 1선을 내려서는 것이 냉정 한 공략이다. a의 곳이 옥집인 이 상 백의 삶은 없다.

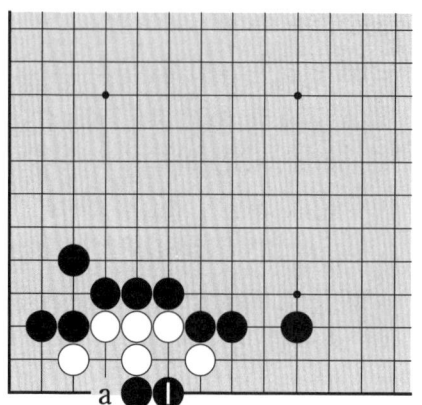

예제

▦ 예제 (백 차례)

이 상황에서 흑은 a로 파호하면 백을 쉽게 잡을 수 있었다. 그런데 반대쪽인 흑1로 파호했다.

이렇게 두어도 마찬가지 결과가 나올까. 과연 백은 어떤 수단이 있을까?

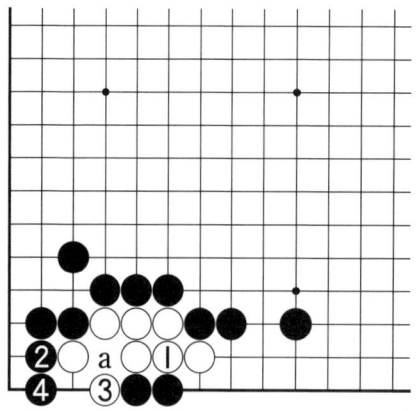

참고도 1

참고도 1(백, 맞장구치다)

백1은 흑의 실수에 덩달아 맞장구를 치는 격으로 흑2에 막혀서 살 길이 없다. 백3에는 흑4의 내려섬이 침착한 공략이다.

a의 곳이 옥집이 되었음을 얼른 확인할 수 있다.

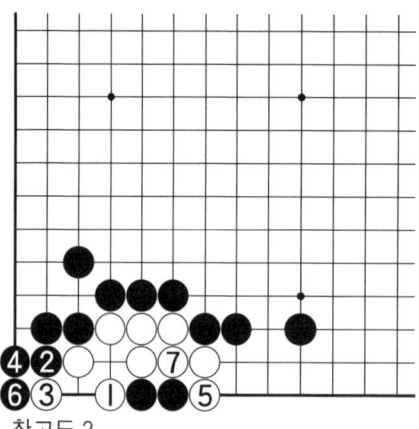

참고도 2

참고도 2(정해/ 단패가 결론)

백1의 곳이 급소였다. 흑2에는 백3으로 하나 젖혀놓고 5로 손을 돌릴 여유가 있다.

결국은 7까지 단패가 되는 것이 결론이다.

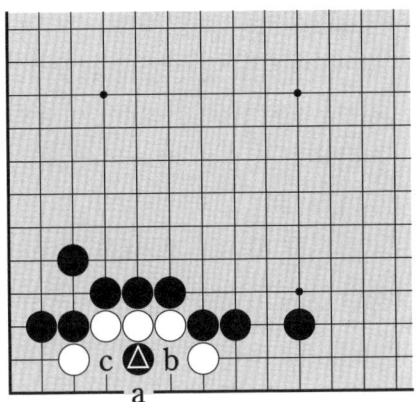

예제

⊞ 예제 (백 차례)

이 상황에서 흑▲로 공략해 왔는 데 '석점의 중앙'에 해당하는 수라 고 볼 수도 있지만 좋은 수는 아 니다.

백은 어떻게 대응하는 것이 좋 을까? a~c 가운데 정답이 있음 은 물론이다.

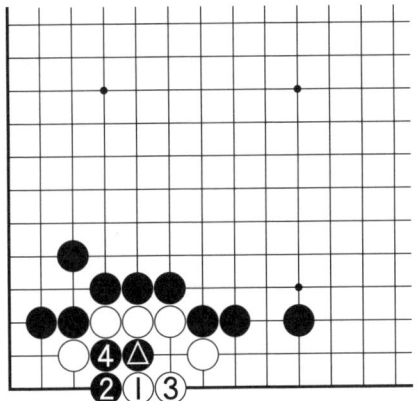

참고도 1

참고도 1(붙임은 잘못)

백1의 붙임은 잘못된 대응이다. 흑은 2로 단수하고 4로 이어서 쉽 게 백을 잡을 수 있다.

본래 이 백은 살 수 없는 돌이 었지만 흑▲ 덕분에 살 기회가 생 겼던 것인데~

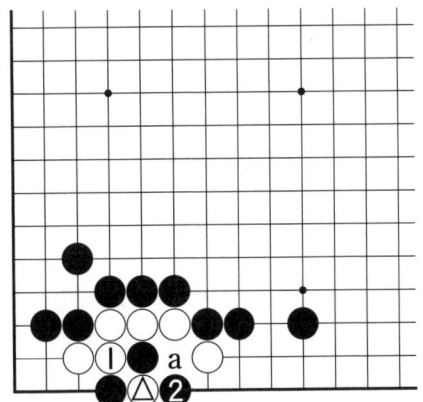

참고도 2

참고도 2(백, 살 수 없다)

앞 그림의 3으로 백1에 단수하면 흑2로 따내어서 좋다.

다음 백이 a로 단수해 봤자 흑 이 △의 곳에 이어 버려서 살 궁 도가 나오지 않는다.

203

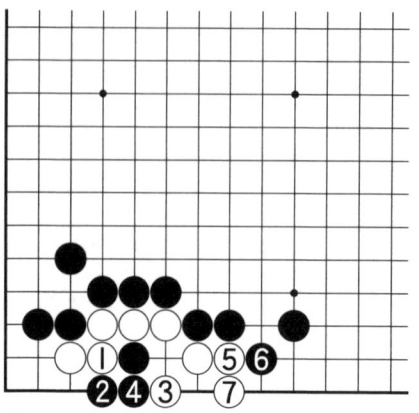

참고도 3

참고도 3(백의 희망사항)

백1로 왼쪽을 잇는 것은 어떨까? 흑2로 젖혀온다면 백3이 안성맞춤이어서 5, 7로 떵떵거리며 살 수 있는데….

하지만 이 진행은 백의 희망사항일 뿐이다. 흑2로는~

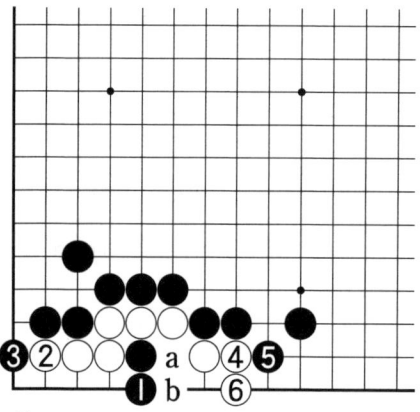

참고도 4

참고도 4(흑1의 내려섬이 급소)

흑1로 내려서는 것이 강력한 파호의 급소가 된다. 백2에는 흑3으로 젖힌다.

다음 백4, 6으로 궁도를 넓혔을 때가 중요한 순간이다. 흑a는 백b의 패가 있으므로~

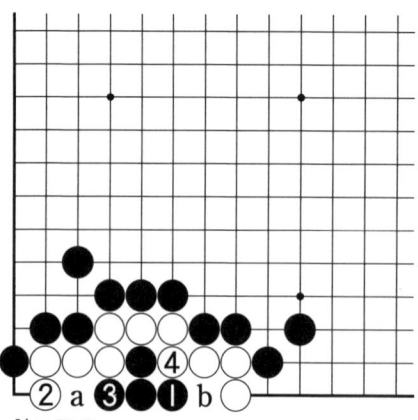

참고도 5

참고도 5(백, 빅의 삶)

흑1로 파호해서 그냥 잡으러가는 것이 강력하다. 백은 2로 꼬부리는 것이 최강의 저항이다.

흑3으로 파호한다면 백4로 이어서 빅의 모습이다. a와 b의 두 군데가 비어 있어 살 수 있는 것이다.

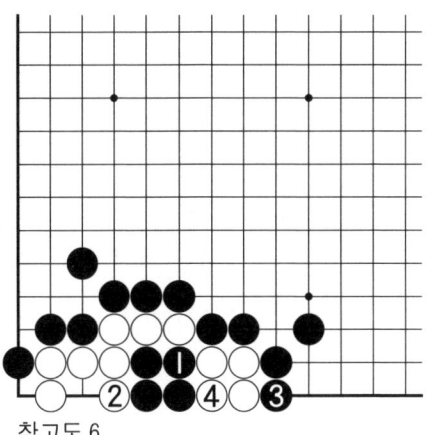

참고도 6

참고도 6(끊는 수가 있었다)

앞 그림의 3으로는 흑1로 끊는 수가 있었다. 백2로 단수하면 그만 아니냐고 놀랄지도 모르지만 흑은 기막힌 결과를 읽고 있다.

　흑3으로 단수한다. 백은 4로 따내는 한수. 그러면~

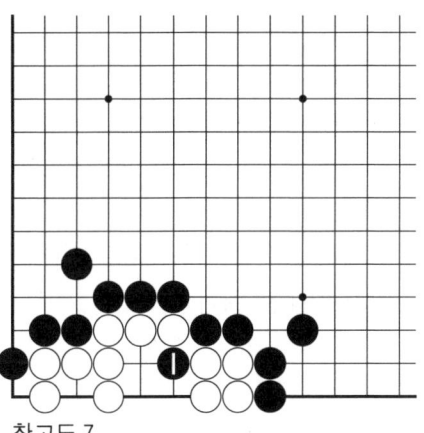

참고도 7

참고도 7(후절수로 백 죽음!)

앞 그림의 결과를 옮긴 그림이다. 자세히 보니 흑1로 끊는 수가 성립한다. 바로 후절수의 맥점이 생기는 것이다.

　여기까지 수읽기한 것이 참고도 4의 흑1이었다.

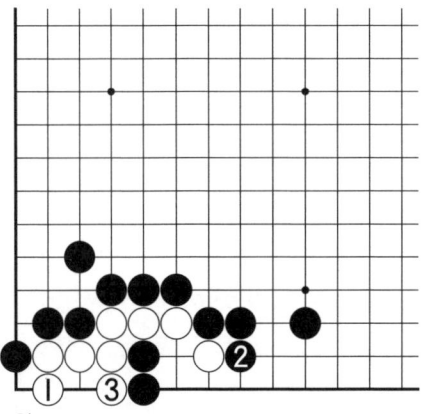

참고도 8

참고도 8(왼쪽 꼬부림이 최강)

참고도 4의 1~3으로 진행된 상황에서 백은 오른쪽을 둘 것이 아니라 왼쪽을 1로 꼬부리는 것이 최강수이다.

　흑2로 꼬부려 막는다면 백3으로 간단하게 살 수 있다. 따라서 흑2로는~

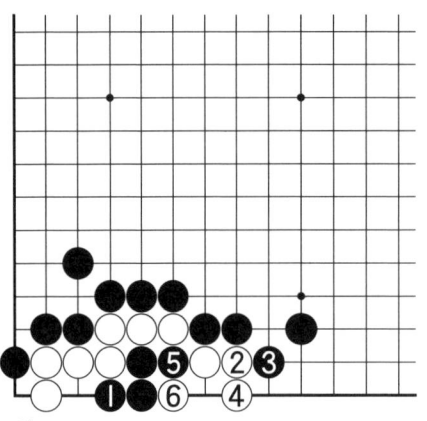

참고도 9

참고도 9(흑이 먼저 따내는 패)

흑1로 파호하는 것이 절대의 한수이다. 백2에는 흑3, 백4에는 흑5로 끊어 버린다.

백은 천상 6으로 패를 들어올 수밖에 없다. 이러면 흑이 먼저 따내는 패. 흑3으로~

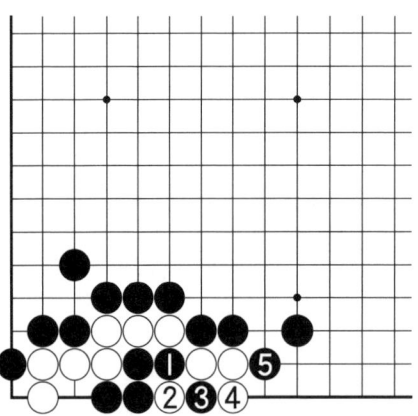

참고도 10

⑥…②

참고도 10(백이 먼저 따내는 패)

흑1쪽을 서둘러 끊는 것은 경솔한 행동이다. 백2로 집어넣고 흑3을 기다려 백4로 막는 상용 수법이 있다.

이러면 다음 흑5, 백6으로 백이 먼저 따내는 패가 된다.

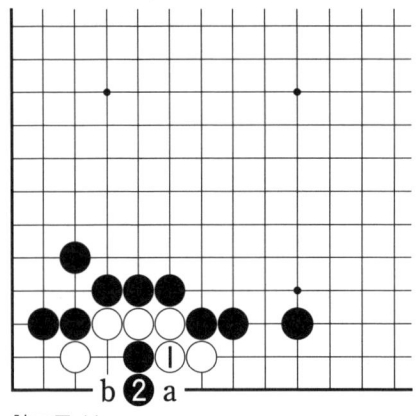

참고도 11

참고도 11(정해/ 오른쪽 이음)

백1로 오른쪽을 잇는 것이 급소였다. 이 한수로 백은 삶의 코스에 발을 들여놓게 되는 것이다.

어쨌든 흑은 2로 파호해서 공략할 것이다. 흑2로 a면 백b로 너무 쉽게 살아 버린다.

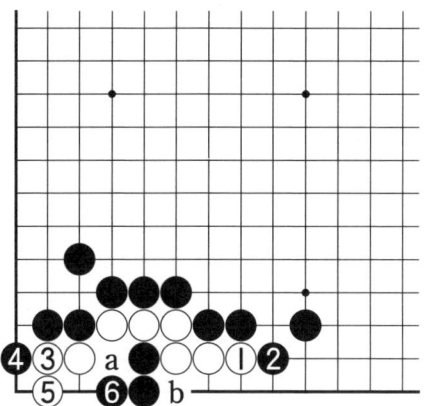

참고도 12

참고도 12(백5의 꼬부림이 중요)
계속해서 백은 1과 3으로 궁도를 넓혀간다. 1, 3의 수순은 바꿔도 괜찮다.

백5의 꼬부림은 중요한 수순. 지금이라면 흑6의 한수이다. 흑6으로 a면 백b로 살아 버리니까.

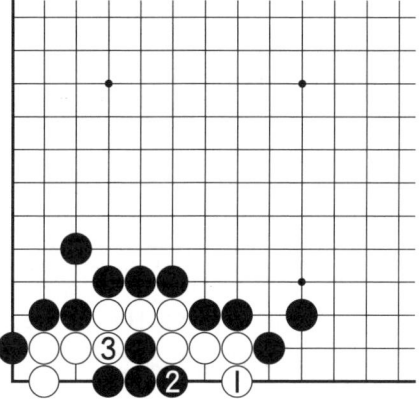

참고도 13

참고도 13(백, 빅의 삶을 얻다)
앞 그림에 이어, 백1로 또 꼬부린다. 흑은 2로 파호할 수밖에 없다. 거기서 백3으로 이으면 빅의 삶이다. 참고도 11부터 이 그림에 이르기까지 재미있는 수순이었다.

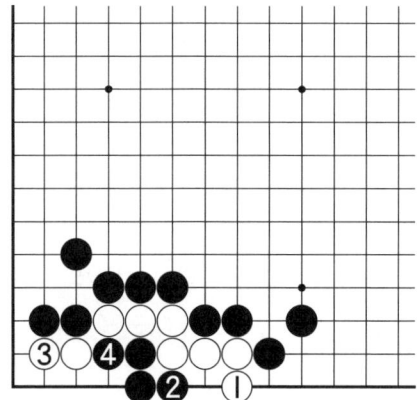

참고도 14

참고도 14(명백한 수순 착오)
이 상황에서 백1로 먼저 꼬부리고 3에 나가는 것은 명백한 수순 착오이다.

흑은 귀쪽을 받지 않고 4에 끊어 버린다. 이러면 어이없는 죽음이다.

바깥의 공배 하나가 있는 경우

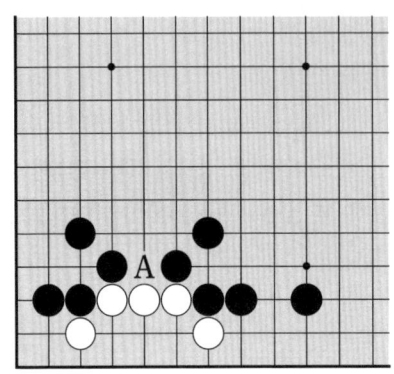

▨ 흑 차례

[장면 13]과의 차이는 몇 군데 있지만 의미가 바뀐 것은 위쪽 바깥의 공배가 하나 비었다는 사실이다.

A의 곳에 흑돌이 없는 상황에서 흑은 이 백을 어떻게 공략해야 할지 알아본다.

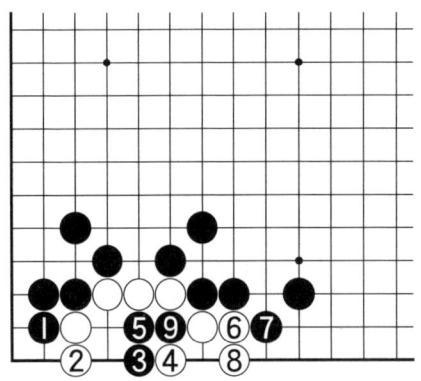

1도

1도(패의 저항을 받는다)
흑1, 백2를 교환하고 흑3으로 치중하는 것은 이 경우에도 통하지 않는다.

백4의 마늘모붙임이 호수이며 6, 8이 필사의 저항이다. 결국은 흑9로 패가 될 수밖에 없다.

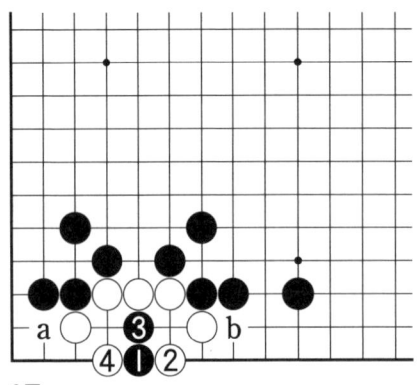

2도

2도(백, 맞보기의 삶)
'석점의 중앙'인 흑1의 치중부터 가본다. 백2의 마늘모붙임이 좋은 응수이다. 흑3에는 백4로 또 마늘모 붙여서 삶의 모습이다.

다음 a와 b가 맞보기! 2와 4는 좌우동형이므로 바꿔도 좋다.

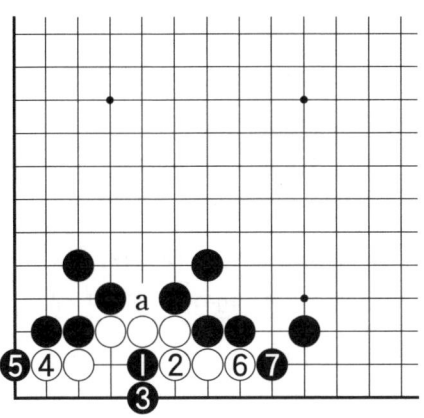

3도

3도(중앙 붙임은 좋지 않다)

흑1의 중앙 붙임은 이번에도 좋은 결과를 부르지 못한다. a의 곳 공배가 비어 있지 않을 때도 빅으로 살려줬었다.

백2 이하 흑7까지는 앞서도 나왔던 수순이다. 이다음~

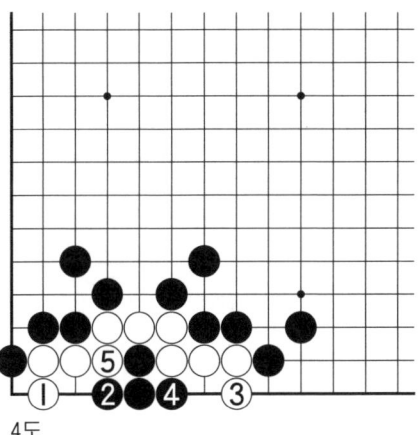

4도

4도(백, 빅으로 살다)

백1로 흑2를 강요하고 백3으로 궁도를 넓히는 것은 낯익은 수순이다. 흑4가 절대일 때 백5로 이어서 빅의 삶이다.

다시 봐도 참 멋진 수순의 삶이었다.

5도(잡는 수 1)

흑1로 턱밑을 치중하는 것이 정해로 가는 출발점이다. 백2에는 흑3으로 막는다. 백4면 흑5로 1선에 내려서서 그만이다.

다음 a와 b를 맞보기로 백을 잡고 있음을 확인하자.

5도

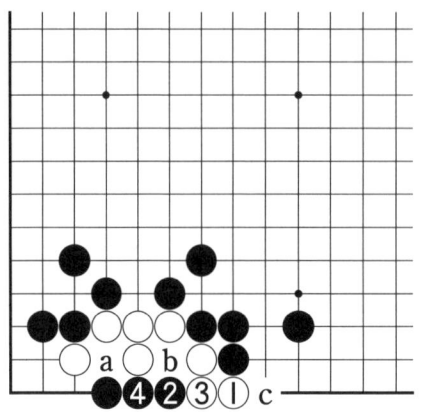

6도

6도(백, 3궁도 죽음)

앞 그림의 4로 백1로 젖힌다면 흑2의 치중이 침착하다. 백3에 이으면 흑4로 이어서 3궁도의 죽음이다. 백은 석점을 잡으려면 a와 b에 두어야 하므로 삶이 없다.

2로 흑c에 받으면 백2의 패 저항이 있다.

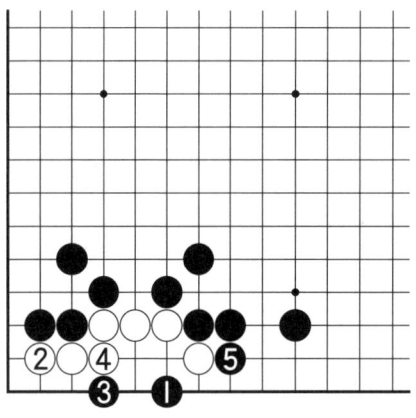

7도

7도(잡는 수 2)

흑1쪽을 치중해도 백을 잡을 수 있다. 단, 백2로 귀쪽을 기어나가는 수에 주의가 필요하다.

흑3으로 한칸을 뛰는 것이 결정타! 백4를 기다려 흑5로 막으면 백은 잡힐 수밖에 없다.

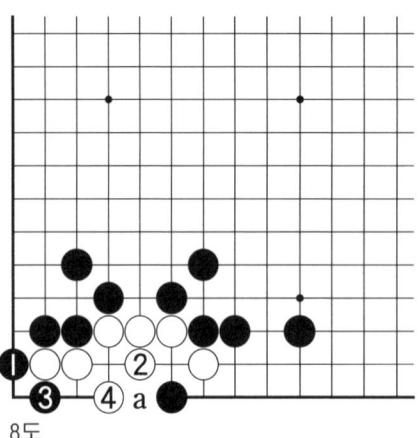

8도

8도(백, 교묘하게 산다)

앞 그림의 3으로 흑1로 귀쪽에서 받으면 백2로 손을 돌리는 것이 교묘한 수여서 살아간다. 흑3에는 백4로 받아서 안전하다.

귀의 특수성이 백의 삶을 돕고 있다. 흑3으로 4면 백a.

사활을 공략하는 정확한 수순

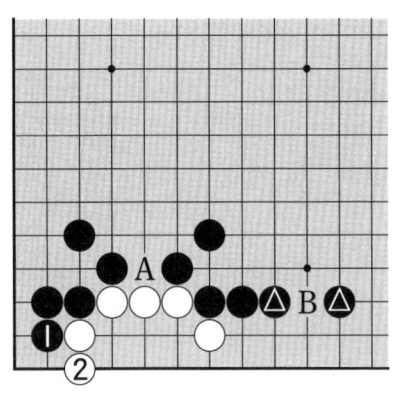

▨ **흑 차례**

위쪽에 A의 곳 공배가 비어 있는 상황에서 흑1과 백2를 교환한 장면이다. 오른쪽 하변은 B에 있던 흑돌이 없어진 대신 ▲ 두점이 생겼다.

그러면 백을 공략하는 정확한 수순은 무엇인지 알아본다.

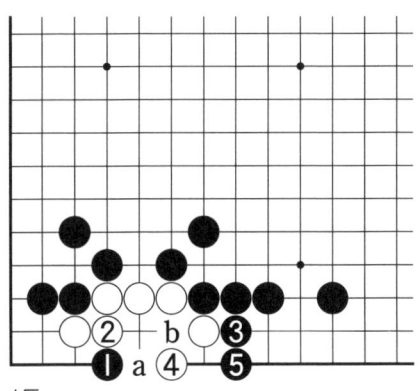

1도

1도(그냥 치중해서 백 죽음)

애초에 흑은 장면의 1 대신 흑1에 치중하면 백을 쉽게 잡을 수 있었다. 백2로 이을 때 흑3에 막고 백4로 호구치면 흑5로 내려서 그만인 것이다. 다음 백a에는 흑b가 있으니까.

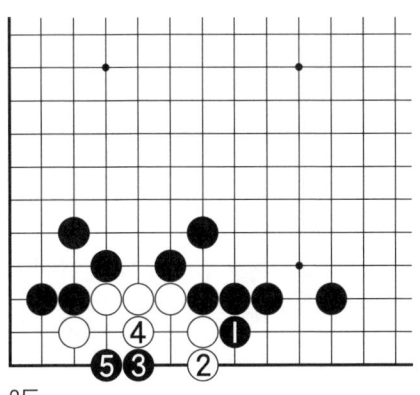

2도

2도(흑, 혼자만의 수읽기)

반대쪽에서 흑1, 백2를 교환하고 흑3으로 치중하는 것도 유력한 공략이다. 백이 4로 대응한다면 흑5로 파호해서 가볍게 백을 잡을 수 있다.

하지만 이 진행은 흑 혼자만의 수읽기이다.

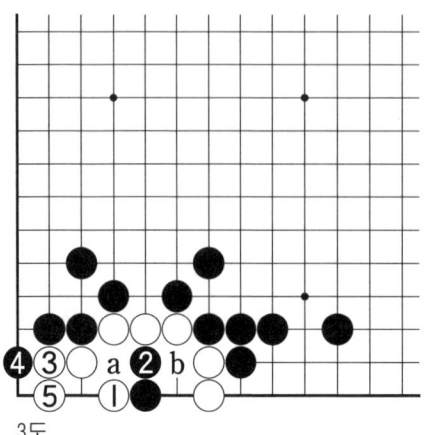

3도

3도(백1이 호수여서 패)

앞 그림의 4로는 백1로 마늘모 붙이는 호수가 있다.

흑2로 파호할 때 백3, 5로 눈 하나를 만들면 패가 필연이다. 다음 흑a, 백b가 그것이다.

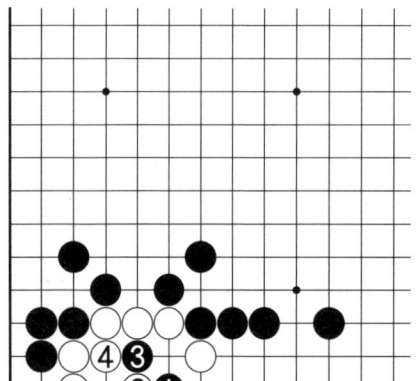

4도

4도(패는 최선이 아니다)

본론으로 들어가서, 흑1로 치중하는 변화부터 본다. 이러면 백은 2로 붙이는 한수이다. 흑3, 백4까지 패가 불가피하다. 물론 패는 최선이 아니다.

2로 백3은 흑2로 파호당해서 횡사한다.

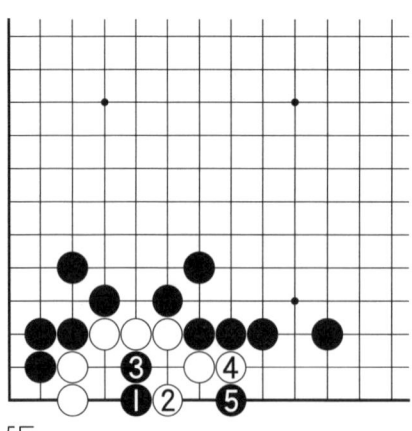

5도

5도(정해/ 흑, 1선의 묘수)

흑1로 '석점의 중앙'을 공략하는 것이 출발점이다. 백2로 마늘모 붙이고 흑3의 파호에 백4로 기어 나감은 앞 그림의 패를 염두에 둔 것이다.

그러나 흑은 5로 1선에 붙이는 묘수가 있다.

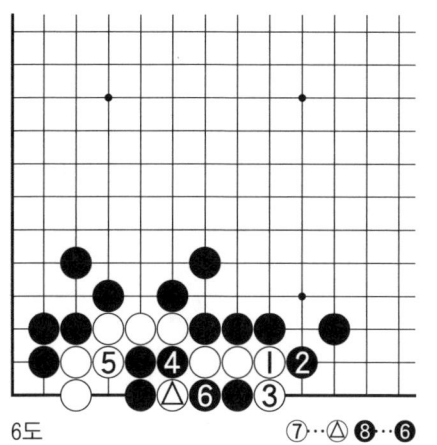

6도   ⑦…△ ❽…❻

6도(절대적인 수순들)

앞 그림에 이어, 백은 1로 나가는 한수뿐이다. 그러면 흑은 2로 막 아 백3을 강요하고 흑4로 단수한 다. 따낼 수는 없으니 백5는 절대.

다음 흑6, 백7, 흑8로 서로 따 내고 따낸 끝에~

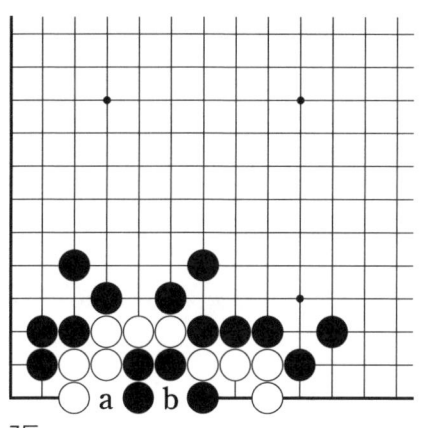

7도

7도(오궁도화의 죽음)

이런 그림이 된다. 이대로 백은 살 길이 없음을 알 수 있다. 계속 둔 다면 백a인데 흑은 b로 이어서 그 만이다.

이른바 죽음의 한 형태인 오궁 도화였다.

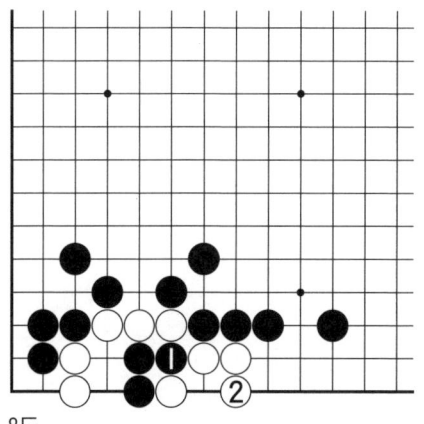

8도

8도(패의 버팀)

5도 5가 묘수인 이유. 이 그림처 럼 흑1로 단수해도 백을 잡을 수 있을 것 같지만 착각이다. 백2의 패로 버티는 수가 성립한다.

과연 '적의 급소는 나의 급소'를 실감나게 한다.

PART 4

맥점

-수상전과 모양의 급소

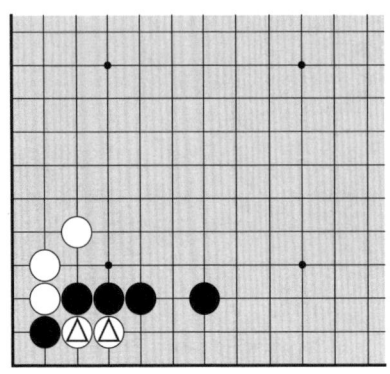

흑 차례

귀의 수상전 가운데 가장 기초적인 형태이다.

귀의 특수한 성질을 잘 활용하면 흑은 백△ 두점과의 싸움에서 승리할 수 있다. 한수면 해결된다.

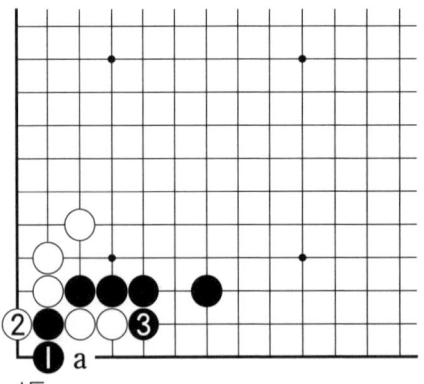

1도

1도(정해/ 내려섬)

흑1로 내려서는 것이 수상전을 승리로 이끌 수 있는 맥점이다. 백2에는 흑3으로 백 두점을 잡고 있음을 확인할 수 있다.

백2로 a의 곳에 두어봤자 흑3의 단수로 그만이다.

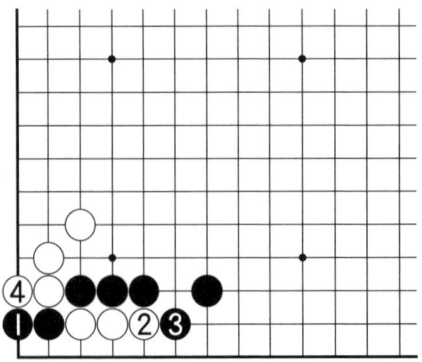

2도

2도(방향 착오)

흑1쪽을 내려서는 것은 방향 착오이다. 흑은 3수에서 더 이상 수수가 늘어나지 않는다. 물론 백 두점도 3수.

백이 둘 차례가 왔으니 2로 하나 나가고 4에 막으면 수상전은 백승이다.

장면 2

기초② 연결의 맥점

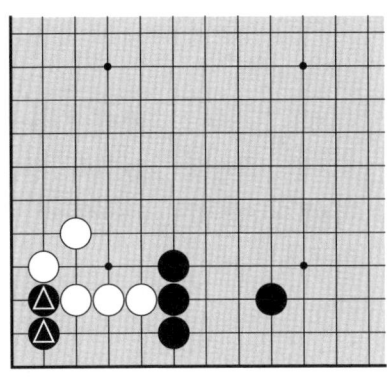

▨ 흑 차례

흑▲ 두점이 자체로 살 수 없음은 말할 것도 없다. 그렇다면 오른쪽에 있는 흑의 원군과 손을 맞잡지 않으면 안 된다.

연결할 수 있는 맥점은 어디일까?

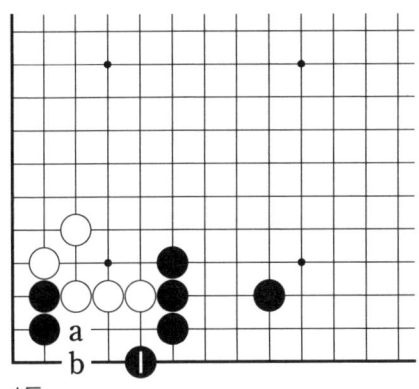

1도

1도(정해/ 마늘모로 생환)

흑1의 마늘모가 귀의 흑 두점을 살려오는 맥점이다.

허술해 보이지만 이 한수로 연결의 고리는 끊어지지 않는다. 백a에는 흑b로 받아 무사하다.

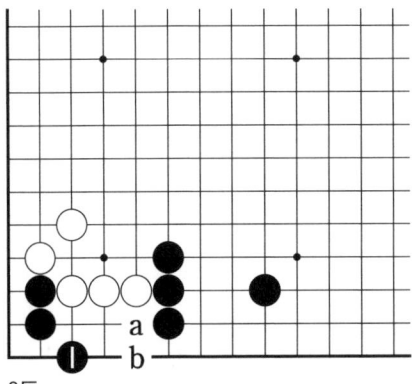

2도

2도(왜 감점인가?)

반대쪽에서 흑1로 마늘모를 해도 오른쪽과 연결이 가능하다. 백a에는 흑b로 건널 수가 있으니까.

그러나 이 그림은 감점이다. 앞 그림이 100점이라면 이 그림은 90점! 감점의 이유는 무엇일까?

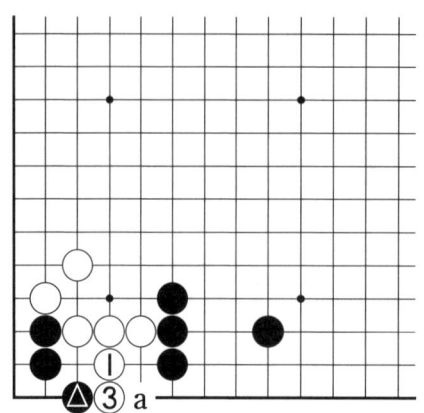

3도

❷…패의 해결

3도(감점의 이유)

그것은 어디에선가 패가 생겨 팻 감으로 이곳을 썼다고 가정하면 알 수 있다.

백1, 3으로 연타하면 흑▲ 한점 도 백의 수중에 들어간다. 당연히 흑▲가 a에 있는 1도 쪽이 흑의 손해가 적다.

4도(흑, 연결 실패!)

흑1의 날일자는 초보자들이 흔히 범하는 엉터리 수이다.

날일자는 건너붙여라! 격언대 로 백2의 건너붙임이 호수이다. 흑3에 백4로 단수하고 6까지 흑 두점을 접수한다. 흑은 연결에 실 패했다.

4도

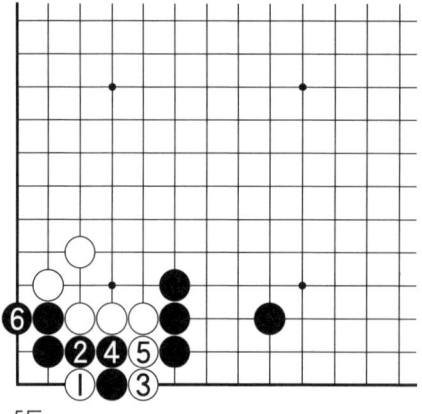

5도(백1, 경솔한 행동)

앞 그림의 2로 백1쪽에 건너붙이 는 것은 경솔한 행동이다. 흑은 2 로 받으면서 안도할 것이다.

백3, 5로 차단하는 데는 성공하 지만 흑6으로 살아 버리니 한 것 이 없다.

5도

장면 3
기초③ 역전의 맥점

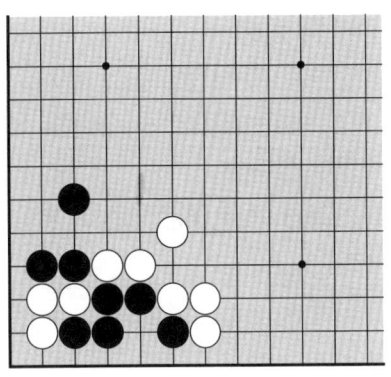

▨ 백 차례

귀에서 백 석점과 흑 다섯점의
수상전이다. 언뜻 흑쪽의 수수
가 많아 보인다. 더욱이 형태도
튼실하다.

그러나 백은 역전의 맥점이
도사리고 있다. 귀의 특수성에
착안한 수!

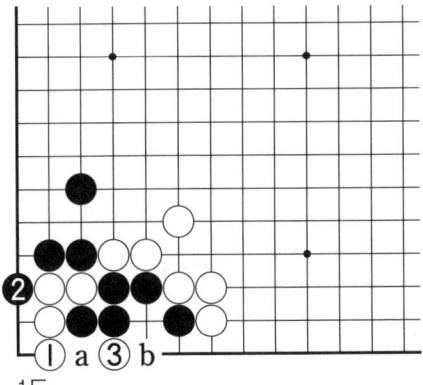

1도

1도(정해/ 내려섬)

백은 1의 내려섬이 불리하게 보였
던 수상전을 역전으로 이끄는 맥
점이다.

흑2로 a면 백b에 치중해서 수
상전은 역시 백의 승리로 끝난다.

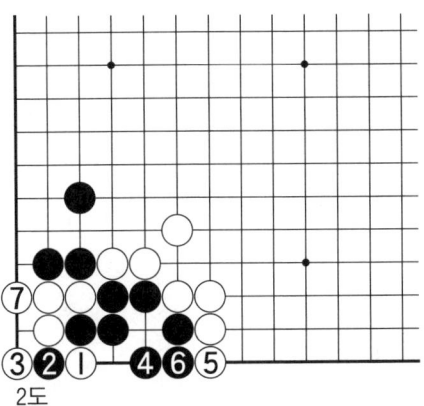

2도

2도(후수 빅이 고작)

백1로 젖히는 것은 흑2의 먹여침
을 불러 실패한다. 이 2의 곳이야
말로 '적의 급소는 나의 급소'였
다. 백3을 강요하고 흑4면 백은
5, 7로 후수 빅을 만드는 것이 고
작이니 망한 셈이다.

219

기초④ 지충을 유도한다

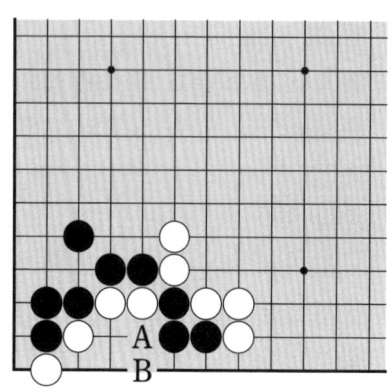

▨ 백 차례

오른쪽 흑 석점을 잡는 문제이다. 백A는 흑B로 단수당해 싱겁게 실패한다.

과연 백은 어떤 맥점이 있을까?

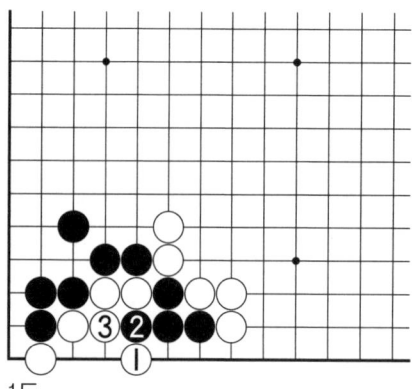

1도

1도(정해/ 한칸뜀)

실전에서 척 보고 이런 수를 둘 수 있다면 중급 이상의 실력이다.

백1로 한칸을 뛰는 것이 멋진 맥점이다. 흑2에는 백3으로 받아서 흑은 자충이 되어 더 둘 수가 없다.

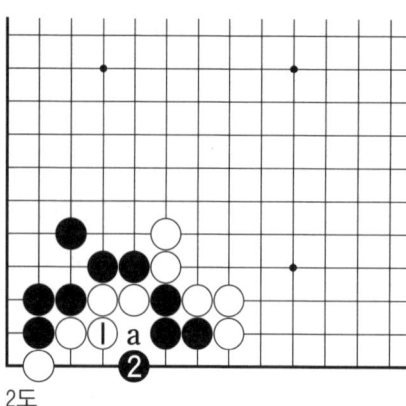

2도

2도(흑2, 적의 급소)

백1로 잇는 것은 생각이 없는 수이다. 흑2의 마늘모가 교묘한 맥점이어서 백이 거꾸로 잡힌다. 이곳이 '적의 급소'라는 점이 의미심장하다.

2로 흑a에 두는 것은 백2를 불러 앞 그림과 같아진다.

기초⑤ 첫수가 관건이다

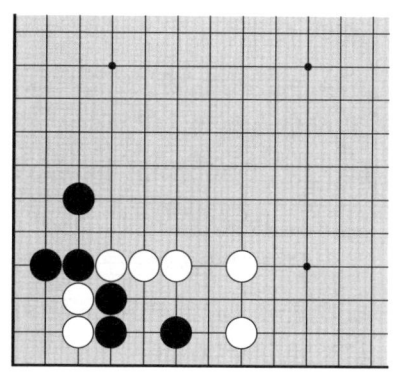

▨ 백 차례

백 두점과 흑 석점의 수상전이다. 백은 3수인데, 얼핏 흑쪽의 수수가 많아 보인다.

하지만 맥점을 구사하면 흑의 수수를 순식간에 줄일 수 있다. 첫수가 관건이며 다음은 외길이다.

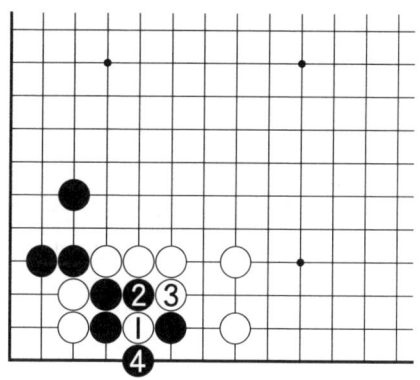

1도

1도(정해/ 끼움 일발)

백이 어느 곳을 두더라도 흑이 이곳을 두는 날이면 백이 손을 들어야만 하는 곳이 바로 1이다.

이 끼움 한방으로 흑을 숨 쉴 겨를 없이 몰아붙일 수 있다. 흑2, 4는 절대이며~

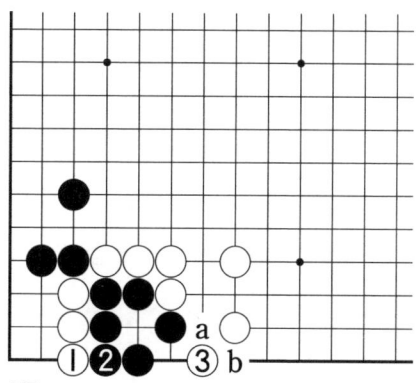

2도

2도(외길)

백1로 내려서면 흑2 역시 절대적인 응수이다. 거기서 흑3의 마늘모가 결정타여서 흑은 항복하지 않을 수 없다. 다음 흑a에는 백b가 있다.

앞 그림의 1부터 이 그림의 수순 모두가 외길이었다.

장면 6

기초⑥ 허점에 착안한다

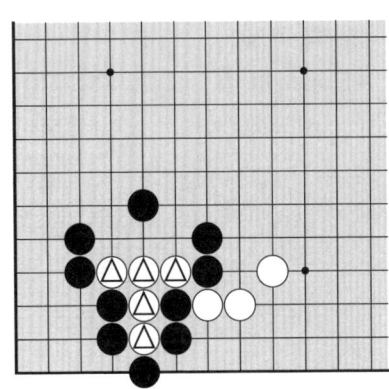

■ 백 차례

백△ 다섯점은 달아날 길도 없고 수수도 불과 3수밖에 안 된다. 조금 허술하다고 볼 수 있는 곳은 아래쪽뿐이다.

첫수와 세 번째 수는 바뀌어도 좋은데, 다섯 번째 수가 화룡점정의 한수이다.

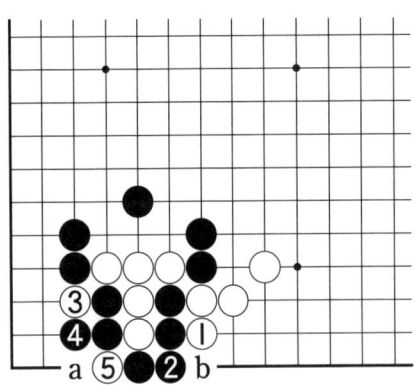

1도

1도(정해/ 단수하고 끊음)

백1로 하나 단수해 놓고 3에 끊는 것이 치밀한 준비 작업이다. 1과 3의 수순은 바꿔도 상관이 없다.

흑4에 백5의 먹여침이 화룡점정의 한수! 흑a로 따내도 백b의 단수 때 이을 수가 없다.

2도(백1의 단수는 대악수)

앞 그림의 3으로 백1로 먼저 단수(대악수!)한다면 참으로 안타까운 일이 아닐 수 없다.

흑2로 잇고 난 다음에는 바둑의 신이 와도 수를 낼 수가 없다.

2도

기초⑦ 서로 3수씩

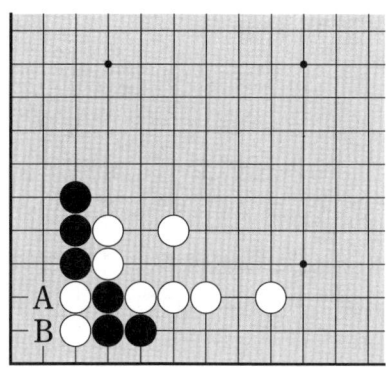

▨ 흑 차례

백 두점과 흑 석점의 수상전이다. 흑백 모두 3수씩이므로 먼저 두는 쪽이 이겨야 이치에 맞지만 현실은 만만치 않다.

가령 흑A는 백B로 잘 안 되는 것이다. 어떤 맥점이 숨어 있을까?

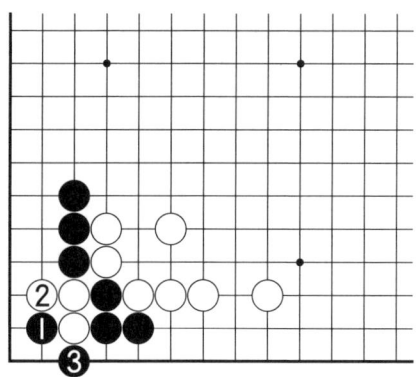

1도

1도(정해/ 배붙임)

흑1로 '2의 二'의 곳을 붙이는 것이 수상전을 승리로 이끄는 맥점이다. 이른바 '배붙임'이라고 부르기도 한다.

백2에는 흑3으로 건너서 아주 쉽게 백을 잡는다.

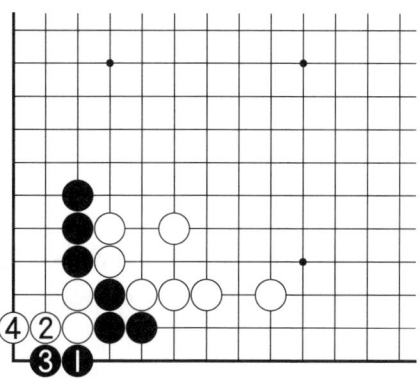

2도

2도(적의 급소는 나의 급소)

흑1로 젖히는 것은 백2의 꼬부림을 불러 실패한다. 흑3에도 백4의 내려섬이 침착해 흑이 거꾸로 잡힌다.

그리고 보니 2는 '적의 급소는 나의 급소'라는 격언에 부합되는 곳이었다.

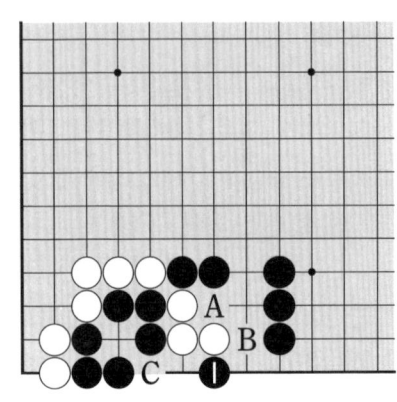

■ **백 차례**

흑 여섯점은 3수, 그 반면 백 석점은 4수로 보이는 상황이다.

수가 났다고 생각하고 있던 차(흑A든 B든 백C의 수단이 있다!)에 느닷없이 흑이 1로 붙여 왔다. 앗, 묘수인가?

1도(정해/ 도로 패가 되다)

백1로 바깥쪽에서 받는 것이 냉정한 한수이다. 흑2에 백3으로 집어넣는 것이 좋은 맥점이다. 흑4를 강요해서 백5로 다시 따낸다. 흑6, 백7로 도로 패가 되는 것이 쌍방 최선이다.

1도 ⑤…③ ❻…④ ⑦…△

2도(흑이 기대했던 것)

흑△가 기대했던 것은 백1로 받아주는 수였다. 그러면 흑2에서 4로 두어서 이 수상전을 이길 수 있다는 속셈이었다.

이러면 유가무가 불상전이라는 형태로 흑의 승리가 명백하다.

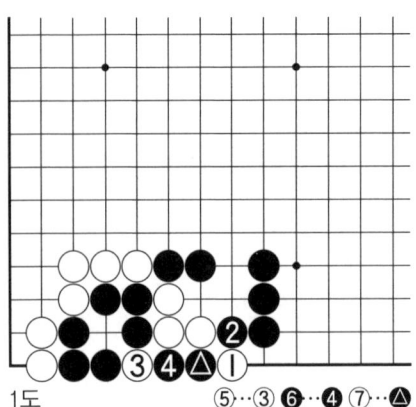

2도

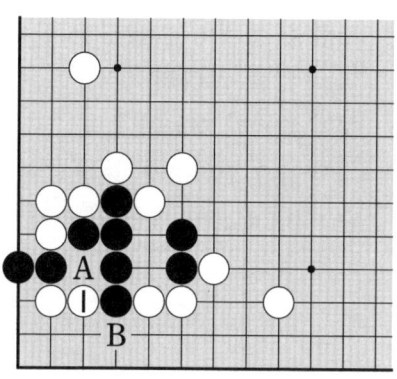

장면 9

기초⑨ 위기 속에서

■ 흑 차례

백1로 올라서서 흑의 이음을 종용하고 있는 장면이다.

흑A에 이으면 백B로 건넌다. 그러면 흑 전체는 근거를 잃고 어둠 속을 방황해야 한다. 흑은 중대한 위기가 찾아왔다.

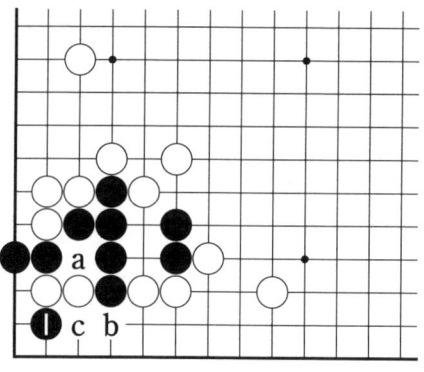

1도

1도(정해/ 배붙임의 맥점)

흑1로 '2의 二'의 급소에 붙이는 것이 위기를 벗어나는 교묘한 맥점이다. 용도는 다르지만 앞서도 본 배붙임이다.

백은 a에 끊을 틈이 없다. b로 건널 수도 없다. 흑c가 있으니까.

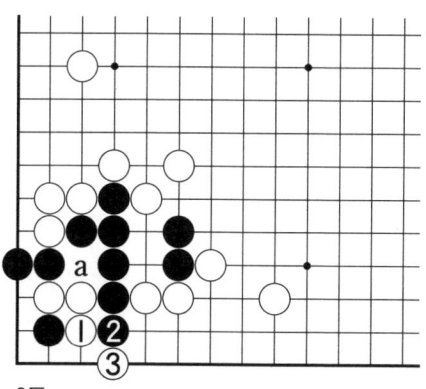

2도

2도(흑, 시험에 들다)

따라서 백은 둔다면 1로 나가는 수 말고는 없다. 그러면 흑2로 따라 막는 것이 좋은 수로 여전히 백은 a에 끊을 틈이 없다.

백3의 젖힘은 노림을 품은 수로 흑을 시험에 들게 한다. 이다음~

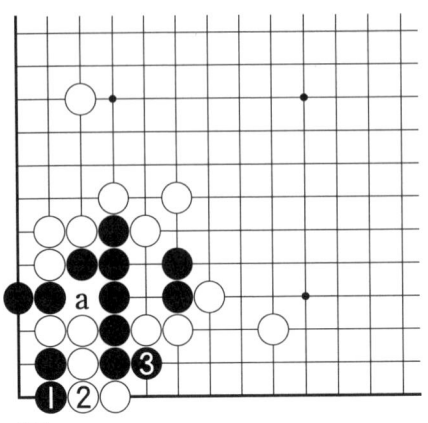

3도

3도(흑의 완벽한 대응)

흑1로 1선에 내려서는 것이 백의 노림을 분쇄하는 냉정한 한수이다. 백2를 기다려 흑3으로 받는 것이 완벽한 대응이다.

백은 여전히 a에 끊을 틈이 없다. 그러고 보면 흑은 귀를 지키며 크게 살았다.

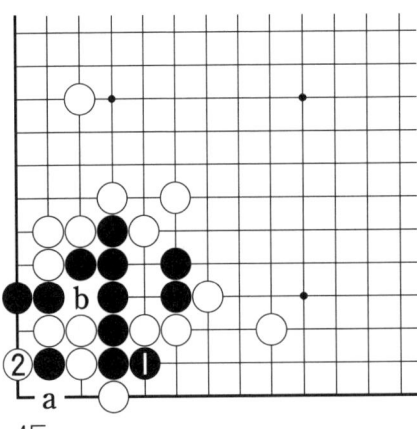

4도

4도(물러섰다가는 큰일)

앞 그림의 1 대신 무심코 흑1로 물러섰다가는 백2를 불러 낭패를 본다. 흑a로 두자니 백b의 끊음이 성립하기 때문이다.

천상 흑b로 잇고 백a를 허용해야 하니 흑은 큰일이 났다.

5도(바로 막으면 패)

그렇다면 흑1에 바로 막으면 어떻게 될까?

백은 기다렸다는 듯이 2로 단수한다. 흑3은 귀의 백을 잡기 위해서 필요한 파호이지만 백4의 끊음으로 패가 되니 문제가 심각하다.

5도

기초⑩ 귀3수의 출발점

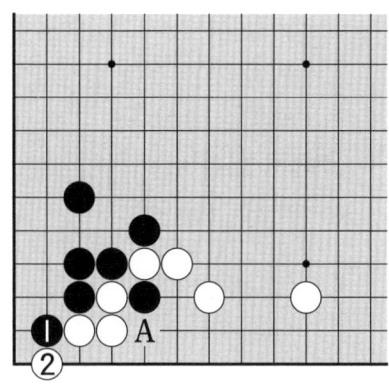

흑 차례

흑이 1로 젖히자 백도 2로 젖혔다. 백은 A로 잡기 전에 선수를 행사하려는 의도인데, 실은 큰 실수!

본래 백은 잠자코 A로 받아야 할 곳이었다. 흑은 어떤 수단이 있을까?

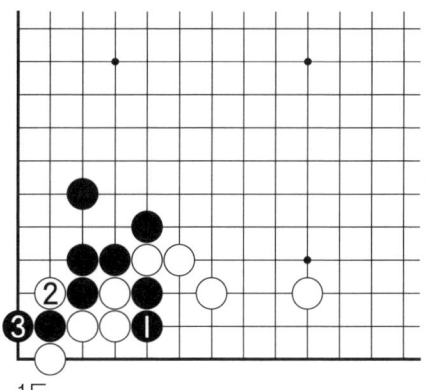

1도

1도(정해/ 키워서 버린다)

흑1로 막는 수는 누구라도 이렇게 일단 두어 놓고 볼 것이다. 이곳을 두지 않고서는 일이 시작되지 않으니까.

문제는 그 다음인데 백2 때 흑3으로 키워서 버리는 것이 교묘한 사석이다.

2도(외길 수순 다음은?)

계속해서 백1로 잡는 한수이며 흑도 2로 단수하는 한수이다. 백3으로 따낸 것 역시 절대의 한수이다.

여기까지는 피할 수 없는 외길의 수순인데, 다음이 어떻게 될까?

2도

227

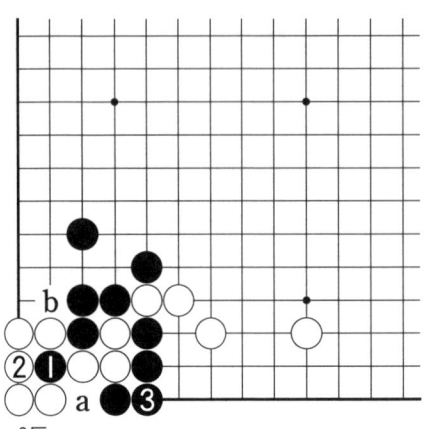

3도

3도(3수에서 멈추다)

흑1로 먹여치는 것이 중요한 한 수. 백2로 따낼 때 흑3으로 뒤쪽을 가만히 잇는 것이 결정타이다.

그러면 이 수상전은 흑승. 백은 3수에서 멈춰 있다. 백a에는 흑b로 메워서 그만이다.

4도

4도(응용/ 흑 차례)

흑 두점과 백 두점의 수상전이다. 앞서 나왔던 귀3수의 원형이라고 봐도 무방하다.

첫수와 세 번째 수만 틀리지 않으면 외길로 간다.

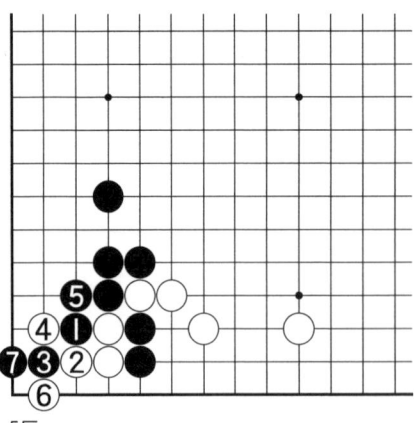

5도

5도(여유를 주지 않는다)

여유를 주지 말고 백 두점을 공략해야 한다. 흑1로 젖히고 백2에 흑3으로 이단젖히는 것이 귀3수로 이끄는 기본 수순이다.

백4, 6에 흑7로 달아나고, 이다음은 배운 대로 두면 된다.

장면 11

발전① 치중의 의미

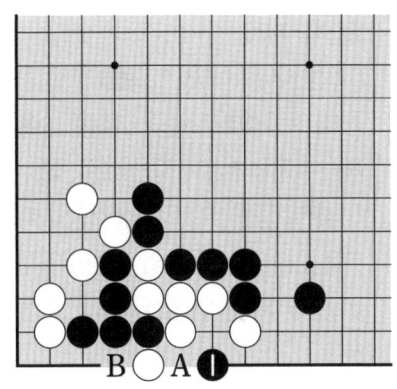

■ 백 차례

흑 다섯점과 백 일곱점이 수상전을 벌이고 있는 와중이다. 흑이 1로 치중해 백을 을러댄 장면이다.

백A에 받는 것은 흑B를 불러 아웃이다. 그렇다면 백은 어떤 수단이 있을까?

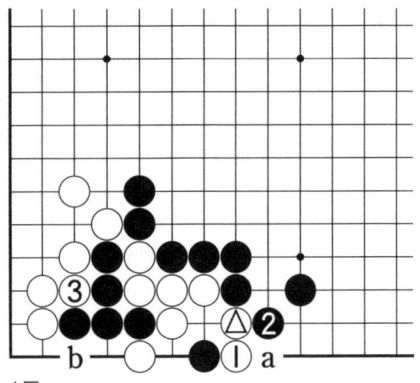

1도

1도(정해/ 바깥쪽 막음)

백1로 일단 바깥쪽을 막는 것이 좋은 대응이다. 흑2로 받을 때 백3으로 수수를 죄어 가면 이 수상전은 백의 승리로 끝난다.

다음 흑a에는 백b. 오른쪽 백△와 1, 두점은 잡혀도 상관이 없다.

2도(꼬부려나간다)

앞 그림의 2로 흑1쪽을 막으면 백2로 꼬부려나가고 흑3을 기다려 백4로 손을 돌리는 것이 좋은 응수이다.

다음 흑a에 따내면 백은 되따내도 좋고 b에 내려서도 된다. 그 어느 쪽도 수상전은 백승이다.

2도

발전② 또 하나의 귀3수

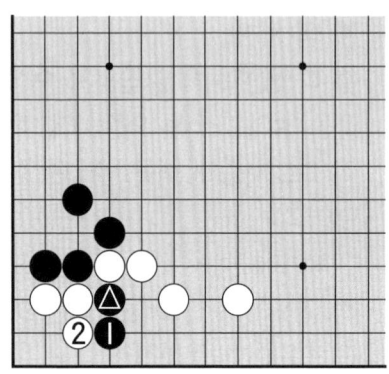

▨ 흑 차례

이 상황에서 백은 흑▲ 한점을
잡아 두어야만 했다. 백이 손을
빼는 바람에 수단이 생긴 것.

　출발점은 흑1의 내려섬이며
백2 다음이 문제의 장면이다.
여기서 흑은 어떤 맥점이 있을
까?

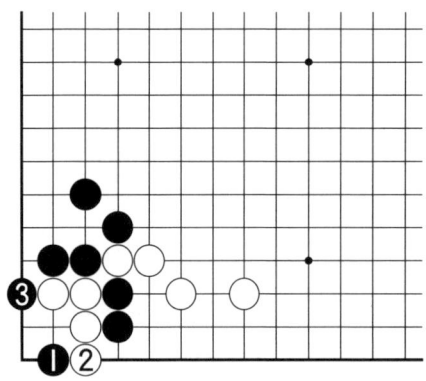

1도

1도(정해1/ 안쪽 치중)

치중할 곳이 두 군데인데 수상전
과 밀접한 흑 두점에 가까운 쪽이
옳다고 알아두면 된다.

　흑1이 '2의 一'의 급소이자, 또
다른 '귀3수'의 맥점이다. 다음 백
2에는 흑3으로 젖혀서 백을 간단
히 잡는다.

2도(정해2/ 내려섬도 성립)

그런데 흑은 1로 가만히 1선에 내
려서도 이 수상전에 이길 수 있다.
백2의 젖힘에는 흑3으로 들어가
서 그만이다.

　백2로 3이면 흑a로 공략해서
앞 그림과 같아진다.

2도

발전③ 귀의 특수성도 무용지물

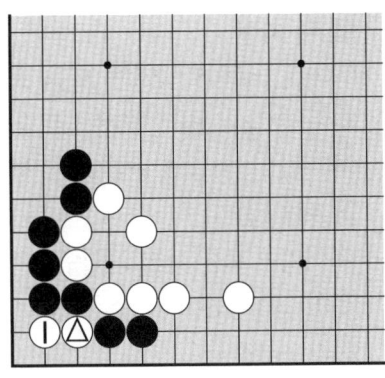

░░ 백 차례

백△ 한점이 그냥 잡혀 있는 것이 아니라고 믿은 백은 1로 귀쪽에 기어 나왔다.

여기서 수가 난다면 귀의 주인이 바뀐다. 과연 흑은 어떤 대응책이 있을까?

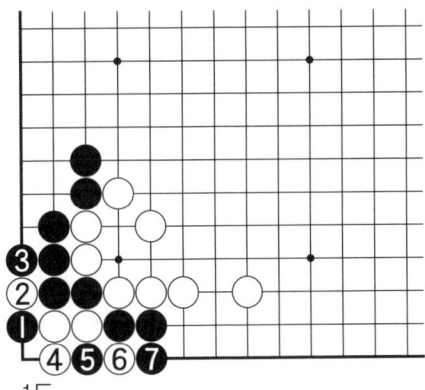

1도

1도(패가 된다)

흑1로 젖히는 것은 백의 움직임에 맞장구를 쳐주는 격이다. 백은 쾌재를 부르며 2로 먹여칠 것이다.

흑3으로 따낼 때 백4의 꼬부림이 호수. 흑은 천상 5, 7로 패를 할 수밖에 없다.

2도(정해/ 꼬부림)

뜻밖일지도 모르지만 제자리걸음 같은 흑1의 꼬부림이 유일한 타개책이다. 백2에는 흑3, 5로 두어서 무사하다. 3과 5는 바꿔도 좋다.

귀의 특수성을 무용지물로 만든 흑의 선방이었다.

2도

발전④ 악수를 두다

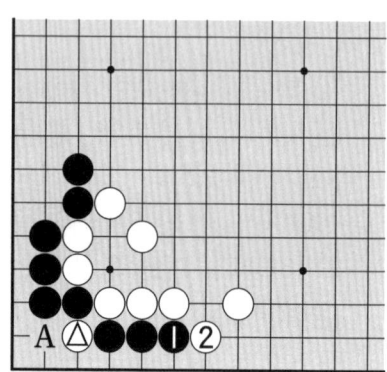

▨ 백 차례

이대로 놔두면 백△는 힘을 쓰지 못한다. 그런데 흑은 1로 기어나갔다. 백2와 교환한 것은 엄연한 악수.

여기서 흑은 A로 가일수하는 것이 정수였는데, 손을 뺐다. 백의 찬스!

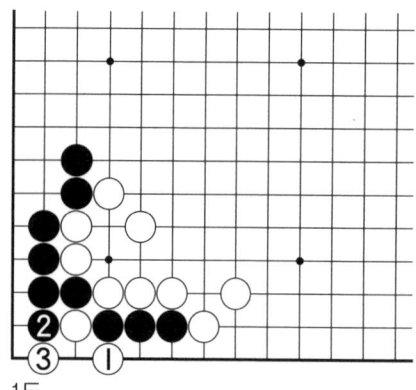

1도

1도(정해/ 젖힘)

백1로 1선에서 젖히는 것이 교묘한 맥점이다. 흑2의 단수는 당연하며 백3의 저항이 준비되어 있어 패가 필연이다.

1로 백3에 마늘모하면 흑이 1의 곳에 꼬부려서 수가 안 된다.

2도

2도(흑2, 적의 급소)

백1로 움직이는 것은 흑2의 꼬부림이 '적의 급소는 나의 급소'에 해당하는 호수여서 다음이 없다.

백3에는 흑4로 슬그머니 기어나가 수상전은 흑의 승리이다.

발전⑤ 동시에 타개하기

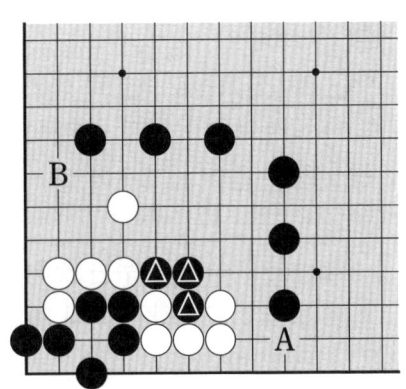

▨ 백 차례

백은 너무 바쁘다. 하변은 A에 붙이면 타개가 되고, 좌변은 B의 날일자면 그럭저럭 살 수 있을 것 같지만 동시에 타개하기는 불가능하다.

흑▲ 석점만 잡을 수 있다면 만사OK일 것이다.

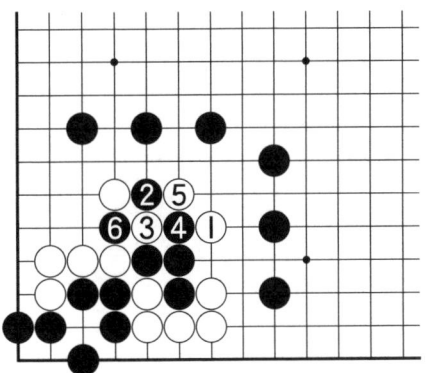

1도

1도(정해/ 한칸 씌움)

백1로 한칸을 뛰어 씌우는 것이 유일한 타개책이다. 그러면 장문이 성립해 흑 석점은 꼼짝할 수도 없다.

달아나려고 한다면 흑2인데 백3에 끼우고 5로 단수하는 것이 요령이다. 흑6 다음~

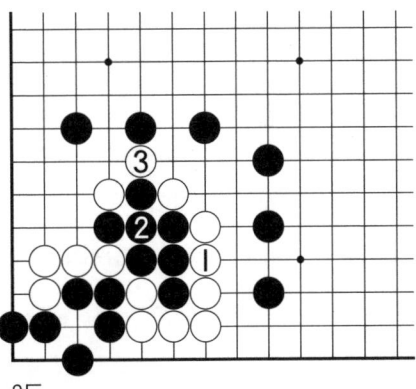

2도

2도(장문의 증명)

백1로 단수하고 흑2로 이을 때 백3으로 단수해서 끝장이 난다. 실전이라면 2의 곳을 잇지 않을 것이다.

앞 그림 백1이 놓인 순간 흑 석점은 움직일 수 없었던 것이다.

233

발전⑥ 풍비박산 직전

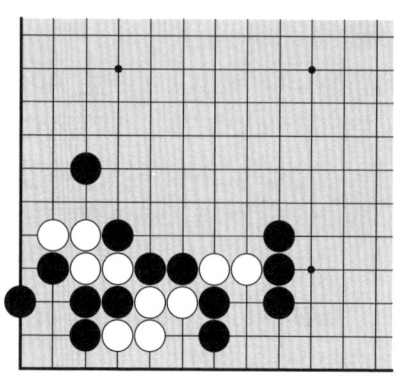

▨ 백 차례

백은 세 조각으로 쪼개져 풍비박산 직전의 형국이다. 아래쪽 백 넉점은 갇힌 채 3수에 불과하다.

따라서 귀쪽과 싸우는 것이 역부족이다. 그렇다면 백의 희망은 위쪽밖에 없다.

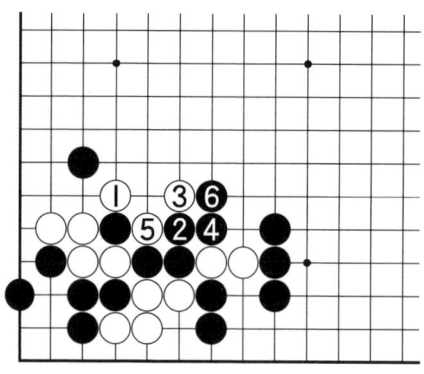

1도

1도(백, 대실패)

백1쪽에서 단수하면 흑2의 꼬부림이 좋은 응수가 된다. 백은 3과 5를 선수 활용하는 정도이니 아래쪽은 몽땅 잡히고 말았다.

이 결과는 흑의 대만족이며 백의 대실패이다.

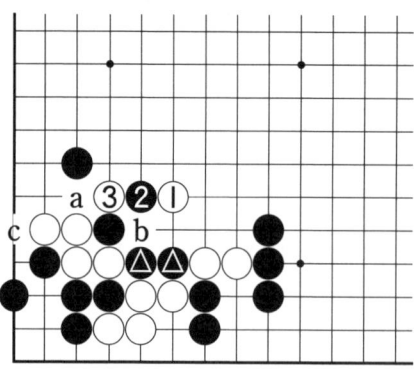

2도

2도(정해/ 씌움)

백1의 씌움이 교묘한 맥점이다. 이로써 흑▲ 두점은 살길이 없다. 흑2의 마늘모붙임에는 백3쪽에서 단수하는 것이 냉정하다.

실전이라면 흑2로 a, 백b, 흑c로 건너게 될 것이다.

장면 17

발전⑦ 손을 뺀 이유

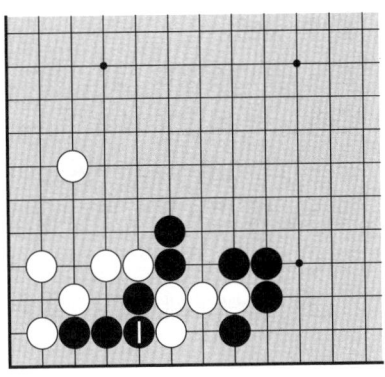

▨ 백 차례

조금 꺼림칙한 상황이었지만 백은 손을 뺐다. 흑이 두어 봤자 수가 안 된다고 판단한 것이 그 이유이다.

그러나저러나 흑1로 두어 왔다. 과연 수가 안 되는 것일까?

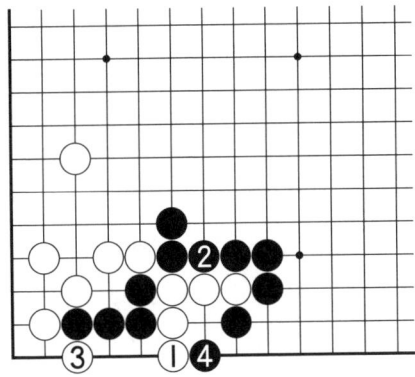

1도

1도(흑의 수읽기)

흑의 수읽기는 이 그림이다. 요컨대 백1로 내려서는 것이 맥점이지만 흑2, 4로 착착 메워가면 수상전은 흑의 승리라는 생각이었다. 하지만 이 수순은 진실이 아니다.

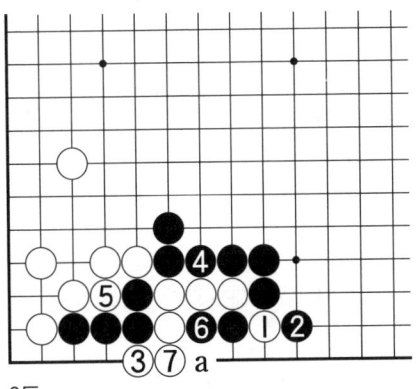

2도

2도(정해/ 백의 수읽기)

백1로 하나 끊어 흑2와 문답해 두는 것이 포인트로 앞 그림과는 상황이 달라진다. 백3 이하 7까지 보듯이 수상전은 백승!

흑a를 저지한 것이 백1의 효과이다. 정확한 백의 수읽기였다.

장면 18

발전⑧ 빈틈을 찾아라

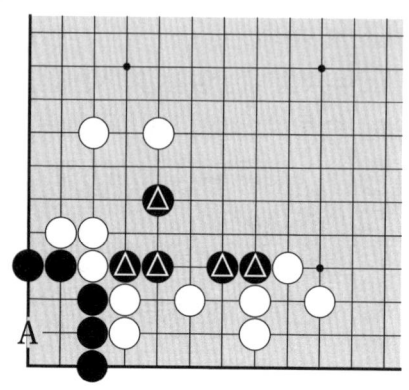

■ 흑 차례

흑은 ▲ 다섯점이 들떠 있다. 백의 공격 목표가 되고 있음은 물론이다. 그뿐 아니라 귀도 아직 못살아 있어 A로 두지 않으면 안 된다.

그런데 백에게 빈틈은 없는 것일까?

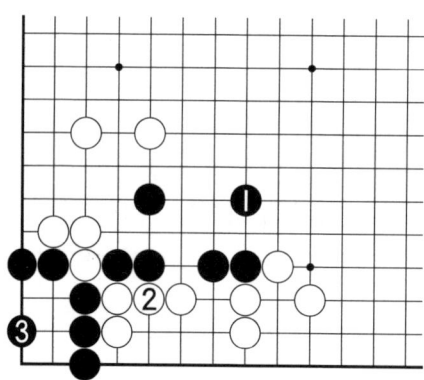

1도

1도(누구나 생각한다)

흑1로 한칸을 뛰어 중앙의 안전을 도모하는 것은 누구나 생각할 수 있는 수이다. 백은 안도하며 2로 지킨다.

흑3으로 살아서 다행이라고 여긴다면 낙제점이다. 중앙 흑은 여전히 미생으로 쫓길 것이다.

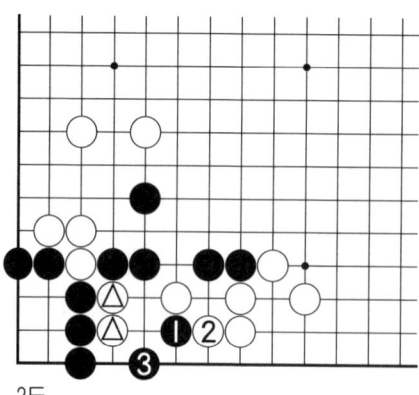

2도

2도(정해/ 2선의 붙임)

백의 빈틈에 착안한 흑1의 2선 붙임이 날카로운 맥점이다. '쌍립의 곳이 급소'라는 격언에 부합되는 수였다.

백2에 흑3이면 백△ 두점은 살아가지 못한다. 흑은 모든 걱정이 사라졌다.

장면 19

발전⑨ 패를 피하는 요령

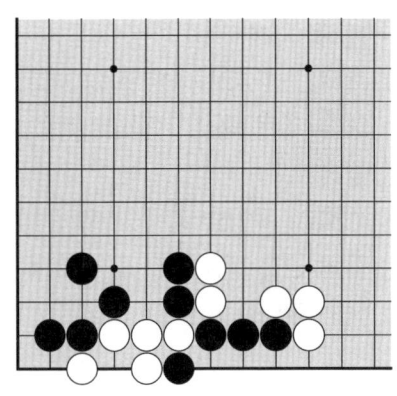

■ 백 차례

백 다섯점과 흑 넉점의 수상전이다. 언뜻 봐도 백이 유리하다고 판단된다.

흑의 저항을 어떻게 분쇄할 것이냐가 핵심이다. 요컨대 패를 피하는 궁리가 필요하다.

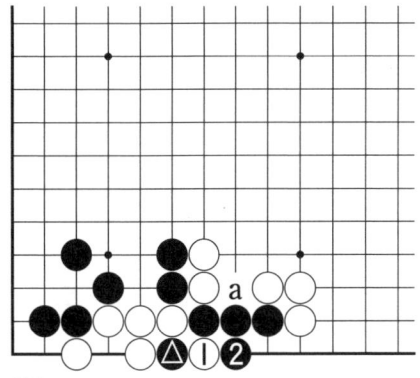

1도

1도(한 수 늘어진 패)

백1은 생각이 전혀 없는 수이다. 흑2가 오면 그냥은 안 끝난다. 백a에 흑△로 따내어 패가 된다. 한 수 늘어졌지만 백도 부담스럽다.

백은 1로 a에 두고 흑2로 패가 되는 편이 낫다.

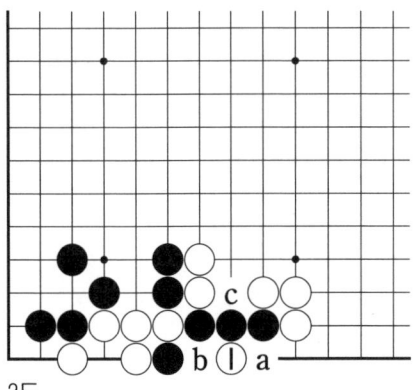

2도

2도(정해/ 비약적인 붙임)

백1의 붙임이 비약적인 발상이자 '적의 급소는 나의 급소'에 들어맞는 맥점이다.

그러면 흑은 항복하지 않고는 배기지 못한다. 흑a에는 백b로 두든 c에 두든 상관없이 백승이다.

237

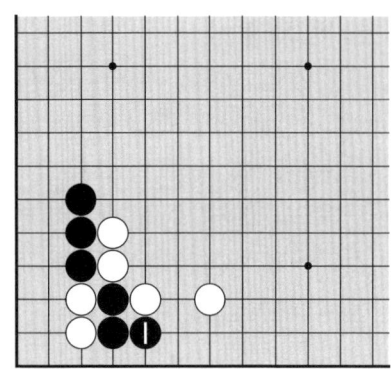

장면 20
발전⑩ 축과 관계된 수읽기

백 차례
흑1로 꼬부려 나온 장면이다. 이에 대해 백은 어떻게 받아야 할까?

축이 유리할 경우와 축이 불리할 경우, 두 가지 모두 생각해야 한다.

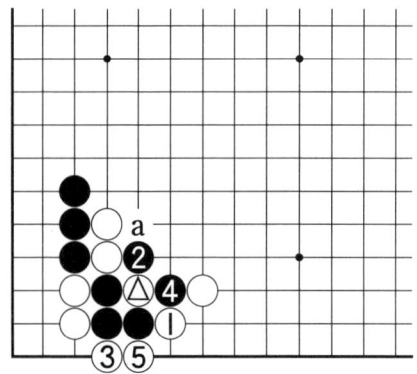

1도

1도(정해/ 호구쳐 막음)
축이 되든 안 되든, 일단 백1로 호구쳐 막는 한수뿐이다. 흑2로 끊겼을 때, 백은 축이 유리하다면 3, 5로 돌려쳐서 기분을 낸다.

다음 흑이 △에 이으면 백a로 축! 축이 불리하다면 백3으로~

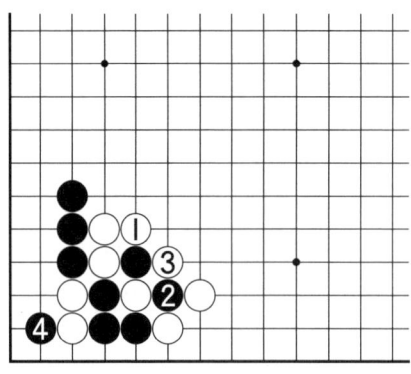

2도

2도(백, 매우 두텁다)
백1로 바깥쪽에서 되단수하면 된다. 흑은 2로 따내는 한수이므로 백3에 또 단수한다. 흑은 잇지 못하므로 4로 손을 돌려야 한다.

백은 두점을 선수로 따낼 수 있으니 매우 두텁다.

발전⑪ 귀의 압박 속에서

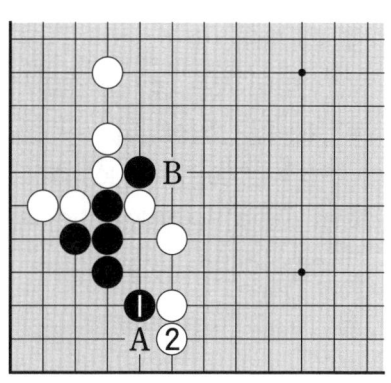

■ 흑 차례

귀의 흑이 압박을 받고 있는 장면이다. 흑1의 마늘모붙임에 백2는 강력한 태도이다.

여기서 흑A로 막으면 백B 다음 또 귀에 가일수해야 하니 억울하다. 여기서 흑은 어떤 수가 있을까?

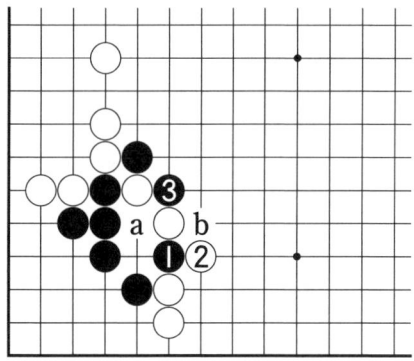

1도

1도(정해/ 끼움)

흑1로 슬그머니 끼우는 것이 교묘한 맥점이다. 백2로 받을 때 흑3으로 단수하면 바깥쪽 백의 형태가 무너진다.

백a에 잇다가는 흑b의 환격이 성립한다. 흑은 멋지게 타개했다.

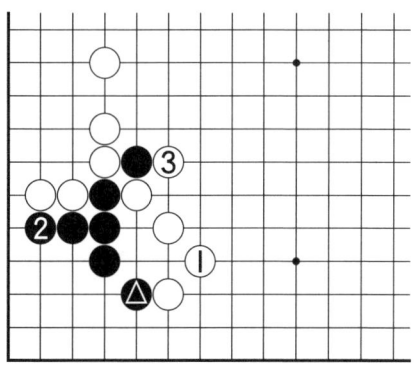

2도

2도(백1이 정수였다)

본래 흑▲에 대해 백1로 응수하는 것이 정수였다.

흑은 2로 막아서 귀를 크게 지키며 안정하고 백은 3으로 두어 바깥쪽의 세력을 다지는 것이 자연스러운 진행이었다.

발전⑫ 요석을 잡아라

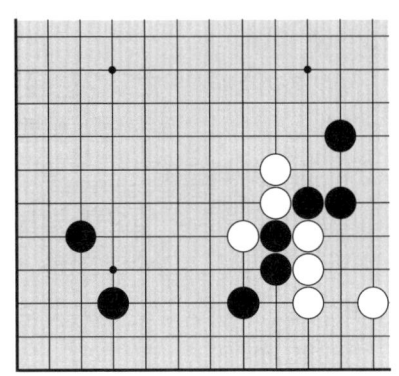

▨ 백 차례

흑과 백이 서로 끊기고 끊어서 싸우고 있는 양상이다.

얼른 보기에도 아래쪽 흑 석 점이 박약한 모습이다. 과연 백은 어떤 수단이 있을까?

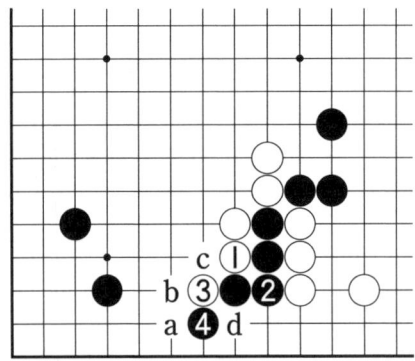

1도

1도(대표적인 속수)

백1로 단수하는 것은 속수 중에서도 대표적이다. 흑2로 이은 다음 백3에 젖혀도 흑4로 받게 해 후속수가 시원치 않다.

백a의 이단젖힘에는 흑b, 백c, 흑d가 있다.

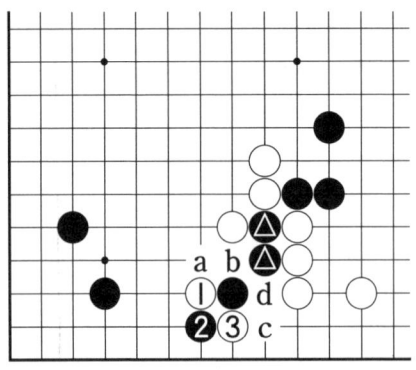

2도

2도(정해/ 붙임과 맞끊음)

백1로 붙이는 것이 좋은 수이다. 흑2의 젖힘에는 백3의 맞끊음이 결정타!

이로써 요석인 흑▲ 두점은 꼼짝없이 잡히는 신세가 되었다. 흑a에는 백b, 또 흑c면 백d로 그만이다.

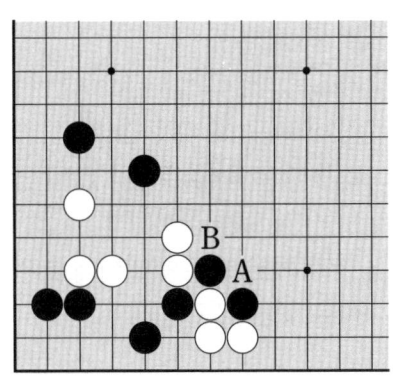

발전⑬ 장문의 위력

■ **백 차례**

분단된 백은 공격을 당하고 있다. 특단의 조치를 취하지 않고서는 피곤한 상황은 계속될 전망이다.

과연 백은 어떤 수단이 있을까? 백A의 양단수는 흑B로 달아나게 해 낭패를 본다.

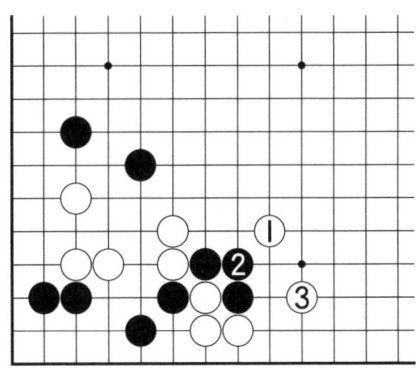

1도

1도(정해/ 씌움)

백1의 씌움이 멋진 한수여서 흑은 놀랄 수밖에 없을 것이다. 흑2로 이으면 백3이 준비되어 있어 흑 석점은 달아날 수 없다.

백은 양곤마가 해결되었으니 장문의 위력이란 참 대단하다.

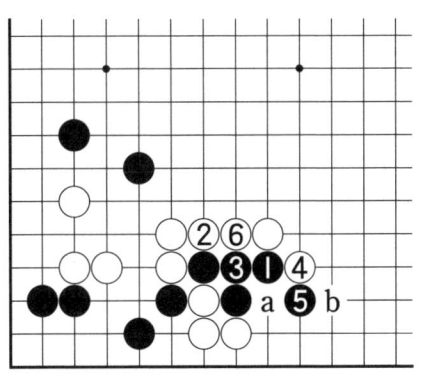

2도

2도(흑, 피해만 커진다)

앞 그림의 2로 흑1로 버텨 봐도 백2로 단수해서 그만이다.

흑3에 이으면 백4로 젖히고 6에 단수해서 흑은 피해만 커진다. 다음 흑a는 백b로 숨이 막힌다.

장면 24

발전⑭ 장문의 성립 여부

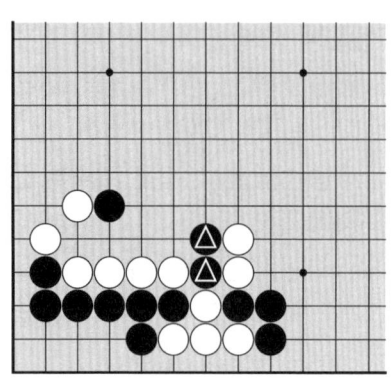

▨ 백 차례

아래쪽 백 넉점은 갇혀 있는데 다가 불과 3수밖에 안 된다. 따라서 백은 흑▲ 두점을 잡지 않으면 안 되는 상황이다.

딱 봐도 축은 불리한데 과연 장문이라도 성립할까?

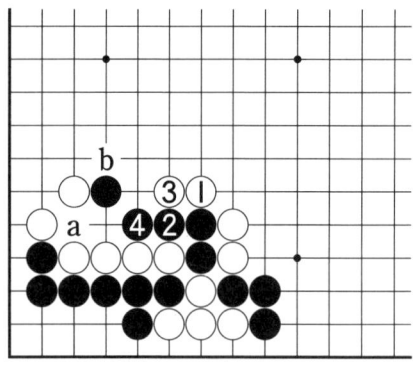

1도

1도(맞보기로 실패)

일단 백1쪽 단수는 누가 두더라도 이 한수뿐이다. 문제는 흑2 다음인데, 백3에 단수하면 흑4로 달아나게 해 a의 환격과 b의 탈출이 맞보기가 되므로 백의 실패이다. 따라서 백3으로는~

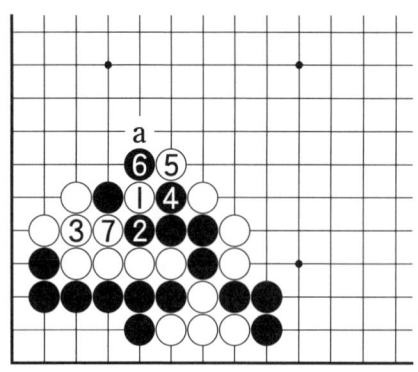

2도

2도(정해/ 공배의 묘수)

백1로 씌워야 한다. 그리고 흑2로 빠져나올 때 백3으로 잇는 것이 이른바 '공배의 묘수'이다.

흑4, 6에는 백5, 7로 회돌이쳐서 흑을 잡는다. 다음 흑이 1의 곳을 이으면 백a의 축이 있다.

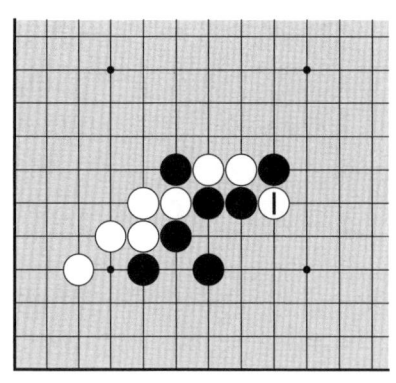

장면 25

발전⑮ 맛을 고려한 급소

▨ **흑 차례**

좌하귀에서 정석이 진행되고 있다. 백의 소목에 흑이 한칸으로 걸쳐서 출발한 형태이다. 백1로 끊은 장면.

흑은 여기서 어떻게 대응해야 할까? 축은 흑이 유리한 것으로 가정한다.

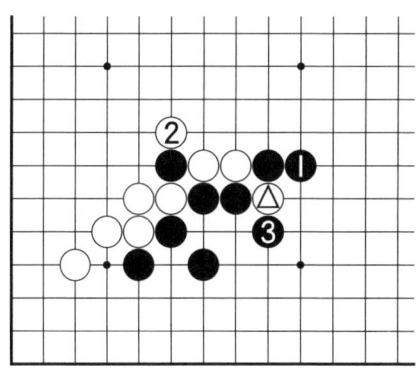

1도

1도(흑1, 고지식하다)

흑1로 뻗는 것은 고지식하다. 축을 피해 백2로 지킬 때 흑3으로 백△ 한점을 잡아서 일단락된다.

백은 △가 달아나는 수를 보고 활용하는 재미가 있다. 그러면 흑의 불만이다. 그렇다면 흑3으로~

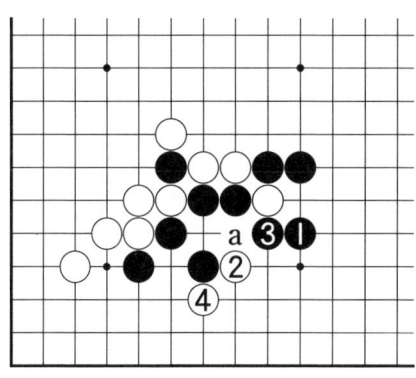

2도

2도(맛이 고약하다)

흑1에 씌우는 것은 어떨까? 이 수로도 백 한점은 잡혀 있지만 맛이 아주 고약하다.

이를테면 백2의 붙임이 맥점! 흑3, 백4 다음 백a가 있는 탓에 흑은 응수하기가 거북한 것이다.

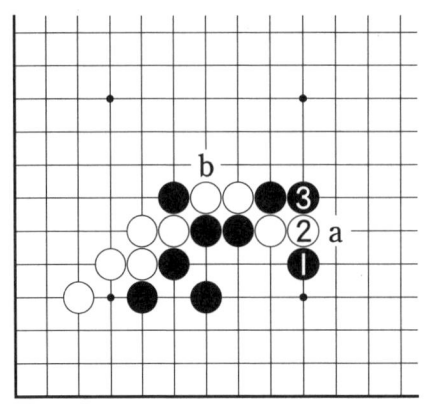

3도

3도(정해/ 교묘한 맥점)

흑1로 늦춰서 씌우는 맥점이 교묘하다. 이 수의 의미는 이렇다.

요컨대 백2로 달아난다면 흑3으로 따라붙겠다는 것이다. 다음 흑은 a로 잡는 수와 b의 축을 맞보고 있다. 그러므로~

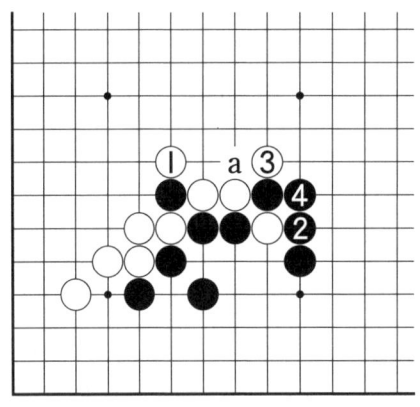

4도

4도(맛이 개운하다)

백은 잠자코 1로 손을 돌릴 수밖에 없다. 그러면 흑2로 두어 백 한 점의 준동을 막는다.

백3의 한방은 아프지만 a의 단점이 남아 있으니 참을 만하다. 2도와는 달리 맛이 개운하다.

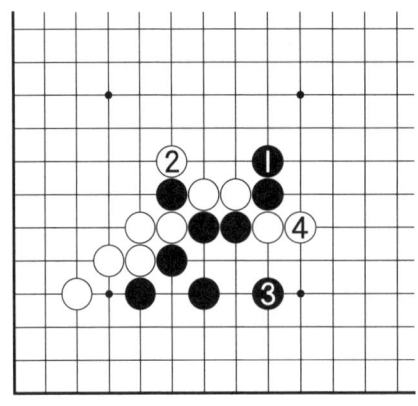

5도

5도(축이 불리할 경우)

참고로 축이 불리할 경우 흑은 어떻게 두어야 할까?

우선 흑1로 뻗는다. 백2는 당연하며 그때 흑3으로 뛰어 틀을 갖춘다. 백도 4로 움직일 테고, 이 코스는 중앙전이 불가피하다.

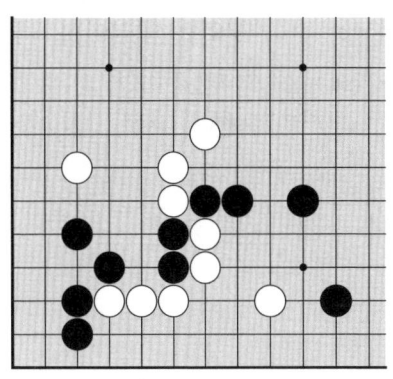

장면 26

발전⑯ 허점을 추궁하라

▨ **백 차례**

흑백 서로가 위험한 돌이 있는 급박한 상황은 아니다. 하지만 아래쪽 백 일단이 압박을 받고 있어 뭔가 대책이 필요하다.

백은 상대의 허점을 추궁해서 효과적으로 처리하고 싶다.

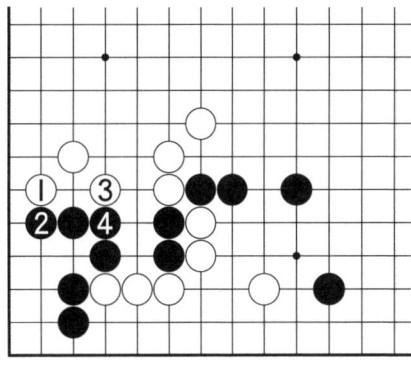

1도

1도(선수라는 의미뿐)

백1의 마늘모는 그저 선수했다는 의미밖에 없는 수이다. 백3의 마늘모도 비슷한 맥락의 선수 활용이다.

이제는 아래쪽 백을 보강해야 할 일만 남았다. 그냥 놔두기는 불안하니까.

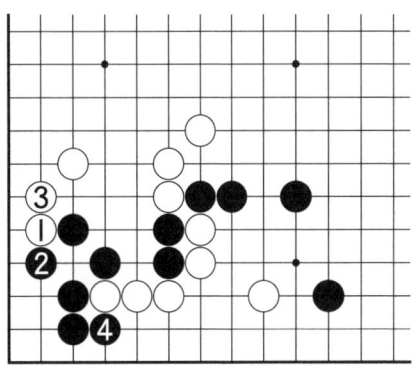

2도

2도(재미없는 진행)

백1의 붙임은 한걸음 더 나아간 발상으로 날카롭다. 다만 흑이 2로 물러서고 4에 꼬부리면 아래쪽 백이 점점 허약한 돌이 된다.

잡힐 리는 없겠지만, 백도 재미없는 진행일 것이다.

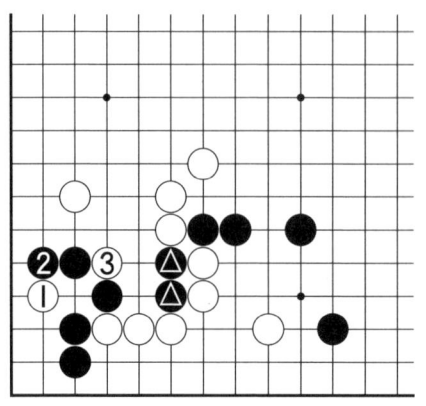

3도

3도(정해/ 들여다봄)

한발 더 들어가서 백1로 들여다보는 것이 치열한 맥점이다. 흑2를 강요해 백3의 맥점이 작렬한다. 그러면 흑▲ 두점은 잡힐 수밖에 없는 운명이다.

백은 요석을 잡고 편안한 모습이 되었다.

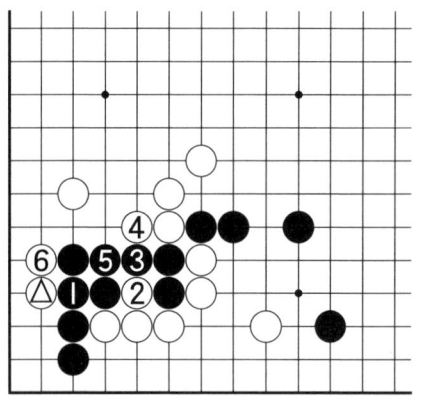

4도

4도(흑, 무모한 저항)

백△에 대해 흑1로 이으면 앞서와 같은 잡히는 맥점은 없다.

하지만 백2, 4를 활용하고 6으로 건너면 귀의 흑은 죽음을 면치 못한다. 흑의 무모한 저항이었다.

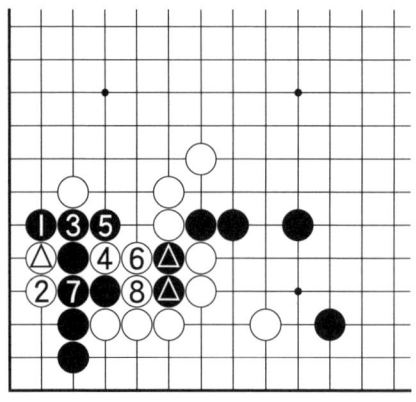

5도

5도(득이랄 것이 없다)

백△ 때 흑1로 차단하면? 백2면 흑3에 잇는 것이 강수. 백4가 맥점이어서 8까지 흑▲ 두점은 잡지만 백도 보태준 게 있어서 득이랄 것이 없다.

따라서 2로는 백3, 흑2, 백4로 두는 정도일 것이다.

장면 27
발전⑰ 맞보기를 타파하라

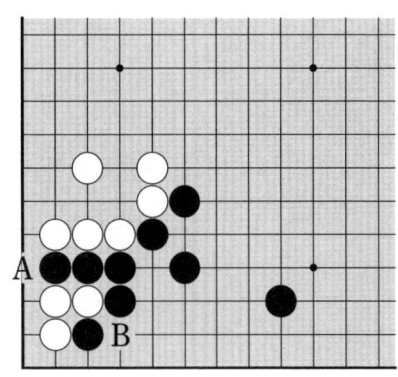

■ 흑 차례

귀쪽 백 석점이 묘한 형태를 하고 있다. 언뜻 A로 건너는 수와 B에 끊어서 흑 한점을 잡으면서 귀살이하는 수가 맞보기처럼 보인다.

이를 타파하는 흑의 좋은 수가 없을까?

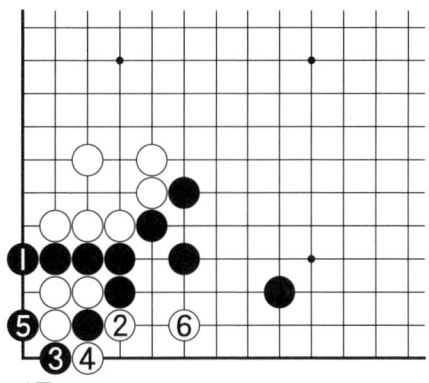

1도

1도(흑1, 고지식하다)

흑1로 내려서서 백의 연락을 차단하는 것은 고지식하다. 그러면 백은 2로 끊는다.

흑3, 5는 날카로운 공략이지만 백6에 뛰면 흑이 이 백을 그냥 잡기란 어렵다고 판단된다.

2도

2도(대동소이한 진행)

흑1, 3으로 젖혀잇는 것도 차단의 한 방법이다. 그러면 백4의 끊음은 당연하다.

흑은 잡으려면 5로 나가야 하는데 백6에 계속 흑a로 파호하는 것은 아무리 봐도 무리이다. 앞 그림과 거의 대동소이.

247

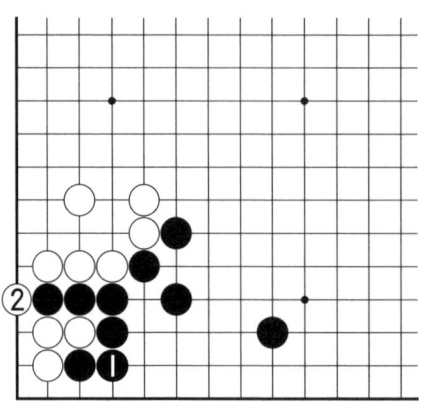

3도

3도(누구나 둘 수 있다)

그렇다고 모든 것을 포기하고 흑1로 잇는 것은 누구나 둘 수 있는 수이다. 백은 2로 건너면서 회심의 미소를 지을 것이다.

여기까지는 초중급자들의 수읽기였다.

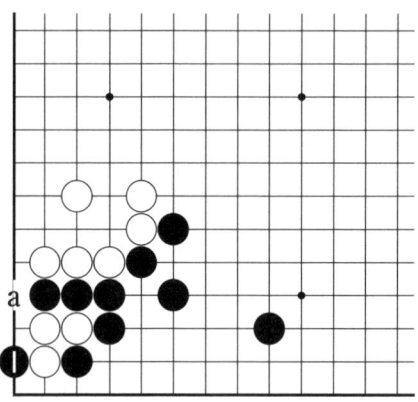

4도

4도(정해/ 2의 一의 붙임)

흑1로 '2의 一'의 곳에 붙이는 것이 절묘한 맥점이다. 이 수의 의미는 백a의 건넘을 저지하면서 백의 사활도 위협하고 있다.

백은 연락이 불가능하므로 안에서 삶을 꾀할 것이다.

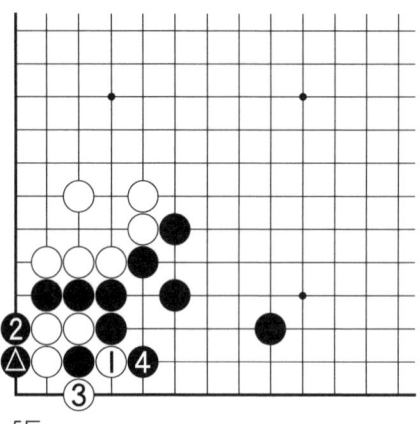

5도

5도(맥점의 효과)

그러나 결론을 먼저 말하자면 사는 수도 없다.

백1로 끊을 수밖에 없는데 흑2의 단수가 선수가 되므로 4까지 보듯이 살길이 없는 것이다. 흑◯의 효과였다.

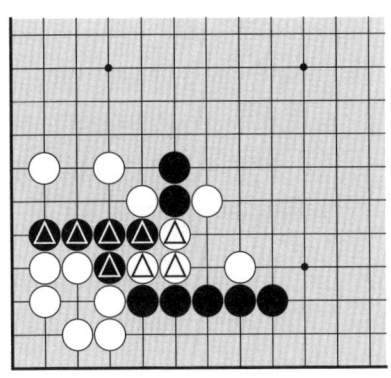

장면 28
발전⑱ 유일한 희망

▨ **흑 차례**

왼쪽 흑▲ 다섯점은 백에게 포위되어 있다.

유일한 희망은 바깥쪽 백△ 석점을 잡는 수인데, 주변 흑이 허약해 쉽지 않아 보인다. 과연 가능한 얘기일까?

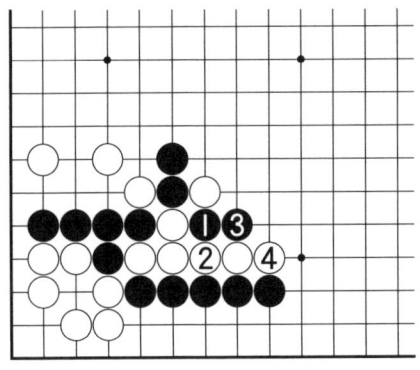

1도

1도(수읽기를 안 하다)

흑1로 끊는 것은 수읽기를 전혀 하지 않은 수이다.

백2로 이은 다음에는 바둑의 신이 와도 좋은 결과를 이끌어낼 수 없다. 흑3에는 백4로 빠져나가 흑은 가망이 없다.

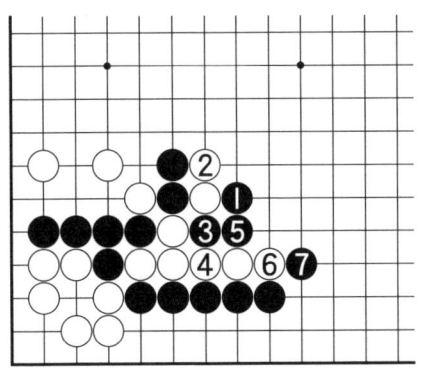

2도

2도(혼자만의 수읽기)

흑1의 껴붙임은 그럴듯한 맥점처럼 보인다. 백2로 나간다면 흑3의 끊음이 안성맞춤이 되니까. 백4에는 흑5, 7의 축이 준비되어 있다.

그러나 이 수읽기는 흑 혼자만의 생각이다.

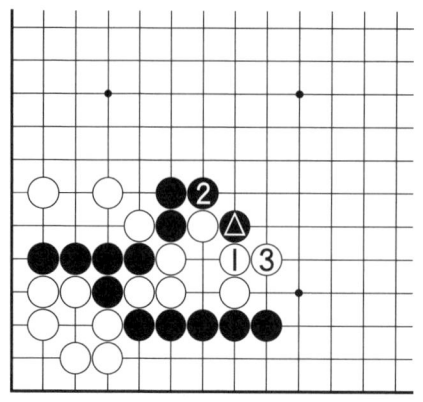

3도

3도(빈삼각으로 탈출)

흑🔺에 대해 백은 1로 치받는 것이 좋은 응수이다.

그러면 흑2의 봉쇄는 절대의 한수. 거기서 백3의 빈삼각으로 꼬부려 탈출하면 흑은 더 이상 둘수가 없게 된다.

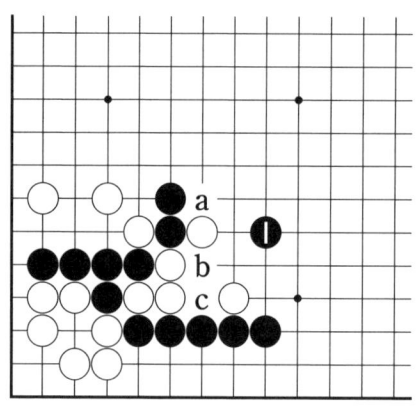

4도

4도(정해/ 씌움)

흑1로 멀리서 씌우는 것이 폐부를 찌르는 매서운 장문이다. 다음 백a는 흑b의 끊음이 있어 둘 수가 없다.

또 백a 대신 b나 c는 흑a의 꼬부림을 불러 탈출이 불가능하다.

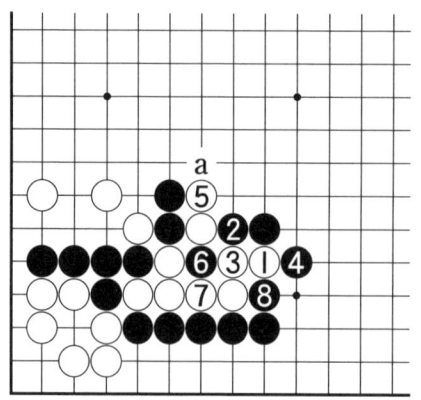

5도

5도(결국은 축으로 끝)

따라서 백1의 마늘모붙임이 최강의 저항이다. 그러나 흑2의 치받음이 필살의 한수이다. 백3도 최강이지만 흑4 이하 8이 결정타!

다음 백이 6의 곳에 이으면 흑a의 축으로 막이 내린다.

장면 29

발전⑲ 4수의 여유

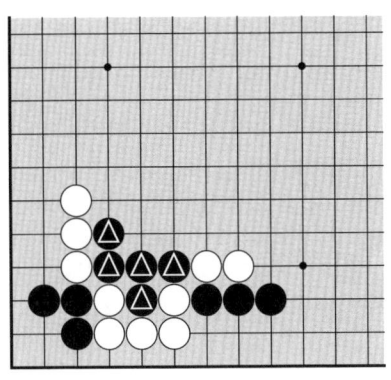

▨ 백 차례

아래쪽 백 다섯점은 4수의 여유
가 있다. 따라서 흑▲ 다섯점을
포위하되 3수까지는 허용해도
괜찮다는 얘기이다.

　과연 어떤 맥점이 숨어 있을
까? 척 보고 둘 수 있다면 유단
자급의 실력이다.

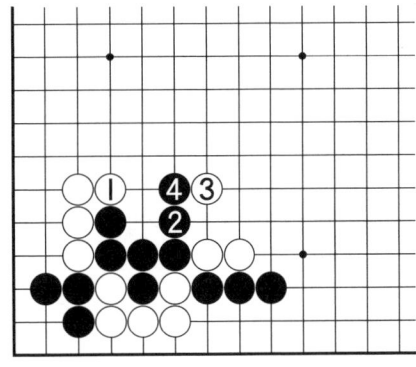

1도

1도(성급한 행동)

백1의 꼬부림은 성급한 행동이다.
흑2의 빈삼각 꼬부림이 좋은 대응
이어서 백은 후속수가 사라진다.

　다음 백3에 뛰어서 봉쇄를 꾀해
봐도 흑4로 밀고 나가면 더 둘 수
가 없다.

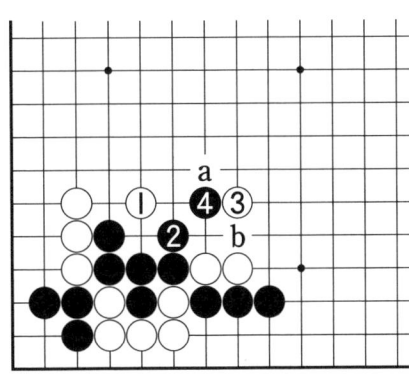

2도

2도(역시 꼬부림이 호수)

백1의 씌움도 성공할 수 없다. 역
시 흑2의 꼬부림이 호수이다.

　백3의 씌움에는 흑4의 마늘모
붙임이 탈출의 맥점이어서 봉쇄하
는 데 실패한다. 다음 백a에는 흑
b가 있다.

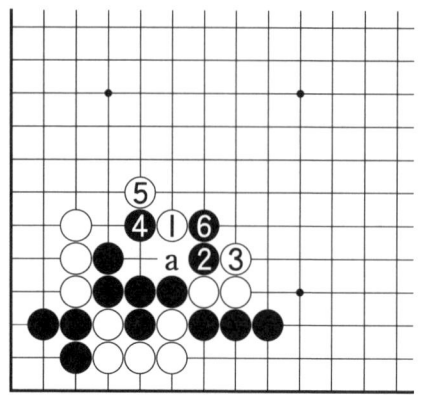

3도

3도(교묘한 탈출)

백1의 씌움은 제법 그럴듯하다. 하지만 흑2로 하나 젖혀 백3과 교환하고 흑4로 마늘모 붙이는 것이 교묘한 수순이다. 백5에는 흑6으로 나가서 그만이다.

수순 중 3으로 백a는 흑3의 축이 있다.

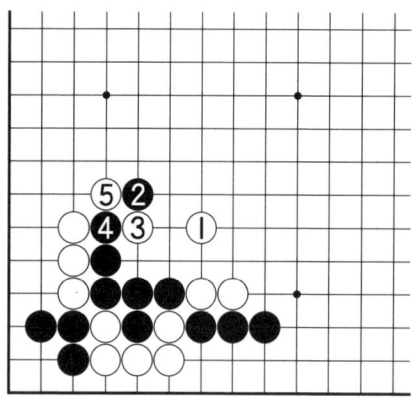

4도

4도(정해/ 한칸뜀)

정해는 백1의 한칸뜀이었다. 그리고 이 씌움 한수로 흑은 탈출이 불가능해졌다는 사실이 참으로 신기하다.

흑은 3수, 백은 4수이니 백승이다. 흑2의 탈출 시도는 백3, 5로 물거품이 된다.

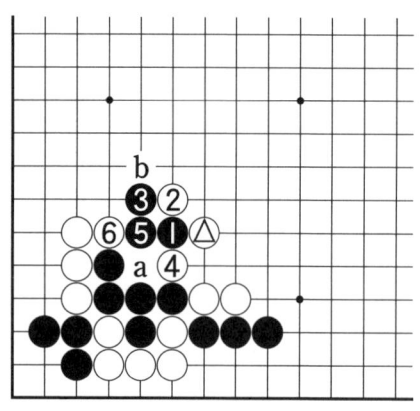

5도

5도(봉쇄의 증명)

백△에 대해 흑1로 붙이고 3에 젖히는 것이 최강의 저항이지만 백4로 단수하고 또 6에 단수하면 흑은 손을 들 수밖에 없다.

a에 잇다가는 백b의 축으로 끝장이 날 테니까.

발전⑳ 첫수만 알면 해결

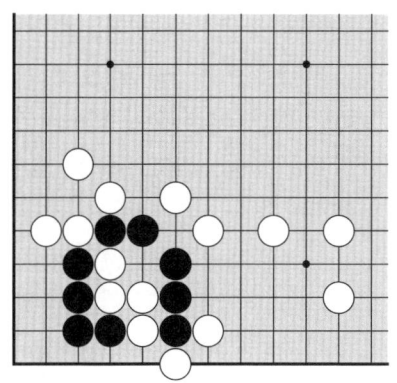

■ 흑 차례

귀만 살리는 것은 누구든 할 수 있는 일이다. 흑 전체를 타개하는 것은 힘들지만 또한 가능하게 하는 것이 맥점의 힘이다.

첫수만 찾으면 90퍼센트는 해결되었다고 봐도 좋겠다.

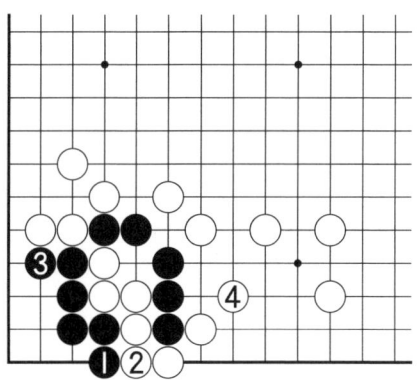

1도

1도(귀는 살렸지만 잘못)

흑1을 선수하고 3으로 궁도를 넓혀서 살면, 백은 4로 보강해 흑 다섯점을 수중에 넣을 것이다.

흑은 귀를 선수로 살렸지만 결코 잘했다고는 할 수 없다. 수가 있는 곳이었으니 말이다.

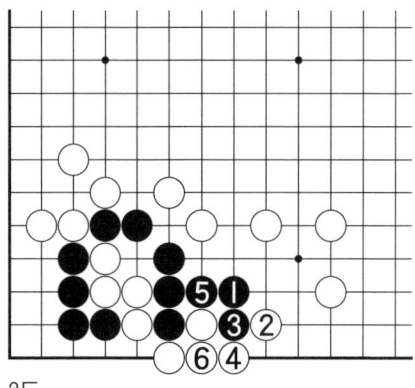

2도

2도(후속수가 없다)

흑1로 한칸을 뛰어서 씌우는 것이 일감이지만 백도 2로 한칸을 뛰어서 건너면 어이없게도 후속수가 없다.

흑3, 5를 선수해도 뾰족한 수단이 없다. 이제는 귀마저 후수로 살아야 할 판이다.

253

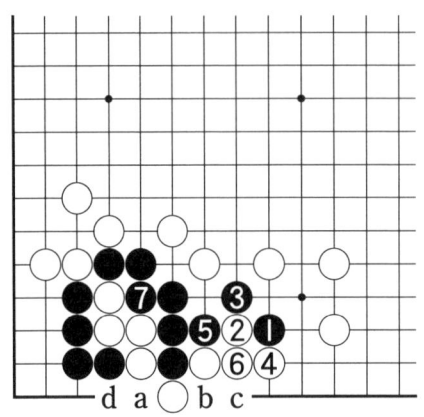

3도

3도(그럴듯하다?)

흑1로 한발을 더 가는 것이 그럴 듯하다. 백2, 4에는 흑5로 단수하고 백6에 이을 때 흑7로 또 단수하면 백은 이을 수가 없으니까.

백a는 흑b, 백c, 흑d로 몰아떨구기이다.

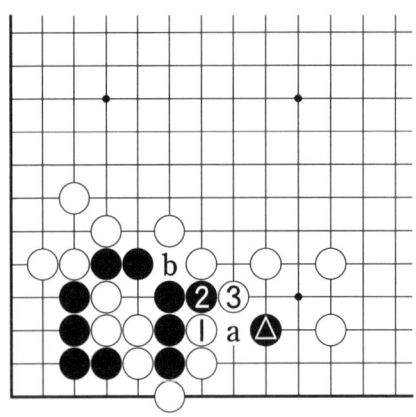

4도

4도(백, 냉정한 대응)

앞 그림은 백이 잘못 두어서 흑이 잘된 결과가 나온 것이다.

흑▲에 대해 백은 바로 1에 올라가고 흑2에 백3으로 막는 것이 냉정한 대응이다. 흑이 a에 끊어봐야 백b로 그만이다.

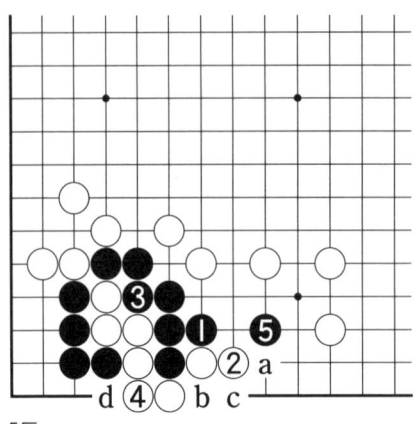

5도

5도(정해/ 교묘한 수순)

뜻밖일지도 모르지만 흑1로 꼬부리고 백2에 흑3으로 단수하고 5에 씌우는 것이 교묘한 수순이다.

다음 백a에 흑b, 백c, 흑d면 백은 더 둘 수가 없는 것이다.

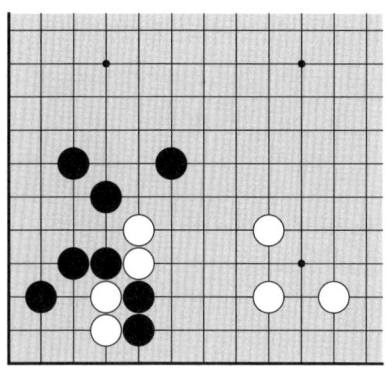

장면 31

고급① 수단의 발견

▨ 백 차례

아래쪽이 초점이다. 백 두점과 흑 두점이 먹느냐 먹히느냐 하는 싸움을 벌이고 있다.

백이 불리해 보이는 수상전인데, 과연 좋은 수단이 있는지 발견해보자.

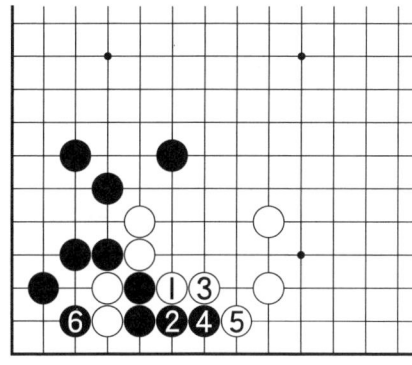

1도

1도(맥점을 모르다)

우선 백1의 젖힘은 누가 와도 이렇게 둘 수밖에 없다. 흑2 때가 중요한데 맥점을 모른다면 백3에 늘게 된다.

흑은 4, 5를 교환하고 흑6으로 백 두점을 잡아 미소 짓는다. 백3으로는~

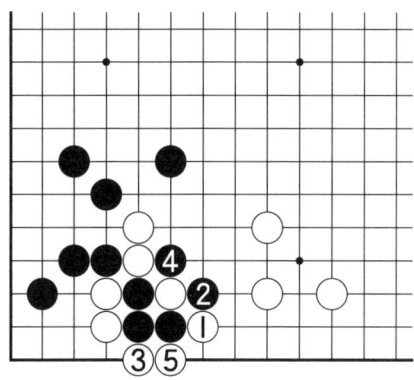

2도

2도(정해/ 이단젖힘)

무모하게 보일지도 모르지만 백1로 이단젖히는 것이 강력한 수법이다.

흑2에 백3, 5로 돌려치는 것은 예정된 행동이자 상용의 수순이기도 하다. 계속해서~

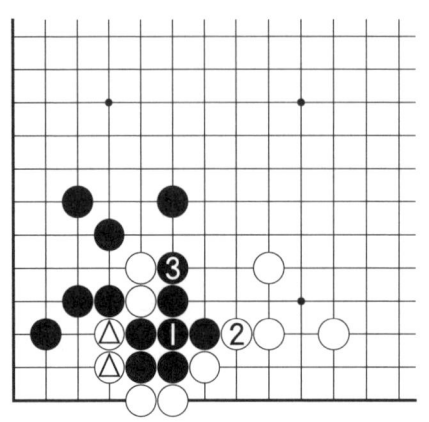

3도

3도(살려오는 데 급급)

흑1의 이음은 절대. 여기서 백2로 두는 것은 참으로 안타까운 일이다. 흑은 3으로 두어 위쪽 백 두점을 잡고 만족한다.

백은 고작 백△ 두점을 살려오는 데 급급했을 뿐이다.

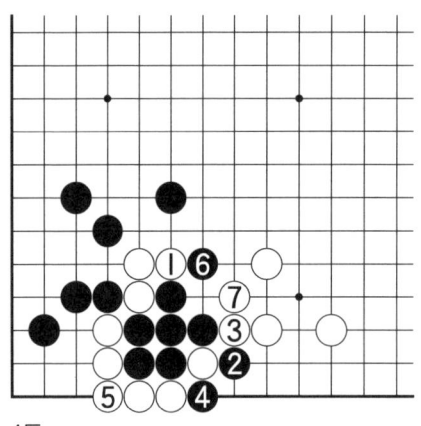

4도

4도(결론/ 흑의 궤멸)

앞 그림의 2로는 백1로 위쪽을 꼬부리는 것이 호수이다. 흑2에 백3으로 묘하게 단수하고 5에 잇는 것이 결정적인 수순이다. 흑6의 젖힘에 백7이 냉정한 대응이다.

이로써 흑은 움직인 돌이 몽땅 잡히고 말았다.

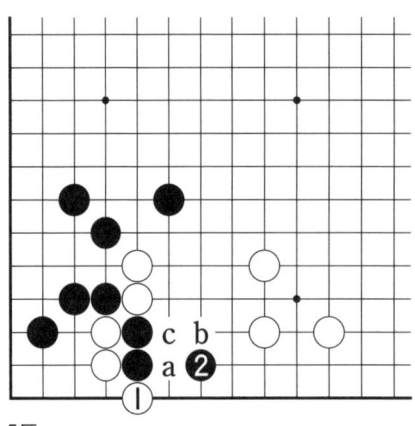

5도

5도(흑2가 좋은 응수)

백1로 1선을 젖히는 것은 흑2의 한 칸 응수가 좋아 아무것도 안 된다.

2로 흑a는 백2가 있어 흑이 곤란하며, 2로 흑b는 백c, 흑a, 백2로 되어 정해의 코스로 되돌아간다. 확인해보기 바란다.

장면 32

고급② 잇는 바보는 없다

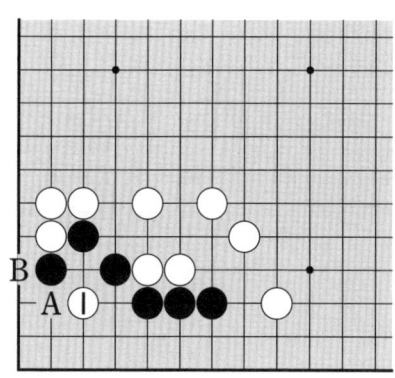

■ 흑 차례

귀쪽 흑의 허술함을 틈타 백이 1로 들여다본 장면이다(실은 1은 A로 꺼붙이고 흑1 때 백B로 단수하면서 건너는 게 정수였다).

여기서 흑은 어떻게 응수하는 것이 좋을까?

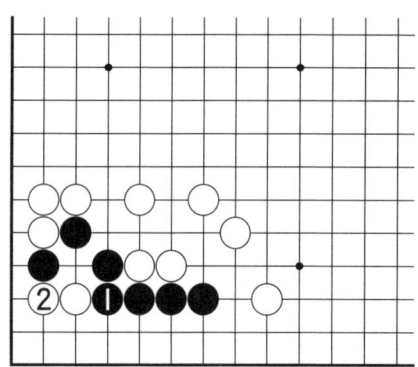

1도

1도(전체가 불안)

흑1쪽을 잇는 것은 백2로 건너게 해 흑 전체가 불안해진다.

설마 잡힐 리야 없겠지만 상당히 시달림을 당할 것이다. 가장 바람직하지 않은 응수였다.

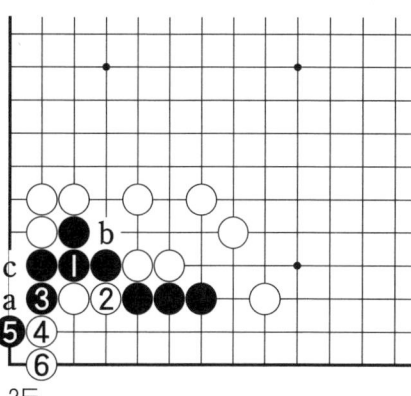

2도

2도(심각한 상황)

흑1로 덜컥 잇는 것은 백2로 끊겨 심각한 상황을 부른다.

흑3에 백4, 6은 정확한 수법이며 흑이 무사하기란 틀린 일이다. 3으로 흑4는 백3, 흑a, 백b, 흑c, 백5가 있다. 그건 그렇고 이다음~

257

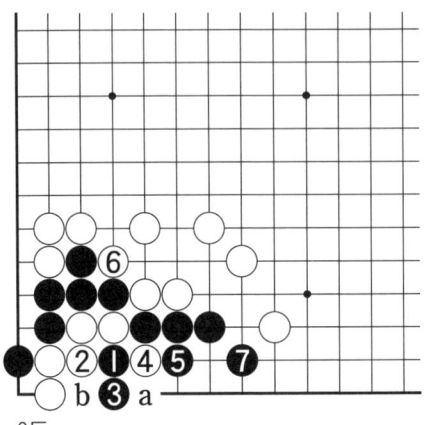

3도

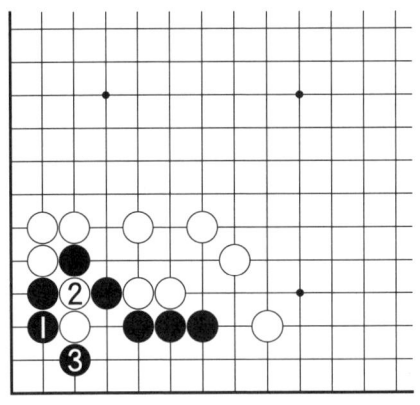

4도

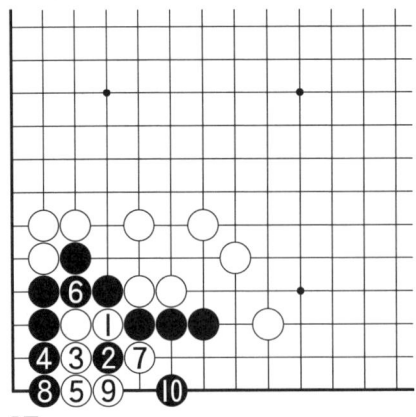

5도

3도(비참한 후수 삶)

흑은 1, 3으로 두는 정도이다. 백은 4로 하나 끊어 두고 6에 손을 돌려 흑 여섯점을 접수한다. 흑은 7까지 후수 삶이니 비참하다.

그렇다고 흑3으로 a, 백6, 흑b의 패는 흑도 부담이 크다.

4도(정해/ 잇지 않는다)

'들여다보는 데 잇지 않는 바보는 없다'는 격언을 따를 필요는 없다.

흑1로 백의 의도를 거스르는 것이 최강이자 최선의 대응이다. 백2에는 흑3으로 건너서 아프지도 가렵지도 않다.

5도(수상전은 흑승!)

앞 그림의 2로 백1로 끊는 것은 무리이다. 흑2, 4의 맥이 준비되어 있다. 그러면 백5 이하 흑10까지는 서로가 피할 수 없는 외길의 코스이다.

이 수상전은 흑의 승리임이 명백하다.

고급③ 화점 눈목자굳힘에서

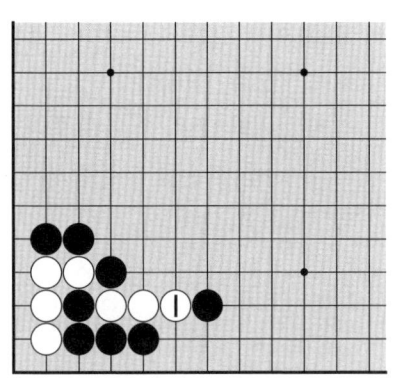

■ 흑 차례

화점 눈목자굳힘에서 파생된 변화이다. 그 과정은 잠시 후에 살펴보기로 하자.

백1로 치받아온 장면이다. 석점머리를 스스로 얻어맞은 격인데, 이 수의 의도와 흑의 대응 방법에 대해 생각해본다.

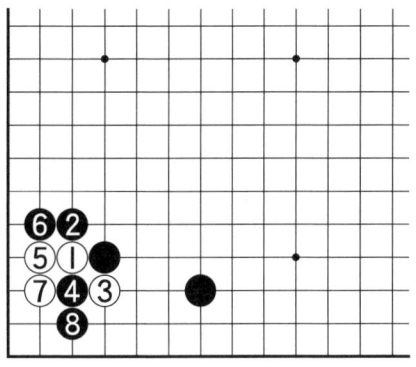

1도

1도(과정 1)

장면이 나오기까지의 과정을 알아본다.

흑의 화점 눈목자굳힘에 백1로 붙인 것이 출발점이다. 흑2의 바깥쪽 젖힘은 세력을 중시한 응수이다. 백3은 흔치 않은 수로 흑4, 6이 강타! 백7, 흑8 다음~

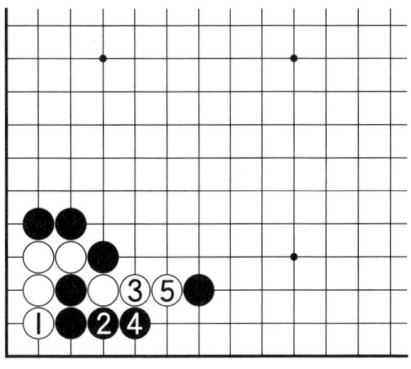

2도

2도(과정 2)

백1로 귀쪽을 막는 것은 사실 무리수이다. 버리고 활용하든지, 아니면 귀살이를 시도하든지 둘 중 하나였다.

흑은 2, 4가 강력한 수법이며 백이 5로 치받은 것은 노림을 품고 있다.

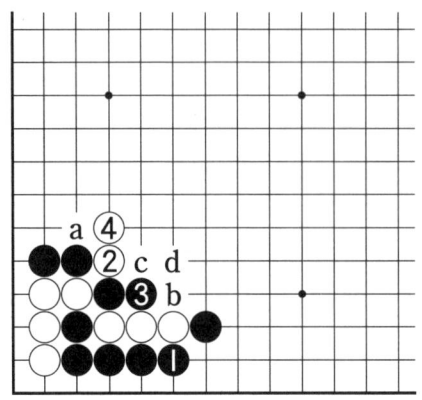

3도

3도(백의 주문)

흑1로 아래쪽에서 받는 것이 당연해 보인다. 그러나 이것이야말로 백이 바라는 바이다.

백2, 4의 좋은 수순이 준비되어 있다. 다음 백은 a로 두점 잡는 수와 백b, 흑c, 백d의 축이 맞보기!

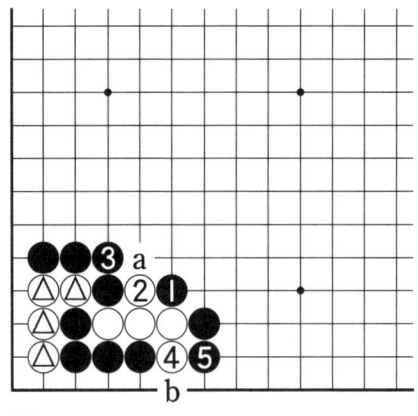

4도

4도(정해/ 젖힘)

흑1의 젖힘이 위기를 벗어나는 맥점이자 최선의 한수이다. 백2를 강요해 자연스럽게 흑3에 잇는다.

백4에 흑5로 따라 막는 수가 결정타! 흑은 다음 a와 b를 맞봐 백⊙들을 무사히 잡았다.

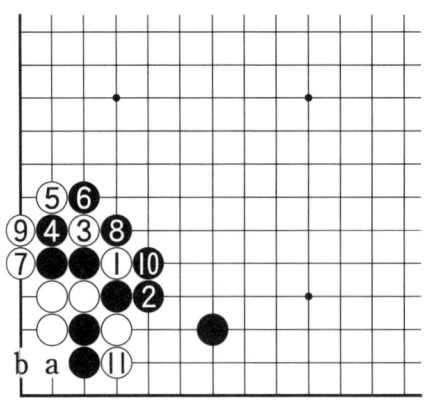

5도

5도(귀살이는 기능)

백은 이 상황에서 귀를 살리는 수는 있다. 백1 이하 5, 그리고 7, 9로 돌려치고 11에 막으면 흑 두점을 잡고 귀에서 산다. 흑a에는 백b가 있다.

단, 흑이 두터워지므로 시기가 문제일 것이다.

고급④ 끊음을 유도한다

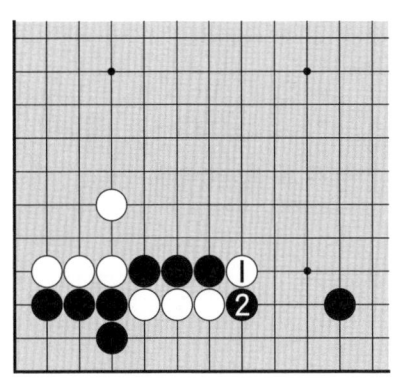

█ 백 차례

좌하귀에서 접전이 벌어지고 있다. 백1의 젖힘은 석점머리에 해당하는 만큼 이렇게 두고 싶은 곳이다.

그러나저러나 흑2의 끊음에 백은 대책이 있기는 한 것일까?

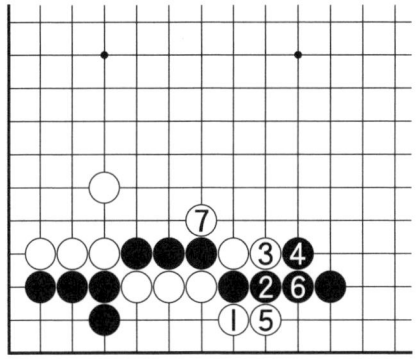

1도

1도(흑의 저항)

백1로 단수하고 3으로 따라붙듯이 밀어가는 것은 강력한 수법이다. 그런데 흑4의 저항이 있다.

백5를 선수하고 7에 젖히면 흑이 매우 곤란해진 것처럼 보인다. 그러나~

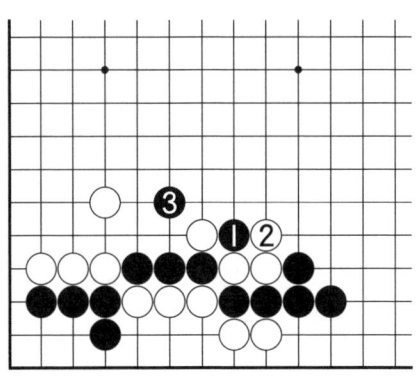

2도

2도(백, 쫄딱 망하다)

흑은 백에게 단수 한방을 얻어맞기 전부터 이미 타개할 방법을 마련해 두고 있었다.

흑1로 끊어 백2와 교환하고 흑3에 뛰는 수순이 그것이다. 이로써 백은 쫄딱 망했고 더 둘 곳도 없다.

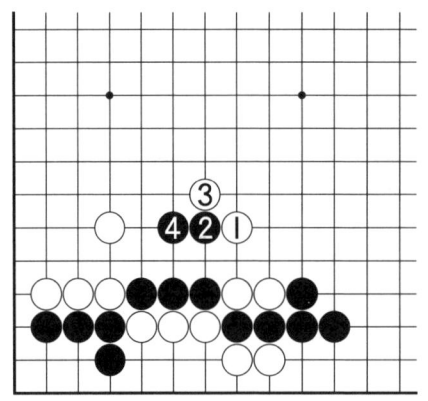

3도

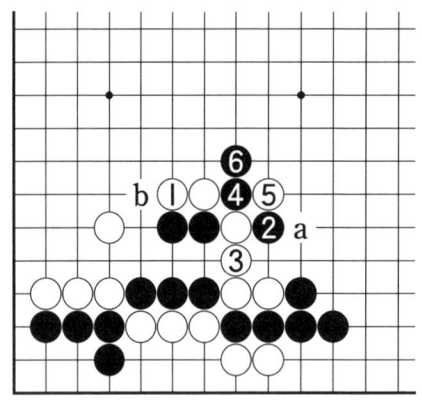

4도

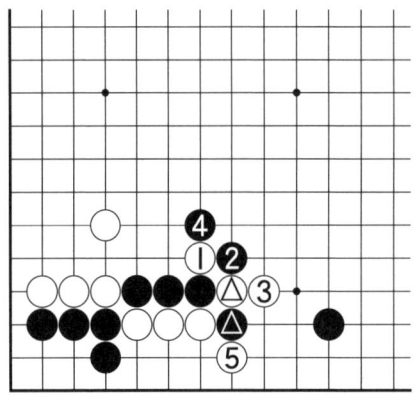

5도

3도(백의 한칸뜀에는?)

1도의 7 대신 백1로 뛰어서 흑 석점을 잡자고 드는 것은 어떨까?

그러면 흑은 2로 붙이는 것이 알기 쉽다. 백3에는 흑4로 느는 것이 좋다. 계속해서~

4도(흑, 탈출 성공)

백1은 절대의 한수. 여기서 흑2의 껴붙임이 좋은 맥점이다. 백3도 절대이며 흑4의 끊음에 백5, 흑6은 필연적인 수순이다.

다음 백a로 한점을 잡을 때 흑b로 젖혀 탈출해서 역시 백이 망한 꼴이다.

5도(정해/ 젖힘)

백1로 젖히는 것이 유일한 타개의 맥점이다. 이렇게 되면 흑2, 4는 어쩔 수 없는 응수이니 백은 자연스럽게 3에 두고 5로 흑 한점을 접수할 수 있다.

백△는 흑❹의 끊음을 유도한 수였다.

고급⑤ 수를 늘리는 방법

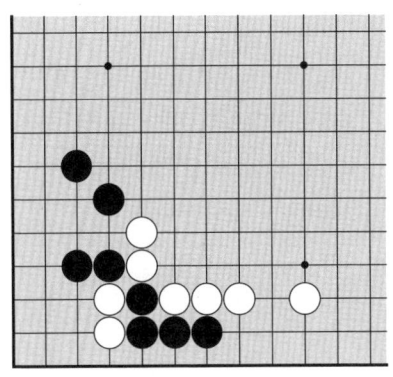

▨ 백 차례

백 두점과 흑 넉점의 수상전이
다. 백은 3수, 흑은 4수이므로
백은 어떻게든 수를 늘리지 않
으면 안 된다.

우선 둘 만한 수가 두 가지밖
에 없음은 분명하다.

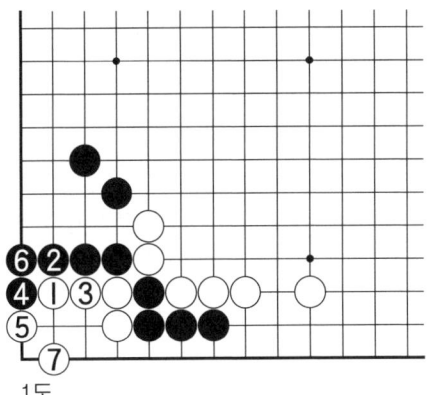

1도

1도(백의 착각)

백1로 한칸을 뛰는 것이 상식적이
라고 생각하는 이가 적지 않을 것
이다.

'흑은 2로 막을 테고 백3으로 둔
다. 흑4, 6의 선수 끝내기는 당해
도 괜찮다.' 하지만 이런 생각은
착각이다.

2도(귀3수의 출발)

백이 △로 뛴 순간 흑은 1로 찔러
백2로 받을 때 흑3으로 끊어간다.
어디서 많이 본 수순 아닌가.

그렇다! 귀3수의 출발이다. 백
4의 단수에 흑5, 두점으로 키워서
잡혀주는 것이 포인트이다,

2도

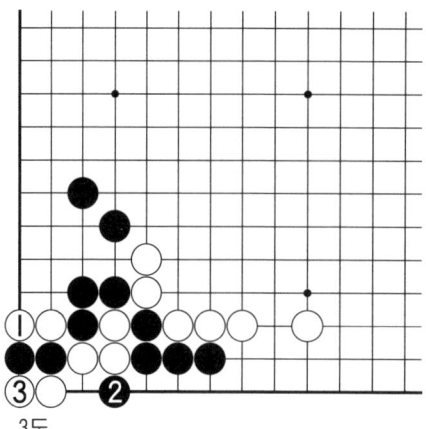

3도

3도(절대의 수순들)

계속해서 백은 1로 단수하지 않을 수 없다.

그러면 흑2로 또 단수한다. 이 수도 절대이며 예정된 행동이기도 하다. 백3 역시 절대의 응수이다. 이다음~

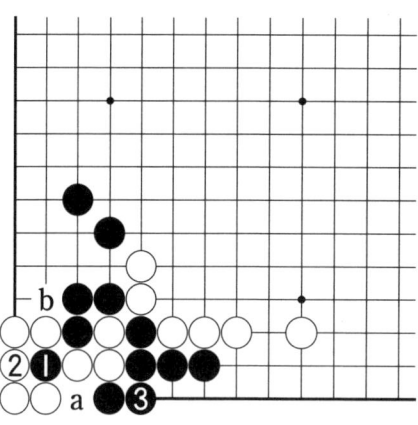

4도

4도(수상전은 흑승!)

흑1로 먹여치고 백2에 흑3으로 1선을 잇는 것이 결정적인 수순이다. 다음 백a면 흑b로 막아서 수상전은 흑의 승리이다.

백이 a 대신 어느 곳을 두더라도 흑은 a로 단수해서 그만이다.

5도

5도(정해/ 한칸뜀)

같은 한칸뜀이라도 위쪽이 아닌 아래쪽이 정해이다.

백1쪽으로 한칸을 뛰는 것이 수를 안전하게 늘려서 수상전을 승리로 이끄는 호수였다. 그러면 흑은 2, 4를 선수하는 정도이다.

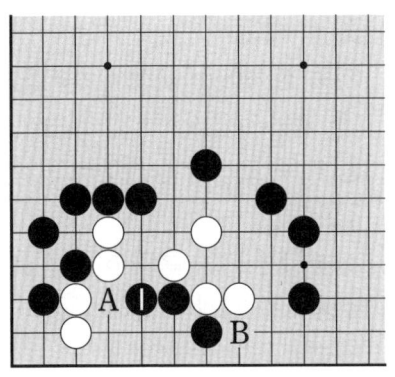

장면 36

고급⑥ 맞보기를 격파하라

■ 백 차례

백이 괴로운 상황인데 사느냐 죽느냐가 큰 화두로 떠올랐다. 흑이 1로 기어들어서 백 전체를 위협하고 나섰기 때문이다.

흑은 A와 B를 맞보기로 하고 있다. 이를 격파하는 백의 묘안이 없을까?

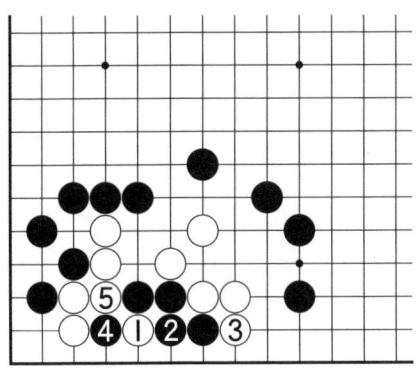

1도

1도(정해/ 붙임의 묘수)

백1의 붙임이 맞보기를 격파하는 묘수이다. 흑2로 이을 때 백3으로 막아서 건넘을 저지한다.

흑4에는 백5가 안성맞춤이어서 흑을 잡는다. 4로 흑5에 끊는 것은 백4로 이어 흑의 수부족이다.

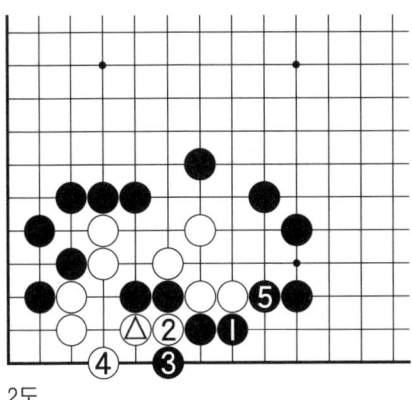

2도

2도(선수로 살아 버리다)

따라서 백△에 대해서는 분하지만 흑은 1로 건널 수밖에 없다. 백은 2로 끊고 흑3에는 백4로 살아 버린다.

흑은 5의 수비마저 필요하니 백은 선수로 멋지게 처리한 셈이다.

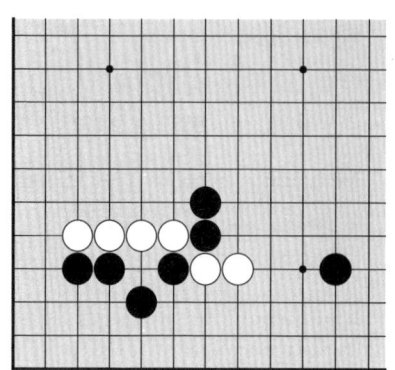

장면 37

고급⑦ 족보에 있는 수법

■ 백 차례

외목 정석에서 파생된 형태인
데, 백은 두 동강이 나 있는 만
큼 매우 불리한 상황이라고 생
각된다.

　하지만 귀쪽 흑의 허점을 잘
추궁하면 타개의 길이 열린다.
족보에 있는 수법이다.

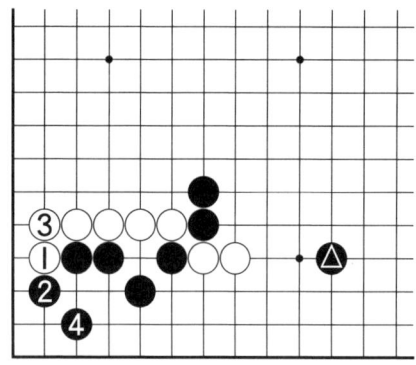

1도

1도(잇다니 안타깝다)

백1의 젖힘이 출발점. 그러나 흑2
에 백3으로 잇는다면 참 안타깝
다. 흑은 유유히 4로 지켜서 귀를
돌보고 양쪽 백을 노려본다.

　흑은 ▲가 백 두점을 공격하고
있는 자세인 것도 자랑이다.

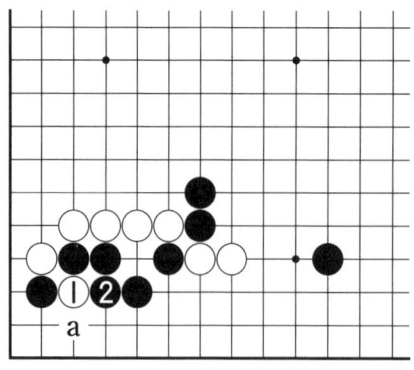

2도

2도(정해/ 끊음)

앞 그림의 3으로는 백1로 끊어서
흑의 응수를 살피는 것이 비약적
인 착상이자 날카로운 맥점이기도
하다.

　흑은 양단수 때문에 a로 두지
못하고 천상 2쪽에서 받게 될 것
이다.

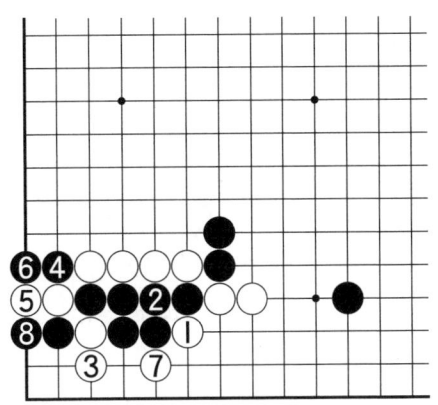

3도

3도(교묘한 수순)

앞 그림에 이어, 백1로 단수해 흑 2를 강요하고 백3으로 달아나는 것이 교묘한 수순이다.

흑4에는 백5로 키워서 잡혀주 는 것이 상용 수법이다. 흑6, 백7 에서 흑8로 따낸 다음~

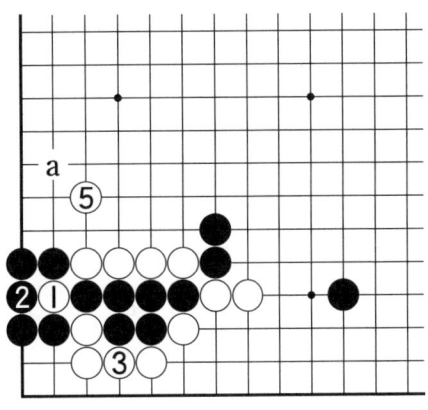

4도 　　　　　❹‥①

4도(흑, 비참한 모습)

백1로 먹여치고 3으로 단수한다. 딱하게도 흑은 두기 싫지만 두지 않으면 안 될 수들만 두고 있다.

백5 다음 흑a로 달아나 목숨은 구걸할 수 있지만 비참한 모습이 되고 말았다. 상전벽해!

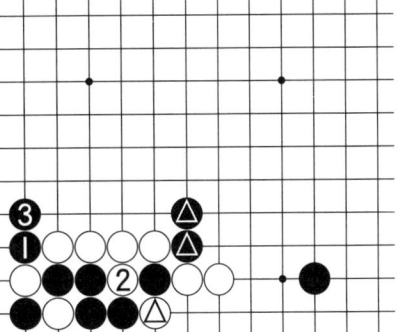

5도

5도(백, 요석을 잡다)

그러므로 실전이라면 백이 △로 단수했을 때 잇지 않고 흑1로 변 화를 꾀할 것이다.

그러거나 말거나 백은 2로 요석 을 잡아서 사통팔달이다. 흑△ 두 점이 못쓰게 된 점도 간과할 수 없다.

고급⑧ 과연 통렬한 끊음일까

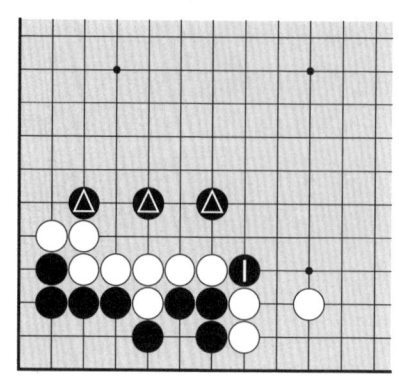

▨ 백 차례

흑1로 끊어온 장면이다. 귀는 걱정이 없으니 흑△ 석점을 배경으로 백을 분단하기만 하면 큰 전과를 올릴 수 있다는 속셈일 것이다.

그러나 흑1은 무리수였다. 과연 백은 어떤 수단이 있을까?

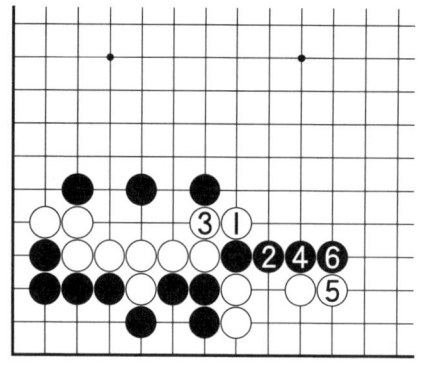

1도

1도(백3은 0점짜리 수)

백1의 단수가 출발점이며 문제 해결의 관건은 그 다음이다. 흑2 때 백3으로 잇는 것은 0점!

흑은 가차 없이 4, 6으로 밀어붙인다. 이러면 왼쪽 백 일단은 점점 위협을 받게 될 것이다.

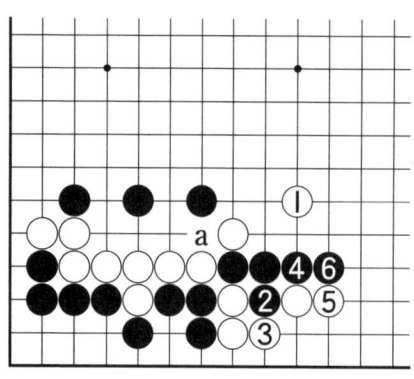

2도

2도(씌움도 부족하다)

앞 그림의 3으로 백1에 씌우는 것은 어떨까?

결론을 말하자면 이 수도 좀 부족하다. 흑은 속수이지만 2로 하나 찌르고 4, 6에 밀어간다. a의 끊음이 남은 만큼 백이 피곤하다.

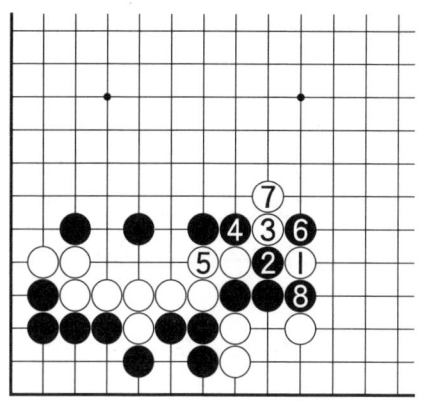

3도

3도(백, 무리한 씌움)

직선적으로 백1에 씌우는 것은 무리한 수법이다. 흑은 2 이하 8까지 단수 단수로 돌파해 버릴 것이다.

이렇게 되면 백은 왼쪽과 아래쪽 백을 동시에 타개할 방법이 없으니 낭패를 본다.

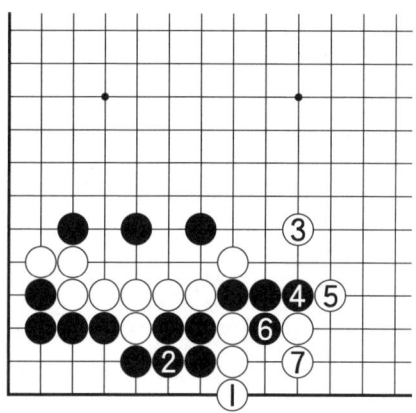

4도

4도(정해/ 1선 내려섬)

백1로 1선에 내려서는 것이 포인트이다. 흑2는 꼭 필요한 응수. 거기서 백3으로 씌우는 것이 좋은 수순이다.

그러면 흑 두점은 움직일 수 없다. 흑4, 6에는 백7로 늦추는 응수가 요령이다.

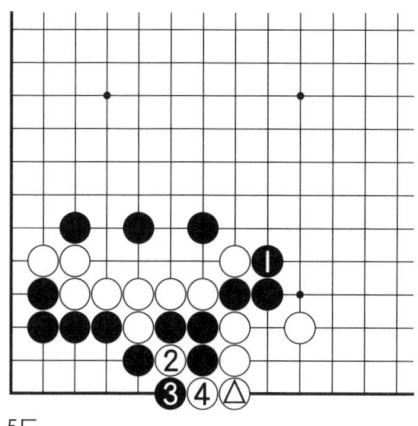

5도

5도(몰아떨구기 성립)

앞 그림의 2로 흑1에 꼬부리는 것은 무모한 반발이다.

백2로 집어넣고 4로 단수하면 몰아떨구기! 백△는 절대 선수였던 것이다.

고급⑨ 집으로 굳어지기 전에

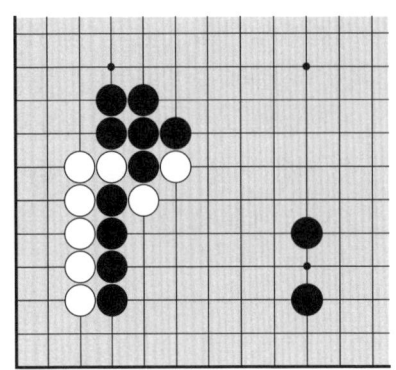

백 차례

좌하의 형태는 화점 정석에서 파생된 것이다. 이대로 놔둔다면 흑집이 매우 크게 굳어질 형국이다.

과연 백은 이곳에 어떤 수단이 있을까?

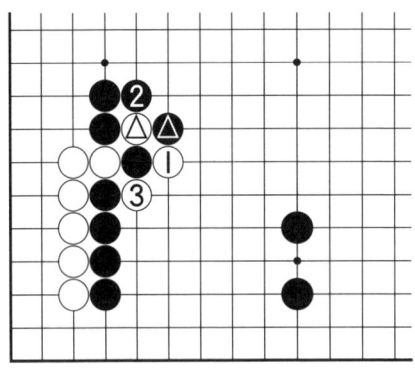

1도

❹…△

1도(과정/ 응수를 타진하다)

흑△로 백 한점을 축으로 몬 장면이다. 여기서 백1쪽 끊음은 응수를 타진한 것. 흑2면 백3으로 단수하겠다는 뜻이다.

2로 3쪽에 이으면 백은 2의 곳에 두어 달아나 싸움이 벌어진다.

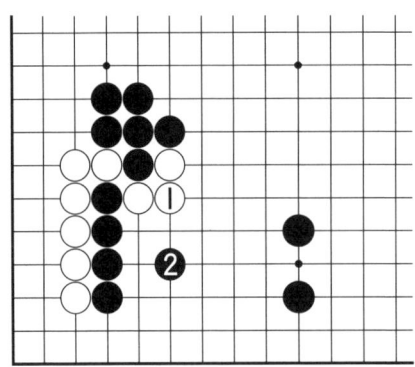

2도

2도(백1, 무거운 발상)

백1로 잇는 것은 무거운 발상이다. 흑2로 뛰면 아래쪽은 거의 흑집이 된다.

더욱이 백 석점은 흑의 좋은 공격 목표가 되어 두고두고 시달림을 당할 것이다. 백은 낙제점을 받을 수밖에 없다.

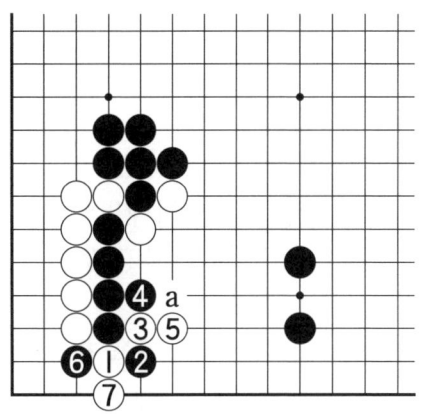

3도

3도(정해/ 젖힘이 출발점)

백1의 젖힘이 출발점. 흑2에는 백 3의 끊음이 맥점 1탄이다. 흑4, 6 에 백7로 키워서 버리는 것이 맥 점 2탄이다.

실은 2는 무리로, 5의 곳에 물 러서고 백2에 흑a로 쌍립을 서야 안전하다.

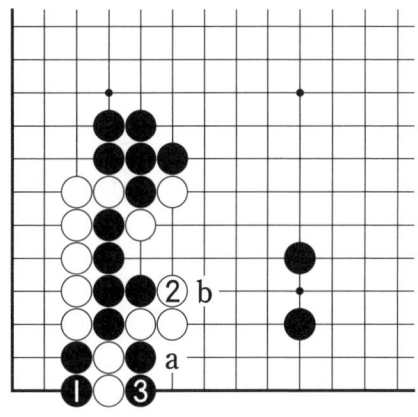

4도

4도(정해의 계속 1)

앞 그림에 이어, 흑1로 잡을 때 백 2로 단수한다(사실 이때라도 흑의 정수는 1로 2의 곳에 두고 백a 때 흑b로 참아두는 것이다). 흑3으로 따낸 다음~

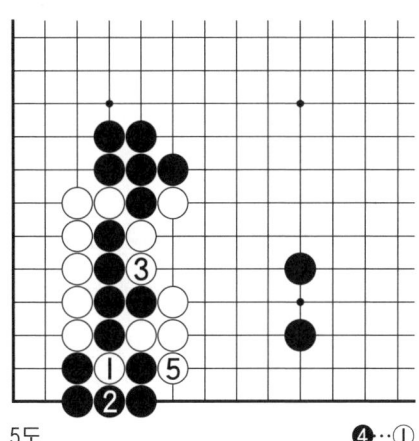

5도   ❹…①

5도(정해의 계속 2)

백1로 먹여치고 3에 단수하면 흑 은 사태의 심각성을 통감할 것이 다. 내친걸음이니 흑4에 이을 테 고 백은 5로 막아서 흑의 죽음을 선고한다.

이 수상전이 백승임은 설명할 것도 없다.

271

고급⑩ 수습의 테크닉

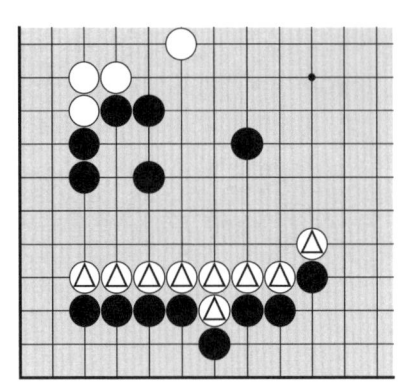

■ 백 차례

백은 당장 죽거나 할 정도로 위기 상황은 아니다. 하지만 백△ 일단이 공격당할 우려가 있는 것만은 분명하다.

따라서 백은 미리 손을 써서 안전을 꾀할 필요가 있다.

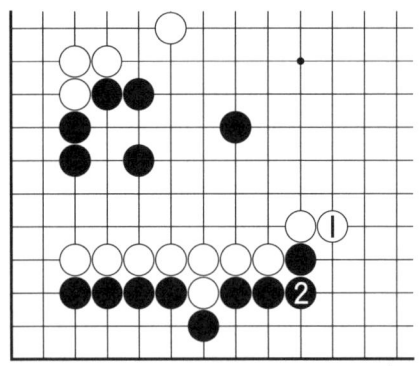

1도

1도(행마법이지만)

백1로 뻗는 것은 고급스런 행마법에 있는 수이다. 하지만 이 경우 흑의 허점을 쉽게 보강하게 해주는 이적행위이다.

흑은 기쁘게 2로 이어 튼실한 모습이며 백 전체만 노림을 받게 된다.

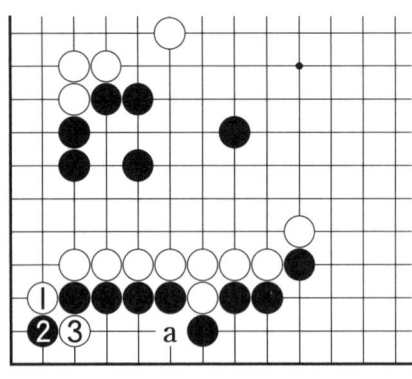

2도

2도(정해/ 젖히고 끊는다)

백1로 귀쪽에서 젖히고 흑2를 기다려 백3으로 끊는 것이 교묘한 수순이다.

백은 a의 곳을 끊는 것이 선수라는 점을 믿고 이렇게 둘 수 있는 것이다. 이다음~

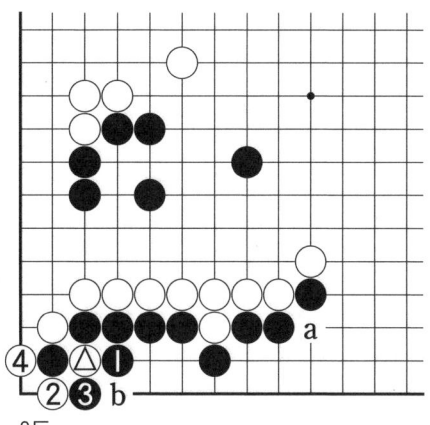

3도

3도(백2, 절묘한 맥점)

흑1로 받는 수는 절대. 여기서 백 2로 1선에서 돌려치는 것이 절묘 한 맥점이다.

흑3으로 그냥 따낸 것은 어떨 수 없으며 백4로 건너면서 패(이 단패)! 결국 흑a, 백△, 흑b로 될 곳이다.

4도(부담 큰 단패)

앞 그림의 3으로 흑1에 반발하는 것은 잘못된 대응이다. 백2의 끊 음이 선수로 듣는다는 것을 깜빡 했을까.

백4로 단패가 되므로 흑의 부담 이 엄청나게 커졌다.

4도

5도(흑1, 무모한 반격)

백△ 때 흑1의 반격은 무모하다. 백2로 단수하고 4에 끊으면 흑5 의 이음은 어쩔 수 없다.

거기서 백6, 8로 계속 몰면 흑 은 곤란하다. 백은 흑 넉점을 따내 는 수와 a를 맞봐 대성공이다.

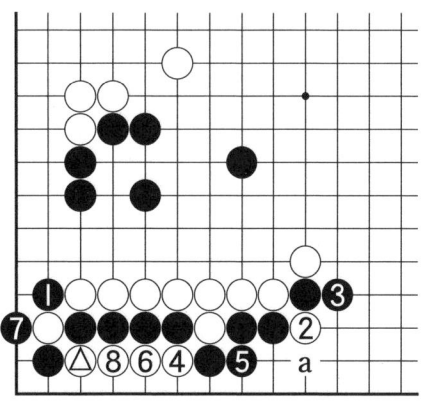

5도

PART 5

끝내기
-집의 급소와 계산

기초① 최선의 수

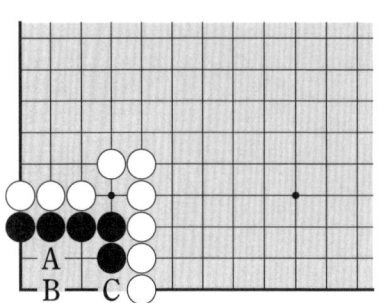

■ 흑 차례

A~C 가운데서 최선의 수를 찾는 것이 주안점이다.

최선을 다했을 때 흑이 몇 집으로 사느냐도 알아보자.

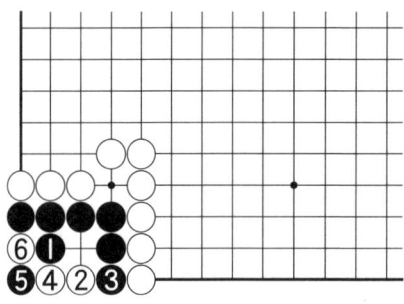

1도(A, 패가 발생)

흑1은 백2의 치중을 불러 사활에 걸린다.

결국 흑은 5로 패를 하지 않을 수 없다. 놔두면 백5로 귀곡사!

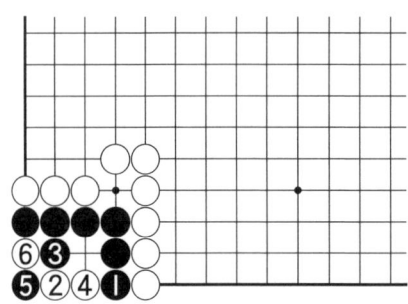

2도(C, 역시 패)

흑1로 궁도를 넓히는 것은 욕심이라 기보다 무모하다.

백2가 급소여서 앞 그림과 같은 결과를 초래한다.

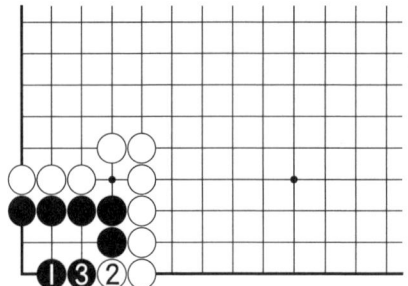

3도(정해/ B, 흑 4집)

흑1로 한칸을 뛰는 것이 최선이다. 그러고 보니 '2의 一'의 급소! 3까지 흑은 4집을 얻고 살았다.

기초② 바깥 공배가 두 군데

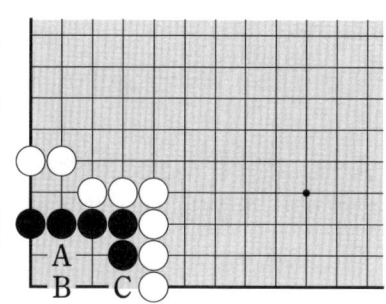

■ 흑 차례

[장면 1]과 똑같은 형태가 아닐까
싶지만 바깥 공배가 두 군데 비어
있다.

흑의 최선은 A~C 가운데 어
느 곳일까?

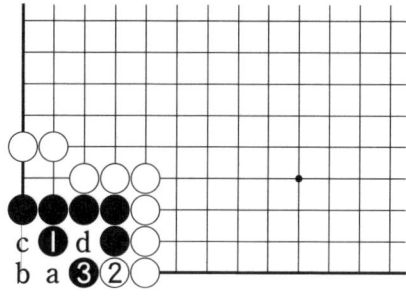

1도(A, 4집의 삶)

흑1이면 백2를 선수당해 흑3까지 되
며 4집의 삶을 얻는다.

2로 백3은 흑2, 백a, 흑b, 백c, 흑
d가 있어 보태준다.

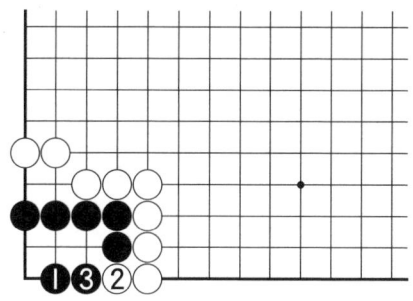

2도(B, 같은 결과)

흑1은 상식적인 수이지만 최선의 결
과는 이끌어내지 못한다.

3까지 앞 그림과 똑같은 결과인 4
집의 삶이다.

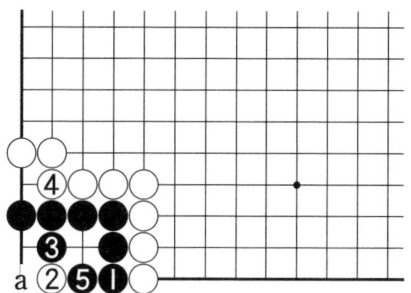

3도(정해/ C, 흑 5집)

흑1로 크게 살자는 것이 최선이었다.
백2의 치중에는 흑3으로 안전하다. 5
집의 삶! 백4로 5는 흑a가 있다.

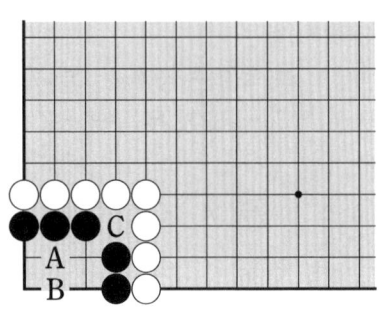

장면 3
기초③ 위태로운 모양

■ 흑 차례

흑은 뭔가 두지 않으면 삶이 위태롭다.

A~C 가운데 최선의 선택은 어디일까? 그때 몇 집의 삶인지도 알아보자.

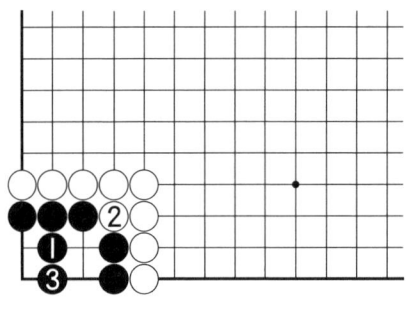

1도(A, 4집의 삶)

흑1로 두어도 사는 데 지장은 없다. 다만 백2에 흑3의 가일수가 필요하다. 안두면 패가 나니까. 4집의 삶.

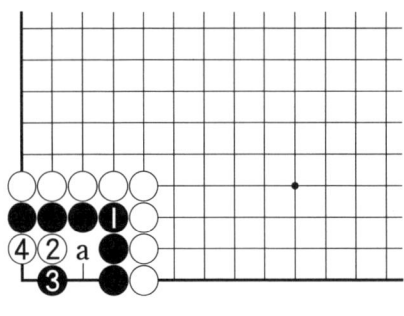

2도(C, 횡사)

흑1은 두지 않느니 만도 못하다. 흑2의 치중이 통렬한 급소여서 4까지 삶이 없다. 흑은 a에 둘 수 없으니까.

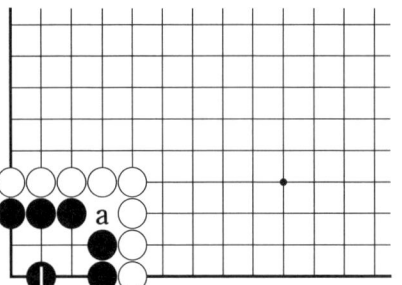

3도(정해/ B, 흑 5집)

흑1의 한칸뜀이 최선의 수이다. 이러면 백이 a의 곳을 메워 와도 귀에 가일수할 필요가 없다. 5집의 삶.

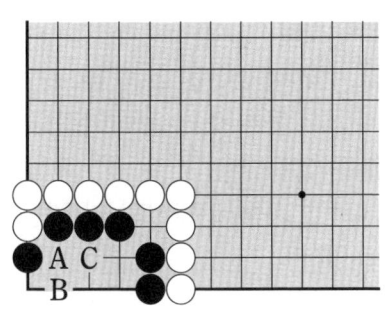

장면 4

기초④ 삶의 방법

▓ 흑 차례

귀의 흑은 어떻게 사는 것이 최선일까?

다행스럽게도 그 어떤 수를 선택해도 죽음은 없다. A~C 가운데 생각해보자.

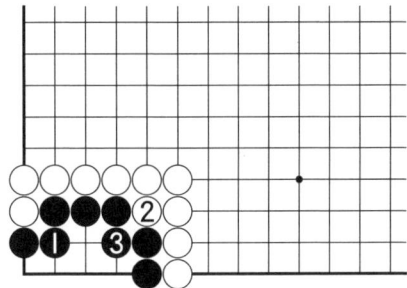

1도(A, 5집의 삶)

흑1로 꽉 잇는 것은 백2에 메웠을 때 흑3의 가일수가 필요하다.

이렇게 되면 흑은 5집의 삶을 얻는다.

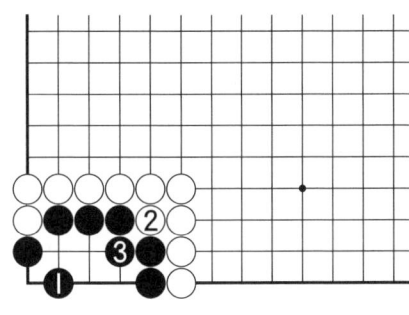

2도(B, 5집의 삶)

흑1로 호구치는 것도 삶에는 지장이 없지만 백2에 흑3으로 손질을 해야 한다. 이래도 5집의 삶이다.

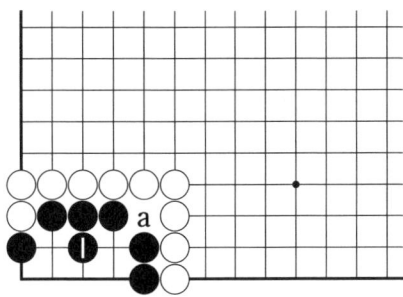

3도(정해/ C, 흑 6집)

흑1로 꼬부리는 것이 최선의 선택이다. 이러면 백이 a에 두어도 흑은 전혀 영향을 받지 않는다. 6집의 삶.

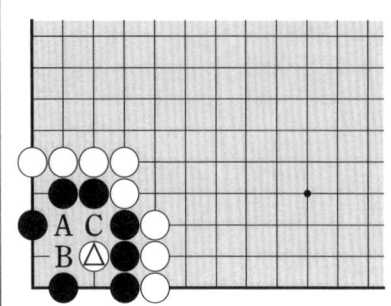

장면 5
기초⑤ 상대 한점의 존재

▨ 흑 차례

백△ 한점에 신경을 쓰지 않으면 안 된다. 물론 어떤 선택이라도 죽음은 없다.

A~C 가운데 최선의 한수는 어디일까?

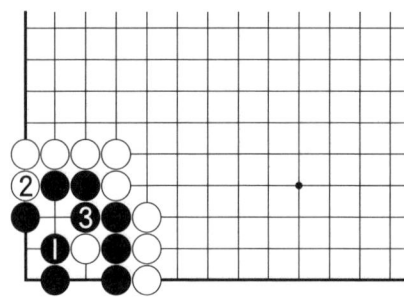

1도(B, 6집의 삶)

흑1은 백2 때 양단수를 피해 흑3의 가일수가 필요하므로 결국 6집을 얻으며 산 결과이다. 물론 정해는 아니었다.

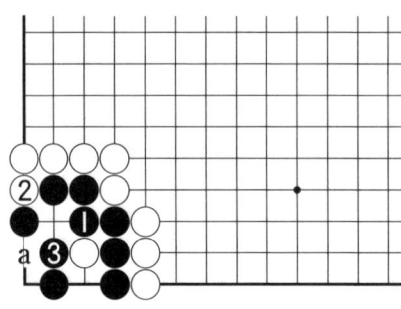

2도(C, 6집의 삶)

흑1쪽을 잇는 것도 최선은 아니다. 백2가 오면 a로 단수하는 수가 생기므로 천상 흑3에 두어야 한다. 역시 6집.

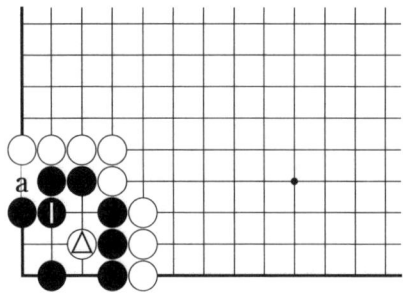

3도(정해/ A, 흑 7집)

흑1의 웅크림이 최선의 한수이다. 백 a에 메워도 △ 한점은 위협이 안 된다. 흑은 가일수할 필요가 없으니 7집이다.

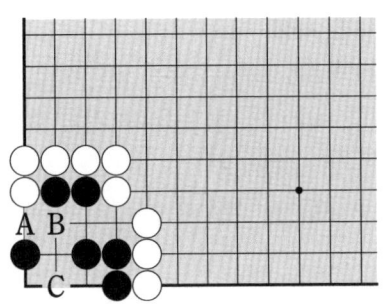

장면 6

기초⑥ 비극을 피하라

▨ 흑 차례

흑은 A~C 가운데 어느 수를 선
택하는 것이 최선일까?

　잘못 골랐다가는 잡히는 비극
이 일어날 수도 있다.

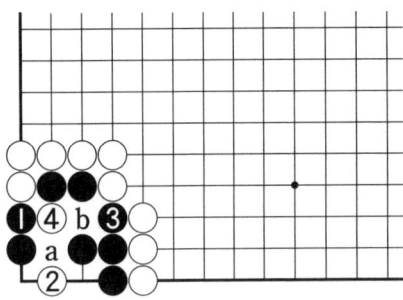

1도(A, 횡사)

흑1은 잘못된 선택. 백2가 '2의 一'
의 급소로 통렬한 일격이다.

　흑3에는 백4로 흑 죽음. 흑3을 a
면 백b로 그만이다.

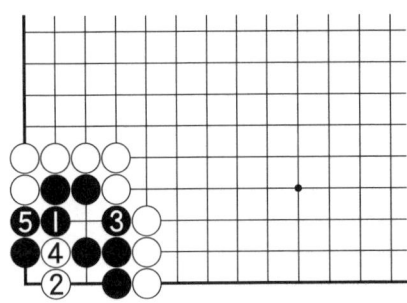

2도(B, 후수 빅)

흑1도 좋은 결과를 이끌어내지 못한
다. 백2의 치중이 급소이다.

　흑3에는 백4가 선수여서 백의 선
수 빅이다. 흑집은 0.

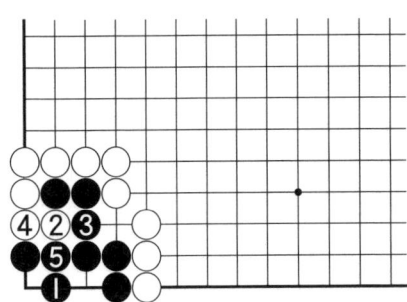

3도(정해/ C, 흑 2집)

옹색한 것 같지만 흑1이 '적의 급소
는 나의 급소'이다. 흑5까지 알뜰하
게 살 수 있다.

　이 진행이 최선으로 흑은 2집의
삶이다.

281

장면 7

기초⑦ 효과적인 삶

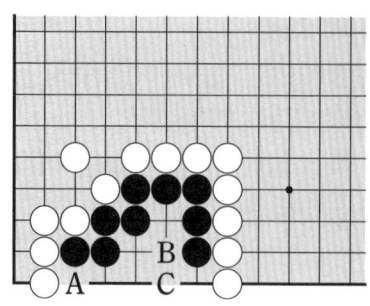

▨ 흑 차례

이 상태로 놔두면 흑은 당연히 잡힌다. 어느 곳에 두어야 가장 효과적인 삶일까?

A~C 중 생각해보자.

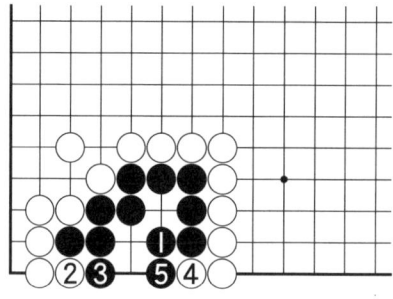

1도(B, 3집의 삶)

흑1은 백2, 4를 선수라 쳐도 3집의 삶이다.

단, 2와 4는 절대 선수도 아니며, 백은 이 흑에 대해 팻감도 없다.

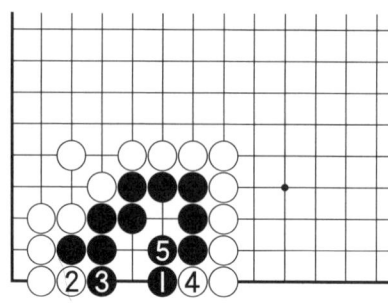

2도(C, 3집의 삶)

흑1의 마늘모는 최악의 선택이다. 5까지 3집이지만, 백2와 4가 절대 선수이다.

그러니 팻감도 두 개. 앞 그림보다 못하다.

3도(정해/ A, 흑 5집)

흑1로 막는 것이 최강이며 최선의 길이었다.

백2에는 흑3으로 받아서 아무 일도 없다. 이러면 무려 5집의 삶이다.

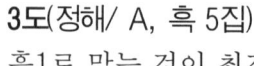

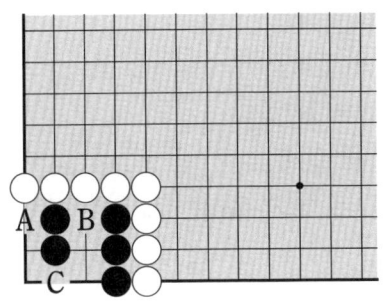

장면 8
기초⑧ 기본 사활에서

▨ 흑 차례

귀의 기본 사활 가운데 하나이다.
흑은 A~C 중 어느 곳을 두는
것이 최선의 선택일까? 집수도
함께 알아보자.

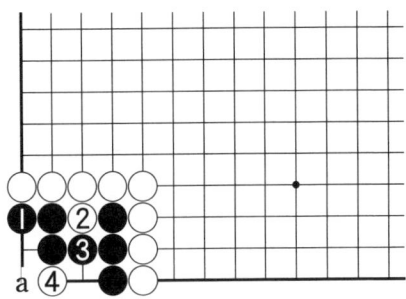

1도(A, 패를 이겨야 3집)

흑1이면 백2, 4로 공략당해 목숨이
위태롭다.

　흑은 a로 패를 들어가야 할 처지
가 되었다. 패를 이겨야 3집.

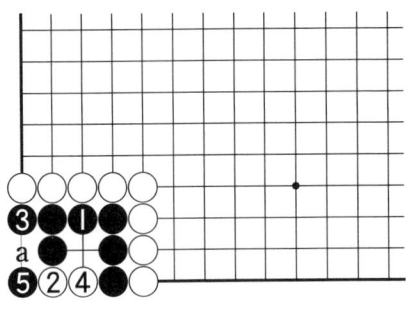

2도(B, 패를 이기면 5집)

흑1로 두기 십상이다. 그러나 백2가
통렬해 흑3, 5의 패가 필연이다.

　이 패를 이기면 5집. 흑3으로 4면
백a가 있다.

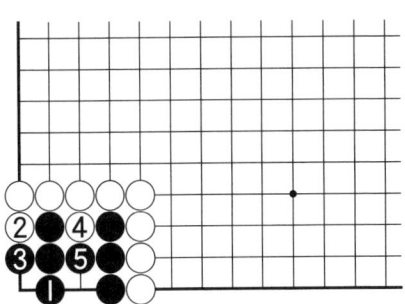

3도(정해/ C, 흑 2집)

흑1로 '2의 一'의 급소를 차지하는
것이 최선의 선택이다.

　백2, 4는 절대 선수. 따라서 결론
은 2집의 삶이다.

283

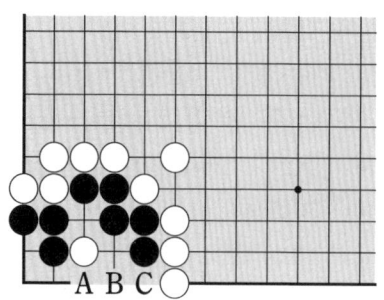

장면 9

기초⑨ 살기도 쉽지 않다

■ 흑 차례

흑이 A~C 가운데 최선의 한수
는 어디일까?

셋 중 하나를 빼 놓고는 모두
살기도 쉽지 않다는 게 힌트이다.

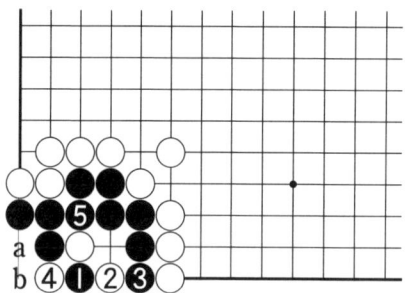

1도(A, 패 또는 빅)

흑1의 젖힘은 백2를 불러 골치 아픈
상황이 된다.

5까지 된 다음 백은 놔두고 나중
에 a로 패를 하든지 b로 빅을 만들든
선택은 자유롭다.

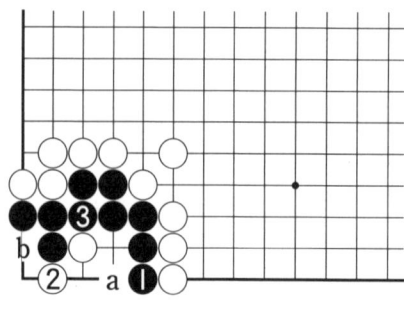

2도(C, 패의 노림)

흑1로 막으면 백2가 급소. 흑3 다음
백은 a에 두고 b의 패를 노리게 된
다. 앞 그림과 선후수의 차가 있다.

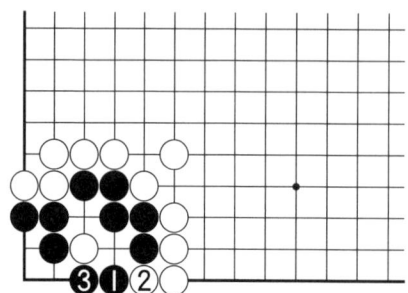

3도(정해/ B, 흑 7집)

흑1의 마늘모가 최선의 한수이다. 백
은 귀쪽에 수단이 없으니 2를 선수
하는 정도. 흑3까지 7집을 얻으며 살
았다.

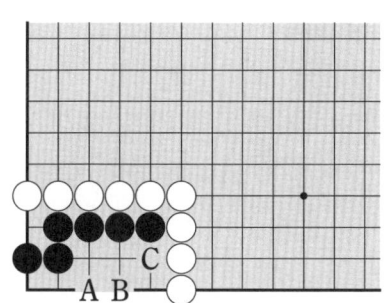

장면 10

기초⑩ 최악을 피하라

흑 차례

A~C 가운데 흑의 최선의 한수
는 어디일까?

그때 흑이 몇 집을 얻고 사는
지도 함께 알아보기로 하자.

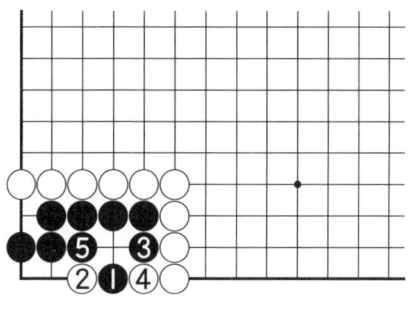

1도(B, 패는 최악)

흑1은 급소처럼 보이지만 엉터리 수
이다. 백2의 붙임이 매섭다.

그러면 흑3, 5로 버틸 수밖에 없
다. 패가 나서는 최악이다.

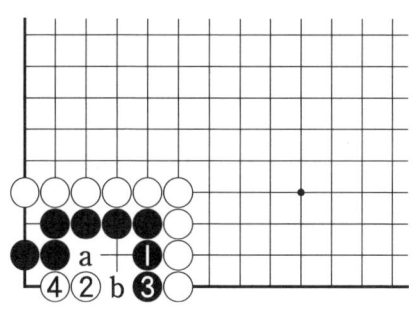

2도(C, 빅의 삶)

흑1로 크게 살자는 것은 백2의 치중
을 불러 좋지 않다.

흑3, 백4 다음 a와 b가 맞보기의
빅이다. 흑집은 0.

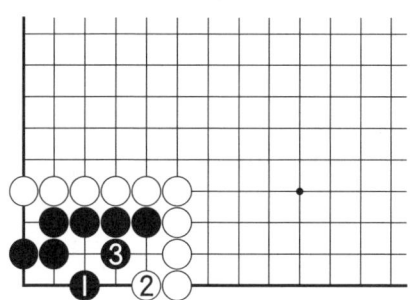

3도(정해/ A, 흑 3집)

흑1의 마늘모가 '적의 급소는 나의
급소'에 해당하는 수로 최선의 선택
이다. 3까지 흑은 3집의 삶이다.

기초⑪ 기어든 장면

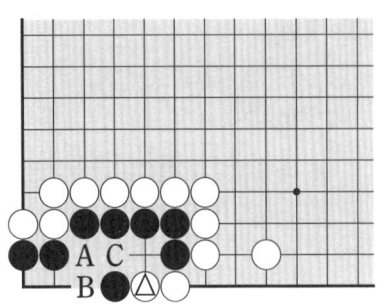

▨ 흑 차례

백이 △로 기어든 장면이다. 흑은 어떻게 응수하는 것이 최선일까? A~C 가운데 그 해답이 있다.

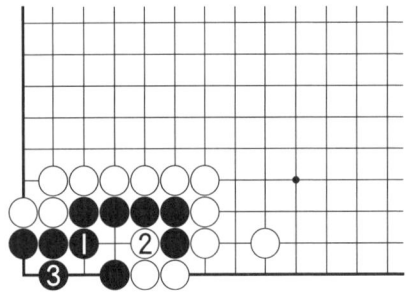

1도(A, 고작 2집)

흑1로 물러서는 것은 마음 약한 수이다.

백2가 절대 선수가 되어 흑은 3으로 살게 된다. 그러고 보니 흑은 고작 2집을 얻었다.

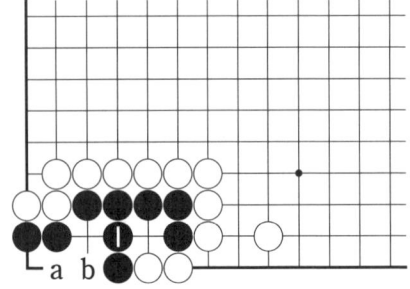

2도(C, 3집의 삶)

흑1로 빳빳하게 잇는 것이 상식이라고 생각할 것이다.

나중에 a나 b로 가일수해야 하므로 흑은 3집의 삶이다.

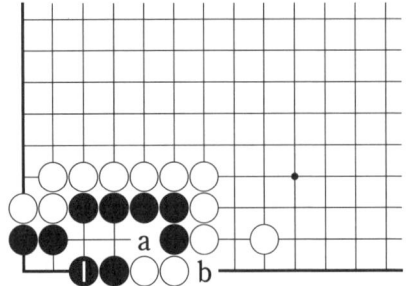

3도(정해/ B, 흑 4집)

놀랄지도 모르지만 흑1로 늘어서는 것이 최선의 수이다.

이다음 흑a, 백b는 흑의 선수 권리이므로 4집의 삶이다.

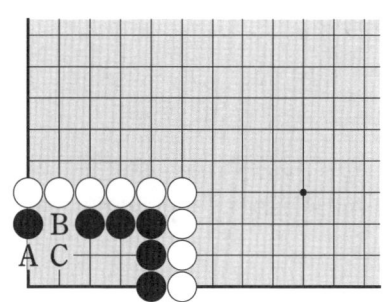

장면 12

기초⑫ 척 보고 두어라

▨ 흑 차례

이런 정도는 척 보고 둘 수 있어
야 한다.

A~C 가운데 흑의 최선은 어
디일까? 그때 몇 집을 얻는지도
알아보자.

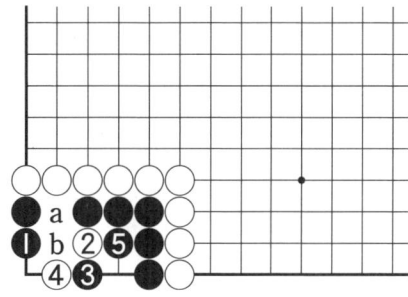

1도(A, 패는 논외)

'흑1로 늘어서고 백a면 흑b로 받아
6집의 삶'이라는 수읽기는 착각이다.

백2가 통렬하다. 흑3, 5의 패는
논외!

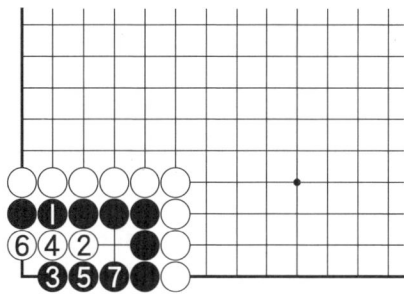

2도(B, 빅의 삶)

흑1로 살 수 있다면 좋겠지만 백2가
급소여서 낭패를 본다.

흑3 이하 7까지 고작 빅으로 살아
야 하니 0집이다.

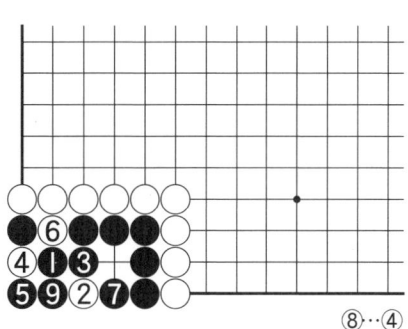

3도(정해/ C, 흑 3집강)

흑1이 최선의 선택. 백도 2가 묘수여
서 흑9까지가 필연이므로 3집강의
삶이다.

흑5로 6은 백9의 한 수 늦은 패가
있다.

⑧…④

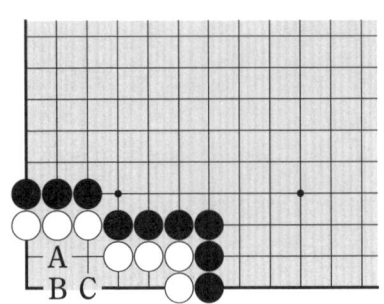

장면 13
기초⑬ 가일수해야 할 곳

▨ 흑 차례

귀의 백은 살아 있는 돌이지만 가일수를 해야 할 곳이었다.

A~C 가운데 흑의 최선은 과연 어디일까? 또 그때 백집도 알아보자.

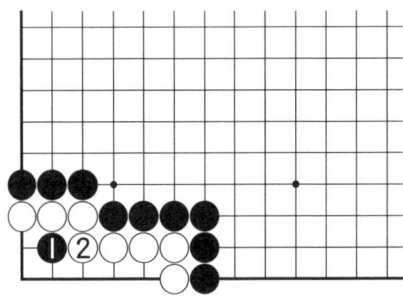

1도(A, 8집 허용)

흑1을 선택하는 이는 없었을 것이라고 믿는다.

백2로 이어서 아무 수도 없이 끝난다. 이러면 백은 무려 8집이다.

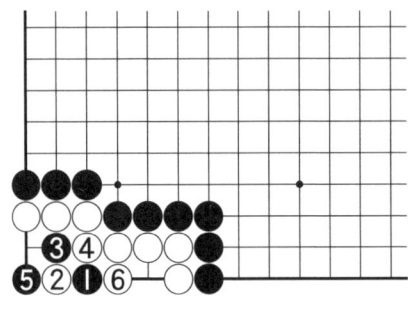

2도(C, 역시 8집)

흑1은 꽤 날카로운 공략이지만 백2의 붙임이 급소여서 흑은 헛수고에 그친다. 6까지 백은 8집이나 얻으며 살았다.

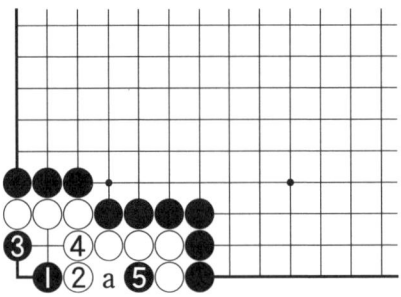

3도(정해/ B, 백 1집)

흑1의 치중이 급소이다. 백2를 강요해 흑3, 5로 마무리하면 빅의 모습이다. 백a로 따내는 수만 남았을 뿐이니 1집.

장면 14
기초⑭ 가장 적은 집을 허용하라

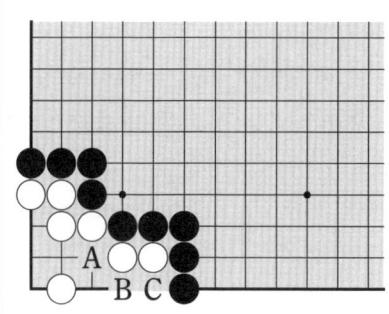

▨ 흑 차례

백을 잡는 수는 없다. 흑이 A~
C 가운데 어느 수를 선택해야 백
에게 가장 적게 집을 허용하느냐
를 묻고 있다.

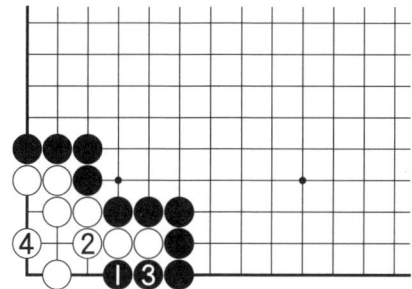

1도(B, 3집의 삶)

흑1의 붙임은 2퍼센트 부족하다. 백
2의 이음이 좋은 응수여서 4까지 3
집의 삶이다. 이 진행은 아쉽지만 최
선이 아니다.

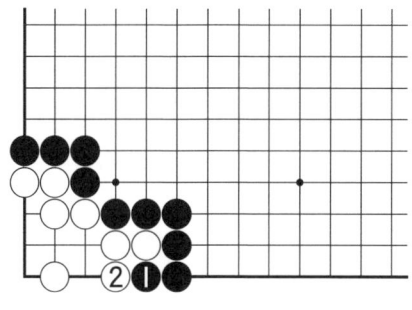

2도(C, 무려 6집)

흑1로 기어들 바에야 두지 않는 편
이 차라리 낫다.

어차피 백이 둔다면 2의 곳이니
까. 백은 무려 6집을 얻었다.

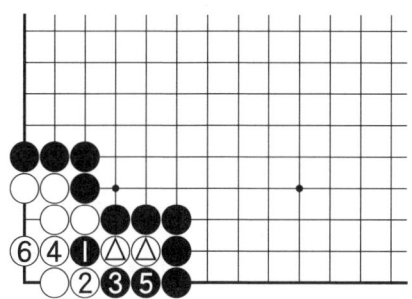

3도(정해/ A, 백 2집)

흑1의 끊음이 최선. 다음 흑3, 5로
백6을 강요한다.

흑이 백△를 따내고 백이 되따내
는 것으로 봐서 백은 2집의 삶이다.

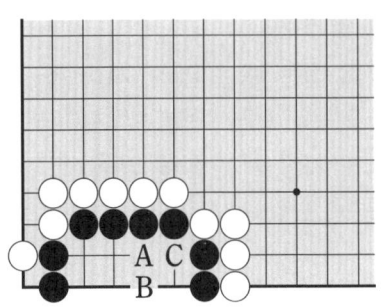

장면 15

기초⑮ 최선의 삶

■ 흑 차례

이 흑은 몇 집을 얻으면서 살 수 있을까? A~C 가운데 최선의 삶이 있다.

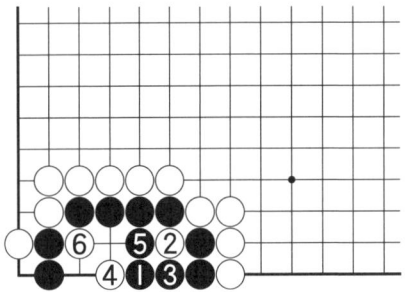

1도(B, 횡사)

흑1로 뛰는 것은 겉멋만 잔뜩 든 수이다.

백2, 4가 통렬한 공략이어서 6까지 보듯이 양자충의 죽음을 피할 수 없다.

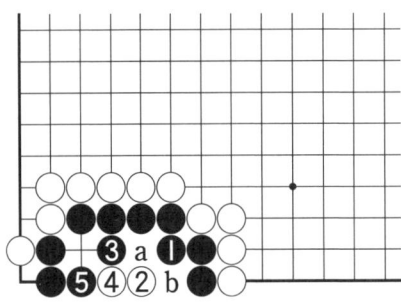

2도(C, 5집의 삶)

흑1의 이음은 평범. 백2의 치중이 교묘해 흑3, 5가 필연이며 결국 흑은 a, b에 두어 두점을 따내야 하므로 5집이다.

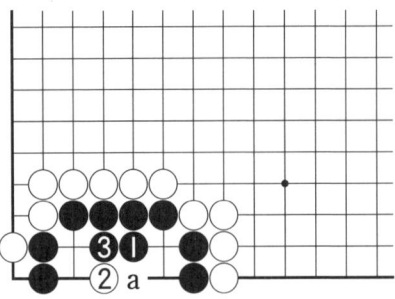

3도(정해/ A, 흑 6집)

흑1이 실전적인 수법이자 최선의 선택이기도 하다.

백2에 흑3으로 받고 나중에 흑a로 가일수하면 되므로 6집의 삶이다.

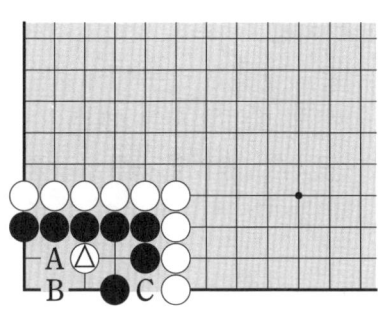

장면 16

기초⑯ 암적인 존재

▨ 흑 차례

백△ 한점이 흑에게는 암적인 존재이다. 흑은 이 한점의 움직임도 막아야 한다.

흑은 A~C 중 어디가 최선의 선택일까?

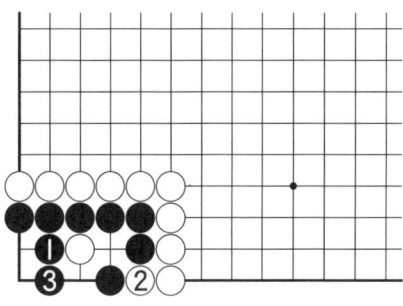

1도(A, 6집의 삶)

흑1은 백2로 메워 오면 흑3의 가일수가 필요하다.

그러면 귀의 흑은 6집. 3을 안두면 백3을 불러 패가 된다.

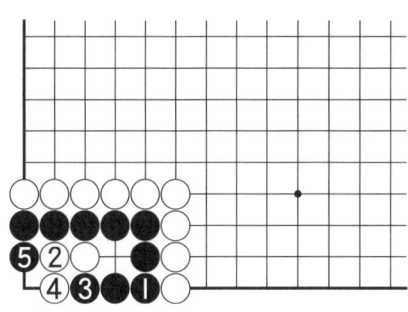

2도(C, 빅의 삶)

흑1은 최악의 선택이다. 백2에 흑3, 5면 가까스로 죽음은 면하지만 빅의 삶이므로 흑이 가진 집은 0이다.

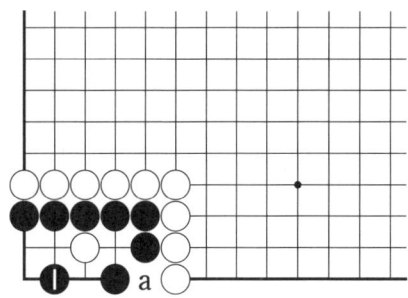

3도(정해/ B, 흑 7집)

흑1로 한칸을 뛰는 것이 최선의 한수이다.

백이 a에 두어 오더라도 전혀 영향을 받지 않는다. 그러면 7집의 삶.

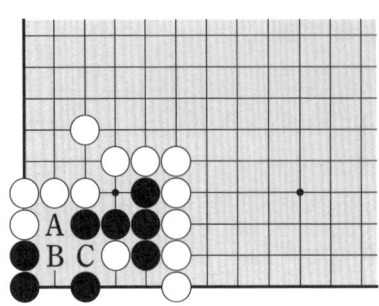

장면 17

기초⑰ 환격을 내포한다

▓ 흑 차례

환격을 내포하고 있는 형태. A~C 가운데 흑의 최선의 선택은 어느 곳일까? 그때 몇 집을 얻는지도 알아보자.

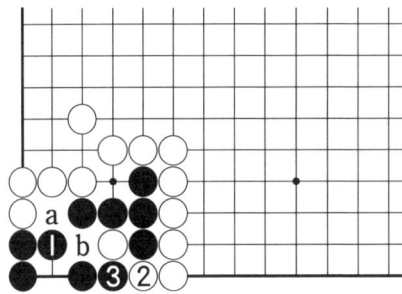

1도(B, 3집반의 삶)

흑1은 평범하다. 백2, 흑3 다음 백a면 흑b가 필요하고 흑a면 가일수하지 않아도 된다. 3집과 4집의 중간인 3집반의 삶.

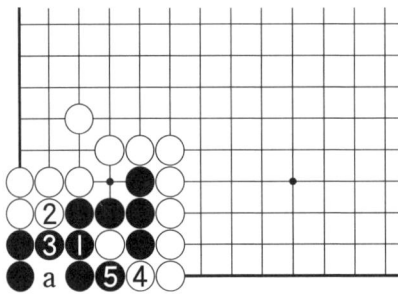

2도(C, 3집의 삶)

흑1이면 백2와 4가 선수이므로 흑은 3집의 삶이다.

2로 백3은 흑2로 그만이다. a로 따내 봤자 환격이 있음을 확인하기 바란다.

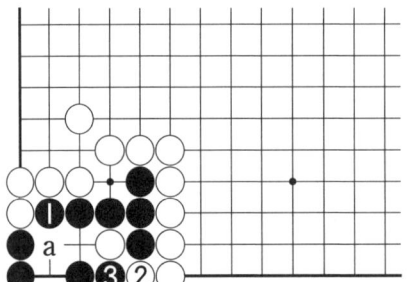

3도(정해/ A, 흑 4집)

흑1이 환격을 제대로 활용하는 최선의 선택이다.

3까지 일단락이며 나중에 a로 손질을 하더라도 흑은 4집이나 얻는다.

기초⑱ 넓은 공간에서

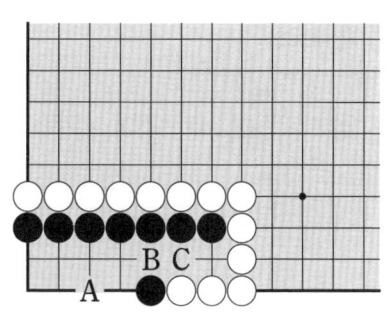

▨ 흑 차례

흑의 공간이 꽤 넓지만 그렇더라도 주의가 필요하다.

A~C 가운데 흑의 최선의 선택은 어디일까? 그때의 집수도 알아보자.

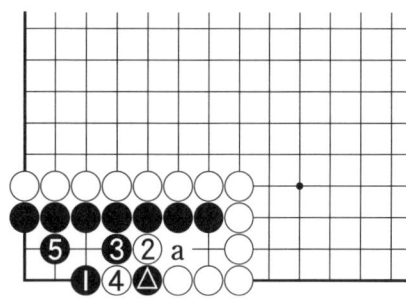

1도(A, 4집약)

흑1로 뛰는 것은 소심한 선택이다. 백2, 4에 흑5로 살아야 한다.

나중에 흑▲로 따내고 백a로 물러설 곳이니 4집약.

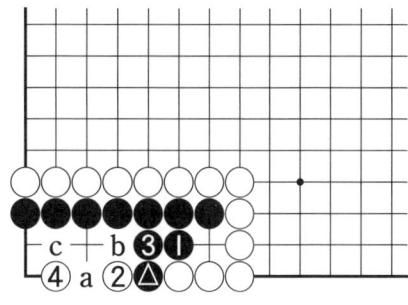

2도(C, 3집의 삶)

흑1로 넓히고 백2에 흑3으로 잇는 것은 무모하다. 4까지 빅의 삶.

3은 흑a, 백3, 흑b, 백▲, 흑c로 살 곳이다(3집).

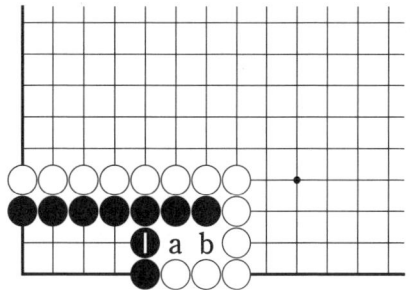

3도(정해/ B, 흑 7집)

흑1로 빳빳하게 잇는 것이 중용의 도이다.

a와 b, 두 군데의 공배가 메워지면 귀에 가일수를 해야 한다. 그러면 7집의 삶.

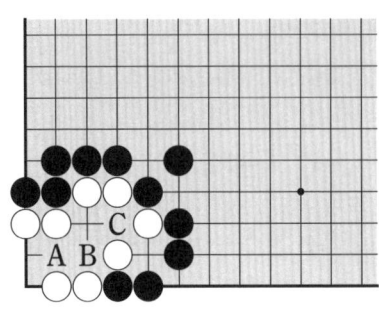

장면 19

기초⑲ 최대한 집을 줄여라

░ 흑 차례

귀의 백은 살아 있다. 요는 백집을 얼마나 허용하는 것이 최선이냐는 것이다.

　A～C 가운데 선택해보자.

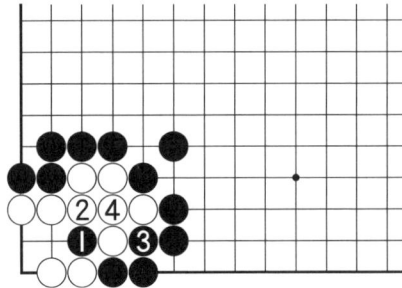

1도(B, 백은 5집)

흑1에 끊을 바에야 두지 않는 편이 차라리 낫다.

　백2로 받으면 흑3의 단수는 하나마나. 백은 5집을 얻었다.

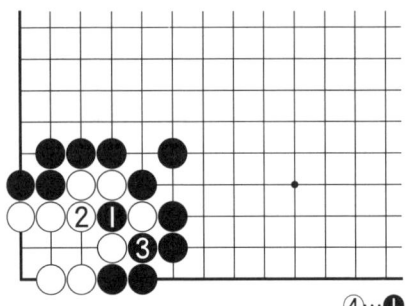

④…❶

2도(C, 역시 5집)

흑1의 먹여침도 앞 그림에 비해 나을 것이 없다.

　흑3에 백4로 이어서 일단락이며, 역시 백은 5집의 삶이다.

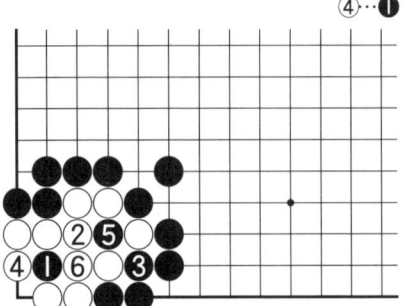

3도(정해/ A, 백 2집강)

흑1이 날카로운 맥점이다. 백2 이하 6까지는 필연이며, 반패를 따낼 이득을 감안하면 백이 얻은 것은 2집이 강하다.

장면 20

기초⑳ 조금 어려운 문제

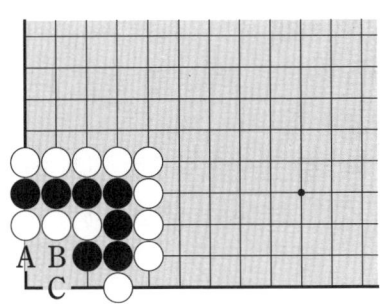

▥ 흑 차례

기초 편의 마지막 관문은 조금 어려운 문제이다. A~C 가운데 흑의 최선의 한수는 어디일까?

흑이 몇 집을 얻는지도 함께 알아보자.

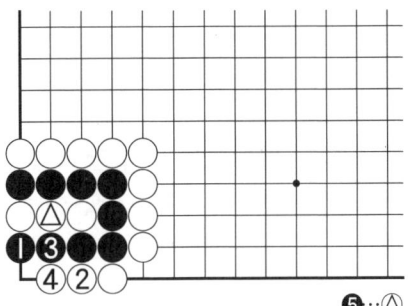

1도(A, 5집의 삶)

흑1을 선택하는 것은 낙제점이다. 백 2, 4가 절대 선수여서 흑은 겨우 살아야 한다. 얻은 것은 5집(따낸 돌 3 +집 2).

❺···△

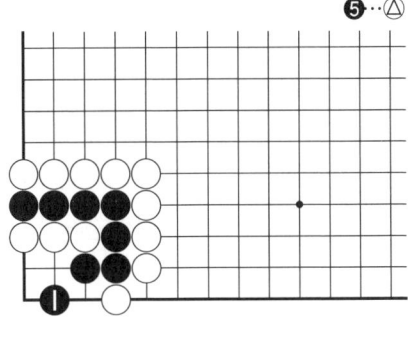

2도(C, 8집의 삶)

흑1의 마늘모는 '2의 ㅡ'의 급소를 차지하고 있지만 조금 미흡하다.

나중에 가일수 하나가 필요하므로 8집이다.

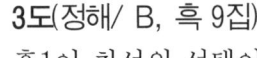

3도(정해/ B, 흑 9집)

흑1이 최선의 선택이다(흑a, 백b가 흑의 권리이므로 9집을 얻는다).

흑1 다음 백c는 흑d가 묘수여서 소용이 없다.

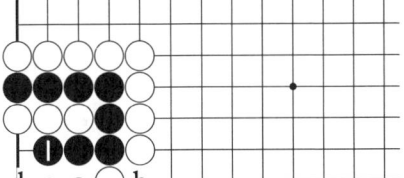

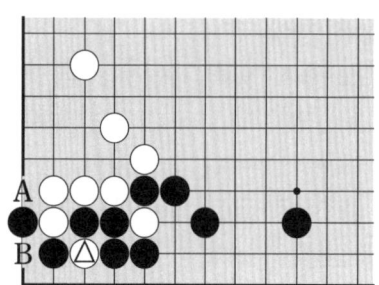

장면 21
발전① 한점을 활용하는 맥점

▨ 백 차례

백△ 한점을 활용하는 끝내기의 맥점을 찾아보기 바란다.

백A로 단수해 흑B로 잇게 하는 것은 초보자의 수법이다.

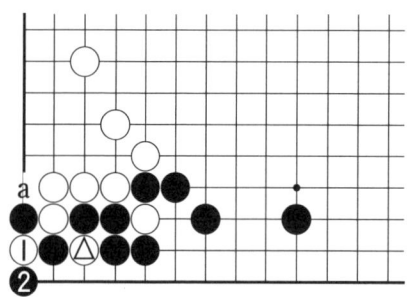

1도(정해/ 먹여침)

백1의 먹여침이 백△를 활용하는 맥점이다.

흑2 다음 백이 a로 막으면 더 큰 이득을 볼 수 있으며 자체로도 이득이다.

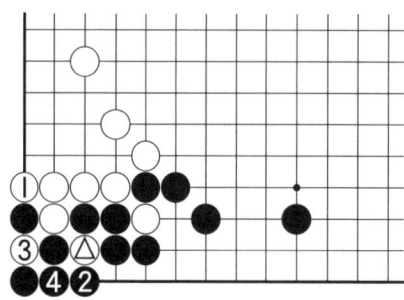

2도(앞 그림 다음)

백1에 흑2로 따내면 백3, 흑4로 될 곳이다.

2를 손 빼면 백3, 흑2 때 백4의 단수가 아프다. 그러면 흑이 △로 잇는 정도일 것이다.

3도(흑 차례일 경우)

흑이 둘 차례일 경우 1로 백이 먹여칠 곳을 잇는 것이 호수이다.

백은 2로 받는 정도이다. 1로 흑2는 백1이 있다.

발전② 귀의 특수성

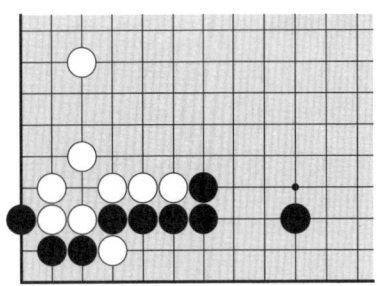

백 차례

실전에서도 흔히 볼 수 있는 형태이다.

　[장면 21]과 같은 성격을 갖고 있는 만큼 귀의 특수성을 활용해야 한다.

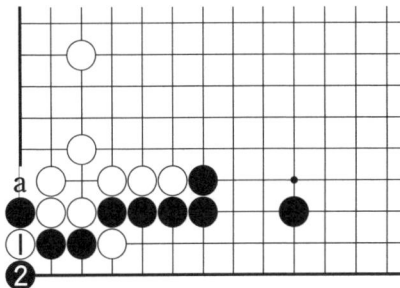

1도(정해/ 먹여침)

역시 백1의 먹여침이 맥점이다. 흑2로 따내게 하는 자체로도 이득이다.

　다음 백a로 단수하면 더 큰 이득을 볼 수 있다.

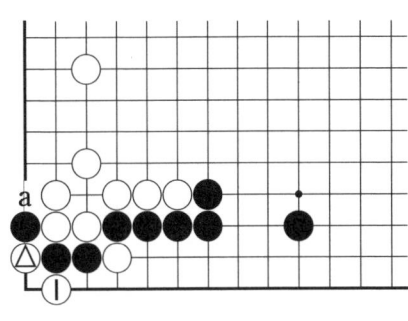

2도(손을 뺐다가는 패)

백△에 흑이 손을 뺄 수는 없다. 그랬다가는 백1의 패가 발생한다.

　백이 1로 a에 따낼 거라고 생각하는 이도 있을까.

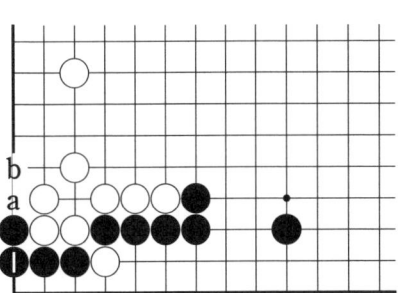

3도(흑 차례일 경우)

흑이 둘 차례일 경우 1로 꽉 잇는 것이 호수이자 적지 않은 끝내기이다.

　다음 흑a, 백b의 선수가 보장되어 있다.

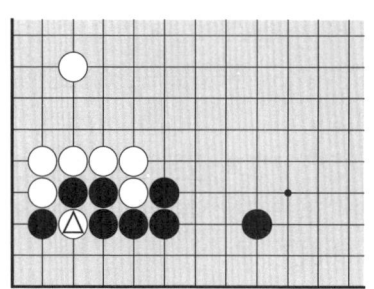

장면 23
발전③ 실전 끝내기 수법

▨ **백 차례**

잡혀 있는 백△ 한점을 활용하는
끝내기 수법을 찾아보자.

이것도 실전에서 자주 볼 수
있는 형태 가운데 하나이다.

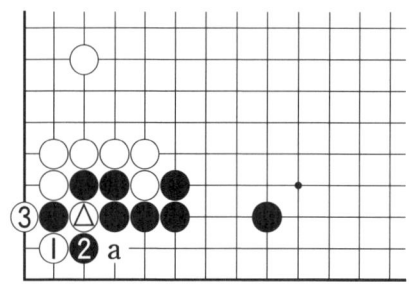

1도(정해/ 돌려침)

백은 1로 돌려치는 것이 적절한 수
법이다.

흑2에 백3으로 건넌 다음, 백△로
따내어 흑a를 강요하는 수가 남는다.

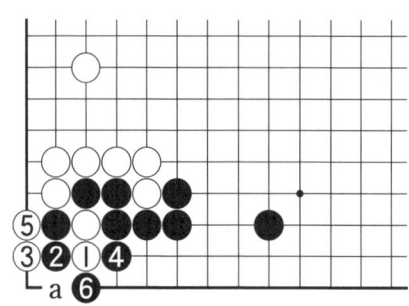

2도(정해에 뒤진다)

백1로 달아나고 흑2 때 백3의 붙임
은 맥점이다.

다만 6까지 선후수 차이는 있어도
정해에 뒤진다. 흑4로 5는 백a로 패!

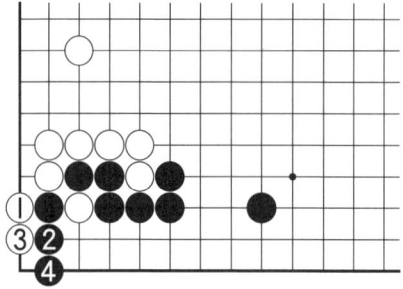

3도(묘미가 없다)

백1로 1선에서 단수하고 흑2에 백3
을 선수하는 것은 묘미가 없다.

단, 앞 그림과 집수는 똑같다는 점
이 위안이다.

발전④ 귀의 기본형

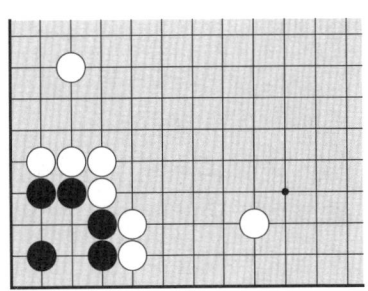

▓ 백 차례

귀의 기본형 가운데 하나이다. 흑은 산뜻하게 살아 있다.

요컨대 이 흑을 상대로 어떤 끝내기가 남아 있느냐는 것이 초점이다.

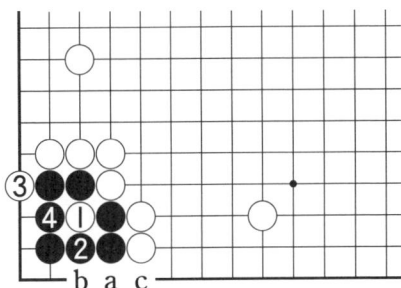

1도(정해/ 끊음)

좌우동형의 중앙이 급소로, 백1의 끊음이 맥점!

백3이 선수가 된 점이 자랑이며 흑4 다음 백a, 흑b, 백c도 짭짤하다.

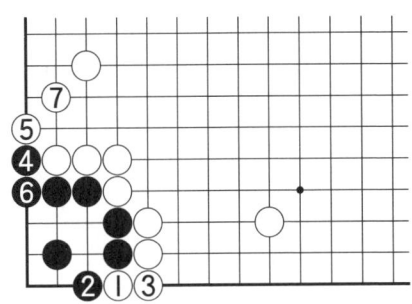

2도(평범한 수법)

백1, 3의 젖혀이음은 평범하다. 흑4, 6을 선수로 당한다.

정해는 양쪽을 다 둘 수 있었다. 그 차이는 대단히 크다.

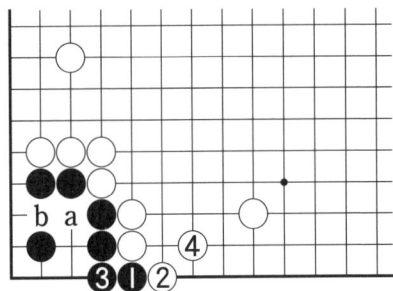

3도(뒤늦은 끊음)

흑이 둘 차례면 1, 3의 젖혀이음이 선수이다.

이다음 백이 a에 뒤늦게 끊어 봤자 흑은 b로 응수할 테니 아무 수도 없다.

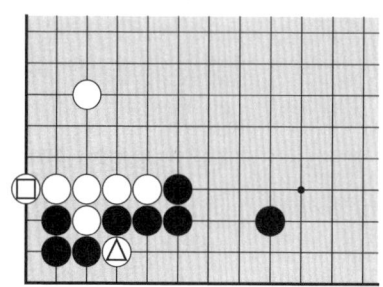

장면 25
발전⑤ 첫수가 관건

▨ 백 차례

귀의 끝내기 수법인데 흑의 품안
에 있는 백△를 활용한다.

또한 1선에 내려서 있는 백□
가 결정적인 구실을 한다. 백의
첫수가 관건이다.

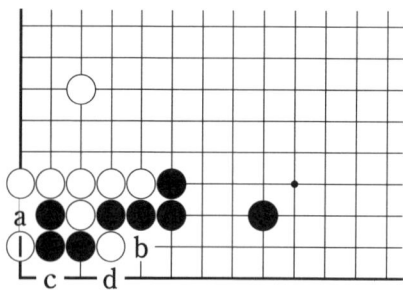

1도(정해/ 붙임)

a는 누구든지 둘 수 있지만 백1의 맥
은 아무나 둘 수 없다.

흑은 손을 빼게 되며 백a, 흑b, 백
c, 흑d로 될 곳이다.

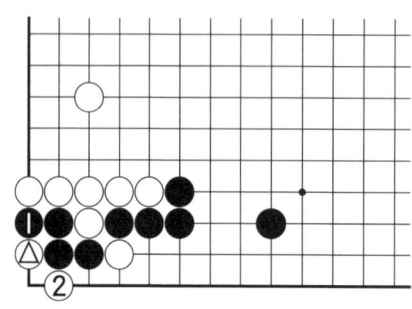

2도(백의 꽃놀이패)

백△의 붙임에 대해 흑1로 차단하는
것은 무모한 행동이다.

백2의 패가 기다리고 있다. 이것
은 백의 꽃놀이패!

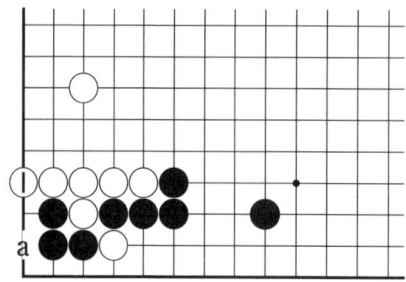

3도(문제의 원형)

문제의 원형이라고 할 수 있다. 이런
형태에서 백1의 1선 내려섬은 흑의
선수 끝내기를 방지하며 a를 보고 있
었다.

발전⑥ 세심한 주의

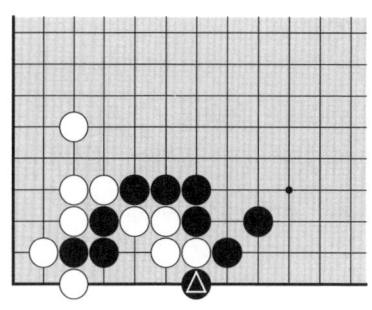

▨ **백 차례**

지금 흑이 ▲로 젖혀온 장면이다. 백은 어떻게 응수하는 것이 가장 좋을까?

정말 세심한 주의가 필요한 순간이다.

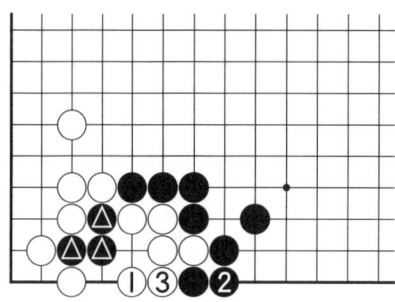

1도(정해/ 마늘모)

백1의 마늘모가 최선의 응수이자 배워둘 만한 끝내기의 맥점이다.

3까지 백은 따낼 필요 없이 흑▲ 석점을 잡았다.

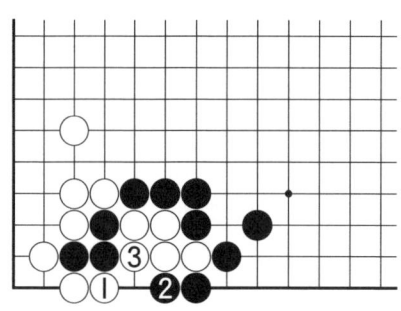

2도(백, 2집 손해)

백1로 석점을 잡는 것은 누구나 둘 수 있는 평범한 응수이다.

3까지의 결과와 정해를 비교하면 2집 손해이다.

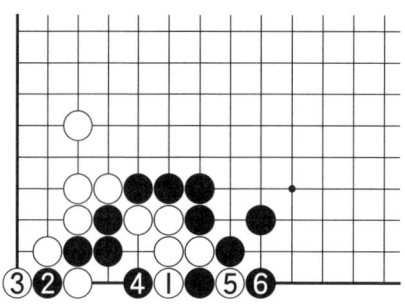

3도(한 수 늘어진 패)

백1로 막는 것은 무리수이다. 흑2로 먹여쳐 놓고 4에 단수하면 6까지 흑이 유리한 꽃놀이패가 된다. 한 수 늘어진 패.

장면 27

발전⑦ 상당한 끝내기 차이

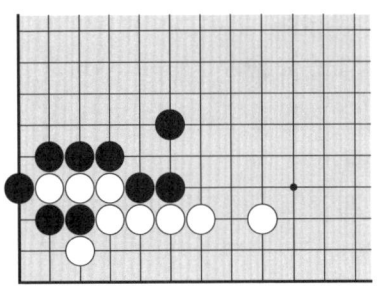

▨ 백 차례
백이 두었을 때와 흑이 두었을 때
의 차이가 상당하다.

어쨌든 백은 귀쪽의 끝내기를
어떻게 하는 것이 좋을까?

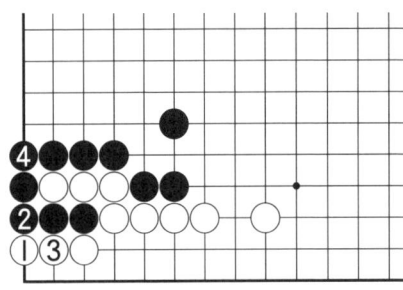

1도(정해/ 1선 한칸뜀)
백1로 1선에 한칸을 뛰는 것이 좋은
맥점이다.

흑2로 이을 때 백3을 선수해서 깔
끔하게 마무리할 수 있다.

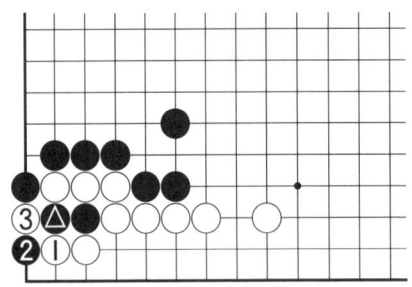

2도(초보자도 둔다)
백1로 단수하는 것은 초보자도 둘
수 있는 수이다.

흑2가 '적의 급소는 나의 급소'에
해당한다. 4까지 백은 별 것이 없다.

④…▲

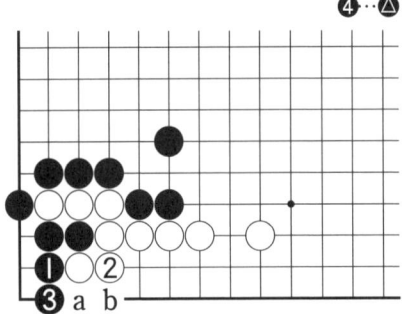

3도(흑 차례일 경우)
흑이 둘 차례면 1로 막고 백2 때 흑
3으로 내려서는 것이 요령이다.

다음 흑a, 백b는 흑의 권리. 정해
와는 9집 차이나 난다.

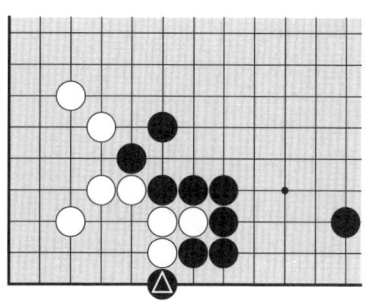

장면 28
발전⑧ 틀이라고 가르치는 곳

▨ 백 차례

흑▲로 젖혀온 장면이다. 이런 형태에서는 이렇게 받는 것이 틀이라고 가르치고 있는 수가 있다. 어느 곳일까?

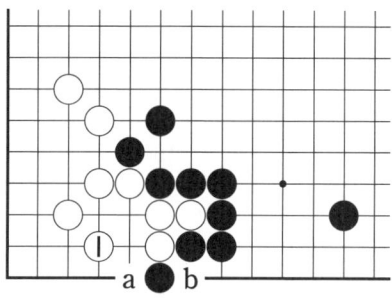

1도(정해/ 늦춘다)

백1로 늦춰서 받는 것이 응수의 틀이자 맥점이다.

이렇게 두면 다음 백a, 흑b는 거의 백의 권리로 봐도 좋다.

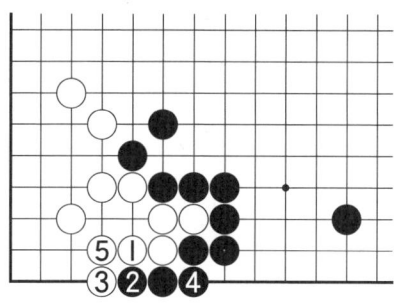

2도(평범한 응수)

백1로 꼬부려 받는 것은 평범하다. 흑2, 4가 선수 끝내기가 되는 만큼 앞 그림의 정해와는 2집의 차가 생긴다.

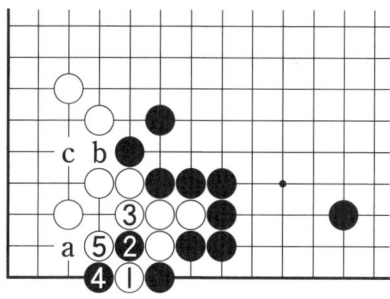

3도(경솔한 응수)

백1은 경솔한 응수. 흑2에 백3, 5가 강수이지만 흑a를 감당하기 어렵다. 흑b, 백c의 문답이 흑의 권리이니까.

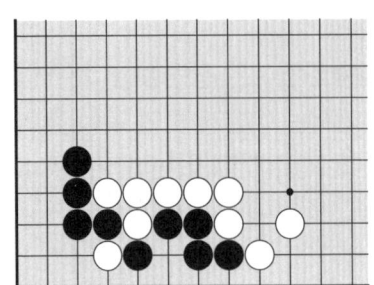

장면 29
발전⑨ 최상의 수단

▨ **백 차례**

이 그림도 실전에서 자주 나오는 형태 가운데 하나이다.

 끝내기하는 방법에 따라 2집 또는 4집까지 차이가 벌어진다. 백은 최상의 수단을 구사해야 한다.

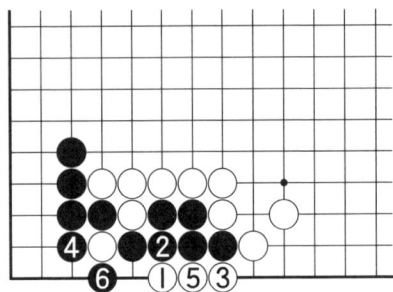

1도(정해/ 1선 치중)

백1로 1선에 치중하는 것이 교묘한 맥점이다.

 흑은 2로 이을 수밖에 없으며 6까지는 외길 수순이나 다름없다.

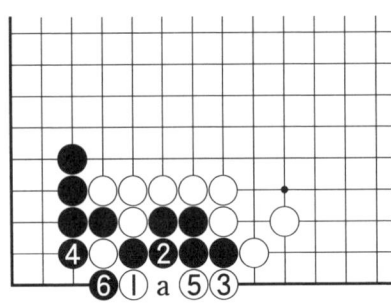

2도(2집 손해)

백1로 단수하기 십상이다. 흑2 다음 백3, 5는 선수이지만 앞 그림에서 a에 있던 백돌이 1의 곳에 있다. 2집 손해임이 분명하다.

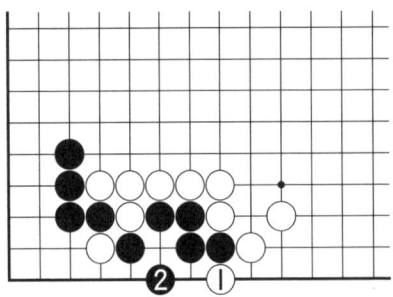

3도(4집의 차)

백1로 젖혀서 선수하는 것은 끝내기를 했다고 볼 수 없다. 최악의 수!

 흑은 2가 호수여서 정해보다 4집이나 많다.

발전⑩ 약점을 찌르는 맥점

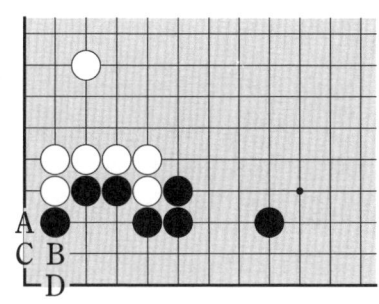

백 차례

어디서 본 듯한 형태이다. 흑의 약점을 찌르는 끝내기의 맥점은 어디일까?

백A, 흑B, 백C, 흑D까지 선수 하는 것은 낙제점이다.

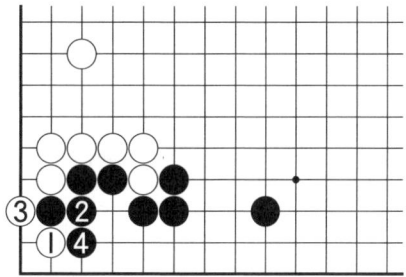

1도(정해/ 껴붙임)

백1의 껴붙임이 맥점이다. 흑2에 백3으로 건너면 흑4로 받는 정도이다.

4를 두지 않으면 백4의 단수가 너무 아프다.

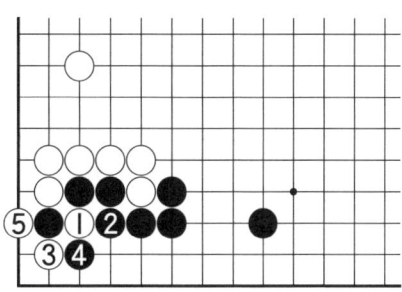

2도(선수가 아니다)

백1로 끊고 3에 돌려치는 것도 있는 수법이지만 5로 건너는 것이 선수라고 볼 수 없으므로 감점 대상이다. 백3으로~

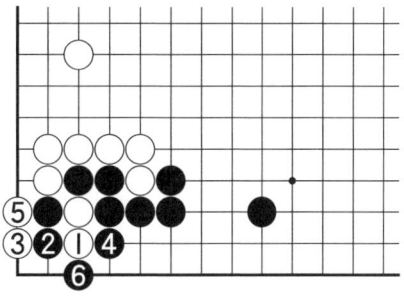

3도(미흡한 수순)

백1로 달아나고 3에 붙이는 것은 미흡한 수순이다.

비록 선수 끝내기를 했지만 정해와는 2집이나 차이가 난다.

발전⑪ 효과적인 이음

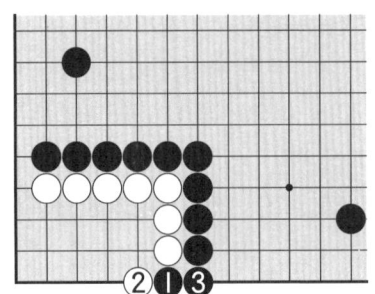

▨ 백 차례

흑이 1, 3으로 젖혀이은 장면이
다. 백은 잇거나 호구치는 응수를
떠올리는 것이 보통이지만 더욱
효과적인 수가 있다.

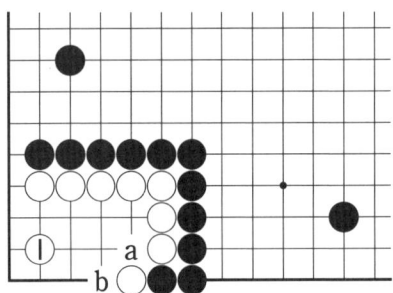

1도(정해/ 한칸뜀)

백1의 한칸뜀이 단점을 보강하며 흑
의 또 다른 선수 끝내기를 저지하는
일석이조의 수이다. 다음 흑a는 백b
로 무사하다.

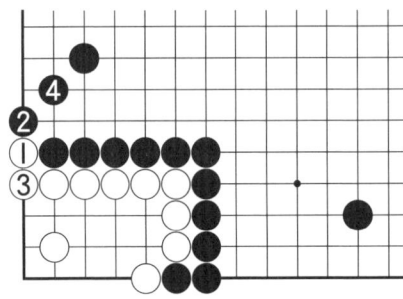

2도(젖혀이음이 선수)

앞 그림 이후 백은 1, 3의 젖혀이음
을 선수로 둘 수 있다는 것이 자랑이
다. 반대로 이곳을 흑이 두면 후수
끝내기이다.

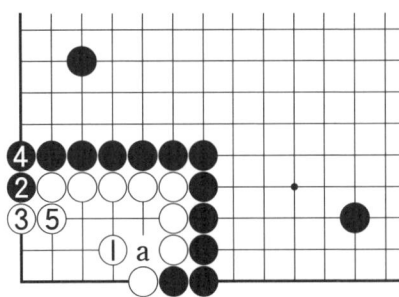

3도(고지식한 응수)

백1(또는 a)로 응수하는 것은 고지
식하다.

　그러면 흑2, 4의 젖혀이음이 선수
가 된다. 정해인 1도와는 큰 차이가
있다.

발전⑫ 집을 지키는 요령

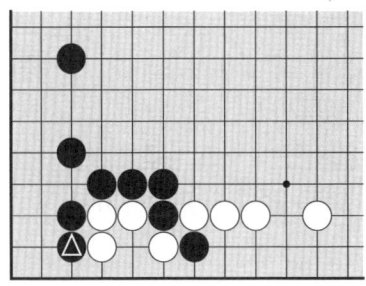

▨ 백 차례

흑▲로 막아온 장면인데 매우 큰 수였다.

거꾸로 백이 기어드는 것과의 차이가 엄청나다. 어쨌든 다음 백의 응수를 묻는다.

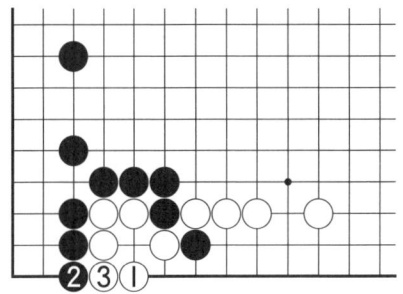

1도(정해/ 따낸 형태로!)

백1로 두어 마치 흑을 따낸 듯한 모양을 만드는 것이 호수이다.

흑2를 선수당하는 것은 어쩔 수 없는 일이다.

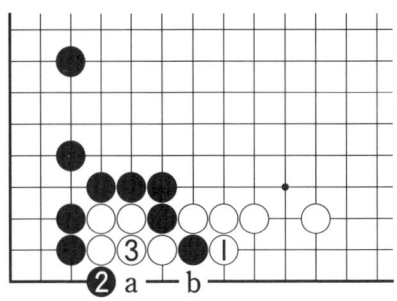

2도(4집이나 적다)

백1로 흑 한점을 잡는 것은 생각 없는 수이다. 그러면 흑2의 한방이 아프다.

흑a, 백b로 될 곳이니 앞 그림보다 4집이나 적다.

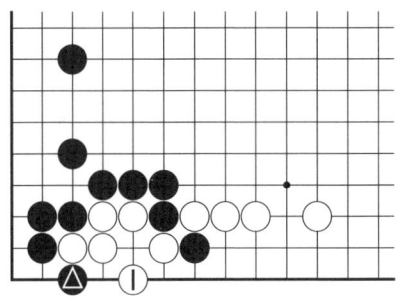

3도(유형/ 같은 요령)

이런 형태에서 흑이 ▲로 젖혀왔을 때 같은 요령으로 백1이 좋은 응수이다.

물론 흑▲는 1의 곳에 치중할 자리였다.

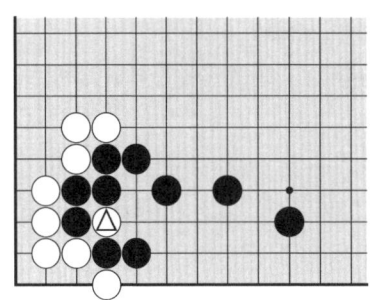

장면 33

발전⑬ 잡혀있는 한점의 구실

▨ 백 차례

흑진에 대해 어떤 끝내기의 맥점이 있을까?

잡혀있는 백△ 한점이 큰 구실을 함은 말할 필요조차 없다.

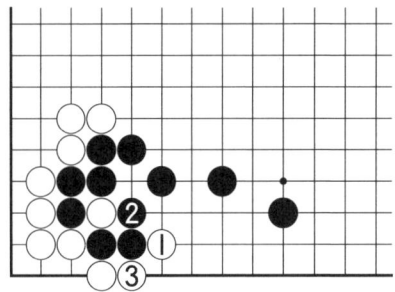

1도(정해/ 코붙임)

백1의 코붙임이 기발한 맥점이다. 실전에서 이런 수를 처음 당한다면 어안이 벙벙할 것이다. 3까지 백은 멋지게 흑진을 돌파했다.

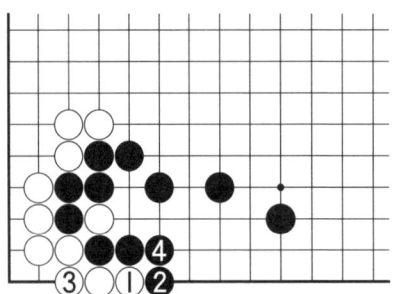

2도(평범한 끝내기)

백1로 기어나가고 흑2에 백3으로 잇는 것은 누구나 둘 수 있는 평범한 끝내기이다. 앞 그림과는 비교도 안된다.

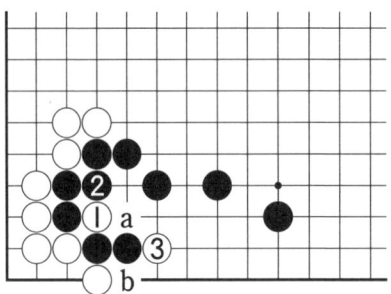

3도(문제의 원형)

문제의 원형. 이런 형태에서 백1, 흑2를 교환한 것은 백3의 코붙임을 두기 위한 준비였다. 다음 흑a, 백b로 될 곳.

발전⑭ 불완전한 진영

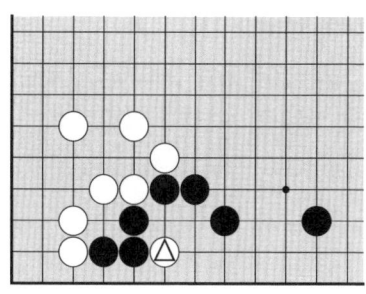

▓ 백 차례

흑진은 완벽하지 않다. 그 이유는 백△ 한점에 활력이 남아 있기 때문이다.

백은 어떤 끝내기의 맥점이 있을까?

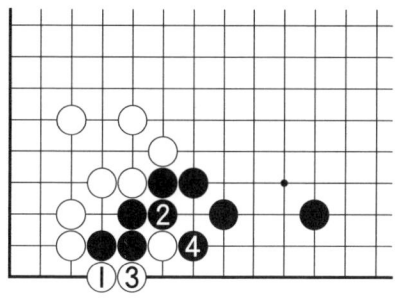

1도(정해/ 1선 젖힘)

백1로 1선을 젖히는 것이 맥점이다. 흑2, 4는 어쩔 수 없다. 백은 선수로 이득을 봤다. 2로 흑3은 백2의 끊음이 있다.

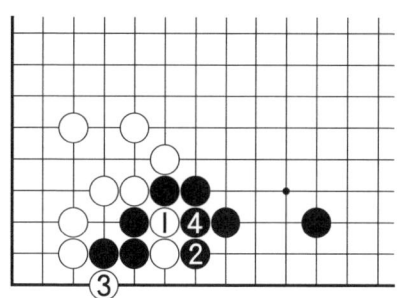

2도(평범한 수법)

백1로 끊고 흑2에 백3을 선수하는 것은 너무 평범한 수법이다.

정해에 비해 최소한 1집 이상 손해를 보고 있다.

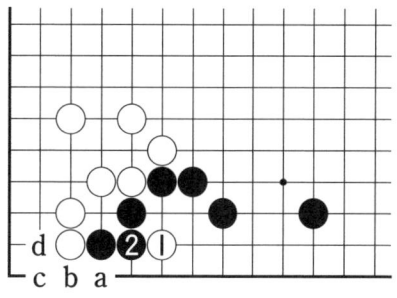

3도(문제의 원형)

백1의 치중이 교묘한 맥점. 흑2로 잇게 해 백a의 맥점이 생겼다.

흑이 b, 백c, 흑a, 백d로 먼저 두면 백1이라는 수는 없다.

발전⑮ 귀의 묘한 형태

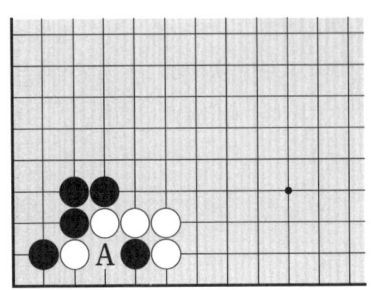

■ 백 차례

귀에서 조금 묘한 형태이다. 백은 어떤 끝내기 수법이 있을까?

당연하지만 A로 잇는 것은 정해가 될 리가 없다.

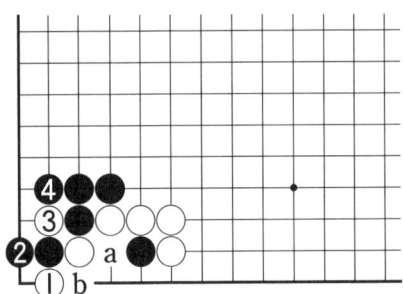

1도(정해/ 젖힘)

백1로 젖히는 것이 맥점이다. 위험해 보이지만 흑2 때 백3에 하나 끊어 놓으면, 다음 흑a에 백b로 이어도 괜찮다.

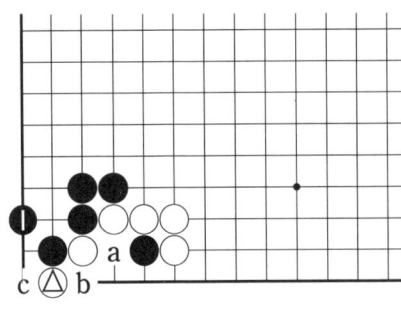

2도(패는 흑도 부담)

백△ 때 흑은 1로 버틸 수도 있다. 백이 손을 빼면 흑a, 백b, 흑c로 패를 할 요량이지만 이 패는 흑도 부담이 크다.

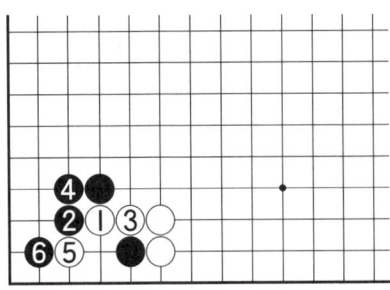

3도(과정)

참고로 문제가 생기기까지의 과정을 보인다.

백1의 건너붙임에 흑2, 4로 물러서고 백5, 흑6으로 문답한 장면이다.

발전⑯ 젖혀잇는 순서

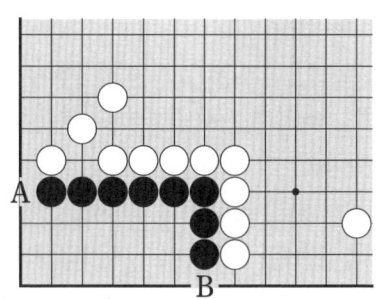

■ 백 차례

흑진에 대한 백의 끝내기 순서를 묻는다.

　A와 B 가운데 어느 쪽을 먼저 젖혀잇는 것이 올바를까?

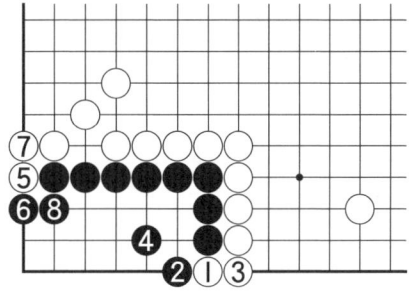

1도(정해/ 넓은 쪽부터)

넓은 쪽인 백1, 3을 먼저 두는 것이 올바르다.

　그래야 백5, 7쪽의 젖혀이음도 선수가 된다. 그런데 흑4로는~

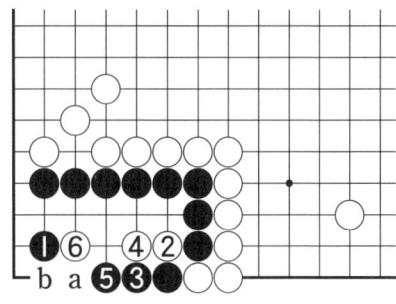

2도(장문 성립)

흑1이 효과적인 것 같지만 실은 무리이다.

　백2 이하 6의 장문이 성립한다. 다음 흑a에는 백b의 먹여침이 있다.

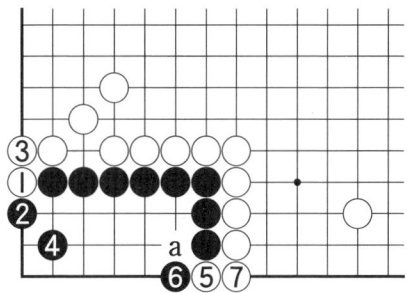

3도(수순 착오)

백1, 3쪽을 먼저 두면 5, 7의 젖혀이음이 선수가 안 된다.

　백의 수순 착오인 것. 흑a가 필요 없음을 확인하기 바란다.

장면 37

발전⑰ 효과적인 실전 끝내기

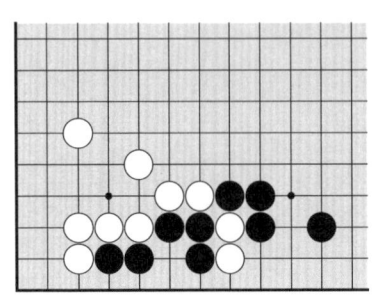

▨ 백 차례

이 형태도 실전에서 흔히 볼 수 있다. 백의 효과적인 끝내기를 알 아보자.

평범하게 끝내기를 한 것과 맥 점을 구사한 것과는 2~4집의 차 이가 생긴다.

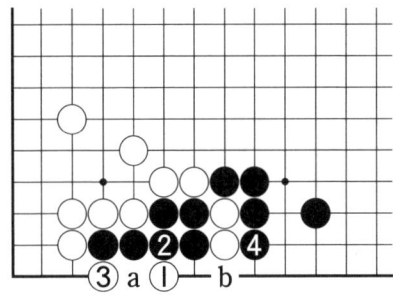

1도(정해/ 치중)

백1로 치중하는 것이 끝내기의 맥점 이다. 흑2로 잇게 하고 백3을 선수한 다. 백a, 흑b의 교환은 팻감으로 남 겨둔다.

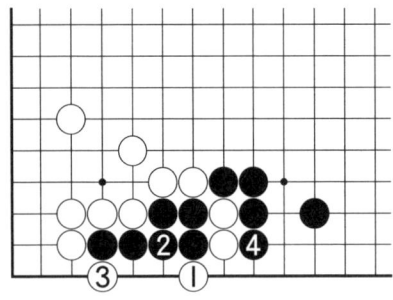

2도(2집 손해)

백1로 단수하고 3에 젖히는 것은 평 범한 끝내기이다.

1의 한점이 흑에게 잡혀 있는 만 큼(2집) 손해를 보고 있다.

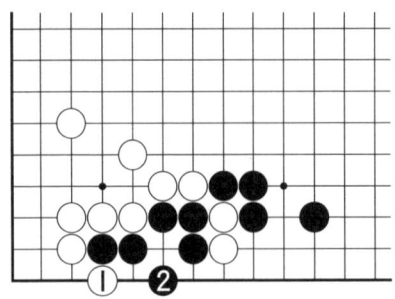

3도(4집의 차)

백1로 그냥 1선에서 젖히는 것은 최 악의 수이다.

흑2가 '적의 급소'에 해당하는 호 수여서 정해와는 4집 차이가 난다.

장면 38

발전⑱ 비범한 맥점

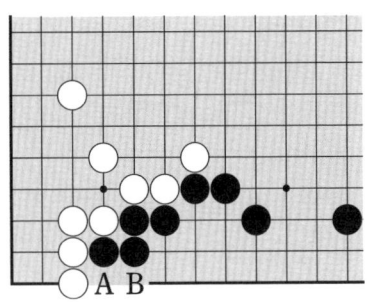

■ 백 차례

흑진은 완벽해서 별다른 끝내기
가 있을 것 같지도 않다.

그러나 백의 비범한 맥점이 숨
어 있다. 백A, 흑B는 0점짜리.

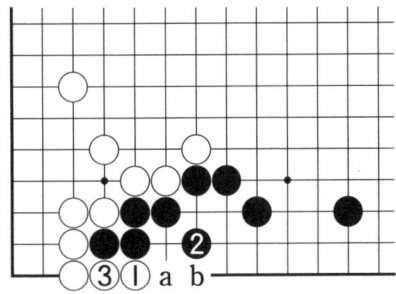

1도(정해/ 1선 붙임)

백1의 1선 붙임이 날카로운 맥점이
다. 백3은 후수이지만 흑a면 선수 이
득, 흑이 안두면 백b에 붙이는 선수
끝내기가 있다.

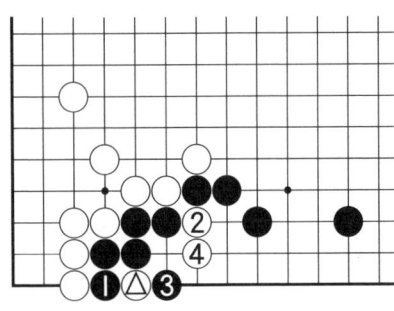

2도(차단할 수 없다)

백△에 대해 흑1로 차단하는 수는
없다.

그랬다가는 백2의 끊음이 있어 망
해 버린다. 앞 그림의 후퇴는 부득이
했다.

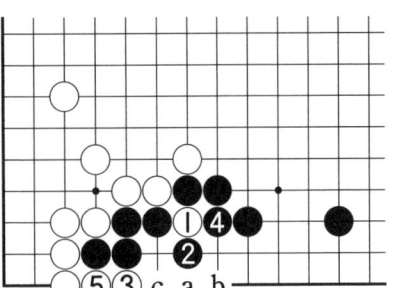

3도(1도와 다르다)

백1로 끊고 나서 3에 붙이면 5 다음
의 상황이 1도와 달라진다.

즉 백a, 흑b, 백c가 후수가 되므로
미흡하다.

발전⑲ 교묘한 맥점

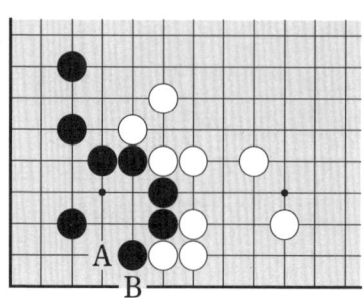

■ 백 차례

흑이 허술하다고 해서 백A에 껴 붙이는 것은 흑B를 불러 아무것 도 안 된다.

백은 이럴 때 쓰는 교묘한 맥 점이 있다.

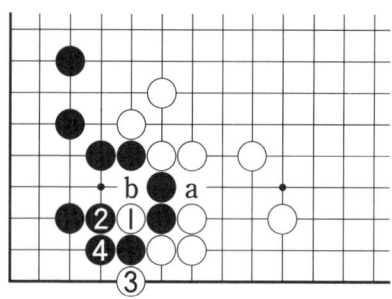

1도(정해/ 끊음)

백1의 끊음이 교묘한 맥점으로 흑2 는 어쩔 수 없다.

그러면 백3, 흑4가 선수. 이후 백 a, 흑b의 권리가 남는다.

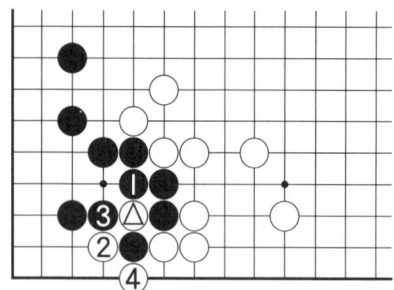

2도(오히려 손해)

그것이 싫어 백△에 흑1쪽에서 응수 하는 것은 백2, 4로 돌려치는 끝내기 를 불러 오히려 더 손해를 본다.

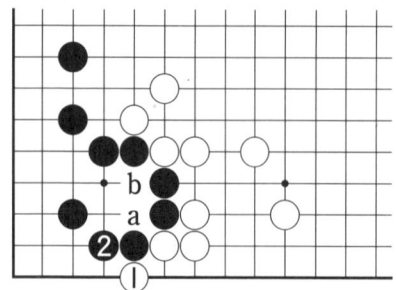

3도(평범한 젖힘)

백1로 그냥 젖히는 것은 평범하다. 흑2 다음 백a로 끊어 봤자 이번에는 흑이 b로 받는다. 1도와의 차이가 바 로 이것이다.

장면 40

발전⑳ 조금 어려운 콤비

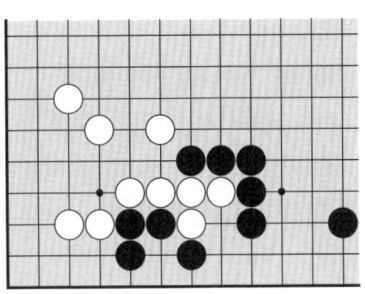

▨ 백 차례

발전 편의 마지막 관문은 조금 어렵다. 백의 첫수와 세 번째 수가 멋진 콤비를 이룬다.

평범한 코스와는 그 품격이 다르다.

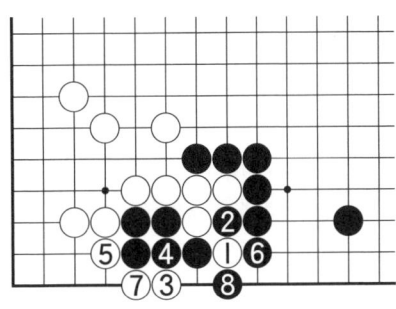

1도(정해/ 젖힘＋치중)

백1로 하나 젖혀 흑2와 교환하고 나서 백3으로 치중하는 것이 멋진 수순이다. 흑4 이하 8은 어쩔 수 없다.

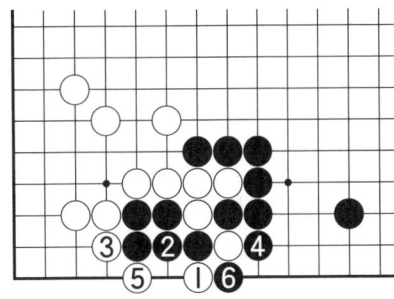

2도(2집이나 손해)

앞 그림의 3으로 백1로 단수하는 것은 6까지 보듯이 앞 그림에 비해 2집이나 손해이다. 백1의 한점이 잡혀 있기 때문이다.

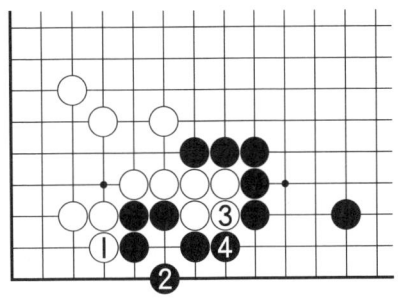

3도(무미건조)

처음부터 백1로 막는 것은 흑2가 좋은 응수이다.

4까지 다행히도(?) 집수는 앞 그림과 같지만 무미건조한 수순이다.

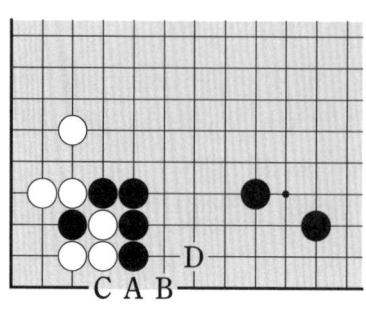

장면 41
고급① 묘안

■ 흑 차례

실전에서 자주 나오는 형태이다.
이대로 놔두면 백이 A, 흑B, 백
C, 흑D까지 선수 끝내기할 것이
다. 흑의 묘안은 없을까?

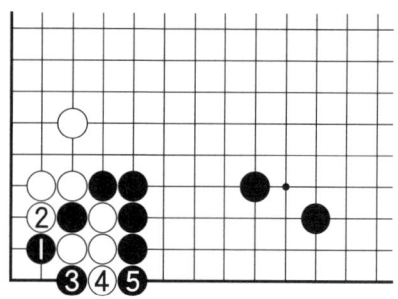

1도(정해/ 안쪽 젖힘)

흑1로 안쪽에서 젖히는 것이 출발점
이다.

　백2를 강요하고 흑3, 5를 선수해
백의 선수끝내기를 없애는 데 성공!

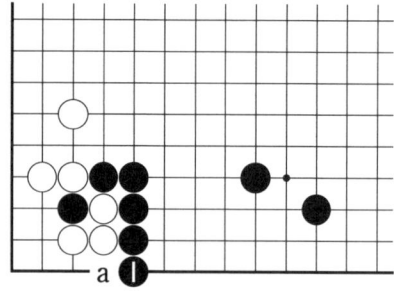

2도(흑1은 후수)

그냥 흑1로 내려서는 것은 후수이다.
백이 a로 받아준다고 가정할 때의 백
집과 앞 그림의 백집이 똑같지만 백
은 쉽게 받아주지 않을 것이다. 이다
음~

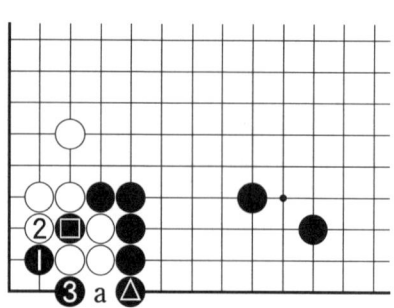

3도(흑▲가 놀고 있다)

흑이 둔다면 1, 3인데 또 후수. 흑▲
가 놀고 있다.

　1도였으면 a에 두게 되어 백은 ■
로 이어야 하니 따끔하다.

고급② 두점의 활용

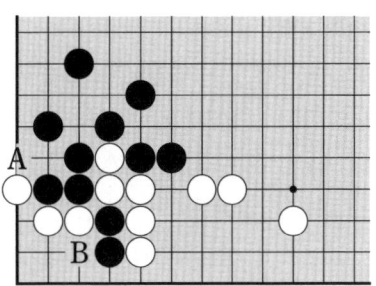

흑 차례

잡혀 있는 흑 두점을 활용하는 맥점을 찾는다.

흑A로 단수하는 것은 백b로 받게 해 끝내기라고 볼 수 없다.

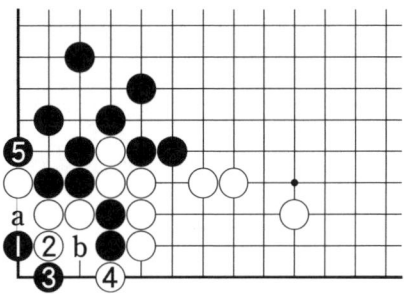

1도(정해/ 2의 一 치중)

흑1의 '2의 一' 치중이 비범한 맥점이다. 백2에 흑3의 젖힘이 호수이며 5 다음 흑a, 백b의 선수가 보장되어 있다.

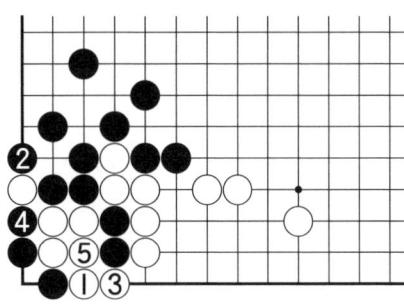

2도(흑의 선수)

앞 그림의 4로 백1은 잘못이다. 그러면 흑2, 4를 선수 당한다.

패는 백이 못하는 것으로 본다. 앞 그림은 흑이 후수였다.

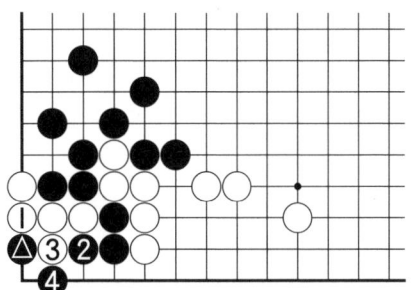

3도(흑의 꽃놀이패)

흑●에 대해 백1로 잇는 것은 무모하다. 흑2, 4의 패가 준비되어 있다.

그러면 백의 부담이 큰 흑의 꽃놀이패이다.

고급③ 모양의 맥점

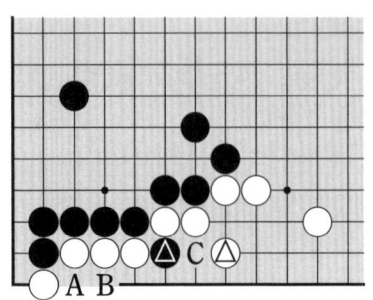

■ 흑 차례

백의 품안에 있는 흑▲ 한점이 구실을 한다. 흑A에 먹여쳐서 백b로 따내게 하는 것은 백△가 C였을 때의 맥점이다.

그러면 이 모양에서는 어디가 맥점일까?

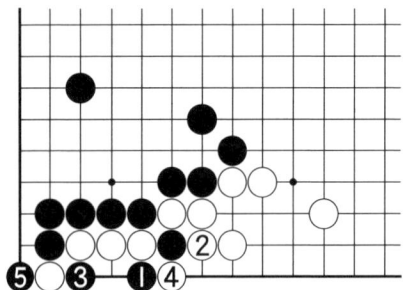

1도(정해/ 젖힘＋먹여침)

흑1의 1선 젖힘이 맥점이다. 백2의 후퇴는 어쩔 수 없으며 흑은 3에 먹여치고 5에 따내어 이득을 챙겼다. 만일 백2로～

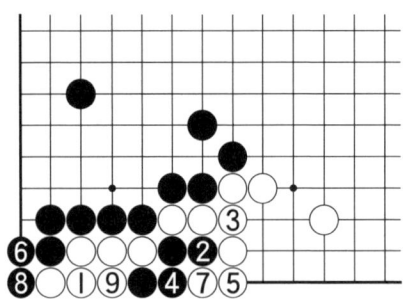

2도(백, 무리한 행동)

백1에 잇고 버티는 것은 무리한 행동이다.

흑은 2로 단수하고 4에 잇는 묘수가 있다. 백5 이하 9로 따내면～

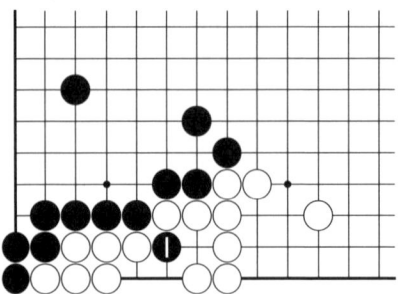

3도(멋진 후절수)

이런 그림이 된다. 여기서 흑1로 끊으면 백은 망연자실할 수밖에 없다. 이른바 후절수의 수법이었다.

고급④ 뭔가 해야 한다

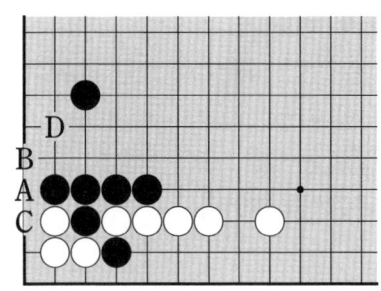

흑 차례

흑이 뭔가 하지 않으면 백은 A,
흑B, 백C, 흑D까지의 선수 끝내
기를 해치울 것이다.

그렇다면 흑에게 어떤 수단이
있을까?

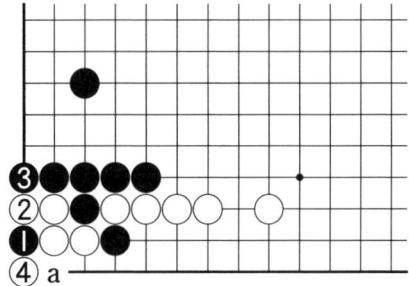

1도(정해/ 2의 ― 붙임)

흑1의 '2의 ―' 붙임이 교묘한 맥점
이다.

백2에 흑3으로 막으면 백4가 필요
하다. 안두면 흑a로 패가 나니까.

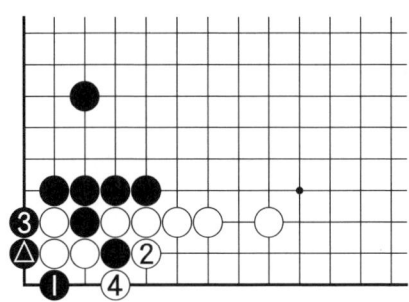

2도(백이 손빼면)

흑▲ 때 백이 손을 빼면 흑1, 3을 선
수할 수 있다.

흑▲가 가져온 권리이다. 후수이
지만 앞 그림과의 차이는 6집약.

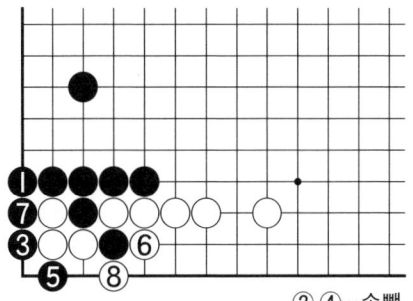

3도(흑1이 놀고 있다)

흑1의 내려섬은 같은 후수라도 미흡
하다. 흑3도 또 후수이기 때문이다.

흑5, 7은 선수이지만 1의 한점이
놀고 있다.

②④…손뺌

319

고급⑤ 전형적인 끝내기의 맥점

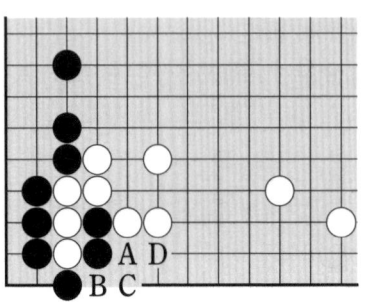

■ 흑 차례

흑은 이런 상황에서 쓰는 전형적인 끝내기의 맥점이 있다.

흑A는 백B, 흑C, 백D를 불러 후수만 끌 뿐이다.

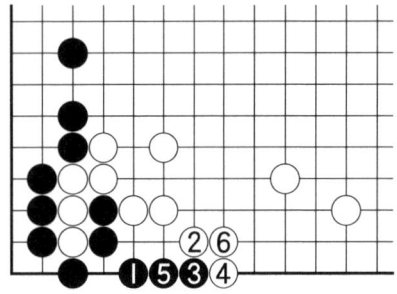

1도(정해/ 마늘모)

흑1로 마늘모하는 것이 상용의 끝내기 맥점이다.

백2는 응수의 틀이며 그러면 흑3, 5를 선수할 수 있다.

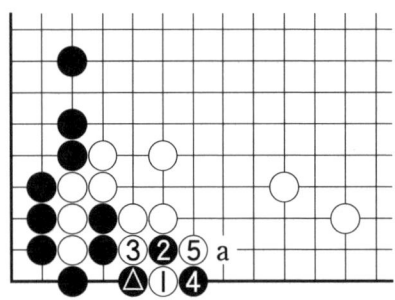

2도(팻감이 관건)

흑▲에 백1로 붙이고 흑2에 백3, 5로 덤비는 강수가 있지만 흑a의 패가 겁난다. 요컨대 팻감이 관건이다.

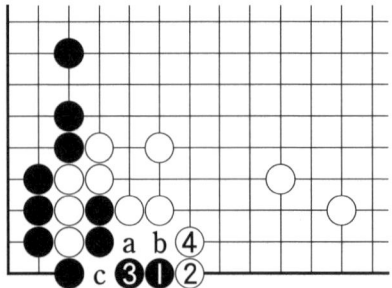

3도(조건부 정해)

흑은 팻감에 자신이 없다면 1의 날일자가 최선이다. 4까지가 정형.

백2로 3, 흑a, 백b, 흑c, 백4는 조금 손해이다.

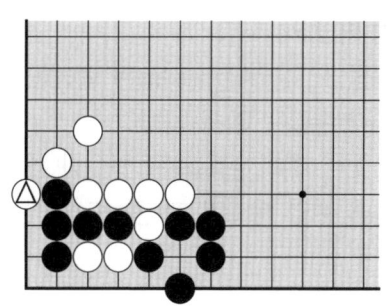

장면 46

고급⑥ 유명한 끝내기의 맥점

▨ 흑 차례

유명한 끝내기의 맥점으로 널리
알려져 있는 형태이다.

　백이 △로 젖혀온 장면인데,
흑은 어떻게 응수해야 할까?

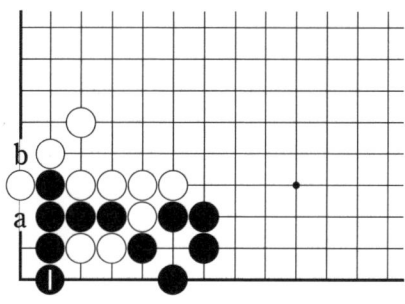

1도(정해/ 내려섬)

조금 엉뚱하게 보일지도 모르지만
흑1로 1선에 내려서는 것이 맥점이
다. 다음 흑a, 백b는 흑의 선수 권리.

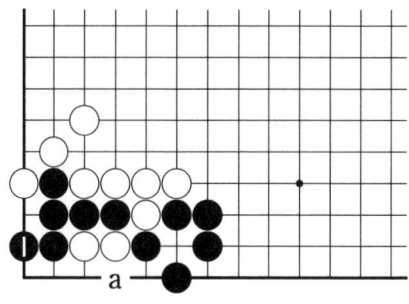

2도(1집 손해)

흑1로 꼬부리는 수도 그럴듯하다. 하
지만 나중에 돌이 메워지면 a의 가일
수가 필요해져 흑은 앞 그림보다 1
집이 적다.

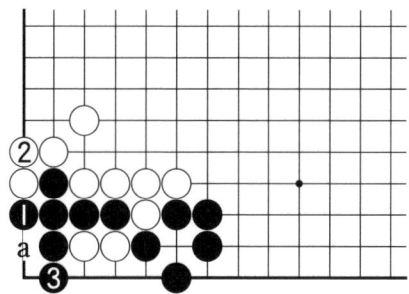

3도(패로 큰일 난다)

흑1로 몰고 3이면 정해와 같다고 생
각하기 쉽다. 그러나 이 수순은 착각
이다.

　2로 백3, 흑2, 백a로 패가 되어 큰
일 난다.

고급⑦ 볼 만한 콤비

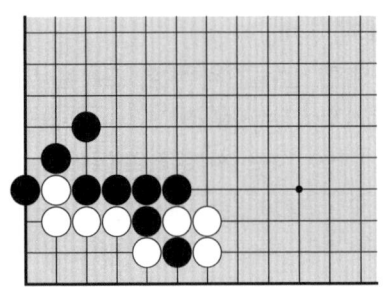

■ 흑 차례

화점 3三침입에서 파생된 형태에 약간 손질을 해서 나왔다.

이번 흑의 끝내기는 첫수와 세 번째 수의 콤비가 볼 만하다.

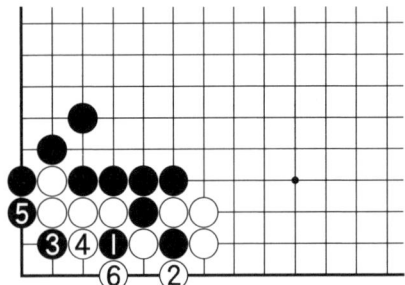

1도(정해/ 끊음+ 붙임)

흑1의 끊음이 출발점이다. 백2를 강요하고 흑3의 붙임이 맥점!

이러면 흑5도 선수가 되어 귀를 크게 잠식했다.

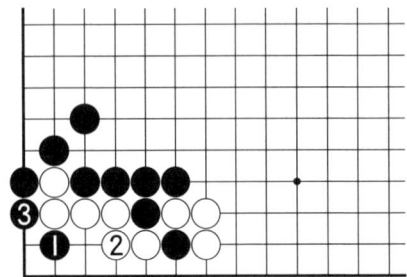

2도(흑, 후수를 끌다)

단순하게 흑1로 붙이는 것이 세련된 수법처럼 보이지만 백2의 이음이 호수여서 흑3으로 후수를 끈다.

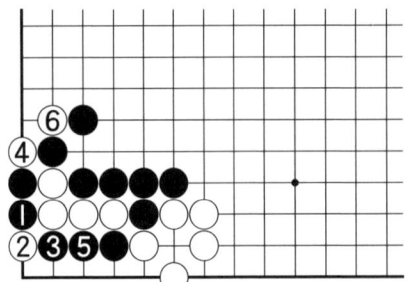

3도(흑3, 5는 무리)

흑1로 기어들면 백2가 호수이다. 흑3, 5는 백6을 불러 무리이다.

3을 흑4에 이으면 백도 3에 이어 흑이 한 것이 없다.

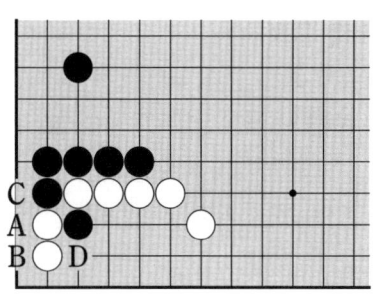

장면 48
고급⑧ 활용하는 방법

▨ 흑 차례

잡혀 있는 흑 한점을 어떻게 활용
하느냐가 포인트이다.

  흑A, 백B, 흑C, 백D를 선수하
는 것은 평범한 끝내기이다.

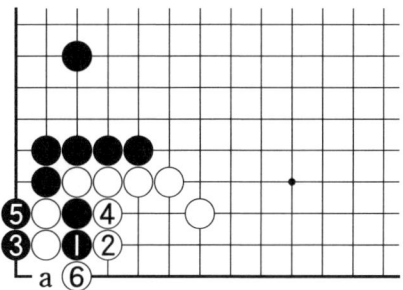

1도(정해/ 키워서 버린다)
흑1로 키워서 버리는 것이 좋다. 백2
를 기다려 흑3의 붙임이 맥점이다.

  6까지 흑의 선수이다. 백4로 5는
흑a로 패.

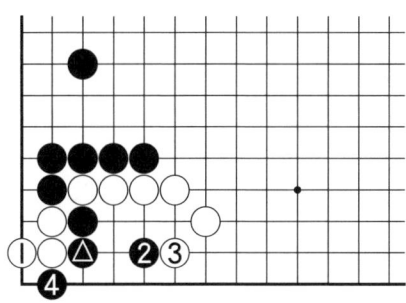

2도(수상전은 흑승)
흑▲ 때 백1의 꼬부림은 강수이자
맥점이지만 이 경우는 무리이다.

  흑2로 뛰고 4에 젖히면 수상전은
흑의 승리이다.

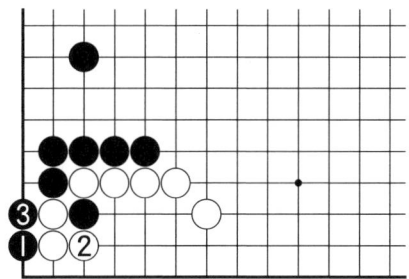

3도(후수를 끌다)
처음부터 흑1로 '2의 一'에 붙여가는
것은 3까지 후수를 끌어 좋을 게 없
다. 백은 1도보다도 집이 많다.

장면 49

고급⑨ 기발한 끝내기

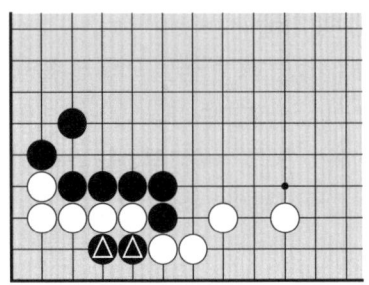

■ 흑 차례

바깥쪽 흑과 안쪽 백의 품안에 있는 흑△ 두점은 연관이 없어 보인다. 그러나 귀의 특수성이란 것이 있어서 흑은 기발한 끝내기를 연출할 수 있다.

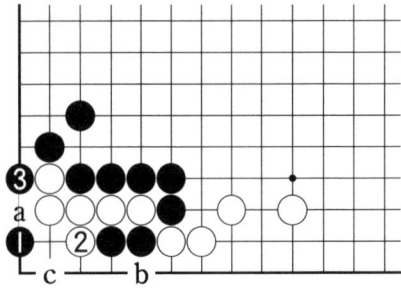

1도(정해/ 2의 一 치중)

흑1로 '2의 一'에 치중하는 것이 멋지다.

　백2로 받을 때 흑3으로 건넌다. 다음 흑a, 백b는 선수이며 흑c가 큰 수로 남는다.

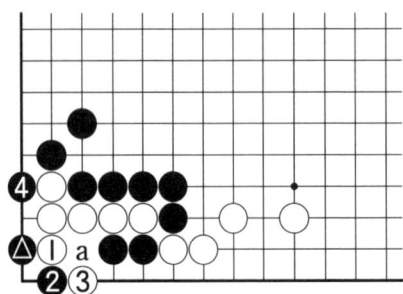

2도(백, 부담 큰 패)

흑△에 백1로 받으면 흑2가 맥점! 백3은 흑4를 불러 부담이 큰 패가 된다.

　그렇다고 백3으로 a에 물러서기는 좀 억울할 것이다.

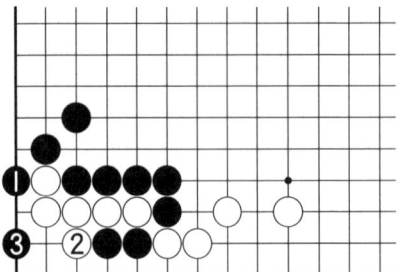

3도(혼자만의 수읽기)

흑1로 젖히고 백2 때 흑3으로 치중해도 마찬가지 같지만 이는 혼자만의 수읽기이다. 백2로는 3의 마늘모가 있다.

고급⑩ 떠올리기 힘든 발상

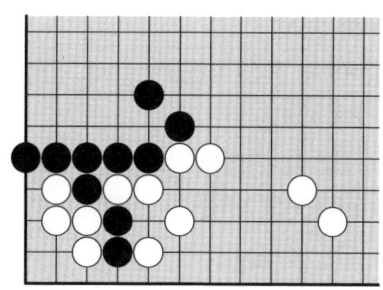

▨ 흑 차례

꽤 어려운 문제이다. 실전이라면 모르고 지나칠 수도 있을 것이다.

귀의 모양을 유심히 살펴야 할 것이다. 흑의 첫수가 떠올리기 힘든 발상이다.

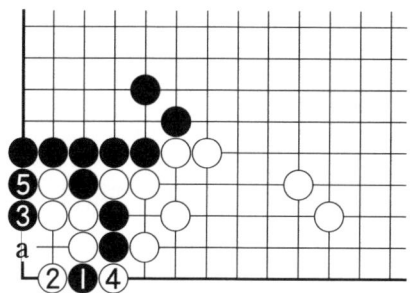

1도(정해/ 안쪽 젖힘)

흑1로 안쪽에서 젖히는 것이 묘수이다. 백2를 유도해 흑3으로 붙인다.

흑5까지 후수이지만 크다. 다음 a도 적지 않은 곳.

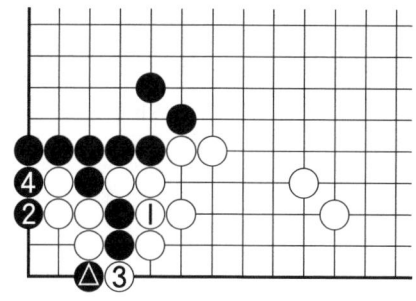

2도(대동소이한 결과)

흑▲에 대해 백1로 단수해도 역시 흑2의 붙임이 성립한다.

4까지 앞 그림과 대동소이한 결과로 볼 수 있다.

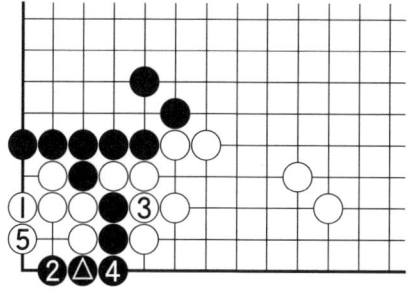

3도(백, 망하다)

흑▲ 때 백1로 버티는 것이 '적의 급소' 같지만, 흑2가 급소여서 5까지 보듯이 백의 후수 빅이 된다. 백은 망했다.

고급⑪ 맥과 수순

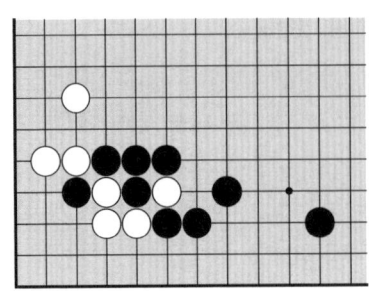

▨ 흑 차례

실전에서 흔히 나오는 형태 가운데 하나이다.

　귀의 흑 한점을 활용하는 유명한 끝내기의 맥점이 있다. 그 수와 수순을 밟아보자.

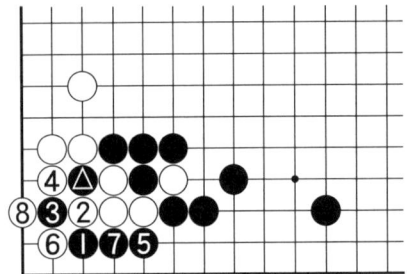

1도(정해/ 2선 치중)

흑1의 2선 치중이 흑◆ 한점과 연관된 맥점이다.

　백2에 흑3의 젖힘도 맥점이며 5, 7을 선수해서 성공적인 모습이다.

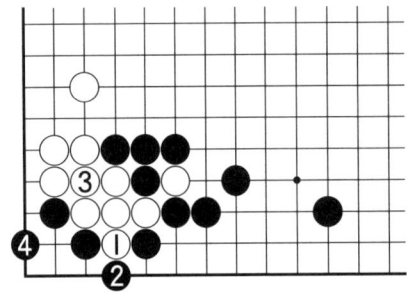

2도(백1, 이적행위)

앞 그림의 6으로 백1로 찌르는 것은 흑2로 단수당해 모양도 나빠지고 이적행위일 뿐이다. 흑4는 이것이 틀.

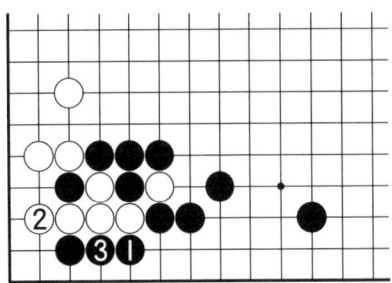

3도(백2, 적의 급소)

1도의 3으로 흑1에 젖히는 것은 5퍼센트 부족하다.

　백2가 '적의 급소'여서 흑3까지 후수를 끌게 된다.

고급⑫ 집속의 수단

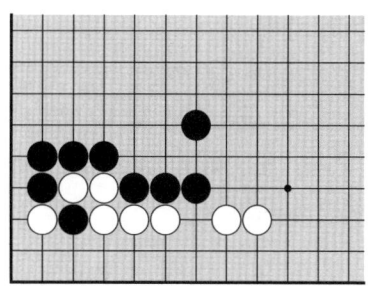

▨ 흑 차례

이 형태도 실전형의 문제이다. 백의 단점을 찔러 큰 이득을 얻을 수 있다.

이른바 '집속의 수단'이라는 테마라고 불러도 좋을 것이다.

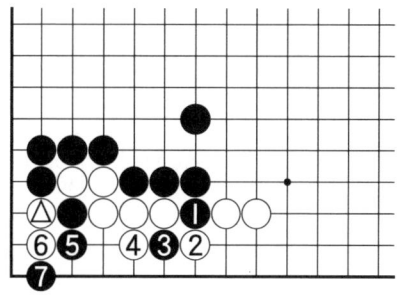

1도(정해/ 준비 공작)

흑1, 3이 준비 공작이다. 백4면 흑5로 달아난다.

7까지 백△와 6, 이 두점을 잡았다. 백은 자충에 울고 있다.

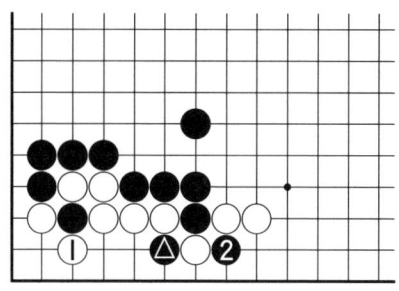

2도(관통상)

흑△로 끊었을 때 그쪽을 외면하고 백1로 따내면 귀쪽은 무사하다.

하지만 흑2로 한점을 잡혀 관통상을 입는다.

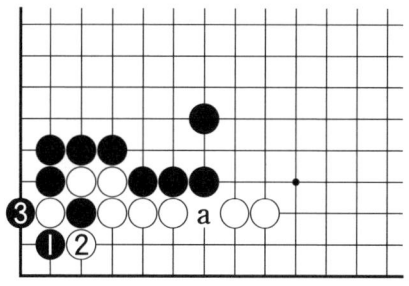

3도(수가 안날 경우)

흑1, 3으로 돌려치며 건너는 것은 주의력이 부족하다.

a의 곳에 백돌이 있다든가 수가 안날 경우 쓰는 수법이다.

고급⑬ 약점에 착안하라

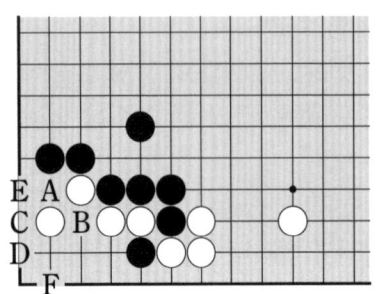

▨ 흑 차례

백의 약점에 착안하면 맥점 일발로 상당한 끝내기를 할 수 있다.

흑A, 백B, 흑C, 백D, 흑E, 백F로는 미흡하다.

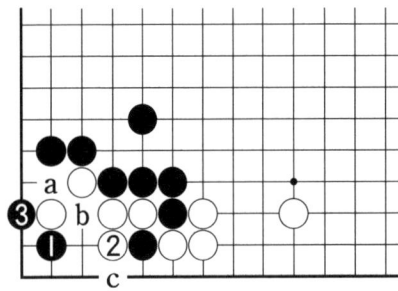

1도(정해/ 2의 二 붙임)

흑1의 붙임이 날카로운 맥점이다. 백2는 이렇게 받는 것이 정수이며 흑은 3 다음 a, 백b, 흑c의 큰 수가 남아 있다.

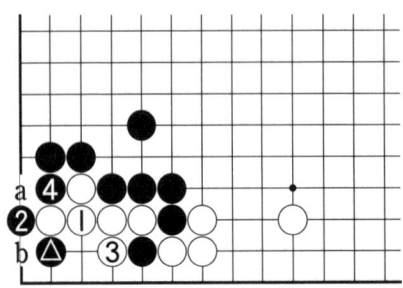

2도(마찬가지)

흑▲에 백1이면 역시 흑2가 호수여서 4까지 건너므로 마찬가지 결과이다. 백3으로 a는 흑b로 잇게 해서 득이 없다.

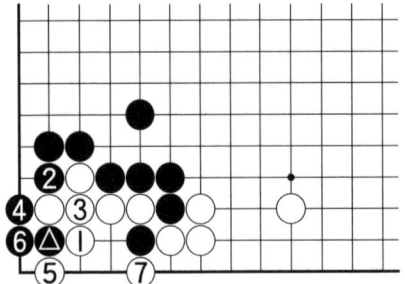

3도(백, 후수를 끌다)

흑▲ 때 백1로 받는 것은 좋지 않다. 흑2, 4가 좋은 수순이어서 앞서와 달리 백7까지 후수를 끌기 때문이다.

고급⑭ 상식을 뒤엎는 노림

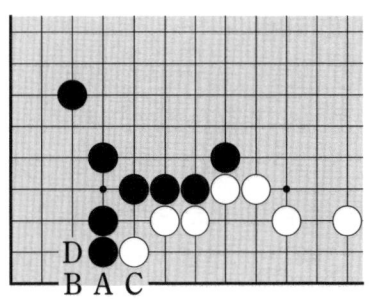

▨ 흑 차례

이곳은 백A, 흑B, 백C, 흑D까지
가 백의 권리라고 생각하는 것이
상식이다.

그러나 백진의 빈틈을 노리면
절묘한 끝내기를 해치울 수 있다.

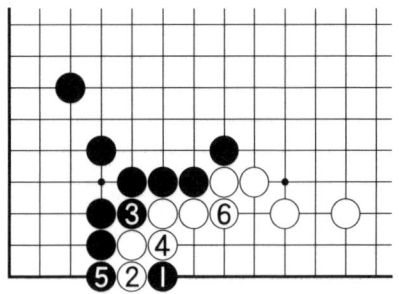

1도(정해/ 1선 치중)

흑1의 1선 치중이 기발한 맥점이다.
백2에 흑3, 백4를 문답하고 흑5마저
선수한다. 이로써 백의 선수를 분쇄
했다.

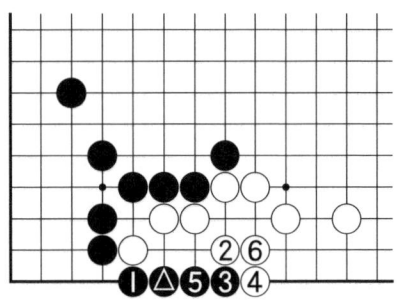

2도(다음 선수 끝내기)

백은 흑▲ 때 손을 뺄 수도 있다. 하
지만 흑1로 건너면 3, 5의 선수 끝내
기도 제법 크다. 앞 그림과는 7집반
의 차이다.

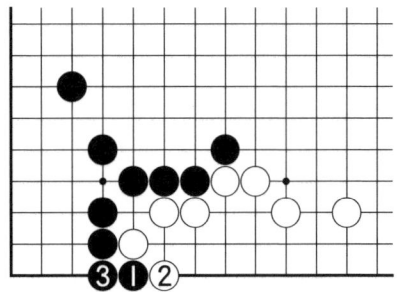

3도(후수 끝내기)

흑1, 3의 젖혀이음은 누구나 두는 후
수 끝내기이다.

백의 선수 끝내기는 봉쇄했지만 1
도와는 비교가 되지 않는다.

고급⑮ 실전 빈도수 넘버원

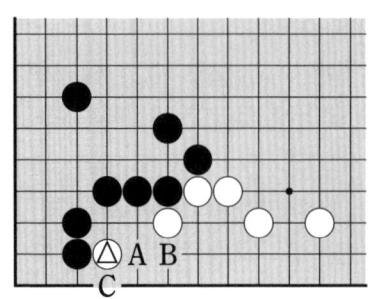

■ 흑 차례

실전 빈도수 넘버원의 형태이다. 화점 날일자걸침 정석에서 파생된 형태인데 흑A, 백B, 흑C로 백△를 잡는 것은 낙제점이다.

그렇다면 끝내기의 급소는 어디일까?

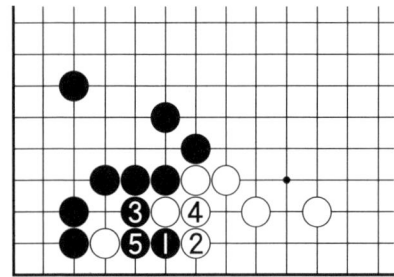

1도(정해/ 붙임)

알고 있는 이에게는 아주 쉽지만 모르면 두기 힘든 맥점이 흑1의 붙임이다.

백2에 후수이지만 흑3, 5가 큰 수이다.

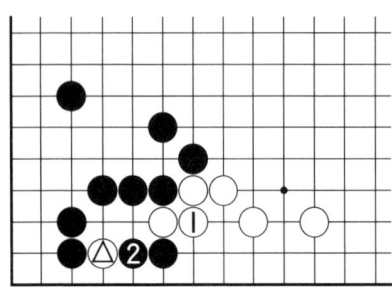

2도(정해의 변화)

앞 그림의 2로는 백1에 잇는 것도 괜찮다.

흑은 2로 백△ 한점을 잡아야 한다. 앞 그림과는 일장일단이 있다.

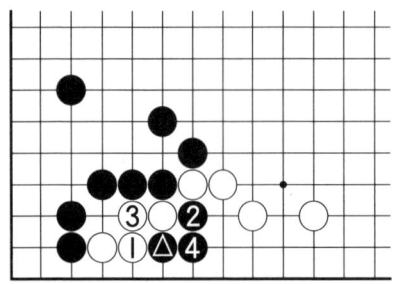

3도(착각 혹은 무모)

흑△에 대해 백1로 버티는 것은 착각이거나 무모한 도전이다.

흑2, 4를 불러 수상전이 안 된다. 백이 망했다.

고급⑯ 생각하기 어려운 곳

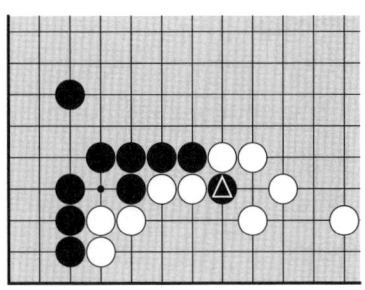

흑 차례

잡혀 있는 흑▲ 한점이 결정적인 구실을 한다.

흑의 첫수가 생각하기 어려운 곳일지도 모른다. 과연 그곳은 어디일까?

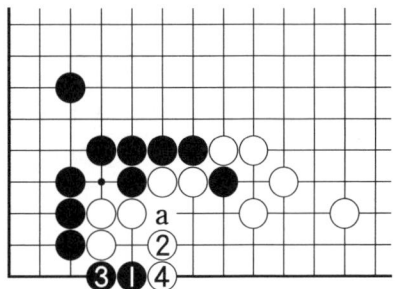

1도(정해/ 1선 치중)

흑1의 1선 치중이 기막힌 맥점이다. a의 끊음을 엿보고 있기에 가능한 수이기도 하다. 백은 2, 4로 물러서야 한다.

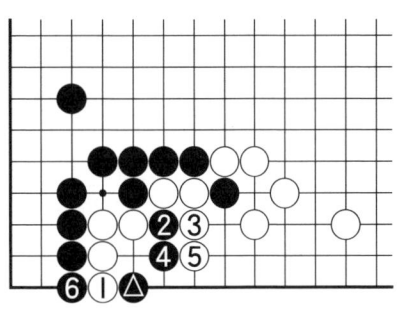

2도(백의 무리)

흑▲ 때 백1로 차단하는 것은 무리이다.

그러면 흑2의 끊음이 통렬하다. 6까지 흑▲가 수상전의 급소에 있음을 알 수 있다.

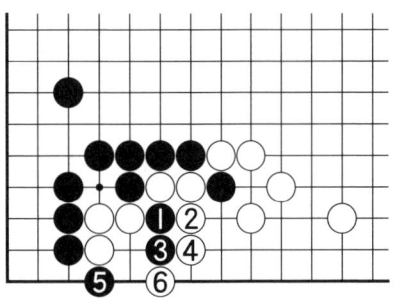

3도(단순한 선수)

흑1로 끊고 3에 내려서서 키워 버리는 수법을 쓰는 것은 너무 단순하다.

같은 선수라고는 해도 1도와 큰 차이다.

고급⑰ 준비된 수단

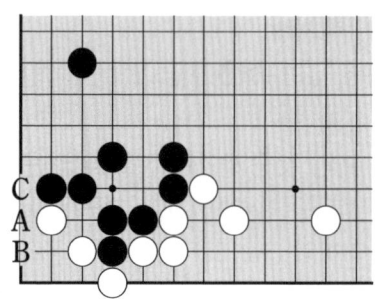

▨ 흑 차례

백의 선수 끝내기를 저지하고 싶다. 흑은 어떤 수단을 준비하고 있을까?

물론 흑A, 백B, 흑C로 후수 끝내기를 하는 것은 낙제점이다.

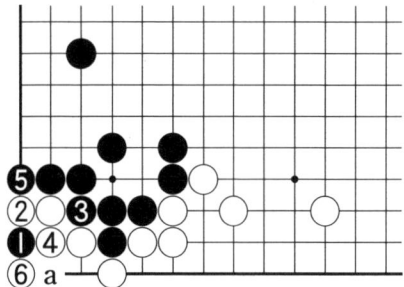

1도(정해/ 2의 — 치중)

흑1로 '2의 —'에 치중하는 것이 비범하다. 백2를 기다려 흑3, 5가 좋은 수순이다. 백6은 흑a의 패를 피한 수이다.

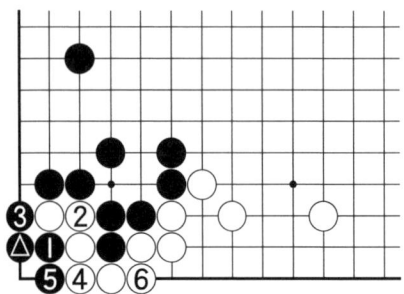

2도(짭짤한 선수)

흑▲ 때 백이 손을 뺐을 경우, 흑1 이하 5의 선수가 제법 짭짤한 선수 끝내기이다. 앞 그림과는 7집이나 차가 난다.

3도(쓸모없는 자리)

흑1의 내려섬은 후수이다. 백이 손을 뺐을 때 흑3이면 백은 4를 선수하고 또 손을 뺀다.

흑1의 한점이 쓸모없는 자리에 놓인 셈이다.

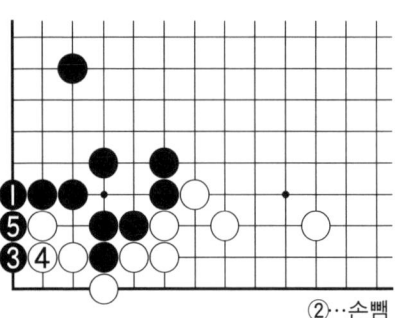

②‥손뺌

장면 58

고급⑱ 숨어 있는 맥점

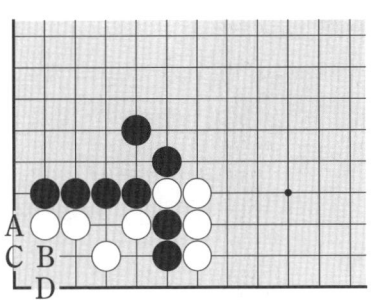

▨ 흑 차례

끝내기의 유명한 맥점이 숨어 있
는 형태이다.

　모르면 흑A, 백B, 흑C, 백D까
지를 선수하는 데 그칠 것이다.

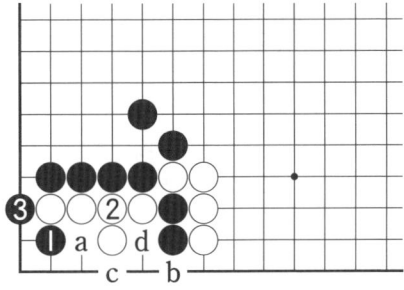

1도(정해/ 배붙임)

흑1의 배붙임이 교묘한 맥점으로 묘
미 있는 수법이다.

　흑3 다음 흑a, 백b, 흑c, 백d까지
가 흑에게 보장된 권리이다.

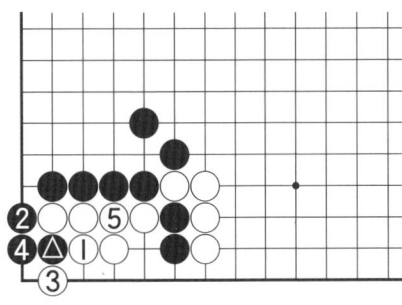

2도(백, 후수를 끌다)

흑▲ 때 백1로 응수하는 것은 잘못
이다. 흑2로 건너는 것이 선수가 되
기 때문이다. 백이 5까지 집은 붙었
지만 후수이다.

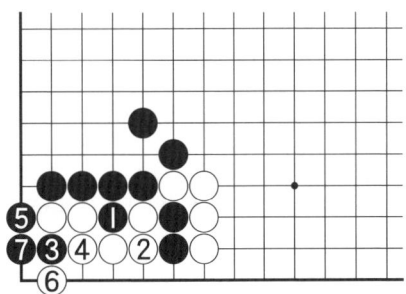

3도(흑1, 3은 속수)

흑1쪽에서 몰고 백2에 흑3으로 붙이
는 것은 속수이다.

　흑7까지의 결과는 같은 후수여도
1도에 크게 미치지 못한다.

고급⑲ 비약적인 착상

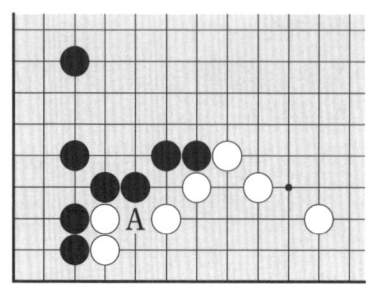

▨ 흑 차례

백의 형태가 어딘지 모르게 허술하다. 그렇다면 빈틈에 착안하는 끝내기의 맥점은 어디일까?

참고로 백이 둔다면 A가 큰 수이다.

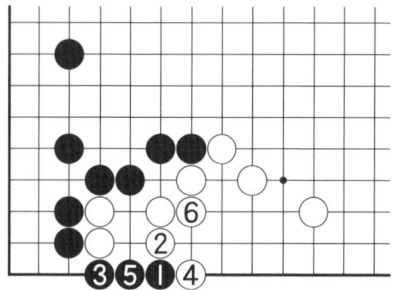

1도(정해/ 파고들다)

흑1까지 파고드는 맥점이 성립하는 곳으로 비약적인 착상이다.

백2 이하 6은 최선의 응수이며 흑은 선수!

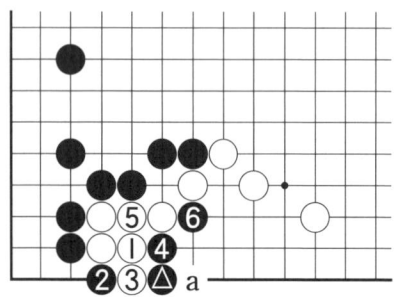

2도(백의 비극)

흑▲에 백1의 저항은 흑2 때 기로에 선다. 백3을 강행하면 흑6까지 비극을 맞는다.

단, 백3으로 a면 앞 그림으로 환원된다.

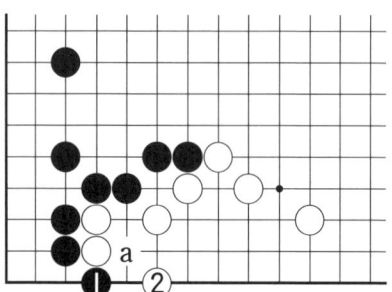

3도(백2, 적의 급소)

흑1의 젖힘은 생각 없는 수이다. 백2가 '적의 급소는 나의 급소'여서 흑은 더 이상 진출할 수 없다.

만일 2로 백a면 흑2의 맥점이 부활한다.

고급⑳ 난제 중의 난제

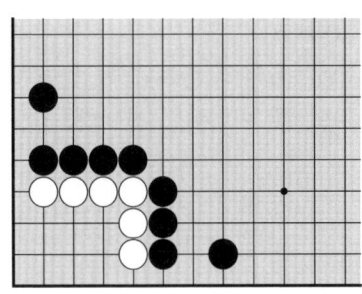

▒ 흑 차례

고급 편의 마지막 관문은 난제 중의 난제인데, 사활문제는 결코 아니다.

쌍방 최선을 다한 끝내기의 수순을 추적해 보자.

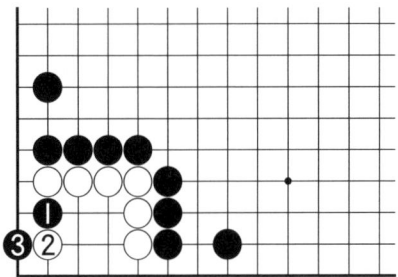

1도(정해/ 붙임+젖힘)

첫수와 세 번째 수가 마치 한 세트 같은 느낌을 주는 수순이다.

흑1의 붙임과 3의 젖힘이 바로 그것이다. 이다음~

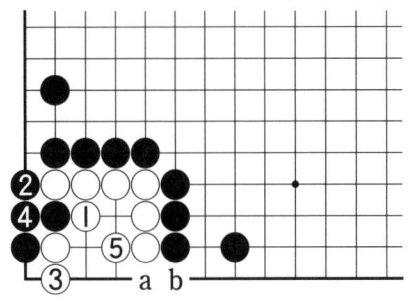

2도(정해의 계속)

백1의 단수에 흑2로 건너는 것이 호수이다.

패는 못하므로 백3, 5로 살게 될 것이다. 백a, 흑b로 봐서 4집의 삶.

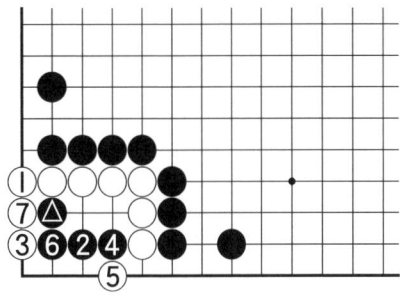

3도(거의 빅의 모습)

흑▲의 붙임에 백1로 내려서는 것은 좋지 않다.

흑2를 불러 백3 이하 7까지 보듯이, 이 결과는 거의 빅의 모습이다.

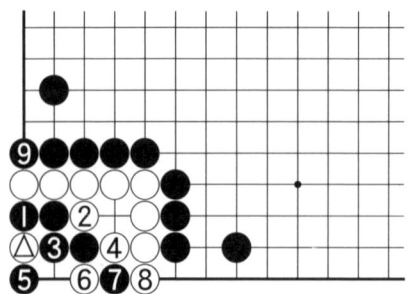

5장

4도(흑1은 후수 빅)

백△에 대해 흑1로 차단하는 것은 성급하다.

백2~6의 좋은 수순이 있어 흑은 7, 9의 후수 빅이 고작이다.

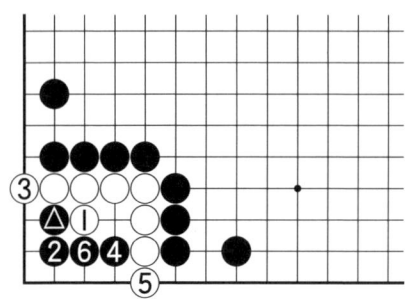

5도(유가무가)

흑● 때 백1은 경솔하다. 흑2, 백3 다음 흑4의 붙임이 있어 곤란하다.

백5는 흑6을 불러 유가무가로 잡힌다.

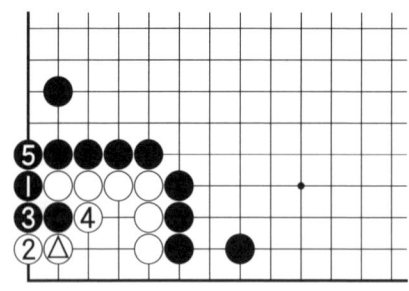

6도(백2, 적의 급소)

백△ 때 흑1로 그냥 건너는 것은 백2가 '적의 급소'여서 미흡한 결과이다. 5까지 백은 선수로 크게 살았다.

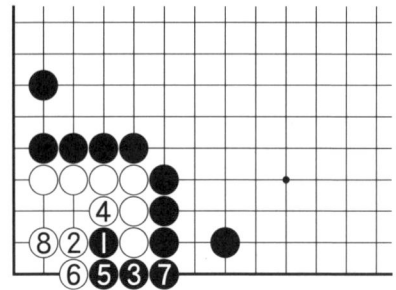

7도(2집이나 많다)

처음부터 흑1쪽에 붙이는 것은 백2의 붙임에 별다른 수단이 없다.

8까지 살면 백은 2도에 비해 2집이나 많다.

Foreign Copyright:
Joonwon Lee
Address: 10, Simhaksan-ro, Seopae-dong, Paju-si, Kyunggi-do,
　　　　 Korea
Telephone: 82-2-3142-4151
E-mail: jwlee@cyber.co.kr

강적을 이기는 실전적 기본기 2

2018.　4.　23. 초 판 1쇄 인쇄
2018.　4.　30. 초 판 1쇄 발행

지은이 | 김일환, 이하림
펴낸이 | 이종춘
펴낸곳 | BM 주식회사 성안당

주소 | 04032 서울시 마포구 양화로 127 첨단빌딩 5층(출판기획 R&D 센터)
　　　 10881 경기도 파주시 문발로 112 출판문화정보산업단지(제작 및 물류)
전화 | 02) 3142-0036
　　　 031) 950-6300
팩스 | 031) 955-0510
등록 | 1973. 2. 1. 제406-2005-000046호
출판사 홈페이지 | www.cyber.co.kr
ISBN | 978-89-315-8244-4 (13690)
정가 | 15,000원

이 책을 만든 사람들
책임 | 최옥현
기획 · 진행 | 이하림
교정 · 교열 | 명인닷컴
본문 디자인 | 명인닷컴
표지 디자인 | 명인닷컴, 임진영
홍보 | 박연주
국제부 | 이선민, 조혜란, 김해영
마케팅 | 구본철, 차정욱, 나진호, 이동후, 강호묵
제작 | 김유석

www.cyber.co.kr ★★★
성안당 Web 사이트

■ 도서 A/S 안내

성안당에서 발행하는 모든 도서는 저자와 출판사, 그리고 독자가 함께 만들어 나갑니다.
좋은 책을 펴내기 위해 많은 노력을 기울이고 있습니다. 혹시라도 내용상의 오류나 오탈자 등이 발견되면 "좋은 책은 나라의 보배"로서 우리 모두가 함께 만들어 간다는 마음으로 연락주시기 바랍니다. 수정 보완하여 더 나은 책이 되도록 최선을 다하겠습니다.
성안당은 늘 독자 여러분들의 소중한 의견을 기다리고 있습니다. 좋은 의견을 보내주시는 분께는 성안당 쇼핑몰의 포인트(3,000포인트)를 적립해 드립니다.
잘못 만들어진 책이나 부록 등이 파손된 경우에는 교환해 드립니다.